当代世界学术名著

传媒规范理论

Normative Theories of the Media:
Journalism in Democratic Societies

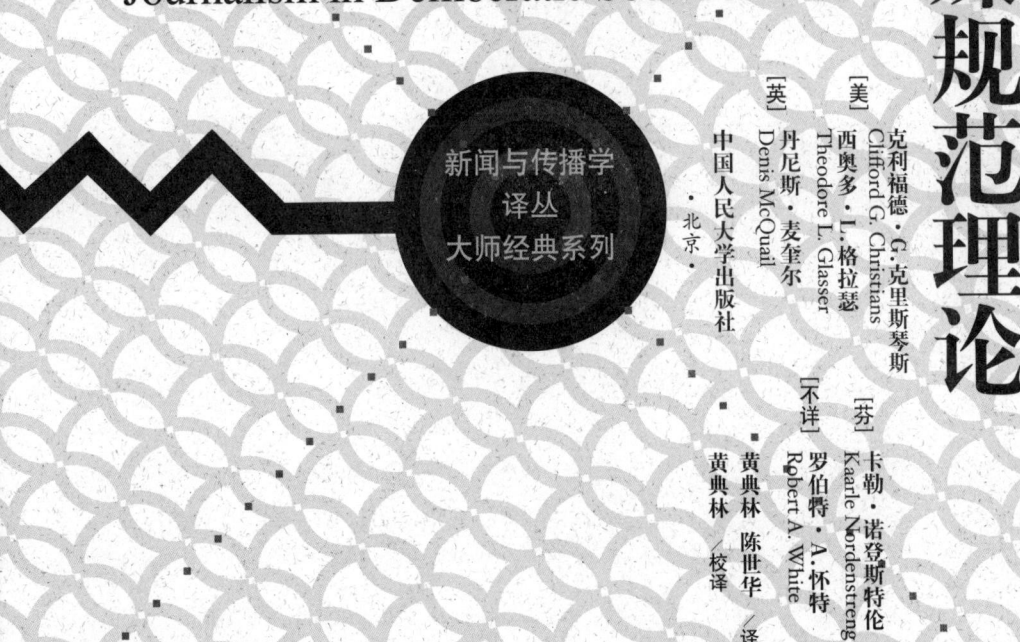

新闻与传播学
译丛
大师经典系列

[美] 克利福德·G.克里斯琴斯
Clifford G. Christians
西奥多·L.格拉瑟
Theodore L. Glasser
[英] 丹尼斯·麦奎尔
Denis McQuail
[芬] 卡勒·诺登斯特伦
Kaarle Nordenstreng
[不详] 罗伯特·A.怀特
Robert A. White
著

黄典林 陈世华 译
黄典林 校译

中国人民大学出版社
·北京·

新闻与传播学译丛·大师经典系列　　　　展江　何道宽 /主编

"当代世界学术名著"
出版说明

中华民族历来有海纳百川的宽阔胸怀，她在创造灿烂文明的同时，不断吸纳整个人类文明的精华，滋养、壮大和发展自己。当前，全球化使得人类文明之间的相互交流和影响进一步加强，互动效应更为明显。以世界眼光和开放的视野，引介世界各国的优秀哲学社会科学的前沿成果，服务于我国的社会主义现代化建设，服务于我国的科教兴国战略，是新中国出版工作的优良传统，也是中国当代出版工作者的重要使命。

中国人民大学出版社历来注重对国外哲学社会科学成果的译介工作，所出版的"经济科学译丛""工商管理经典译丛"等系列译丛受到社会广泛欢迎。这些译丛侧重于西方经典性教材；同时，我们又推出了这套"当代世界学术名著"系列，旨在移译国外当代学术名著。所谓"当代"，一般指近几十年发表的著作；所谓"名著"，是指这些著作在该领域产生巨大影响并被各类文献反复引用，成为研究者的必读著作。我们希望经过不断的筛选和积累，使这套丛书成为当代的"汉译世界学术名著丛书"，成为读书人的精神殿堂。

由于本套丛书所选著作距今时日较短，未经历史的充分淘洗，加之判断标准见仁见智，以及选择视野的局限，这项工作肯定难以尽如人意。我们期待着海内外学界积极参与推荐，并对我们的工作提出宝贵的意见和建议。我们深信，经过学界同仁和出版者的共同努力，这套丛书必将日臻完善。

中国人民大学出版社

"新闻与传播学译丛·大师经典系列"
总　　序

　　新闻与大众传播事业在现当代与日俱增的影响与地位，呼唤着新闻学与传播学学术研究的相应跟进和发展。而知识的传承，学校的繁荣，思想的进步，首先需要的是丰富的思想材料的积累。"新闻与传播学译丛·大师经典系列"的创设，立意在接续前辈学人传译外国新闻学与传播学经典的事业，以一定的规模为我们的学术界与思想界以及业界人士理解和借鉴新闻学与传播学的精华，提供基本的养料，以便于站在前人的肩膀上做进一步的探究，而不必长期在黑暗中自行摸索。

　　百余年前，梁启超呼吁："国家欲自强，以多译西书为本；学子欲自立，以多读西书为功。"自近代起，许多学人倾力于西方典籍的移译，为中国现代社会科学和自然科学的建立贡献至伟。然而，由于中国新闻学与传播学的相对年轻，如果说梁任公所言西学著述"今之所译，直九牛之一毛耳"，那么新闻学与传播学相关典籍的译介比其他学科还要落后许多，以至于我们的学人对这些经典知之甚少。这与处在社会转型过程中的中国的社会经济文化发展的要求很不协调，也间接造成了新闻与传播"无学"观点的盛行。

　　从1978年以前的情况看，虽然新闻学研究和新闻教育在中国兴起已有半个世纪，但是专业和学术译著寥寥无几，少数中译本如卡斯珀·约斯特的《新闻学原理》和小野秀雄的同名作等还特别标注"内部批判版"的字样，让广大学子避之如鬼神。一些如弥尔顿的《论出版自由》等与本学科有关的经典著作的翻译，也是得益于其他学科的赐福。可以说，在经典的早期译介方面，比起社会学、政治学、经济学、法学、心理学等现代社会科学门类来，新闻学与传播学显然先天不足。

　　1978年以后，尤其是20世纪90年代中期以来，新闻与传播教育和大众传播事业在中国如日中天。但是新闻学与传播学是舶来品，我们必须承认，到目前为止，80%的学术和思想资源不在中国，而日见人多势众的研究队伍将80%以上的精力投放到虽在快速发展但是仍处在"初级阶段"的国内新闻与大众传播事业的研究上。这两个80%倒置的现实，导致了学术资源配置的严重失衡和学术研究在一定程度上的肤浅化、泡沫化。专业和学术著作的翻译虽然在近几年渐成气候，但是其水准、规模和系统性不足以摆脱"后天失调"的尴尬。

我们知道，新闻学产生于新闻实践。传播学则是社会学、政治学、心理学、社会心理学等学科以及新闻学相互融合的产物。因此，"新闻与传播学译丛·大师经典系列"选择的著作，在反映新闻学研究的部分代表性成果的同时，将具有其他学科渊源的传播学早期经典作为重点。我们并不以所谓的"经验学派/批判学派"和"理论学派/务实学派"划线，而是采取观点上兼容并包、国别上多多涵盖（大致涉及美、英、德、法、加拿大、日本等国）、重在填补空白的标准，力争将20世纪前期和中期新闻学的开创性著作和传播学的奠基性著作推介出来，让读者去认识和关注其思想的原创性及其内涵的启迪价值。

法国哲学家保罗·利科（Paul Ricoeur）认为，对于文本有两种解读方式：一种是高度语境化（hypercontextaulisation）的解读，另一种是去语境化（decontextaulisation）的解读。前者力图从作者所处的具体社会语境中理解文本，尽可能将文本还原成作者的言说，从而领会作者的本意；后者则倾向于从解读者自身的问题关怀出发，从文本中发现可以运用于其他社会语境的思想资源。本译丛的译者采用的主要是第一种解读方式，力图通过背景介绍和详加注释，为读者从他们自身的语境出发进行第二种解读打下基础。

"译事之艰辛，惟事者知之。"从事这种恢宏、迫切而又繁难的工作，需要几代人的不懈努力，幸赖同道和出版社大力扶持。我们自知学有不逮，力不从心，因此热忱欢迎各界读者提出批评和建议。

"新闻与传播学译丛·大师经典系列"

编委会

译者前言

长期以来，在主流新闻传播学中，无论是追求客观规律性"解释"的实证研究，还是对社会行动的意义逻辑进行"理解"的诠释研究，大多聚焦于"是什么"和"为什么"这样的"实然"问题。相比之下，基于哲学思辨对传媒和公共传播实践的道德基础进行理论剖析的规范性（即"应当如何"或"应然"）研究则比较匮乏。这种鲜明对比，或许与新闻传播学形成和发展所处的社会学传统有关，其中最核心的一点就是近代社会科学中对事实和价值的二分法原则。在这种原则之下，社会科学的主要任务是通过各种方法对人类社会的实际状况进行准确描述和因果分析，而非对一个更符合人类道德愿景的理想世界进行规划。这种反理想主义的现实主义立场决定了规范性问题在包括新闻传播学在内的社会科学中的边缘性地位。

在传媒规范研究领域，作为最早的奠基性著作，1956年出版的《传媒的四种理论》（*Four Theories of the Press*）不仅在西方而且在改革开放后通过传播学这一舶来品对当代中国的新闻传播研究产生了重要影响。早在20世纪80年代，该书就作为西方传播学经典被译介给中国读者。进入21世纪之后，中国人民大学出版社推出了该著的新译本。20世纪八九十年代以来出版的传播学中文教科书，几乎无一例外都会提到该书对世界传媒制度的分类模式，其影响力由此可见一斑。但随着冷战的结束，以及20世纪下半叶全球信息传播技术的突飞猛进，当今世界的传媒格局和制度环境已经发生了巨大的变化，诞生于20世纪中期的四种理论模型已经无法适应变化了的传播现实。为了提出能够更好地阐释当代传播实践规范基础的新理论，探析传媒（从传统意义上的大众传播机构到当下的平台化媒介机构）在一个飞速变化的世界中应当承担哪些相对稳定的公共职能，从而在发展和维护人类社会的公共利益方面发挥积极作用，传播学者，包括西方和非西方学者进行了不懈的努力。

由著名媒介伦理学者克利福德·G. 克里斯琴斯教授等人合著的《传媒规范理论》一书就是这个长达半个多世纪的理论探索中相对较新的成果。该书主要从政治哲学和伦理学视角出发，在系统批判和继承包括《传媒的四种理论》在内的传媒规范理论遗产的基础上，阐述了当代西方语境下传媒实践尤其是新闻实践的道德基础，并在总结历史经验和对比分析的基础上，提出传媒在当代西方政治制度的整体框架内所扮演的几种主要角色，即监测、促进、激进和合作角色。我们认为，尽管全书的论述语境是欧美等西方社会，与中国本土传播实践所处的政治经济条件不尽相同，但该书的分析框架为我们从规范理论的视角分析传媒和信息传播主体行动的道德基础，尤其是深入理解当代西方新闻传播实践的深层价值和逻辑前提提供了一个有意义的参照点。我们移译这本书的目的是希望它能发挥抛砖引玉的作用，激发更多从本土实际出发的规范理论研究，用中国经验和中国理论来丰富全球传媒规范理论体系。

当然，正如本书作者意识到的那样，作为一本聚焦西方传统的著作，《传媒规范理论》一书难免具有理论和历史视野上的局限性，书中提出的诸多概念和主张，并不适用于中国等与西方价值传统和政治体制不同的社会语境下的传媒实践和规范体系，希望读者能从马克思主义的基本立场和当代中国的实际情况出发，辩证地、批判地看待本书的观点。

本书的翻译得到了几位作者的大力支持。其中，克利福德·G. 克里斯琴斯教授在北京访问期间与译者就书中的疑难问题进行了面对面交流；卡勒·诺登斯特伦教授则通过邮件对译者的疑问做了耐心的解答；在得知中文版即将出版的消息后，几位作者还合作撰写了中文版序。译者对各位作者的支持和帮助表示深深的谢意。在本书翻译和出版过程中，作者之一著名传播学者丹尼斯·麦奎尔教授不幸于2017年6月去世。在本书中文版即将付梓之际，谨表达我们对麦奎尔教授的哀悼和怀念之情。

本书的翻译出版工作由于各种原因经历了极其漫长的过程。在此期间，中国人民大学出版社的翟江虹、徐德霞两位编辑老师以极度的耐心、对译者劳动的高度尊重和出版人的专业精神，为书稿的质量和出版流程的实施提供了强有力的技术性支持。在此，向两位表达我们的感谢。

本书的翻译工作分工如下：黄典林负责对中文版序、前言、第一至五章、索引的初译，并撰写译者前言，陈世华负责第六至十章的初译。完成初稿后，由黄典林对全书进行了统一校对，并对部分章节进行了修订和重译。为了帮助读者理解，译者在部分术语或专有名词后添加了译者注，统一以"译者注"与原注相区别。尽管译者已经尽了最大努力确保译文准确可靠，但由于学识所限，书中一定存在不少不尽如人意之处乃至错误，还请读者批评指正。

译者
2021 年 11 月

中文版序

　　《传媒规范理论》中文版的翻译工作是对传播学术研究事业的一个贡献。在世界范围内，与新闻传媒有关的社会科学研究持续发展，这些研究十分重要。但与此同时，纯理论研究工作的进展却稍逊一筹。本书试图表明，理论不仅可以增进我们对新闻传媒的理解，还为这一领域提供了指引方向，打开了新的创新路径。

　　传媒技术始终处于不断更新的复杂状态，有效使用这些技术需要高度专注的投入和训练。但如果我们只专注于技术问题的话，那我们只能陷入应付短期需求和截止日期的泥沼中，无暇他顾。这一领域的长期繁荣发展离不开理论和具有实质性内涵的思想的指引。本书的目的在于激发传媒教育者和专业实践者之间的深度讨论。对从事新闻教育与科研的教师及学生来说，本书也有参考价值。与那些只有在读者精疲力竭地读完全书才会看到一点点理论总结的著作不同，在本书中，从第一章到最后一章，理论问题始终处于中心地位。

　　《传媒的四种理论》是传播学史上著名的理论著作之一。但由于技术革命，以及伦理学理论从西方视角向国际化层面发展的需要，提出新理论势在必行。在《传媒规范理论》一书中，我们意识到互联网和社交媒体带来的巨变已经提出了一系列新的观念问题，并对活跃在公共领域中的新闻记者和其他媒体工作者的行为规范造成了新的不确定性。《传媒的四种理论》一书固然产生了很大的影响，但无论是内容还是结构，这本书都存在不足之处。因此，对当前以及未来的全球传媒业来说，仅仅在原有理论基础上做出一些修正是远远不够的。正如本书书名所表明的那样，《传媒规范理论》采取了一种新的研究理论问题的方式，这种新的理论方法能够适应当前全球传媒技术发展的现实。我们可以用社会责任理论这个例子来说明这两本书之间的区别。社会责任理论的提出是《传媒的四种理论》的一个重要贡献。这个理论是对自由至上主义观念中自由和中立性观点的发展。但在《传媒规范理论》所勾勒的历史脉络中，"公民参与论"正逐步取代"社会责任论"，成为当今传媒伦理的理论框架。

本书的副标题是"民主社会中的新闻业"。对民主社会中新闻媒体的角色进行理论解释是本书的一个重要主题。但本书还意在说明理论研究应当如何将政治维度纳入考虑范围之内。一旦读者能够理解政治维度是如何被整合到理论思考中的，他们就可以把自己社会的政治制度放入总体分析框架中加以考量。理论不是真空的产物，学者们提出理论的目的是要解决当前状况中存在的难题。因此，要想提出有效改变现状的新理论，学者们必须考虑到现实的社会政治状况。本书是一个很好的例子，它告诉我们在超越自由至上主义和社会责任理论去发展新的传媒理论方面，应当如何认真地思考政治问题。

《传媒规范理论》整本书的论证过程环环相扣，从历史和传媒理论的本质讲起，到这些理论的政治基础，再到传媒在当今社会扮演的四种角色。第三部分对传媒角色的讨论离不开第一部分和第二部分的理论基础。尽管如此，分析传媒角色的四章依然可以被当作一个独立单元来研究和理解。理解这四种传媒角色将有助于阐明在这些角色出现之前就存在的知识史、理论和政治文化基础。传媒的社会角色指的是它们的目的或所能提供的服务。角色既是一个经验性的范畴，也具有规范性。这几章既解释了每个角色是如何发挥作用的，同时也概述了其规范性的方面，即在每种角色中，传媒从业者应当如何做才符合伦理的要求。

监测角色被认为是传媒的基本角色。这指的是发布公众关注的重要的政治和经济信息。"监测"一词包含着媒体扮演政府政策和商业活动监督者的意思。监测角色的规范性维度则意味着媒体有责任就新闻事件的内涵和意义提出忠告和阐释。

促进角色则涉及政治活动之外的范围广泛的活动和议题。在医疗、教育、艺术和文化、福利、食品、环境问题等众多不同的领域，媒体发挥着唤起大众关注的功能，并推动每个领域能够以高效和可靠的方式获得发展。通常人们用公民社会这个词来指代这些社会领域。新闻媒体不仅报道公民社会发生的活动，而且起到了支持和巩固公民社会的作用。

所谓合作角色，指的是在应对犯罪、战争、恐怖主义和自然灾难的威胁方面，媒体被要求向政府或军事当局提供支持。然而，当政府要求新闻业必须维护其利益、服从其权威时，合作角色就可能误入歧途。这些做法可能是出于促进社会发展的目的，但对这些做法的管理可能陷入混乱。当然，在出现台风、地震、山林火灾等自然灾难时，媒体的合作角色显然是不可或缺的。

激进角色与其他三个角色不同。当媒体扮演这种角色时，它们会为那些对现存秩序持批评立场的观点和言说者提供表达的平台。媒体会为那些呼吁进行激烈变革的人提供支持。在扮演激进角色的过程中，媒体会对试图压制或限制表达自由的做法予以特别关注。它们还会关注财富和权力在不同群体间分配的不平衡状况，并为那些无权无势者和穷人发出他们的声音提供便利。

显然，不是所有媒体都会扮演这四种角色。但大型媒体机构有能力扮演所有这些角色。这四种角色成为一个评估性的框架，借此我们可以要求媒体履行某种特定的职能，比如，扮演促进角色。这四种角色同样可以用来衡量一个国家的传媒制度，比如，如何确保媒体的合作角色不会损害监测和促进职能的发挥。当然，本书提出的这四种角色并没有穷尽媒体能够扮演的所有角色，相反，我们希望它们能够起到抛砖引玉的作用，启发其他学者提出更多的或不同的媒体角色。通过这四种角色，或者学者们提出的其他角色，我们能够找到最佳的媒体实践方式，从而为改善媒体的表现提供切实可行的策略。

克利福德·G. 克里斯琴斯
西奥多·L. 格拉瑟
丹尼斯·麦奎尔
卡勒·诺登斯特伦
罗伯特·A. 怀特

前　言

　　新闻业在民主社会中的地位是一个十分重要的问题,新闻传播领域的研究者和从业者都会时常提及这个问题。但如今,无论是新闻业还是民主本身都受到了从信息技术到全球经济方面巨大变化的挑战。基于这一背景,我们有必要以批判的眼光思考传媒在社会中的地位和使命,尤其是在那些不仅把民主当作一种政治制度,而且把它当作一种文化的社会中。关键问题不仅仅是新闻业的社会角色是什么,更重要的是它应当扮演什么角色。这一关于传媒的民主使命的视角把我们引入规范的层面,即超越事实描述,去探讨价值和目标问题。

　　本书受到两个相互关联的目标的启发:一个是实践性的,另一个则是理论性的。实践性的目标源自这样一个事实,即新闻业和大众传播领域持续存在着一种对理论对策的需求,这既包括对传媒和社会问题的总体性理论方案,也可以是对新闻业和民主这样的特定问题的理论回应。处理此类问题的最著名的一本著作是弗雷德·西伯特(Fred Siebert)、西奥多·彼得森(Theodore Peterson)和威尔伯·施拉姆(Wilbur Schramm)合著的出版于1956年的《传媒的四种理论》(Four Theories of the Press)。但这本书如今已经严重过时了,而且在后续的研究中也没有得到很好的继承和发展[参见梅里尔(Merrill,2002)和内罗内(Nerone,2002)的相关评论]。现如今我们所需要的是一个在指导性方面同样简洁明了,但又是以规范的政治理论为基础的方法路径。这个路径应能够指导我们充分地回答如下这些基本问题:传媒在民主社会中的角色是什么以及应当是什么?如何对不同的传媒制度和新闻业传统进行分类？在当今世界，早前的冷战对立已经被新的分隔取代，解答这些疑问已经成为一个日益紧迫的问题。

本书在理论方面的考虑则是要回应一些学者提出的理论挑战。这些学者十分关注职业伦理，传媒业如何表现得更有责任感，以及如何开展更全面有效的新闻教育等问题。虽然关于新闻业和大众传播的学术研究在过去的五十年中已经逐步完备，但这些学术研究依然无法充分描述和解释传媒的社会角色和使命。简言之，这些研究至今没能为我们提供具有规范价值的理论成果。随着文化冲突和媒介融合的加剧，这种理论上的短板问题已经变得越来越严重。

早在二十多年前，本书的作者们就知悉彼此都在围绕这些问题展开工作。20世纪80年代初，本书的作者之一麦奎尔就已经在他的导论性教科书中撰写了一章专门讨论传媒的规范理论，而另一位作者诺登斯特伦则制订了重写四种理论的宏伟计划。但直到20世纪80年代中期，我们才真正开始集中精力关注这个问题，并将这一问题带入很多不同的学术平台，包括新闻教育学会（后改名为新闻与大众传播教育学会，简称AEJMC）、国际传播学会（ICA）以及国际媒体与传播研究学会（IAMCR）。在此之后出现的相关研究包括克里斯琴斯在伊利诺伊大学提出的关于传媒伦理的理论，格拉瑟在明尼苏达大学开展的关于民主和传媒关系的理论研究，以及怀特在英国所进行的有关民主化与传播关系的研究。

我们最初的灵感源自世界信息与传播新秩序（NWICO）的辩论，这些辩论主要关注的是传媒在社会中应当扮演何种规范性的角色。但最终这个问题在围绕联合国和联合国教科文组织展开的大国政治斗争中被逐渐忽略了。当时大家认识到，《传媒的四种理论》所提供的分析框架不够开放，无法容纳在全世界范围内支撑公共传播体系的各种不同类型的价值传统和社会政治哲学。《传媒的四种理论》提供的分类方法及其所启发的其他各种分析思路，几乎无一例外地偏向工业化的西方强国，并倾向于为当今全球传播秩序中存在的巨大失衡现象提供制度化的合理论证。

在经过多次正式和非正式的会面之后，最终在1993年，在芬兰科学院（Academy of Finland）的资助下，我们在坦佩雷（Tampere）郊外的一个湖边举行的一次学术活动中，制订了本书研究工作的基本框架。我们当时的想法是要找到一个研究传媒规范理论的新路径，而不只是对《传媒的四种理论》进行修修补补。此时，另一项集体合作的成果《最后的权利》(*Last Rights*)(Nerone，1995；另参见 Nerone，2004)已经通过非常优秀的批判分析揭示了《传媒的四种理论》存在的偏颇之处，从而为探索新的分析框架提供了可能性。在这样的情况下，我们另起炉灶的想法是再自然不过的了。随后，我们以《最后的权利》为基础，继续推进相关的研究工作。我们承认，规范理论是与文化息息相关的建构物或范式，而不是一些实在的既存体系。的确，我们完全赞同阿特休尔(Altschull)提出的第七条"新闻法则"："新闻实践与新闻理论永远不可能是一回事。"(1995, p.441)但同时我们也认识到，传媒从业者需要规范理论作为他们的认知指南，虽然在如今这样一个后现代化的时代，这听起来似乎有点过时(Nerone，1995, p.184)。

在本书中，我们所说的理论是指一套关于为何特定行为会导致某种结果的合理解释。我们观点的前提是认为存在两种不同的"传媒理论"：一种为传媒指定在社会中应当发挥的规范性作用，而另一种则只是描述传媒在社会中扮演的实际角色。后一种理论以传媒社会学的"客观"视角来处理这一问题，而前者处理的则是各种行动者所持有的关于传媒使命的"主观的"文化价值。在我们看来，规范理论试图解释为何公共话语的特定组织方式会带来更好的集体决策，并逐渐带来生活质量的提升。例如，如果某个国家的公共辩论规则规定包括贫困人群在内的所有人都可以参加，那么人们可以就此得出结论说该国需要具备一个更公平的教育系统。因此传媒与社会的关系可以在两个不同的层次上进行讨论，即现实的或描述性的，以及理想的或规范性的，虽然两者间的差异并不是绝对的。

通常，新闻教育将这两者分离开来，关于新闻业的社会学视角被归为科学研究的类型，而规范视角则通常与传媒法和伦理问题等教学内容相关，这些内容被看作是涉及价值判断的问题，同时也是新闻专业实践的重要组成部分。对从业者来说，传媒规范通常被视为一些理所当然的东西，其理论基础很少受到质疑。因此，那些流行的关于新闻业的理论假设从未受到任何挑战，而此前的传媒理论则巩固了这些假设的合法性。

我们工作的出发点是试图提高包括传媒研究者在内的传媒界人士的专业意识。规范理论不仅是对政治哲学的一种辩护，同时也能够通过揭示哲学逻辑与实际操作之间的差异，使决策者和传媒专业人士能够意识到他们那些没有言明的前提假设。因此，规范理论的价值不在于像《传媒的四种理论》那样，作为一种巩固当下流行意识形态的辩护工具而存在，相反，其价值在于可以为我们提供从现状中解放出来的手段。就此而言，规范理论支持传媒的独立性和自律。同样，规范理论也是严肃的新闻批评的理论基础，温迪·怀亚特（Wendy Wyatt，2007）的研究很好地说明了这一点。

但与此同时，我们以十分严肃的态度来面对两种理论提出的挑战：理想的和现实的，规范的和社会学的。在回顾了以往的各种传媒理论后，任何一个人都无法再说清楚这些理论涉及的究竟是理想的还是现实的层面。显然，一个新的开始必须同时涉及这两个层面。关于规范性（normativity）这一概念存在许多含混之处，因此，我们试图阐明什么是规范理论，以及它在现代新闻业中应扮演什么样的角色。

如今，这是一项具有挑战性的工作，因为在一个以计算机为基础的信息系统中，新媒体和新信息类型的不断涌入，已经改变了新闻业的本质。信息社会的特征之一是全球化，以及与此同步发生的本土化趋势。此外，社会科学家如今正在对自身的工作展开根本性的深刻反思，这主要表现为社会学经典著作正在重新引起重视，以及社群主义（communitarianism）思想在自由主义的腹地开始繁荣起来。

在这样的语境下，我们所面对的问题已经远远超出了职业伦理理论的范围，而这一理论在有关规范基础的讨论中却是一个核心问题。我们关注的是一个关于公共传播事业的总体性规范理论路径，这个视角囊括了个人伦理、职业规范、产业方针、国家政策以及道德哲学等一系列十分广泛的问题。随着讨论的逐步深入，本书的内容也在发生变化，最终它的目标已经变成了试图建立一种可以指引我们思考如何建立规范的方法论。这一方法论以近期有关传播规范理论和民主社会中传媒角色的争论为基础，与此同时，在某种意义上，它也是对这些广泛争论的一个总结。

虽然本书是一个全新的尝试，但我们的目的并不是要建立一个放之四海而皆准的分类模型。所以，我们并不打算用一套新的理论框架去替代原先的四种理论，也不打算在这个四种理论的组合中增加或减少"理论"。实际上，西伯特、彼得森和施拉姆所提出的那些观点并不能算是一些严格意义上的理论，而只是对四种传媒制度的描述，其中包括使这些制度运作与合法化的指导原则。《最后的权利》一书的主编内罗内指出，他本人以及与他合作完成该书的其他学者都认为，"他们的目的并不是要写一本全新的《传媒的四种理论》，因为这必然要求在这些观点和研究重点都十分不同的学者间建立某种共识"（Nerone，2002，p.136）。对此我们完全赞同。本书的目的只是要就那些涉及传媒和社会之间关系的基本问题提出我们的看法，以期能够有助于发现问题（毫无疑问是存在的），并在公共传播和民主的明确原则基础上推动改革（当然很有必要）。

我们将研究计划限定在民主理论的范围内。但我们也意识到，民主的组织方式多种多样，没有任何一个特定的社会可以宣称自己能够代表理想的民主模式。把分析框架建立在民主模型，而不是传播模式的基础上，有利于避免产生"堡垒新闻业征候"①（fortress journalism syndrome）的倾向，即从媒体而不是人的角度去思考问题。我们也有意避免采用文件架式的分类方法，只把每种传媒制度归于一种类别名下。我们指出，任何一个国家的传媒制度、传媒机构甚至记者个人，都不是只持有一种观点传统，实际上各种分类方法只是服务于分析性的区分目的，而不是为了提出一些能够囊括一切的标签。

作为一项全新的尝试，说起来总比做起来要容易得多。这项研究计划耗费了我们数年的时间。随着时间的流逝，不断有新的传媒和社会要素进入我们的思考范围，其中包括互联网、数字沟，以及新社会运动。所有这些都为我们所面临的知识挑战注入了新的内涵。我们感到，当前发展的最新形势不仅为我们提供了新的机遇，同时还要求我们必须以范围广泛的民主模式的视角来审视公共传播的规范理论基础。

因此，我们还希望通过撰写本书，为根植于不同文明和宗教哲学体系

---

① 所谓堡垒新闻业征候，是指传统新闻业具有高度专业化、职业化、机构化、精英化的特征，新闻机构和社会其他领域之间具有明确的专业标准边界，这使新闻业成为一种只经过专业的职业培训、具有特定文凭和从业资质的专业人员才能从事的职业，新闻成为大型新闻传媒机构的垄断性产品，不同的新闻机构彼此之间相互竞争，就像一个个彼此隔绝森严的堡垒。随着网络媒体特别是社交媒体的兴起，公民新闻的出现对传统堡垒新闻业构成了挑战。——译者注
本书将译者注排为脚注，作者原注排在章末。

的传统提供一个相互对话的框架。虽然我们自己的视角建立在西方传统的基础上，但我们主张应当采取一种包容的方法和开放的思维。我们承认，无论是关于传媒与社会的关系这样的一般性问题，还是新闻业在民主社会中的位置这样的具体问题，本书所提出的分析框架都无法提供放之四海而皆准的标准答案。即便是在西方背景下讨论，我们也并不认为自己的工作为相关问题提供了最终的解答，相反，我们把自己的努力视为对现有学术工作的一种干预，希望我们的贡献能够激发争论，鼓励其他学者继续推进这项学术事业。与此同时，我们也希望本书能够成为一本解释和探索实践问题的教科书，从而对寻求指导的学生们有所裨益，而不只是一本仅供学者间相互切磋的高端学术专著。

除了导论和结论，本书主要由三个部分组成。导论部分评述了与新闻和大众传播相关的学术文献就传媒在社会中的使命这一问题提出了哪些主张，并阐述了我们自己的研究将会如何对这些理论做出贡献。第一部分讨论了规范理论的相关问题，特别是关于社会传播的思想观念在过去的两千年里是如何发生变化，并最终形成了四种传统的。第二部分从理论和实践两个方面，重点讨论了民主以及新闻传媒在民主中所扮演的角色问题。第三部分提出了民主社会中传媒角色的四种理想类型，提出这些类型的目的并不是要使之成为一些供人膜拜的经典模型，而是要为传媒从业者提供一些衡量标准，以促使他们对自身所承担的责任有更加清醒的认识。最后一章做了一些反思和评价，并指出了未来的努力方向。

本书是集体合作的结晶。其中，克里斯琴斯发挥了协调者的作用。各章分工如下：诺登斯特伦，第一、八章；怀特，第二、三章；格拉瑟，第四、九章；麦奎尔，第五、六、十章；克里斯琴斯，第七章。

克利福德·G. 克里斯琴斯，美国伊利诺伊大学厄巴纳-香槟分校
西奥多·L. 格拉瑟，美国斯坦福大学
丹尼斯·麦奎尔，英国阿姆斯特丹大学
卡勒·诺登斯特伦，芬兰坦佩雷大学
罗伯特·A. 怀特，坦桑尼亚圣奥古斯丁大学

目 录

导 论
第一章 超越《传媒的四种理论》 ……………………………… 3

第一部分 理论
第二章 规范理论的演变 …………………………………………… 43
第三章 规范理论的特征 …………………………………………… 77

第二部分 民主
第四章 民主的原则与实践 ………………………………………… 105
第五章 新闻媒体在民主中的角色 ………………………………… 131

第三部分 角色
第六章 监测角色 …………………………………………………… 159
第七章 促进角色 …………………………………………………… 180
第八章 激进角色 …………………………………………………… 205
第九章 合作角色 …………………………………………………… 226

展 望
第十章 面临挑战的媒体角色 ……………………………………… 255

参考文献 ……………………………………………………………… 281
索引 …………………………………………………………………… 306

导　论

第一章　超越《传媒的四种理论》

20世纪60年代以来，关于公共传播、民主模式，以及民主社会中新闻业角色的规范理论取得了长足的发展。传媒领域变得日益复杂，与此相关的分析也变得日益普遍。本章将首先评述美国、欧洲和其他地区不同视角下的传媒规范理论，然后以此为基础，对相关理论进行整合。1956年，由伊利诺伊大学出版社出版的《传媒的四种理论》引发了广泛的争论[1]，该书所提出的分类框架充满争议性，激发其他学者提出了各种不同的传媒体制模型。在过去的五十年中，许多有关新闻业和民主的重要问题都已得到了很好的说明，涌现了许多具有原创性的学术观点。所有这些都为本书提供了一个很好的切入点。

20世纪50年代的争论

由弗雷德·西伯特、西奥多·彼得森和威尔伯·施拉姆合著的《传媒的四种理论》之所以重要，首先是因为该书提出了一种对传媒制度进行分类的思考方法。正如这本书的副标题所表明的那样，该书阐述了"威权主义、自由至上主义、社会责任论和苏维埃共产主义模式关于传媒社会角色的不同主张"。这四种理论是该书作者们对这一基本问题的回答：为什么不同国家的大众传媒具有不同的形式并服务于不同的目的？他们认为，"传媒的形式和立场总是受到其所处的社会和政治结构的影响。传媒尤其反映了调节个人和组织关系的社会控制制度"（Siebert, Peterson, & Schramm, 1956, pp. 1 - 2）。

这样的论点不无道理。而且，在它所处的时代，《传媒的四种理论》提出的传媒体制与不同政治制度和哲学观念紧密相连的主张，启发了学术界对传媒的社会角色的批判性思考。当时的社会科学界常见的做法是采取价值无涉的立场，对社会规范问题置之不理。在这样的背景下，该书的作者们扭转了大众传播研究这一新兴学术领域的方向，明确提出在政治价值观、职业伦理和观念传统方面传媒如何与社会发生关联的问题。这种将不同的传媒和社会关系范式进行比较的研究方法，不仅具有理论价值，同时也为记者的职业培训提供了重要的参照标准。

实际上，传媒在二战后的快速发展，必然要求在理论上对传媒的社会角色和使命，包括传媒与政治的关系等问题做出回应。然而，当时的理论界对这一问题的回答十分贫乏，以至于一本几位学者不经意间合作完成的文集都能占据先机，成为这方面的经典之作。显然，这本书填补了横亘在传播学术研究与新闻专业实践之间的知识鸿沟（参见 Nerone, 2004）。它迅速成为一本畅销书，其再版次数和被翻译为不同语言的数量比传播研究领域的其他任何一本教科书都要多。

正如本章标题中的"超越"一词所表明的那样，这个经典文本已经遭遇了很多挑战。许多人已经指出了该书中存在的过度简化的历史框架和分析上的缺陷。自20世纪60年代以来，许多人，特别是那些从事批判传播研究的学者，已经指出了该书中存在的政治和文化偏见。《传媒的四种理论》是冷战时代的产物，当时的世界被分割为西方资本主义阵营、东方社会主义阵营和不发达的南方阵营。随着苏联解体、东欧剧变和南方国家独立性的不断增强，学者们的学术视野也发生了变化，并开始对《传媒的四种理论》提出的规范理论模式提出质疑。因此，现在我们所面对的并不是这一经典理论范式是否已经过时的问题，而是如何找到超越这一范式的最好途径的问题。正如哈林和曼西尼明确指出的那样，"到了体面地埋葬这个理论范式，并以符合实际的比较分析为基础推动更复杂的理论模式发展的时候了"（Hallin & Mancini，2004，p. 10）。

虽然这本书所提出的基本问题和命题是有价值的，但四种理论的类型模式在回应作者们所面临的挑战方面显得十分无力。在这个问题上，来自伊利诺伊大学厄巴纳-香槟分校（本书作者中有三位曾经在此工作）的一批学者合作完成的一部著作，成为极具启发性的一个重要成果。这就是伊利诺伊大学出版社于1995年出版的《最后的权利》（Nerone，1995）一书。这本书重新评估了《传媒的四种理论》在后冷战世界格局中是否依然有价值。正如该书的编者所指出的那样，"《传媒的四种理论》其实并没有提出四种不同的理论：它只是提出了同一个理论框架下的四个范例而已"（Nerone，1995，p. 18）。"这本书从四种理论中的一种理论出发对四种理论做出了界定，那就是古典自由主义的视角……正是在古典自由主义的理论框架中，政治世界被划分为个人与社会或国家。"（p. 21）"《传媒的四种理论》和古典自由主义立场一致，都认为新闻自由意味着人们能够在不受国家压迫的情况下通过媒体自由地讨论政治事务。"（p. 22）

从一个更为广阔的视角来看，《最后的权利》一书明确指出了《传媒的四种理论》所处的特定时代的思想背景："到20世纪中叶，自由主义在哲学上已经走入了死胡同。虽然政治理论已经摆脱了自由主义困境，但此时美国的主流传媒规范理论依然深陷于自由主义框架之中。"（Nerone，1995，p. 4）这一问题的根源在于这样一个事实：在"政治已经成为制度化的组织活动而非个人事务"（p. 5）的时代，那种把个人看作具有自然权利的原子化个体的观点已经显得不合时宜。此外，传媒此时大多已经变成了与民众分离开来的机构化组织，因此，"谈论公众的权利，即知情权和自由表达权，而非新闻媒体机构的权利，是一个更明智的做法。新闻机构担负着责任，公众则享有权利"（p. 6）。

对《传媒的四种理论》的出现具有重要影响的一个关键机构，是20世纪40年代中期的新闻自由委员会[2]（Commission on Freedom of the Press）。该机构又称哈钦斯委员会（Hutchins Commission），它所提出的传媒的社会责任观念后来被西伯特等人列为他们的四种理论之一。该委员会发布的报告《一个自由而负责的新闻界》（*A Free and Responsible Press*，1947）

为传媒的社会责任观奠定了哲学和道德基础。该报告认为，民主依赖于值得信赖的信息流和各种观点的自由表达。实际上，该报告所提出的传媒责任观早已成为传媒实践的一部分。后来这成为《传媒的四种理论》中的第三个理论，即新闻传媒的社会责任理论。如果说自由主义到20世纪中叶时已经在总体上陷入了哲学绝境的话，那么，我们可以认为，四种理论模式的提出实际上是试图在新闻和大众传播研究领域恢复自由主义影响力的最后一次尝试。

《传媒的四种理论》具有持久影响的贡献之一是巩固了传媒的社会责任观念。已经有好几本著作试图通过增加新的分类维度或提出不同的分类模式来对《传媒的四种理论》进行修正，但没有一本著作能够赶得上它的影响力。尽管如此，所有这些新的理论构思都提出了一些重要维度和有价值的观点，从而为新的理论综合奠定了基础。

其他理论方案

《最后的权利》一书解构了《传媒的四种理论》所提出的分类模式、知识成果和意识形态。这一重要成果自然成为所有试图超越四种理论模式的学者们加以借鉴的出发点。但学术界还存在一些值得我们关注的其他分类模式，无论这些模式与四种理论模式之间存在何种关系。实际上，下面我们所要列举的一些源自欧洲的理论成果与源自美国的四种理论模式之间的联系很少，或者干脆不存在任何渊源关系。因此，把四种理论模式看作一个普遍的理论参照系是错误的。另外，正如下文将要评述的那样，也有学者，特别是美国学者，提出了一些新的分类模式，试图对四种理论模式进行补充和修正。[3]

美国

第一位对四种理论模式提出修正的美国学者是约翰·梅里尔（John Merrill），他以《自由之要务》（*Imperative of Freedom*，1974）一书为人所知。他尤其对社会责任论及其相关的一些观念提出批评，包括公众的知情权和传媒近用权概念，以及把传媒视为政府第四部门的观点。在他看来，这些观念都是一些"自由至上主义的迷思"，它们限制了传媒和记者的真正自由；他的观点可被归结为威权主义/极权主义与自由主义/无政府主义之间的二元对立（Merrill，1974，p. 42）。由于持有一种激进的自由至上主义立场，梅里尔转而支持非实用主义（康德式的）伦理和"存在主义新闻实践"[①]（existential journalism）（Merrill，1977）。

梅里尔和他的同事拉尔夫·洛温斯坦（Ralph Lowenstein）一起，把传媒实践的哲学基础分为四种类型：以政府的严厉控制为特征的威权主义（authoritarian），以政府的积极干预为特征的社会中心主义（social-centralist），不存任何政府控制的自由至上主义（libertarian），以及最小化政府控制下的社会自由至上主义（social-libertarian）（Merrill & Lowenstein，1979，p. 186）。在他们合著的这本教科书的第二版中，洛温斯坦进一步完善了这个分类方法，增加了第五种哲学类型，即社会威权主义（social-authoritarian）（Merrill & Lowenstein，1979，p. 164）。在后来的合作中，洛温斯坦和梅里尔（Merrill & Lowenstein，1990）最终完成了梅里尔分类模式的定型，但这个最终版本始终没能取代最初的四种哲学理论模式，成为理解传媒社会角色的经典范例。

1981年，威廉·哈克滕（William Hachten）基于20世纪70年代关于全球传媒的争论的时代背景，提出了四种理论模式的一个修正版本。他的《世界新闻棱镜》（*The World News Prism*，1981）一书保留了威权主义和共产主义新闻业的概念，却把自由至上主义和社会责任理论统一归入西方观念的类型中。此外，他还提出了两个新的类型：革命的和发展的。传媒发挥革命鼓动作用的一个典型例子是《真理报》（*Pravda*），发挥这种功能的还包括从油印新闻简报到磁带和电子邮件在内的各种挑战现行主导社会秩序的地下媒体。至于传媒在推动社会发展方面所扮演的角色，对了解第

[①] 梅里尔的所谓"存在主义新闻实践"是指，新闻从业者应当遵循存在主义的基本思想，即真实性的基础是运用理性打破社会规范的限制。在新闻实践中，遵循存在主义对真实性的定义意味着记者必须从自己的真实感受和良知出发，而不是因循守旧地使自己的工作受特定媒体机构或社会规范的惯性支配。[Holt, K. Authentic journalism? A critical discussion about existential authenticity in journalism ethics. Journal of Mass Media Ethics, 2012, 27 (1): 2-14.] ——译者注

三世界现实的人来说，这是显而易见的事实（哈克滕有在非洲生活的经历）。因此，他提出这个分类模式包括五个不同的维度；但随着苏联解体、东欧剧变，1992年出版的新版《世界新闻棱镜》又认为应当重新回到威权主义的、西方的、革命的和发展的四种类型（该书的最新版本保留了这个分类模式，参见Hachten & Scotton, 2007）。

20世纪80年代末，罗伯特·皮卡德（Robert Picard，1985）在之前的模式中增加了一个新的类型：民主社会主义（democratic socialist）。他的灵感来西欧，特别是斯堪的纳维亚国家。他注意到，在这些地区，国家对传媒经济活动的干预，是要确保自由传媒机构存在的目的是"服务于民众的公共需要，借此，民众关于国家和社会的各种创造性想法、观点、赞扬和批评能够得以传播"（p.70）。皮卡德的民主社会主义理论与原来的自由至上主义和社会责任理论一道构成了以西方哲学思想为基础的三种理论形式；而哈克滕的发展和革命概念则与原来的威权主义和共产主义理论一起，负责解释西方世界之外所有地区的情况（p.69）。

另一位著名美国学者赫伯特·阿特休尔（Herbert Altschull）在他的《权力的媒介》（Agents of Power，1984，1995）一书中则不只是对原来的四种传媒理论进行修正，而是提出了一个完全不同的理论范式。他的基本观点认为所有新闻传媒系统实际上都是政治经济权力的代言人（即他所谓的"新闻业七法则"中的第一条法则）（1984，p.298；1995，p.440）。他按照传统的第一、第二和第三世界的划分法，把全球传媒制度分为三种类型：市场或西方国家，马克思主义或社群主义国家，以及发展中国家。在这些不同的政治版图中，新闻从业者往往持有不同的新闻自由观，对新闻业的功用也会有不同的看法。

约翰·马丁和安茹·乔杜里（Martin & Chaudhary，1983）提出了类似的三分法，把世界大众传媒制度分为西方、共产主义和第三世界三类。虽然这些带有意识形态属性的分类方法本质上是规范性的，但两位作者所提出的传媒制度理论同时也是分析性的，因为其中包含了许多功能性的要素，比如，新闻的本质，以及传媒在教育和娱乐方面的角色。实际上，这只是把规范性和分析性融为一体的诸多学术作品中的一个典型例子。这种将规范性和分析性结合起来的做法其实在《传媒的四种理论》中已经初现端倪，并且在有关传媒制度的讨论中变为一种很常见的做法。

总之，美国学者试图超越最早的四种理论模型的努力为我们提供了极其丰富的思想源泉，同时也提出了很多具有示范价值的分类模型［对这些理论修正进行总结的一个例子，可以参见 Lambeth（1995）和 Mundt（1991）］。不过，虽然所有这些理论方案都明白无误地指出了《传媒的四种理论》的局限性，但四种理论的模型依然被广泛尊重，并且直到最近，它依然是一个被广泛应用的分析模型。比如，在 20 世纪 90 年代出版的一本题为《现代大众传媒》（Modern Mass Media, Merrill, Lee, & Friedlander, 1994）的标准本科生教材，在论述新闻业与政府的章节中，传媒的四种理论依然赫然在列。另一本名为《大众传播：生活在媒介世界中》（Mass Communication: Living in a Media World）的新教材，号称"要以其他较旧的教科书没能做到的方式将 21 世纪的最新理论发展整合进书中"（Hanson, 2008, p. xxii）。但该书对全球传媒制度模式的讨论依然是以《传媒的四种理论》为依据的，虽然它也提到了《最后的权利》一书，并把"发展理论"作为第五个模型列入其中（pp. 496-503）。

欧洲

在欧洲学术界，最早的一个引人注目的传媒制度分类模式是由英国文化历史学家雷蒙德·威廉斯（Raymond Williams）于 20 世纪 60 年代提出的，他的学术思想已经成为批判传媒研究的一个重要源头。在具有重要影响的《传播》（Communications, 1962）一书中，基于英国社会关于文化和传播问题的争论语境，他提出了传媒制度的四种模式：威权主义模式、家长制模式（"有良知的威权模式"）、商业模式，以及民主模式。显然，这是一种规范性的分类方法，强调了民主传播的必要性和可行性。在威廉斯看来，民主传播"不仅是一种个人权利，而且是一种社会需要，因为民主依赖于所有社会成员的积极参与"（Williams, 1962, p. 93；同时可参见 Sparks, 1993）。随后，其他学者也相继提出了自己的传媒制度分析模型，比如彼得·戈尔丁和菲利普·埃利奥特（Golding & Elliott, 1979），以及詹姆斯·柯伦（James Curran, 1991a, b）等。不过，威廉斯提出的这个很有价值的分类模型并没有得到这些后来者的足够响应和进一步阐发。

德国社会哲学家尤尔根·哈贝马斯（Jürgen Habermas）则提出了公共传播规范理论的另一个重要维度，他认为当今高度多元化社会中公共生活的道德基础，最好应当建立在他所谓的沟通行动理论之上（Habermas，1990）。随着他的经典著作《公共领域的结构转型》（*The Structural Transformation of the Public Sphere*，1989）被翻译为英文，公共领域的概念也日益成为一个具有影响力的理论框架。简单地说，公共领域指的是介于国家制度和私人领域之间的公民社会领域。在民主社会中，公共领域应当或多或少是一个独立和开放的领域，能够为多元化的公共辩论和民意形成提供空间。社会各方应当能够不受限制地进入公共领域，集会、结社和言论表达的自由应当得到保障。哈贝马斯认为，在公共领域中，公共传播的手段（最早指的是政治报刊）在维系多样性和社会联合，以及提供在人民及其统治者之间发挥沟通和控制作用的重要渠道方面，发挥着关键作用。

哈贝马斯的理论因为把传媒推动自由辩论的功能理想化，却忽略了大众传媒的政治偏向性而受到批评。尽管如此，公共领域以及与此相关的公民社会概念依然为我们提供了有用的分析框架，可以帮助我们理解传媒是如何在现代公共辩论中发挥核心作用的（例如，Dahlgren，1995；Keane，1995）。

多数传媒规范理论都没有像《传媒的四种理论》那样，试图把传媒的制度性差异问题与传媒在其中运行的社会制度类型联系起来。《传媒的四种理论》考察了传媒制度从专制向民主演变的过程，同时也注意到民族主义、共产主义、殖民主义以及直到20世纪70年代都在西班牙和葡萄牙存在的法西斯主义等以国家为支撑的意识形态，是如何把世界划分为不同的部分的。相比之下，欧洲学者所做的理论修正则更多聚焦于国家范围内传媒制度的内在分化，强调了传媒制度在商业化和公共所有、民粹主义和精英主义以及服务于民主目的还是服务于统治阶级利益等方面存在的差异。

斯堪的纳维亚地区的传媒分析家也在他们自己国家传媒制度的基础上提出了一些不同的分类模式。在芬兰，20世纪60年代的广播体制改革后形成了宣信①（confessional）、商业化和信息导向这三种传媒类型（Nordenstreng，1973；Pietila，Malmberg，& Nordenstreng，1990）。在瑞典，博登（Borden，1995）依据民主社会中传媒功能的不同将其分为三类：告知、批评，以及为代表各种不同观点的行动者提供辩论的论坛。后一个分类模式代表着斯堪的纳维亚国家一个悠久的传媒政策传统，即不仅要保护传媒的自由，也要明确界定在民主社会中这种自由的限制因素。该政策同时也为新闻的质量提供了评价标准，即真实性、信息的深度，以及与公共决策的相关性。这一规范性传统的一个重要组成部分是促进传媒内容的多样性和多元化，同时避免传媒集中控制的发展趋势。这一关于传媒功能的类型模式，在斯堪的纳维亚国家和欧盟的部分地区已经成为传媒政策规范的一个固定组成部分。

在欧洲和美国，围绕对传媒集中的担忧和公共广播在政治、文化和社会生活中的地位等规范性问题所展开的斗争，有着十分悠久的历史。1947年，即哈钦斯委员会发布报告的这一年，英国建立了皇家新闻委员会（Royal Commission on the Press）。该委员会的设立是出于政治性的动机，因为当时新闻业联合会和工党都试图结束他们所认为的右翼对全国新闻业的控制。相关的调查也是官方性质的，委员会由政府任命并提供经费。不过，委员会的权力是很有限的，其最终提出的建议也必须通过议会的批准才能付诸实施。在新闻自由的原则不会受到挑战的前提下，一些结构性的改变得以实施，从而限制了新闻业的集中，同时也为不同的声音提供了更多的传媒表达空间。

在许多方面，皇家新闻委员会的结论与此前在美国发布的哈钦斯报告遥相呼应。委员会调查的结论认为，"民主社会……需要对各种社会事件及其背景和成因的清晰可信的陈述；一个讨论和知情基础上的批评的论坛；以及个体和群体能够表达观点或推动相关事业的手段"（Royal Commission on the Press，1947，pp.100-101）。除了对传媒公共责任以及限

---

① 与关注市场利润的商业媒体或强调最大限度资讯传播的信息媒体不同，宣信媒体以传播和促进预先设定的特定意识形态立场或价值观为核心目标。译者感谢本书作者之一卡勒·诺登斯特伦教授对这一概念的内涵提供的详细解释。——译者注

制垄断的肯定之外，这份报告没有带来什么直接的影响。但它也的确逐步推动了新闻业评议总委员会（General Council of the Press）的设立，该委员会有权受理和裁决关于传媒不当行为的投诉，虽然它并没有强制执行裁决和实施惩罚的权力。

纵观整个欧洲，尤其是在传媒曾经受到法西斯主义控制或传媒是从外国占领中被解放出来的地区，传媒机构重建的过程基本上遵循了更为开放和民主的原则。一些比较紧迫的社会和政治状况也使国家在一定程度上对传媒的干预合法化了，特别是国家通过补贴的方式对弱势媒体的扶持，以及通过立法手段对传媒集中进行的限制。这些干预措施既有无争议的邮政补贴，也包括为促进竞争和创新而对某些较弱传媒机构的财政支持。同时还有对集中的限制，其合理性是建立在政治多样性和编辑独立性原则基础上的。在一些欧洲国家，特别是那些遵循哈林和曼西尼所说的"民主法团主义"（democratic corporatist）模式的国家（Hallin & Mancini, 2004），依然存在支持传媒业的法律。尽管如此，那种在本质上将传媒业视为一种私有商业产业的观点尚未受到挑战。欧盟的形成和扩张进一步巩固了这样的看法，并使各国政府采取具有经济意义的干预措施变得十分困难。

二战之后，广播电视逐渐成为向大众提供信息服务的主力军。社会责任观念成为各类公共广播机构的基本原则。这些机构在财务上由公共资金支持，管理方针独立，受到既定目标和规则的制约，并受到民选政府的监督。这些发展在一定程度上降低了传媒满足政党需要的压力，并为传媒规范原则的形成与实践提供了一个新的、前景更为光明的空间。虽然公共广播电视体制最初是作为对广播管理和控制问题的行政解决方案出现的，但它逐渐发展为现代传媒的一个组成部分，与印刷媒体相比，它对公众更加负责，并对民主要求的达成具有十分重要的作用。学者们主要关心的问题是欧洲公共广播电视机构应当扮演何种角色、履行何种责任（例如，Atkinson & Raboy, 1997; Blumler, 1992; Hoffmann-Riem, 1996）。尽管这些传媒角色并没有什么新奇之处，但它们的确代表了这些学者所一贯主张的传媒应服务于公众利益的观念。

考虑到对新闻和信息客观性的普遍强调，以及出于对国家共识的尊重，学者们认为公共广播的任务就是反映社会的多元层面以及受众的多样化，避免对主要观点立场的冒犯，弘扬文化价值。在取悦受众和履行政治文化精英所珍视的文化和信息告知使命之间，媒体应当取得平衡。替代性的私人广播电视机构也逐步出现，特别是无线电视，但这些机构通常都受到内容上的限制和特定的执照附加责任。尽管在传媒产品极大丰富的条件下，由于实践和理论上的诸多问题，此类限制已经放宽了，但并没有完全消失。在过去的十年中，虽然公共广播电视依然存在，但它所处的更为广阔的传媒环境已经发生了巨大变化。

在欧洲大陆，德国早期的社会学和政治学思想对传媒和社会之间的关系进行了重要反思（Hardt，2001）。但这一理论传统被纳粹时代的经验打破。二战之后，德国的传播研究转而与经验传统联系十分紧密，遵循的是主流的美国传播研究模式。在诸多理论家中，一股针对资本主义传媒的新左派批判浪潮在20世纪60—70年代兴起。不过，德国联邦宪法对关于广播电视角色和独立性新原则的吸纳，无论对传媒理论家，还是对立法者来说，都是一个十分重要的标志性事件（Hoffmann-Riem，1996）。

1983年，丹尼斯·麦奎尔在欧洲范围内率先提出了对四种理论模型的修正。当时苏联依然存在，因此，麦奎尔并没有对威权主义、自由至上主义、社会责任理论和苏维埃理论的类型划分提出多少质疑。但他增加了两个类型：发展传媒理论和民主-参与传媒理论（McQuail，1983，pp.84-98）。在这本教材的各个后续版本中（1987，1994，2000，2005），麦奎尔不断表达他对四种理论模型的批评意见。例如，他认为四种理论模型是以政治新闻和信息服务为中心的，因此在这个模型"所给出的各种理论类型中，几乎没有哪一个能够被应用于电影、音乐产业、视频市场，以及绝大多数电视体育、虚构剧和娱乐内容，总而言之，这些理论对我们理解传媒在绝大多数时候所做的事情几乎毫无帮助"（McQuail，1994，p.133）。他也提醒读者，《传媒的四种理论》对新闻自由的定义几乎完全是以对美国宪法第一修正案的解释为依据的，这种解释把自由与私人产权联系起来，并将政府视为自由的唯一敌人。

在随后的一本关于传媒责任的著作中，麦奎尔在讨论了各种媒介规范理论视角后，得出结论认为在西方传媒领域存在三种主要的"传媒理论传统"：市场自由主义、专业主义和民主理论（McQuail，2003，pp.63-

64)。最新版的《麦奎尔大众传播理论》（*McQuail's Mass Communication Theory*）将这一理论分类阐述为四种规范理论模型："自由多元主义或市场模式""社会责任或公共利益模式""专业模式"，以及"另类传媒模式"（McQuail，2005，pp. 185-186）。

另一位来自欧洲大陆且颇具影响力的学者是来自波兰的卡罗尔·雅库博维奇（Karol Jakubowicz），他关注的焦点是20世纪90年代中东欧地区的传媒转型（例如，Jakubowicz，1990；1995）。从一开始，他就对真正落实自由民主的前景持谨慎态度，无论是20世纪80年代中期米哈伊尔·戈尔巴乔夫推行"公开化政策"（glasnost）之后，还是在1990年左右东欧剧变、苏联解体之后。雅库博维奇（Jakubowicz，2007）为我们提供了关于这些国家传媒变化的宏观分析，这些变化一方面是政治制度的变化带来的，另一方面则是商业化的结果。虽然这些变化的传媒图景充满了矛盾和不同国家的特殊情况，但它的确为我们展示了中东欧国家的人民是如何从官方意识形态的"想象的社会主义"转向象征着他们的希望与梦想的"想象的资本主义"的。然而，当这种"想象的资本主义"遭遇到突如其来的"现实的资本主义"之后，人们很快经历了一次意识的觉醒——人们发现，虽然他们已经生活在一个以西方为模板复制的社会秩序之中，但却没有享受到西方社会所具有的繁荣和稳定（Jakubowicz，2007）。

苏联解体后，一些俄罗斯学者也分别发表了自己的观点，其中最著名的学者包括亚辛·扎苏尔斯基（Yassen Zassoursky，2001）和伊万·扎苏尔斯基（Ivan Zassoursky，2004）。两位学者的研究都表明戈尔巴乔夫的"公开化政策"是一个充满矛盾的制度安排，在政府推动下，传媒成为鼓吹改革和民主化的集体喉舌。随后，在20世纪90年代初，出现了一段短暂的"俄罗斯新闻业的黄金时期"，媒体遵循"第四等级"模式来定位自身的角色与功能，并将这种角色发挥到极致，在世界范围内几乎没有一个地区的传媒能够与之匹敌。但随后，政治与私有公司利益的结盟在20世纪90年代中期控制了俄罗斯传媒业，这种格局被冠以各种标签，包括"法团威权主义"（corporate authoritarian）、"传媒主导政治"（media political）、"集权联邦制"（federal state），以及"地方精英主导"（regional elites）。结果是，与中东欧其他地区一样，虽然俄罗斯传媒业的发展状况为我们提供了能够诠释传媒社会角色这一核心主题的许多不同形式，但它们在本质上并没有提出全新的模式。并没有出现所谓"后共产主义传媒理论模式"（post-communist theory of the press），虽然德·斯迈尔（De Smaele，1999）提议可以用"欧亚模式"（Eurasian model）来描述俄罗斯的传媒体系。

在取代四种理论范式方面的一个重大理论贡献来自丹尼尔·哈林和保罗·曼西尼（Hallin & Mancini，2004）。他们认为当前媒介规范理论的研究工作应当重新回到《传媒的四种理论》所提出的一个基本观点，即传媒的形式和立场总是受到其所处的政治和社会制度的影响。哈林和曼西尼搜集了能够证明政治制度与传媒系统之间存在紧密联系的经验证据。他们在对欧洲和北美一些国家进行对比分析的基础上，提出了三种基本的传媒-政治关系模式或理想类型。第一种是自由主义（liberal）模式，其特征是市场机制。这种模式在英国和北美占主导地位。第二种是民主法团主义（democratic corporatist）模式。在这种模式下，商业媒体与依附于社会和政治团体的各种传媒机构并存，国家发挥的作用有限。这一模式主要盛行于欧洲大陆北部地区和斯堪的纳维亚国家。第三种是极化多元主义（polarized pluralist）模式。在这种模式中，传媒被整合进政党执政过程中，国家扮演着强有力的角色。这一模式在南欧的地中海国家居于主导地位。

这些模式都带有特定的地方色彩，这提醒我们应当考虑到地区整合和全球化现实的复杂性。不过，虽然哈林和曼西尼的成果主要局限于西方世界，但它启发瑞士学者罗格·布卢姆（Roger Blum，2005）提出了一个更加复杂的传媒制度分类模式，其中包括六种类型：大西洋-太平洋国家的自由主义模式、南欧的庇护主义（clientelism）模式、北欧的公共服务模式、东欧的休克（shock）模式、阿拉伯-亚洲的爱国者（patriot）模式以及亚洲-加勒比海的控制（command）模式。这一最新的理论发展表明，传媒制度的分类及其规范理论基础始终是一个能够激发学者们学术灵感的问题。

发展中国家

尽管亚洲、非洲和拉丁美洲拥有独特而丰富的文化与哲学传统，但这些地区的学者却没能在传媒规范理论方面做出创新性的理论贡献。发展中国家学者的研究工作，通常直接照搬《传媒的四种理论》的分类模式或者西方学者修正后的理论模型，这一事实本身在某种意义上成为非西方依附于西方的又一个证据。尽管如此，伊斯兰视角下的理论观点不仅是一些传媒伦理概念（Mowlana，1989），同样也代表着一种不同类型的传媒规范理论。同样，以强调社区共同体和集体属性的非洲乌班图①（Ubuntu）精神为代表的道德哲学，推动了关于传媒在本土实践中固有角色的信条的产生，以及对滥用这些信条以限制传媒自由和人权的做法的警告（Christians，2004；Fourie，2008）。此外，在亚洲和拉丁美洲，虽然在传媒全球化的背景下，这些地区的传媒体系日渐趋同于西方模式，但依然存在抵制西方模式并试图探索另类公共传播伦理和规范理论基础的努力（例如，Christians & Traber，1997；Servaes & Lie，1997；Weaver，1999）。

例如，20 世纪 80 年代末，在印度尼西亚召开的一次关于东南亚传媒制度的学术会议上，有学者认为"与西方政治理论的个人主义和民主的、平等主义的自由主义传统不同，一些社会珍视它们以共识为基础的社群传统，强调个人对集体和社会和谐的责任与义务"（Mehra，1989，p. 3）。的确，有足够的理由去讨论"新闻业的亚洲价值观"（Masterton，1996；Xiaoge，2005）。

Jiafei Yin（2008）进一步澄清了这个问题，她详细解释了西方语境下发展出来的理论模式如何不适用于亚洲传媒制度。她提出了一个双维度模式，以自由和责任作为分析坐标的两个维度（Jiafei Yin，2008，pp. 46-49）。她把对亚洲文化来说至关重要的责任观念与西方语境下对自由的强调整合了起来。这一模式糅合了西方和儒家哲学思想，被认为是通向更多细微差异和视角的一个起点。然而，除了国家建构（nation-building）、自由和责任等政治词汇外，关于在那次会议上学者们是否提出了一个不同于西方模式的社会与传媒理论依然是一个存在争议的问题。显然，发展中国家大多以西方国家为发展目标，在学术上也受制于西方政治哲学和传媒理论的影响。因此，以建构世界信息与传播新秩序为目标的媒体改革运动（Vincent，Nordenstreng，& Traber，1999），就成为一个引起广泛共鸣的可以展现另类发展中国家视角的有利机遇。

---

① 乌班图（祖鲁语：Ubuntu）一词，来自南部非洲班图语，意思是"施人人道""乐于分享""仁"。乌班图精神也意味"我和他人紧紧相连，密不可分，我们都在同一种生活之中"。——译者注

谢尔顿·古纳拉特纳（Shelton Gunaratne）在他的《传媒之道》（*Dao of the Press*，2005）一书中则提出了另一个不同的视角，即他所谓的"以人为中心的传媒理论"（humanocentric theory of the press）。他指出，《传媒的四种理论》以及与此相关的理论著作大多是建立在以欧洲为中心的历史、理论和实践基础之上的。他认为，在把四种理论框架应用于评估全球传媒业时，欧洲中心主义与普世主义往往是同一枚硬币的两面。作为斯里兰卡裔美国学者，古纳拉特纳运用东方哲学、世界体系分析和生命系统理论等思想资源来阐释传媒理论。他把西方术语与东方神秘主义融为一体，从而提出了"一个动态的、以人为中心的传播机构与自由表达的理论，以此来替代那些静态的、以道义逻辑为基础的传媒规范理论"（Gunaratne，2005，p.56）。他用相互依赖和相互因果联系的视角取代了在自由民主传统中占主导地位的个人主义和私利观念。

变化的传媒理论与政策背景

通过上文对《传媒的四种理论》之后的理论发展的综述，人们会发现，在经过五十年的发展之后，相关的理论进展似乎不尽如人意。但这种理论状况必须透过当下 21 世纪的特定历史语境来加以理解。在这一时代，大型传媒集团控制着传媒行业的命脉。与此同时，在学术上，批判理论对相关研究工作也产生了影响。在许多国家，人们为消除资本主义传媒产业和准国家官僚体系为控制广播电视和电信行业而建立起来的制度壁垒进行了不懈的斗争。

在二战之后的学术界，新马克思主义和政治经济学传统的批判理论家们不再对解释传媒在社会中的角色感兴趣，因为批判范式已经清晰地表达了自己的立场，即主流的体制内传媒不可避免地与不公正的社会秩序和本质上有缺陷的社会制度是沆瀣一气的。理论家和研究者的主要工作任务是揭露传媒内容中包含的阶级偏见和意识形态属性，以及趋向文化霸权统治结构的总体倾向。从事这些批判研究的人中包含了一批最著名的传播研究学者，包括赫伯特·马库塞（Herbert Marcuse）、达拉斯·斯迈思（Dallas

Smythe)、赫伯特·席勒（Herbert Schiller）、诺姆·乔姆斯基（Noam Chomsky）、雷蒙德·威廉斯以及斯图尔特·霍尔（Stuart Hall）。他们批判的最主要的对象是传媒所有制的结构以及传媒内容的形式。这些形式包括：每当不同政见或不满情绪对国家权威构成威胁时，国内新闻报道总是倾向于支持国家立场；对资本主义不加质疑的支持；维持在低水平上的种族主义和排外主义，辅之以高水平的种族中心主义；对冷战总体框架的支持，以及对核战争威胁的依赖；南北国家之间、西方和东方之间不平衡的国际传播信息流。在这种情况下，我们自然可以理解为何学者们对规范理论其他层面的兴趣是如此之低。

但随着20世纪90年代冷战的终结，这种十分强势的批判理论立场也很快终结了。这并不是因为它作为一种理论本身存在严重缺陷而遭到质疑，而是因为传媒及其运作的环境开始出现十分巨大的变化。这种变化包括几个不同的要素。其中之一是技术变化，特别是20世纪80年代对国际通信光缆和卫星信息传输潜能的发掘，以及计算机被应用于传播领域的快速创新。处于萌芽状态的互联网已经开始挑战传统媒体的主导地位，其他数量众多的传媒技术创新也以同样的方式提出了新的挑战。

与技术变化同步的是政治-意识形态的转变，强调传媒治理的社会责任模式逐步转变为放松管制（deregulation）和更具企业精神的管理模式。在欧洲，这意味着公共体制在广播电视和电信领域的衰退。自20世纪80年代中期以来，放松管制和私有化成为驱动通信和传媒领域发展的主导趋势。很快，在欧洲，革命思想开始被看作一种堂吉诃德式的幻觉，此前的批判理论家们也开始把注意力集中在如何捍卫旧公共体制的遗产，以及如何通过传媒政策手段达到限制新兴私有电子传媒业的目的等方面。社会主义政权在中东欧地区遭遇挫折进一步加剧了这些变化，加速了市场自由化和全球化发展的进程。

我们的核心观点是，传播研究者和教育工作者在这一时期面临着一系列基本上是全新的问题和现实状况。而二战之后和冷战期间所形成的一些理论框架并不能有效地应对这些新问题。传播立法和治理的新的分支领域涌现出来，新闻业也成为需要重新评估的对象（Deuze, 2005；Hanitzsch, 2007）。仅仅依靠那些建立在过时的历史条件基础上的规范批判理论所提供的准则和解决方案，根本无法满足对新理论和新政策方案的需求（Van

Cuilenburg & McQuail，2003）。比如，我们根本不可能回到封闭管理、限制对稀缺频道资源的获取以及以国家主权为基础的传媒制度模式的旧时代。有关传播和社会关系的一些基本问题依然具有重大意义，包括与自由、多样性、近用权、责任和质量相关的诸多问题（参见 McQuail，2003；Napoli，2001）。但是，我们需要以新的方式和论点来继续维系这些概念所表达的那些价值（参见 Hamelink & Nordenstreng，2007）。其中一个趋势是在新的全球背景下推动去西方化的传媒研究范式（Curran & Park，2000）。

前文对规范理论的各种观点和不断变化的传播政策状况的宏观讨论已经清楚地表明，到目前为止，还没有人以各种方法路径为基础提出总括性的理论方案。现有的关于传媒体制的各种分类模式之间的分歧要远远大于它们的共同点。而且，一些学者甚至提出应当放弃用新的理论方案来取代原来的四种理论模型。但这并不意味着规范理论分析路径已经走入了死胡同，也并不意味着规范性研究已经过时，纯粹描述性的研究才是可取的。相反，规范层面的理论工作在传播研究中依然占据着核心位置，因为当前传媒技术和结构的变化，以及由于针对恐怖主义的战争而不断增加的对媒体自由的压力，都突出了与法律、政策和治理相关的许多问题的重要性。在不确定性和焦虑不安的时代背景下正在发生的这些变化，不仅削弱了支撑着绝对的媒体自由观念的自由主义共识基础，同时也动摇了那些或多或少已被广泛接受的在重要问题上能够在自由与社会责任之间起协调作用的基本规则。

一个全新的起点

虽然《传媒的四种理论》存在不少局限性，但我们认为该书依然具有参考价值，因为它提出了一个传媒制度的分类模型，其中每种传媒制度都反映了其所处的以不同政治哲学为基础的政治制度。问题在于它把哲学传统、政治制度和传媒体制这三个不同层面的分析压缩为一个层面。此外，它还把各个不同的传媒制度类型与特定国家的具体历史个案挂钩。

在方法论上，我们的第一步是要把这三个不同的分析层次区分开来，即哲学传统、政治制度和传媒体制。但与此同时，我们也会说明这些不同的层面是如何紧密相连的。每个层面都有各自的逻辑，不能被简单转化为其他层面，详情如下：

哲学层面——规范传统：法团主义、自由至上主义、社会责任理论和公民参与理论；

政治层面——民主模式：行政（administrative）民主、多元（pluralist）民主、公民（civic）民主和直接（direct）民主；

传媒层面——传媒角色：监测的、促进的、激进的和合作的。

在这三个不同层面上，不同类型之间不存在——对应的关系。规范理论的四个历史传统，没有一个可以准确地与某个特定的民主模式或传媒角色对应起来。如果非要对应起来的话，就会重犯《传媒的四种理论》的错误。这一包含哲学、政治和传媒三个维度的分类模型应当放在我们在后续章节中将要详细讨论的语境中来理解。此外，需要指出的是，我们此处提出的这个模型并不试图穷尽所有关于哲学传统、政治制度和传媒体制的分析路径。在每个层面上，我们只是集中关注一个特定的方面，即公共传播的规范传统、民主模式和传媒角色，这样的做法为其他可能的方法路径和分类模型留下了足够的讨论空间。

虽然分类模型具有引导和启发作用，但我们也必须谨记分类模型并不意味着每个具体的个案都必然属于或只能属于某个特定的类型。比如，现代记者的职业理念，很可能糅合了来自几种不同的规范传统的观念，特别是法团主义传统，对新闻业有着最为持久的影响力。传媒机构或个体传播从业者所认定的传媒角色通常也包含了各种不同的有时甚至是相互矛盾的传统。因此，这些不同的类型应当被看作是一些帮助我们进行分析理解的工具，而不是一些对事实进行裁剪的固定模式。

因此，我们所采取的新方法考虑到了传媒规范理论的复杂性，相关问题的深刻历史和文化根源，以及规范性问题所涉层面的多样性。我们无法提出一个可以容纳一切问题的整合性框架。相反，我们试图通过区分总体问题所涉及的不同层面来将问题进行简化处理。根据这一方法路径，我们提出了三种分类模型，它们足以在各个分析层次上囊括所有的主要类型。碰巧的是，每个分类模型又分别包含四个主要项目。这看起来也许是个不幸的偶然，因为这会让人想起最初的四种理论模型。然而，我们无意将《传媒的四种理论》的遗产发扬光大。正如本书的副标题所表明的那样，我们总体的关切点是民主。在对民主政治制度的关注中，我们借鉴了在关于民主的讨论中涌现出来的关于何为人以及何为社会的多种哲学观念。正如我们在第二章中将会指出的那样，也许有人会认为，只有当共同体的集体决策中存在一定程度的公共参与时，关于何为公共传播理想形式的讨论才会成为可能事，而这意味着参与者是平等和自由的。因此，我们在此所持的是一个更为谦卑的立场：我们的讨论并不涉及威权社会的传播模式，因为这些问题超出了本书所设定的讨论范围。

我们认为把规范理论的讨论限定在民主文化和政治制度中避免了道德相对主义的问题，但同时我们也意识到，在不同的历史和文化语境中，一定存在过或可能存在过各种民主制度形式的组合，这些制度形式为自由和平等提供了保障，并对这一框架所暗示的人类生存状况予以尊重。虽然我们提出的是关于民主表达的分类模型，但这并不是说我们认为它与历史上存在过的特定政治制度类型是完全吻合的。相反，我们把这些类型看作是一个象限内的一些趋势或矢量，它们组合成许多制度形式。这种趋势和组合逻辑同样可以应用到对历史哲学传统和传媒角色的讨论中。例如，在民主政体中，在某些特定情况下，新闻业会被要求发挥更具合作性的功能，而这样做并不违背自由和平等的原则，但在其他情况下，推动激进变革似乎是媒体更适合扮演的角色。

在上文中，我们试图系统性地总结出一个规范原则的理论库，正是这些原则指导着当下公共传播实践领域的具体行动。我们希望这有助于传媒从业者既能够认识到他们在具体环境下所扮演的规范性角色，同时又能明白是何种潜在的道德基础使这些角色具备了合法性。与此同时，我们也把这些规范原则看作是一些开放的原则，在全球化、地方化和不同道德传统交融的时代，这些原则依然处于持续不断的发展之中。

分析的三个层次

第一个分析层次处于最一般性的层面，处理的是历史语境和那些形成了不同哲学传统的争论，而正是这些不同的哲学传统引领着包括传媒和新闻业在内的公共传播实践。我们之所以把这些传统称为"哲学性"的，原因在于这些传统把衡量何为好的公共传播的准则与更为深层的合理性解释联系起来，这涉及关于何为人、何为社会以及何为好的生活的一系列观念。因此，我们的讨论将会追溯到诸如柏拉图（Plato）、亚里士多德（Aristotle）、西塞罗（Cicero）、奥古斯丁（Augustine）等古典思想家关于公共沟通伦理问题的争论。此外，我们还将探讨与公民权（citizenship）这一概念相关的规范理论的许多不同维度。这一概念预设了表达自由、参与公共决策过程的权利，以及将公共沟通看作是一种对话性的话语活动的定义方式。因此，规范传统绝不只是一些屈指可数的理论而已，它实际上是一套复杂的价值观。在我们看来，专业人士和公众都应当了解这些价值观是什么。

第二个分析层次是关于传媒如何对民主的运行做出贡献的更为明确的讨论。正如前文已经指出的，我们承认，在人民主权（popular sovereignty）这一观念获得广泛赞同的前提下，的确存在民主制度和程序的多种不同形式。显然，受到不同历史条件和政治文化的影响，不同的社会发展出了自身特定的民主实践方式。基于此，我们将对主要的民主政治模式进行辨析，每种政治模式都将对传媒在公共传播中的角色提出与其他政治模式多少有些不同的规范性要求。

在第三个分析层次上，我们将把焦点放在传媒自身，特别是其中的新闻部分。我们赞同詹姆斯·凯里（James Carey）的看法，即新闻是一系列实践活动，"其合法性在于其所带来的社会结果，即民主社会秩序的形成"（Carey，1996，p.9）。也许有人会认为，我们身处信息娱乐化（infotainment）以及传媒娱乐具有广泛政治影响的时代，规范理论的适用范围只能局限于对新闻媒体和新闻实践的关注。然而，我们倾向于认同这种关注，因为我们认为相比而言，新闻实践与对民主的捍卫之间存在着更加清晰和明确的关联。我们决定在本书中不讨论音乐视频或脱口秀主持人的独白等不同类型的内容（Entman，2005），虽然这些内容无疑也是信息和评论的重要来源。但我们考虑到了伴随着互联网而出现的一些新的发展，比如博客（blogging）和播客（podcasting），尽管这些新的传播方式对民主制度的意义尚未得到充分的探讨。迈克尔·舒德森（Michael Schudson，2003）

对新闻这个概念给出了一个十分宽泛的定义，他认为新闻就是"一系列定期（通常是每日）把关于当下事务的信息和观点公之于众的制度和机构，这些信息和观点通常以一种忠实于真实的方式被传播给分散的无名受众，从而将他们纳入一种具有公共重要性的话语之中"（p.11）。迄今为止，一般来说，传媒业的一个明确的规范性角色就是推进民主和民主制度，因此，传媒机构应当遵循有关新闻业功能的相关讨论中所提出的各种指导原则。

本章的余下部分将会总结我们提出的这个三层次的分类模型，作为后面各章的一个预览。归纳而言，这些讨论的目的是要提出一个关于公共传播的规范理论。在这里，"规范"一词意味着相关的解释是以文化价值的选择以及最终以关于自然和人类存在目的的诸种假设为基础的。而"理论"一词则指关于为何特定行动会产生特定结果的一种合理解释。公共传播指的是那些维系着广阔公共领域并服务于从小型社区到国家或全球社会等不同层面的政治治理的人类传播形式。大众传媒和新闻业在这个过程中扮演着核心角色，但它们绝不是公共传播仅有的手段，除此之外，还包括文化、宗教和政治的许多要素。

公共传播的规范传统

在哲学层面上，我们区分了两千五百年来关于公共传播方式的争论的四个主要阶段：法团主义、自由至上主义、社会责任以及公民参与。在发展的每一个阶段，我们感兴趣的问题是传播的价值观念与民主治理体系的发展之间存在什么关系。出于方法论的考虑，我们的讨论将从地中海地区城邦国家的直接民主实践开始。别的学者也许会从其他文明中追溯公共传播哲学演变的源头。但诸如"民主""伦理"和"传播的修辞方式"等许多核心概念都起源于古希腊。许多议题，例如自由和真实性问题，都是在古典希腊时期的许多争论中被首次提出。与《传媒的四种理论》以及其他许多学者所假设的观点不同，我们并不认为对这些问题的讨论只出现于早期现代欧洲。每个历史阶段的争论通常都包含了所有三个层面的问题，即哲学基础、公正和负责的治理体系，以及实现"好的"公共传播的具体模式。每次对规范价值的重组过程，例如，对所有公民民主参与权的坚持，都与在特定历史语境下追寻何为好的和公正的公共传播的努力是分不开的。

特定历史时代的重要思想家发起的辩论都是建立在一系列广为人知的哲学价值观念基础之上的，这些观念如此深入人心，以至于它们已经成为那个时代公共话语规范原则的主流传统的一部分。因此，我们更倾向于称之为传统，而非理论或范式，因为每个时代的传统都是不成体系的，尚不足以成为我们今天所理解的理论。再者，"范式"一词意味着一定程度的准确性和明确的格式化表达，而这在那些传统中并不存在。但我们认为这些传统是相对稳定的历史存在物，它们实际上是一些具有范式属性的价值传统。

我们所提出的这个分类模型，其依据是与各种原则存在内在逻辑关联的一系列价值和传统。例如，在自由至上主义传统中，公民在公共领域的表达自由是与尊重他人表达自由的义务相辅相成的，这种义务要求人们必须保证，即便在某些观点被普遍认为是错误的情况下，公共讨论的空间依然对所有不同的观点保持开放。每个传统都表达了一套在特定历史情境中涌现出来的彼此相互统一的价值观念。正如本书的第二章将要说明的那样，我们认为每个传统都是一个持久对话的组成部分，柏拉图、亚里士多德等古希腊思想家的著作是对这一对话的书面记录，而这些著作的更为深刻的思想基础则来自古希腊人与当时他们所能接触到的各种文化之间的相互交流。早期现代欧洲的政治哲学家和其他领域的思想家都十分清醒地意识到自己受到古希腊传统的影响，这种影响经过了中世纪传统的改造，而与此同时，中世纪传统又受到了来自伊斯兰哲学思想的很大影响。如今，我们可以看到，被冠以"公民参与"之名的一套关于公共传播的原则体系，突出强调了所有公民直接参与公共传播的权利，并要求公共传播对妇女和其他许多群体保持前所未有的开放度。随着全球化进程的推进，这种不同文化之间的对话过程在全球许多地方得到了进一步推广。

依据我们的分类逻辑，如图1所示，我们认为这四种历史传统并不是一些固定不变的观念体系，而是一个象限内的一些趋势。在关于公共传播辩论的历史中，最重要的议题是社会文化共识和多元化的不同倾向程度。共识指的是一个统一的中央国家政权、国教，或者一个同质化的文化体系，相比之下，多元化则是指文化和族群的多样化、权力分散、更广泛的言论与信仰的自由和多样性。图 1 中的纵轴表示的正是这两种趋势之间的对立关系。而横轴体现的则是政治动员状况的变化，从威权主义的治理方式到决策过程的广泛参与。

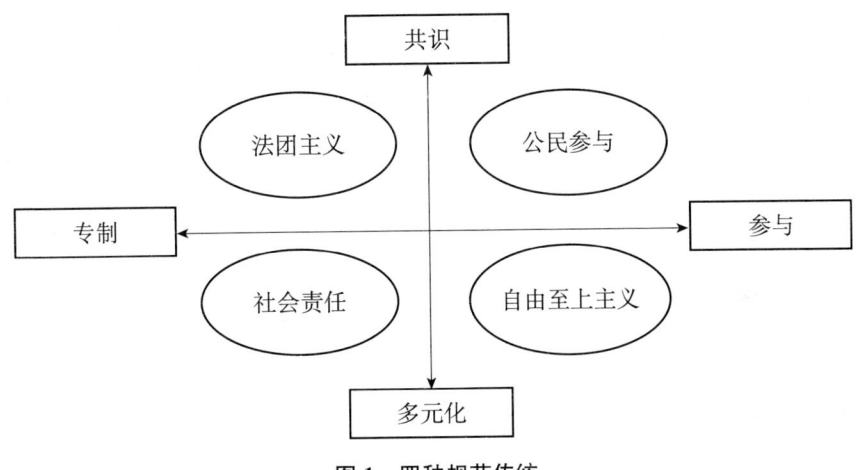

图 1　四种规范传统

如图所示，我们由此划分了四种历史上出现过的公共传播准则模型：法团主义、自由至上主义、社会责任和公民参与。第一种传统和第二种传统在历史上是两种完全不同的类型，相比之下，第三种传统和第四种传统之间则比较相近，并呈现为许多不同的形式。虽然这四种传统可以被视作一些相对稳定的具有范式意义的不同类型，但它们同时也是一个历史演变过程的产物，类似于不同的政治哲学思想流派。但我们并不认为相对较近的传统取代了早前的传统，也不认为较新的传统在为公共传播提供指导原则方面比旧传统更有价值。每个传统其实都意味着一套经过时间检验的制度体系，而在民主社会中，这些制度体系将继续成为新闻业角色规范的重要来源。

法团主义传统

这个传统源自相对较小的地中海城邦国家的直接民主实践，特别是两千五百年前的雅典的政治文化。它之所以被称为法团主义，是因为其基础是一种宇宙有机和谐的世界观。亚里士多德在他关于伦理、修辞和政治的专题论文中对法团主义公共哲学做出了最经典的表述，但一种具有更强烈的社群主义（communitarian）色彩的哲学思想则是由现代政治理论家提出的。现如今，法团主义哲学观作为公共传播的基础依然在世界上许多地区发挥着影响力，特别是在亚洲和伊斯兰文化中。这种观点与《传媒的四种理论》所提出来的专制王朝政体和20世纪军事独裁政体中存在的那种威权主义不同，因为相对来说，法团主义对公共传播的民主过程保持一定程度的开放。但在多数情况下，这种传统要求媒体在涉及国家利益，以及与宗教、教育和家庭议题等社会制度领域相关的重要事务上与国家保持合作关系。

在一个文化多元性有限的社会中，人们就生活各个层面的规范达成共识，其中就包括关于何为好的公共传播的规范。在这些社会中，人们也许很少就共有的世界观和存在秩序的观念发生争论。人们往往倾向于将一种既定的文化秩序等同于一种深层的形而上的存在秩序或神授的规范体系。

法团主义传统可能会主张一种高度中央集权的政治控制，也可能像在古希腊社会中那样，鼓励有特权的男性公民展开自由公开的辩论。在面临严重的外部威胁而内部又缺乏共识的情况下，中央集权控制，甚至强迫性的高压政治动员出现的可能性就会很大。古希腊社会具有很强的法团主义世界观和哲学传统。例如，柏拉图就把存在秩序（order of being）视为判断公共传播可靠性的基础。同样，亚里士多德也把理想的公共话语建立在关于第一原理（first principles）的知识基础上。但雅典是一个文化上和社会上都比较简单的小型社会。为了在集体行动中取得全体成员的一致合作，以达成共识为目标的决策是可以理解的做法。实际上，这个原则是古代和中世纪许多地中海城邦国家公共决策的基础。

在许多东南亚民主国家中，基于深层的宗教和文化共识，形成了一种更倾向于推动共识形成而较少提出异议的传媒政策。以高度价值共识为基础的法团主义世界观导致传媒往往对权威采取一种较为敬畏的立场。在那些需要动员社会力量促进发展的民主社会中，政治上的法团主义观念和合作主义态度往往很有吸引力。人们期望传媒能够在国家利益事务方面扮演积极合作的角色，对经济计划、宗教和教育事务少一些批评意见。传媒精英很可能与社会、政治和文化精英保持着十分紧密的联盟关系，并受民族文化团结政策的支配。

自由至上主义

这个传统或许也可以称为"自由个人主义"(liberal-individualist),因为它把言论自由原则提升到了价值等级体系中的最高位置,并认为传媒应当成为这一价值的捍卫者。公共传播的自由至上主义理想最早出现于中世纪晚期和文艺复兴时期,是对欧洲根深蒂固的君主制和宗教体制的一种反抗,当时这两种势力联合起来压制一切挑战其权威的言行。宗教和政治异议分子大多受到了镇压,但异议依然存在,而某些异议正是以正义或真教(true religion)原则为基础的,这一事实促使言论自由观念开始生根发芽。作为当时的世俗哲学家之一,托马斯·霍布斯(Thomas Hobbes)在他的著作《利维坦》(*Leviathan*,1651)中提出,国家是秩序和文明不可或缺的来源,因而具有至高无上的权威。大约同一时期,清教文学家约翰·弥尔顿(John Milton)发表了雄辩的《论出版自由》(*Areopagitica*,1644)一文,呼吁终止英格兰的出版审查制度。

自由至上主义的许多核心价值与企业家阶层的价值观和想法是一致的。其中的信念之一就是个体应当可以自由地拥有媒体,而在法律允许的范围内,媒体的拥有者可以使用媒体来达成自己的任何目的。相应地,一个自由的传媒市场将最有利于所有参与方的利益,由此整个共同体的利益也得以最大化。根本不存在所谓的公共出版权或集体"知情权"。自由的敌人是政府和国家,以实现假定的公共目标为名而实施的任何公共干预行为都不会带来什么好处。

在这个传统中,对自由的主张是至高无上的、绝对的。这意味着即便可以预见到谬误的存在,外部问责(external accountability)也被认为是完全不必要的。如果需要以干预的方式对自由加以限制,那么只有当这样做有利于市场的更好运行时,这种做法才是合理的。中世纪那种保护公众不受市场上不良商家侵害的原则被废止了。买主应当自负其责(caveat emptor)。由于对大型社会机构和制度体系——特别是教会和国家——的不信任,这一传统主张有机团结的基础不是社会整体结构的合理性,而是个人与生俱来的有意识的理性抉择的能力。社会团结与合作应当建立在不同形式的社会契约之上。

自由至上主义在19世纪达到了顶峰，其代表是约翰·斯图尔特·密尔（John Stuart Mill）的一系列著作。在他的《论自由》（*Essay on Liberty*，1859）一书中，自由被视为通往真理和实现功利效用的最好方法，而信息和观念的自由流动则是财富积累之源。根据实用主义哲学的看法，只有观念表达的自由才能最大限度地增进绝大多数人的福祉。

社会责任传统

这个传统一方面依然认为自由是组织公共传播的基本原则，但另一方面也认为公众或社群同样拥有一些权利以及对充足服务的合理期待。社会责任①（*social responsibility*）这个说法很大程度上是由哈钦斯委员会提出的。从根本上来说，新闻自由合理性的依据只能是它的社会影响。这种观点很可能会呼吁对媒体的活动采取一定的限制，或采取一些干预措施，从而弥补或者控制传媒市场的一些不足之处。但在这个框架内，关于国家为了确保合理的公共服务水准所采取的干预措施可以实施到何种程度，人们持有十分不同的看法。现实中应用于传媒实践的各种不同的社会责任理论版本所主张的干预程度是不一样的。主张采取最少干预的观点认为，传媒自身应当主动回应公众或政府的要求，建立自我约束的问责机制。专业主义的发展被认为是这个过程中一个关键的组成部分。相比之下，主张采取更多干预措施的观点则要求以补贴和法律的形式来确保多样性或创新，同时主张建立公共所有制传媒，特别是公共广播电视服务机构。

规范理论、民主制度以及我们对民主社会中传媒角色的理解实际上一直处于不断的变化之中，社会责任传统的出现体现了这一演变过程的辩证逻辑。随着自由至上主义方案在19世纪成为许多民族国家奉行的基本模式，不受限制的以营利为目的的市场自由的负面结果很快显现出来，人们开始意识到用责任来平衡自由的必要性。

在这一转变的过程中，为了满足大众对信息和娱乐的需求，传媒行业开始意识到雇用富有专业性和责任感的员工的必要性。在一定程度上，应对这一要求的努力之一就是传媒行业从业人员的专业化，包括建立伦理规

---

① 原书斜体字，译文用楷体加以显示。——译者注

范、专业培训以及自律机构，现如今这些都已经成为传媒专业标准的组成部分。同样重要的是一种"服务于民主发展"的精神氛围的出现，这被视为对工业社会进步的一个贡献。基于传媒的这一新角色，个人良知已经不再是公共传播者的主要出发点，相比之下，其行为的参照系已经日益依赖于这样一种假设，即个人有义务服务于大众参与的民主社会的发展。不过，社会责任模式的形成经历了一个多世纪的时间。

就前文所讨论的图1中所显示的两个维度来说，社会责任传统与多元主义和专制控制这两个向量比较接近。社会责任传统的价值在于它能够在自由和控制、自律和他律、对民族文化和文化多样性的尊重、个人需求和社群需求、相对高的文化品质和大众理解等一系列矛盾趋势之间取得平衡。我们所要提出的新模式应当对不同的民族和文化群体建构其规范传统的不同方式保持开放，这种规范传统应当既忠实于这些民族自身的文化，同时又能与民主制度的要求和传媒机构的实践现实相契合。

公民参与传统

相对于前几个传统而言，公民参与这一说法是近来才出现的，但它所代表的传统却已经有三四十年的历史了。早在16世纪的异端宗教和政治运动，以及18世纪争取出版自由的斗争中，就已经出现了公民参与思想的萌芽。早期的更多先例还包括19世纪劳工运动中出现的激进报刊。但即便如此，准确地说，公民参与式传媒业的现代观念其实最早源自20世纪60年代到70年代的另类传媒（alternative presses）以及随后的自由广播运动，是一系列观念和动因影响的结果。尤其是那些在20世纪大多数时候都曾出现过的革命酝酿阶段的草根行动主义媒体，同样是公民参与传统的一个重要来源（参见 Downing, 2001）。

这一传统的合法性基础是这样一种观念：媒体属于人民，其存在的目的是促进解放、言论表达和批评。在这种视角下，传媒的典型角色应当是参与到特定形式的捍卫集体权利的斗争之中。一旦政治变革得以实现，这些媒体形式的使命也许就完成了，或者它们会变成新制度的一部分，成为真正表达公民声音的平台，不再受市场或者政府的控制。因此，在我们的分类模式坐标中，公民参与式传媒与中央集权的威权式媒体处于完全对立的位置。

公民参与的传统主要强调了地方社群，以及小型的另类传媒的角色。实际上，很难将这种模式应用于诸如电视网或大众报刊之类大规模的主流全国性或国际媒体中。尽管如此，但这一视角对主流传媒模式提出了批评，并为理想的传媒运行方式设立了特定的评判标准。即便是大型传媒机构也可以采取一种更为积极的态度，对其阅听人的想法给予更多的关切和回应，鼓励更多地反馈和互动。这些机构也可以采取参与形式，实施调查和辩论，从而真正地实现公民对传媒的参与。[4]

民主模式

我们分析的第二个层次是关于民主的观念。在我们看来，民主就是民治、民享、民有的治理方式（参见，例如，Gunther & Mughan，2000）。不过，民主不仅仅是确保统治者对人民负责，同时还包括人民如何集体行动从而对统治者和他们自身的生活产生影响的各种方式，包括现存的各种公共传播形式。在我们所列的规范理论传统和民主模式之间不存在一一对应的关系。实际上，关于如何对现代世界民主政治的各种概念和形式进行分类，人们向来持不同的看法。但我们还是能够找到一些比较可靠的学术指引，来帮助我们对民主概念进行理解（尤其值得参考的是 Held，2006），以这些理论框架为基础，我们提出四种民主模式：自由多元民主（liberal-pluralist）、精英行政民主（elitist-administrative）、商议公民民主（deliberative civic）和大众直接民主（popular-direct）。

正如我们将要在第四章中说明的那样，贯穿绝大多数民主理论与实践的一个问题是个体权利和自由与社群内部的平等和集体权利之间的区分。比较而言，盎格鲁-撒克逊传统更加强调前者，而以法国为代表的欧洲大陆模式则更强调后者，这种模式尤其受到了卢梭（Rousseau）思想的影响。与此类似，哈贝马斯区分了自由主义或洛克主义（Lockean）的民主政治观与共和主义民主观。根据自由主义民主观，政治的"功能应当是联合并依靠私人社会利益的力量来制衡国家机关的力量，确保后者能够在行政体系的专业化运作中运用实际权力来为集体目标服务"。相比之下，共和主义观点则把"政治看作是……对本质上具有道德属性的生活的一种反映形式",这涉及对社群中公民间相互依存关系的一种明确意识(Habermas,1998,p.240)。他写道:"除了行政权力和个体的私利,团结和对公共利益的强调似乎是社会整合的第三种来源。"(p.240)我们在第四章中也会明确指出,民主理论不可避免地会同时包含规范性的或规定性的要素,以及经验性的或描述性的内容。下文所列的这些民主模式均在论证和诉诸基本价值观念的基础上强调了自身的合理性,对此我们将在第四章中进一步做出解释。

多元民主

当今时代许多国家都遵循了这一民主模式,其特点是有优先考虑个人的自由,把市场看作是增进福祉的主要机制,并倾向于对国家在确保自由市场社会的有序运行方面应发挥何种必要的作用进行限制。很显然,这一民主模式与我们先前所分析的自由至上主义传统之间有联系,哈林和曼西尼(Hallin & Mancini,2004)的自由多元主义模式对此有很好的说明。

不过,并不是所有的问题都可以通过一个具有兼容性的民主理论轻易解决。例如,在实践中,传媒市场有可能并不服务于多元主义的目的,因为它往往不能保证给予相互竞争的不同观点同样的发言空间。但与其他行业一样,传媒业也存在趋向集中的问题,虽然其集中程度并不一定比其他行业更严重。此外,不受限制的逐利倾向往往促使媒体对犯罪、暴力、性和其他有违社会规范的行为和倾向的报道采取耸人听闻的手法,从而引发强烈的反应,对个体和社会造成伤害,这一点也经常遭人诟病。因此,自由至上主义的传媒模式并不必然有利于形成民主的社会秩序。理论上可以通过推动有效的自律来纠正这些问题,但实际上这也许并不是能真正解决问题的办法。在危机时期,国家不能仅仅依赖传媒市场变幻莫测的供给与需求机制。除了与最小国家(minimal state)原则相抵触的控制或管制问题之外,在自由市场主导的社会中,为自由传媒确立一个相对稳定的角色也存在困难。因为媒体可以根据自己的意愿来选择或回避特定的社会角色。随着互联网的普及,这个问题变得日益突出。

行政民主

这个模式强调了依靠专业行政机构和其他专家团体来照管人民福祉的必要性。无论是政治家还是普通公民都不具备治理一个高度复杂的现代社会所必需的知识。历史上,曾经存在依靠公共官僚机构来运作主要的公共服务设施的倾向,有时候甚至包括一些重要的产业。但近来这种趋势已经发生了变化,从直接的公共控制转向了管制机构监督下的私人所有。这些被委以重要政府职位的精英分子会受到多种形式的监督,以确保其对公众负责,其中包括民意的监督,如果有必要,还可以通过市场干预的手段来实施监督。现代民主社会谋求为公民提供合理标准的福利保障,为公众提供社会安全等被视为是不适合通过市场手段实现的一些基本服务。不过,欧洲和美国对行政民主的理解依然存在巨大的差异。

行政民主和传媒之间的关系通常是模糊的,即便在社会责任理论和社会民主政治之间存在紧密的共生关系,一个典型的例子就是哈林和曼西尼(Hallin & Mancini, 2004)所提出的民主法团主义传媒政治模式,类似的例子还可以在一些北欧和东欧国家找到。在这个模式中,国家对传媒的态度与行政民主的原则相一致。传媒会时不时地因为没有对政府和政治机构给予足够的支持而受到指责,传媒因此无法获得完全的信任,也就无法获得完整的独立性。强化政府责任和保留公共广播电视以对抗传媒去管制(deregulation)趋势的种种努力,都反映了这种信任的缺失和维护残存控制权的欲望。2003年英国政府与英国广播公司(BBC)之间围绕伊拉克战争报道所发生的冲突,就是关于此类紧张关系的一个典型例子。

公民民主

这一模式有多种形式。但其总的意思是任何健康的民主政治的一个特征都应该是公民的积极参与,特别是在基层意见的形成和特定共同利益的表达方面。作为民主的一种形式,这个模式与精英和专家治国的主张很不一样,同时也与那种以全社会个体选民意见累加为特征的民主模式不同。不可否认的是,作为一种传媒规范指南,公民民主模式多少存在一些问题,但其重点似乎在于呼吁更多地利用诸如互联网之类的各种形式的参与式传媒，以此来进一步强化多样性和地方主义。实际上，除了为处于边缘地位的少数群体提供理论支持外，很难看出这一模式的其他作用。

这一模式对有影响力的大规模传媒机构的政治作用提出了挑战。通常，它们被要求提供更能切中主题的高质量新闻信息服务，为更多的不同声音提供表达的渠道，倾听并反映公民的关切，并在与公民权相关的各种议题上发挥正面积极的推动作用。同时，传媒也被要求避免发表对政治和政治家的贬低言论，因为这些内容助长了犬儒主义和政治疏离心态。不过，许多此类要求很可能与身处高度竞争环境下的新闻传媒的经济利益是相互矛盾的。因此，除非能够以记者的专业使命感和媒体使用者的强烈需求作为后盾，否则这些提议很可能没有多大的现实意义。

直接民主

与公民民主相比，对直接民主的理解可能更加多样化。一群人实施的直接自治的古典形式在大规模的现代社会是行不通的。这种模式的现代对应形式是全民公投的治理方式，其实质是多数决定规则。实行这一治理方式的可能性在不同的政治制度下是不一样的。但即便民众没有决策权，政府依然有各种倾听民意的途径，比如，通过民意调查或焦点小组座谈的方式。电子政府虽然在实践中尚未获得广泛的应用，但已经被视为一种可行的方案。草根运动经常采取一种民粹主义的政治形式，试图找到在公众看来被民选政府忽视的严重问题的激进解决方案。这种情况经常发生在诸如犯罪和惩戒、移民、税收和管制方面，有时候外交政策中也会出现此类情形。在不同国家，这种民粹主义的形式可能是各不相同的。

抛开这些问题不谈，就传媒而言，直接民主的要求意味着必须有一些媒体空间来容纳所有的重要观点和主张，使之得以表达，被倾听，否则这些声音就有可能被主导精英群体忽视。坚持己见的博客写手和无拘无束的权力批评者，无论借助何种渠道表达自己的看法，他们都是在为民主做出自己的贡献。最有可能推动直接民主发展的是那些数量庞大的小规模的草根媒体，或者是对一些未得到满足的媒体内容市场需求的承认，这些内容一方面符合一些主流群体或一些关键少数群体的需要，另一方面又很容易遭到忽视。

传媒的角色

对规范理论和民主之间关系的讨论主要关注的是传媒在社会中的角色问题。媒体有时候根据它们自身的目的或者所提供的服务来定位自己的角色。关于媒体的公共辩论也遵循了类似的标准,尽管这些辩论大多采取了一种规范性思路,讨论的是传媒应当做什么的问题。传媒角色的概念很容易与这些不同的话语相适应。

在社会学中,角色概念通常出现在功能主义或社会系统理论中,意思是某些人或单元为了确保作为整体的系统的正常运转而必须完成的一些活动。关于大众传媒,早期理论家(例如 Lasswell,1948;Merton,1949)提出了传播的三种主要社会功能,均以媒体扮演特定角色的方式来表示:监控(提供关于外部世界的信息)、联合(促进社会团结)以及传承(价值和文化的代际传递)。其他学者进一步发展和丰富了这些观点,并以此为基础提出了关于新闻媒体在民主社会中应扮演何种角色的更加具体的规范性意见。把媒体视为第四等级的一般观念(B. Cohen,1963)和那些认为新闻界应承担更大社会责任的主张(Commission on Freedom of the Press,1947)支撑着这些观点。多数公共广播电视机构(以 BBC 为模板)所采取的路径成为对传媒社会使命和角色的最好说明:告知、教育、娱乐。

第五章将对新闻媒体角色的理论基础进行详细讨论。我们需要记住的是,与民主理论同时具备经验性的和规范性的维度一样,传媒的各种角色也具有这两个维度。传媒或者在传媒机构工作的记者的角色,一方面描述了新闻工作或实践的内容,另一方面又指出了比这些工作本身更加重要的目的和责任。因为我们无法强迫民主社会中的自由媒体遵循特定的目标,所以传媒角色的规范性要素通常是一个选择问题,一般通过约定俗成或社会纽带的力量得以巩固和强化。但无论如何,我们所关心的是那些根据规范理论或前文所述的民主模式所倡导的价值观来衡量的可被接受的目标。

关于传媒的社会角色特别是其在民主政治中的作用的主要观点可以被归纳为媒体应执行的如下几个实际任务:

- 提供关于事件及其语境的信息。
- 提供与事件相关的评论，包括指导和建议。
- 为不同的观点和政治主张提供论坛。
- 在公民和政府之间提供一个双向的沟通渠道。
- 作为政府的批评者或监督者，确保其履行职责。

此处所列的媒体可能扮演的这些角色提醒我们，媒体可以为那些掌握信息和观点来源的人的利益服务，不管这些信息是不是政治性的，同时，它们也可以为作为信息接收者的公众的利益服务。另一个区分媒体不同角色的维度是将媒体视为事件的观察者或者是参与者，这两种视角分别对应不同的媒体观：一种是把媒体看作一面反映现实的镜子，而另一种则把媒体视为社会行动的手段。人们一般会用各种关于狗的隐喻来描述不同传媒角色的特征：监督掌权者的看门狗、取悦主人的宠物狗，或者是捍卫既得利益的警犬。

对传媒角色的传统构想主要是以传统的新闻传媒——通常被称为"新闻界"——为基础的，并在传媒和政治之间设定了特定的制度关系。但传媒的本质正在发生变化，这些变化如今已经影响到了对传媒角色的理解。尤其是互联网，由于具备传播海量信息的能力，对发送者和接收者均保持开放以及互动潜力等特性，从而为新的或者与以往不同的传媒角色的出现提供了可能性。

尽管存在这些挑战，我们依然决定在此对新闻传媒的社会角色问题加以探讨。我们所提出的四种传媒角色构想与标题并不完全一致，同时也不局限于任何一种规范传统或民主制度类型。我们并不打算穷尽所有可能的传媒活动类型，但我们的确认为，这里提出的四种传媒角色与当今时代的核心议题紧密相关。这些议题包括：社会透明度以及社会中的信息流动问题；促进社会和政治进步，特别是推动民主制度的发展；传播媒介独立于既得利益者和现有体制之外发挥批评的功能；以及传媒与政府的合作或者不合作关系。

监测角色

传媒的首要角色自然是警觉的信息告知者，其职能主要包括搜集和发布阅听人感兴趣的信息，以及为包括政府、商业广告主和私人在内的各种信息源和委托人传播他们要发布的各类信息。信息源和传媒的信息传播活动具有很多不同的目的，例如，追逐利润、履行社会职责以及宣传。"监测"（monitorial）一词在此的意思是提供情报、建议、警告，以及满足信息寻求者的其他一切一般需求。例如，关于明星、体育、时尚、娱乐和消费的信息，在形式上很难轻易地与政治和经济信息区分开来。虽然监测角色主要指的是新闻记者的工作，但实际上其所涉及的范围要广得多。

促进角色

作为主要的公共信息渠道，新闻媒体不可避免地会卷入范围广泛的政治和社会过程中。政治、商业、医疗、教育和福利等其他系统在许多方面都依赖传媒系统提供的特定服务。媒体同时为那些基于合理原因而试图获得公众关注的人和付费使用媒体资源的人提供传播空间。但只要媒体的这些行为是自愿的且不损害自己的诚实、信誉和独立性，那么媒体与其他社会机构之间的这种促进关系就会变成一件有益的事情。由于新闻业的角色具有规范性特征，因而新闻传媒不只是对公民社会的联合和活动进行被动报道，同时也可以积极支持和巩固这些行动。

激进角色

这一角色与促进角色相去甚远，与传媒所扮演的与政府合作的角色也是截然不同的。当媒体为那些批评政府和现存秩序的观点和声音提供表达平台时，它们就开始扮演激进角色。在这种情况下，媒体为剧烈的变化和改革提供支持。当然，媒体本身就可以成为一个批评意见的来源。这一角色批评的重点是压制或限制媒体自由的行为，同时也为言论自由的合理性提供辩护。如果没有传媒的这种激进角色，参与式民主将成为不可能之事。

合作角色

这里所谓的合作特指媒体和政治经济权力来源之间的关系，主要指的是国家及其代理人。历史上，这是媒体的首要任务，包括推动民主进程的各种新兴政党在内的不同机构都会运用媒体来服务于自己的目的。即便是在今天，在特定的情况下，民选政府或军政府当局依然会要求媒体支持自己的各项政策，以维护社会秩序，防范犯罪、战争、恐怖主义、叛乱以及紧急的自然灾难等各种威胁。要求媒体采取合作态度也可以是在更加一般的意义上而言的，例如，要求新闻界维护国家利益，发扬爱国主义精神，以及尊重政府权威。在发展中国家，新闻业也可以被要求为特定的发展目标服务。

在实践中，这些不同的传媒角色往往是相互重叠的。信息提供的角色对其他三个角色而言都是至关重要的，在这个意义上，它是传媒最基本的角色。相对来说，我们所提出的这个角色类型模式并不只是对媒体任务的一个简单归类，而更多的是关于媒体的主要目标以及特定媒体所选择的运作方式和态度。从这个角度讲，这些不同的媒体角色之间必然存在对立和潜在的冲突关系。其中对立关系最突出的是合作角色与激进角色。虽然批评有时候具有建设性，但激进角色通常意味着站在与当权者对立的立场。这说明媒体并不是在一个社会真空环境中运作的，相反，它持续地与其他各种社会行动者和传媒使用者发生互动。正如我们已经指出的那样，不同的媒体类型可以根据其与社会权力的关系（依赖或反对）或作为行动者参与到政治社会事件中的程度来加以区分。

虽然我们在这里提出的这个分类模式具有一定的启发性，但我们并不打算用它来代替《传媒的四种理论》。相反，我们只是要提供几个批判视角，借此来审视当今社会人们——特别是专业传播者——关于新闻业的所言所想。正如本书下半部分所表明的那样，我们的目的是要从新闻媒体的基本社会角色的角度去探索那些曾被四种理论占据的领域。

结　论

在这一章，我们提出了规范传统、民主模式和媒体角色三个分析层次。虽然这三个层次并不是完全独立的，但它们为我们提供了讨论媒体与社会关系这一复杂问题的替代性分析路径。任何一种传媒规范传统都以一些深层的价值观念为基础，这些价值又会凸显特定民主模式的重要性，这两者之间必然存在一定的对应关系。同理，在特定的价值取向与对四种媒体角色中某一角色的强调之间也存在类似的联系。不过，这三个层次之间的对应关系不是固定不变的，必然还有许多自由运作的空间，而且它们也分别提供了一些理解相关议题的不同视角。在规范传统层次上，最适合对特定历史时期的整体媒体系统进行描述和评估，而对民主模式的分析则应从对政治理论和一系列特定政治制度选择的讨论开始。相比之下，第三个层次的媒体角色分析则可以用来考察几乎所有民主社会中新闻业的运作过程，无论它们是何种类型，是处于什么时代的民主社会。

在第二章中，我们将从对规范理论历史发展进程的具体分析入手，展开对这三个层次之间关系的讨论。我们希望能搞清楚处于特定社会历史语境中的政治共同体是如何把它的哲学世界观与特定的民主形式联系起来的。第三章的讨论将会表明，正是规范理论把哲学解释、民主形式和媒体角色这三个层次联系了起来。我们将试图解释在民主治理体系的发展过程中，共同体是如何通过公共商议达成了一系列关于优质公共传播的指导原则的。为了将本书的篇幅维持在可控的范围内，我们必须重申，第二章讨论的内容仅限于西方文明。但我们也提出了一个可以用来分析儒家和伊斯兰传统等其他不同价值系统的方法论。

注释

［1］威尔伯·施拉姆的《大众传播的责任》（*Responsibility in Mass Communication*, 1957）一书受到来自美国全国教会理事会教会与经济生活部（Department of Church and Economic Life of the National Council of Churches）的资金支持。经美国全国教会理事会同意，这一研究项目没用完的资金被用来资助《传媒的四种理论》一书中四篇文章的研究工作。

［2］该委员会是一个独立调查机构，主席是私立的芝加哥大学校长罗伯特·哈钦斯（Robert Hutchins）。时代公司的出版人亨利·卢斯（Henry Luce）是这个委员会的发起人和资助者，目的是要对长期以来针对大众新闻业的种种指控做出回应。美国大众新闻业在20世纪获得了长足发展，但人们普遍认为，大众新闻业沉迷于耸动的报道手法和兜售丑闻信息，同时也因垄断的趋势和媒体大亨们的权力膨胀而受到左派人士的批评。因此，委员会成立之初是受到新闻界欢迎的，尽管由于最后的调查间接表达

了对自由加以一定限制的必要性，新闻界的态度后来发生了转变（Blanchard，1977）。事实上，委员会的调查报告并没有呼吁强化政府管制。相反，它的主张是要加强媒体的公共责任意识，要求媒体提供完整、真实的新闻报道，反映关于有争议问题的不同看法，充分代表社会中不同群体的意见，以及提出并阐明"社会的目标和价值"。

[3] 下面的概述依据的是诺登斯特伦1997年发表的文章，该文同时也提出了本书最初的写作大纲，即以民主模式而非传播模式为基础的五种范式：自由个人主义范式、社会责任范式、批判范式、行政范式和文化商议范式。不过后来这些范式被本书现在所采用的三个不同的分类模型取代。

[4] 决定把这一新兴的规范传统维度纳入讨论范围，表明我们意识到对当代状况的把握是十分重要的，但这同时也意味着准确判断当下趋势不是一件容易的事情。选择是重要的，如果公众对媒体的价值和期待发生了意义重大的深远变化，那么这必定会对我们对民主概念的定义以及对媒体在现代社会中角色的理解产生影响。但这种选择也是艰难的，因为我们无法总能准确判断眼前所探讨的这种传播价值究竟是稍纵即逝的时髦观念，还是代表着一个已经存在了两千五百多年的古老传统的最新发展。将公民参与视为一个新的传统，是基于特定的方法论考量，根据这种方法，我们可以看到哲学、伦理概念、传播文化以及与公共传播相关的几乎所有其他层面都在发生剧烈变化，而这些变化正汇聚在一起。因此，这种传统的动力不是仅来自任何一个不断变化的现象，而是来自不同方面的各种变化事实的积累和汇聚。

第一部分
理　　论

第二章　规范理论的演变

公共传播规范理论的历史是从哪里开始的？以《传媒的四种理论》为代表的一些在特定历史语境下提出的传媒规范理论模式之所以受到广泛的批评，部分原因在于它们把自由至上主义观念的出现看作现代规范理论的起源，而忽略了或者以负面的方式去评价作为西方规范理论历史源头的柏拉图、亚里士多德等古典思想家的理论（Nerone，1995，pp. 21 - 28）。自由至上主义和社会责任理论传统的创立者们都承认他们从对公共传播的规范性反思的悠久历史中受益良多。例如，约翰·弥尔顿发表于1644年的那篇著名的自由至上主义宣言的标题，就取自可以进行公共辩论的古希腊雅典法庭的名字——亚略巴古（Areopagus）。"民主""伦理"和"公共"等概念都起源于古希腊罗马时代。千百年来，以柏拉图、亚里士多德等为代表的雅典思想家关于修辞、公共辩论和政治的论著一直成为人们参照的标准。公共话语在伊斯兰和中世纪欧洲社会的复兴都是以古希腊思想为基础的。

本章要阐述的一个观点是，现代公共传播规范是一个持续了两千五百多年的对话的产物。每一个重要的历史时期都建立在比这个对话更早的历史阶段的基础上，每个历史阶段都对现有的规范传统做出了贡献。本章把这段历史分为四个阶段，每个阶段都有特定的核心关切和传统：

- 公元前500年到公元1500年的古典时期，理论家关心的主要问题是法团主义秩序中公共话语的真实性（truthfulness）问题。
- 大约公元1500年到1800年的早期现代时期，最关键的命题是在自由至上主义秩序中人们自由参与公共领域的问题。
- 1800年到1970年的现代大众民主时期，主要问题是参与者的社会责任。
- 1970年以来的"后现代"时期，主要问题是公共领域的公民参与。

在专门研究这些不同历史阶段的历史专家看来，把这些关于公共传播的规范要素纳入跨度如此之大的不同历史阶段，可能存在混淆差异的问题。虽然已经意识到这个问题，但我们的目的是要重点突出每个时期的世界观中哪些内容可以被看作最核心的要素。

规范理论的某个新阶段或传统的出现受到诸多因素的影响。其中的因素之一是人们往往倾向于诉诸一种本质上完全不同的哲学世界观，以此为基础来界定特定形式的公共话语是好的或者是正确的。在古典时期，某种事物之所以被认定为正确的、好的或正义的，是因为它与存在的有机统一性完全相适应，而这种统一性通常被认为是以特定创造者的意念为基础的。这种有机统一性的主导世界观，可以被归纳为一种关于存在和社会的法团主义观点。但在公元1500年之后，这种关于宇宙统一性的看法已经不再那么站得住脚了，洛克（Locke）、卢梭和康德等社会哲学家都认为社会政治的和谐与福祉不应当是哲学王主观意念构思的产物，而应当是普通公民运用生来具备的理性能力追求美好生活的行动的产物。然而，到了19世纪，这些自由至上主义传统的个人主义观点已经不再是一个人人都能接受的判断是非曲直的标准，由马克思和涂尔干（Durkheim）提出的在社会的有机相互依赖性中存在的社会责任的伦理要求似乎成为一个更加可靠的判断依据。如今，正如尤尔根·哈贝马斯（Jürgen Habermas）、塞拉·本哈比（Seyla Benhabib）、查尔斯·泰勒（Charles Taylor）或伊曼纽尔·列维纳斯（Emmanuel Levinas）等人的著作所表明的那样，规范理论的基础似乎又变成了个人之间以及不同文化之间的主体间对话。一种新传统的出现是一个十分复杂的过程,但通常都会涉及世界观的因素,以及下文将要讨论的其他因素。

法团主义传统:公元前500—公元1500年

本书的前提之一是公共话语的规范理论讨论的是民主社会中的传播问题,我们也将在第四章中确立一些基本的民主维度。非常重要的一点是,我们必须意识到这种民主偏向在一定程度上恰巧是规范理论演变伊始所处的历史和文化语境决定的。换句话来讲,开端会对后来的演变产生影响。在所谓的"法团主义"时期,出现了四个与公共话语相关的文化价值观念,正是这些价值观念促使规范理论朝着我们如今所见的民主框架的方向演变:(1)达成集体决策的最好办法是共同体全体成员的参与式辩论;(2)商议的目的应当是增进公共利益;(3)商议的基础应当是理性的、基于现实的真实性(truthfulness)标准;(4)文化实践的根基应当是一种基于知识和反思能力的说理文化。

参与式辩论

为了能够让参与式民主正常运转,就必须为人们的参与权找到一个合理性标准,这个标准正是公民权(citizenship)。里森伯格(Riesenberg)指出:"古希腊城邦国家创立公民权这种独特的西方制度,其原因是一目了然的。"(1992, p.3)大多数城邦国家没有建立君主制政府,因此,公共传播的目的是要维护人民的共同福祉(尽管这些权利仅限于男性公民),而非王室的利益。以梭伦(Solon)和克里斯提尼(Cleisthenes)为代表的古希腊杰出政治领袖意识到,赋予公民参政权,并保护他们的个人权利,不仅可以激发人们在战争和共同体的发展中做出自己的贡献,同时也使参与决策的公民具备了责任意识(Ober, 1989, pp.60–73)。对雅典这样一个居民人数在12.5万和15万之间的城邦国家而言,来自不同阶级和亚文化背景的人群的贡献对城邦的经济生存和国家的武装保护都是至关重要的,这是自由民能够自由参与公民大会并做出各种决策的重要保障(Cartledge，2000，p. 17；Riesenberg，1992，pp. 3 - 6）。雅典永久居留权的标准十分简单，但它却具有民主化的影响力，因为这一标准去除了基于天择（divine choice）、贵族血统（noble breeding）、教育和已获得的财富等的排斥性要素。正如罗马以及后来中世纪的情况所表明的那样，一旦公民权作为一种制度在一个特定的城市得以落实，就会存在要求扩大公民权利的持久压力（Sherwin-White，1996）。柏拉图、亚里士多德以及其他许多持有理想国观念的古代思想家都在他们的理论中对公民权问题进行了阐述，从而使公民权观念成为公共话语规范理论传统的一个内在组成部分（Nichols，1992，pp. 53 - 56）。

虽说古代的大多数城邦国家都没有雅典的言论自由和公民参与制度，但其作为一种理想模式被地中海地区的许多希腊殖民地不同程度地效仿（Ober，1989，pp. 127 - 155）。罗马人保持了这一传统，重大决策必须经由贵族元老院的辩论以及公民大会的投票才能做出［即所谓"元老院与罗马人民"（Senatus Populusque Romanus，SPQR）］[①]（Wood，1988，pp. 22 - 37）。希腊化和罗马诸帝国虽然吞并了原先的城邦国家，但也吸纳了许多公民权原则，这使得各个城市依然在文化和政治决策方面拥有较多的自主性（Fowler，1893，pp. 317 - 320）。商业和教育在中世纪的复苏也大多发生在已经获得自治地位的小型城邦国家，特别是在地中海盆地地区（Jones，1997）。

参与式论辩决策机制的另一个基础是通过沟通平等来强化政治平等。在雅典和其他地中海城邦国家，对普通公民在公民集会上表达意见权利的确认带来了一个重要的制度安排。雅典的公民大会每年召开四十次，平均每次大约有六千人参加（Ober，1989，pp. 132 - 133）。公民大会的议程由五百人会议（The Council of Five Hundred）决定，每位公民一生中至少有一次机会参加这一会议。五百人会议的成员每年都会以随机的方式进行选举，这表明所有公民都被认为具有参政的能力。主要公务机构的工作人

[①] "元老院与罗马人民"这一说法是罗马共和国和罗马帝国的正式名称，其全称或缩写出现在罗马军团的鹰旗上以及古罗马许多公共建筑上。直到今天，在罗马的市徽和市政建筑物上都还可以看到"SPQR"这个缩写词。——译者注

员也是以随机方式任命的。雅典人并不相信官员选举制度，也不愿意将议政权利委托给当选的官员。当公民参与政府机构的议政事务时，国家按照一般日薪标准支付给他们酬劳（Ober，1989，pp. 127 - 155）。

但是，如果培育公民参政能力的教育资源不能惠及大众的话，在公民大会上表达意见的权利本身并不会自动带来平等的传播地位。据说，系统性地培训在法庭和公民大会上进行公共表达能力的教育实践，最早出现在西西里（Sicily），并在大约公元前450年被引入雅典。在整个地中海地区，辩士学派[①]（Sophists）的哲学家们教给人们的不仅是说话的修辞技巧，还有科学、文化和哲学知识，因为掌握这些知识有助于其提高系统的逻辑说理能力，从而给群众留下深刻印象（Kennedy，1994，pp. 7 - 8，17 - 21；Schiappa，1991，pp. 54 - 58）。传授公民参政之法的这些辩士学派的教师，在推动政治平等向沟通交流平等层次的发展方面发挥了十分重要的作用（Swartz，1998，pp. 65 - 70）。以把不同利益诉求整合进决策提案的能力为基础，他们提出了劝服性修辞的基本规则，其目的是要确保自己的主张能够尽最大可能获得一致赞同，或至少能够得到他人的宽容（Schiappa，1991，pp. 157 - 173）。在这些辩术修辞技巧中，最关键的是要学会取悦听众，从而牢牢抓住他们的注意力；正如奥博（Ober）指出的那样，一旦由六千人组成的听众开始稍微有一点不耐烦，他们就会开始起哄，把发言者赶下台（Ober，1989，p. 138）。

在《修辞学》（Rhetoric）一书中，亚里士多德认为，个性是一个人能否成为一名优秀的公共辩论参与者的重要素质之一（Garver，1994，pp. 172 - 196），而成为一个拥有平衡的综合素质的人，对发挥政治影响来说至关重要。于是，修辞与辩证法一道成为希腊化和罗马文化以及中世纪欧洲教育系统的基础。

在公共决策中运用参与性辩论手段的第三个重要基础，是致力于运用基

[①] 辩士学派，亦称智者学派、诡辩学派，为公元前5世纪至公元前4世纪希腊的一批主要以年轻政客和贵族为招生对象并收取酬劳的教师、哲学家的总称。他们的基本主张是善良、真理、正义等价值都是相对的，与人本身的利益相关，不存在绝对的真理和正义。代表人物有普罗泰戈拉、希庇亚斯、高尔吉亚等。由于反对绝对真理和正义，同时只为付得起学费的贵族和上层阶级服务，辩士学派受到了苏格拉底等哲学家的抨击。——译者注

于充分理由的劝服性修辞而非强力来化解冲突的意愿。公元前第 5 和第 4 世纪的雅典是一个具有高度文化多样性的社会（Reed，2003），其中充满了不间断的法庭诉讼、政治辩论以及对哲学讨论的热爱（Schiappa，1991，p.145）。地中海地区的城邦国家都为自身形式各异的技能、贸易和职业种类感到自豪，并小心翼翼地呵护着其社会中的这种具有论战和竞争色彩的多元主义氛围（Ober，1996，p.172）。根据奥博的看法，在这个过程中出现的是一种"真理体制"（regime of truth），而不是一种被经济权力、恃强凌弱、宿怨仇杀和其他暴力形式主宰的体制（p.106）。这一体制的基础是承认公民有权采取行动反抗不公正，以及即便存在经济不平等的情况，所有公民在政治上也一律是平等的（Ober，1989，p.293）。奥博认为，雅典宪法的最大成就是通过公民大会的形式维持了精英阶层的经济权力（以及间接的军事权力）和贫困阶层的政治权力之间的平衡（pp.304－311）。

西塞罗①（Cicero）终其一生都在研究修辞学，他激烈反对军事将领们在缺乏可靠的治理帝国的民主形式的情况下，强行推翻罗马共和国、建立帝国政府的做法。他心目中理想的政治家形象是一个能够拒绝绝对支配权的诱惑、尊重民众的商议、寻求和平解决方案，并精于劝服之道的演说家（Wood，1988，pp.176－205）。同样，在奥古斯丁（Augustine）的《上帝之城》②（City of God）中，我们也能找到这种对"绝对支配权的诱惑"的极度不信任。奥古斯丁认为，罗马帝国的衰亡源自它对自由的不尊重，以及对残酷权力的追崇（von Heyking，2001，pp.22－23）。作为一名修辞学教师，

---

① 马库斯·图利乌斯·西塞罗（Marcus Tullius Cicero，公元前 106—前 43 年），罗马共和国晚期的哲学家、政治家、作家、辩论家，出生于骑士阶级的一个富裕家庭，青年时期投身法律和政治，其后曾担任罗马共和国的执政官。因为其演说和文学作品而被广泛认为是古罗马最好的演说家和散文作家之一。在罗马共和国晚期的政治危机中，他是共和国所代表的自由主义的忠诚辩护者，支持古罗马的宪制，因此被认为是三权分立学说的古代先驱。公元前 63 年当选为执政官，后被政敌马克·安东尼派人杀害于福尔米亚。——译者注

② 奥勒留·奥古斯丁（Aurelius Augustinus，公元 354—430 年），罗马帝国末期北非的柏柏尔人，早期西方基督教的神学家、哲学家，曾任天主教会在阿尔及利亚城市安纳巴的前身希波（Hippo Regius）的主教，故被罗马天主教会官方称为希波的奥古斯丁或圣奥古斯丁，俗译奥古斯丁。他死后被天主教会封为圣人和教会圣师，他的死也被西方史学界视为欧洲在精神层面上的中世纪的开始。奥古斯丁生平著作多达 113 册，其中《忏悔录》《上帝之城》《论三位一体》《驳多纳徒派》及《驳伯拉纠派》对基督教神学有极大的贡献。——译者注

奥古斯丁认为世界性的帝国大多建立在霸权的基础上，而他更倾向于推崇一种由小型国家基于连贯的协议构筑起来的政治秩序（pp.108-109）。

随着议会在13世纪的形成，公共商议再次出现，修辞学教育再次变得很重要（Graves，2001）。大约在1200年，对被指控者的审判不再通过酷刑或者血腥的决斗来实施，而是采取陪审团的形式来进行，在法官和律师面前进行劝服的做法也重新流行起来。因此，在中世纪晚期，修辞学训练已经成为律师教育的一个组成部分（Levy，1999）。使用劝服性话语而非武力或经济权力来建构关于未来行动的叙事，从而使这套叙事对决策者来说具有真理性价值，这种逻辑成为公共话语的理想形式。

此外，规范理论还涉及参与性辩论决策机制的一个维度，那就是，即便参与者是目不识丁的文盲，也要对他们抱有信任的态度。一旦引入全体公民的参与制度，这个问题就会很快浮现出来：不识字的群众能否做出良好的公共决策。作为贵族成员，柏拉图，尤其是西塞罗，对此深表怀疑；但西塞罗所主张的共和国模式和其他一些模式一样，都具备一部"混合宪法"，包含了君主制、贵族和大众参与的成分，其假设是认为这样的制度安排可以预防任何一个群体的暴政。亚里士多德在他的《政治学》中表达了这样的看法：相比少数受过良好教育的专家，绝大多数普通公民的常识往往更能代表公共利益（Ober，1989，pp.163-166）。对大众参与的接受是基于这样一种传统，即群众要比精英更清楚人民的所思所想。

人人都应为公共利益做出贡献

亚里士多德把他的伦理学和政治学理论建立在人天生就是政治动物这样一个广为接受的假设之上。生活在小型城邦国家的人们共享着历史、文化、语言和宗教仪式，因此自然会认为人无法在城邦共同体历史之外存在，并把这一点视为天经地义的真理。早期现代欧洲面临在城市共同体之外建设大型国家的挑战，因此突出强调了国家团结的契约性质。人在本质上是社会性动物，并只有在社会政治语境中才成其为人，人类福祉有赖于对人们社会相互依赖性的突出强调，在小型城邦国家条件下，所有这些都被视为理所当然的事情。

根据法团主义的观点，尤其是在斯多葛学派①（Stoics）的影响下，政治共同体的社会和谐与繁荣，被认为是将理性的、沿着特定目标演进的宇宙秩序忠实地复制到人类社会秩序的结果。就此而言，西塞罗的观点最有典型意义，因为他最早从这一视角出发对法律的概念进行了阐释（Wood，1988, p.70）。人们有理解宇宙和谐的理性能力，因为这是万物的本性。通过理解这种律法般的存在结构，在人类共同体中建立良好的法律秩序是完全可能的。最初，这种共同体也许会被设想为一种城邦国家的形式，但在斯多葛学派以及后来的基督教思想的影响下，它开始被视为一种具有普遍性的形而上学形式。尽管人类通过探索可以掌握宇宙逻辑的知识（智慧），但柏拉图主义、斯多葛主义和基督教思想都认为，最终只有神圣的智慧才能理解宇宙的理性法则。只有那些能以神秘方式洞悉神圣理性的哲学家才能获得真正的智慧。

从斯多葛学派的思想衍生出了责任意识的观念，尤其是经过以西塞罗为代表的罗马时代领袖人物重新理解后形成的责任意识。西塞罗在关于政治统治的思想中融入了斯多葛学派所强调的义务本身的独立性地位，即在必要的情况下，为了履行义务，个人可以放弃对财富的追求，甚至可以为了坚守原则而牺牲自己的生命。西塞罗的义务观念强调了对共同体和国家的忠诚服务，交易行为中的绝对诚实，以及对罗马元老院商议决议的服从。西塞罗与罗马帝国官员的腐败展开斗争，激烈反对以恺撒及其追随者实施的残酷军事独裁统治为基础的帝国政府的扩张，并最终为他的政治理想付出了生命的代价。

上述关于公共话语的观念成为支撑整个罗马法体系的基础。希腊罗马文化留给西方文明的最主要的遗产之一就是这种法治传统。希腊公共文化强调良好的法律应当建立在公共辩论的基础上，在这些辩论中，各种可核实的证据都会得到认真的考虑和审慎的权衡。用亚里士多德的话来归纳就是，

---

① 斯多葛学派是古希腊和罗马帝国的一个思想流派，由哲学家芝诺于公元前3世纪创立。斯多葛学派学说以伦理学为重心，秉持泛神物质一元论，反对任何形式的二元论，特别是柏拉图的二元论、精神世界和物质世界的二元对立、灵魂与身体的二元对立，甚至理性与非理性的二元对立。强调神、自然与人为一体，"神"是宇宙灵魂和智慧，其理性渗透整个宇宙。个体小"我"必须依照自然而生活，爱人如己，融合于整个大自然。——译者注

人是理性的动物（Johnstone，2002，pp. 22 - 23）。

西塞罗把亚里士多德的观点融入他自己的著作《论雄辩家》（*On the Orator*）中，他关于公共话语教育的理想成为昆体良①（Quintilian）和西方公共传播传统的思想基础（Kennedy，1999，pp. 113 - 118）。虽然《新约圣经》并没有提出关于公共生活的详细理论主张，基督教思想还是大体继承了西塞罗的观点。例如，米兰主教安布罗斯（Ambrose）写于公元 4 世纪 80 年代末期的一篇论述牧师职责的论文《论义务》（*De Officiis*），完全模仿了西塞罗的写作思路，并在推动牧师专业主义意识发展方面产生了重要影响。实际上，从 7 世纪初期的圣依西多禄②（Isidore of Seville）一直到托马斯·阿奎那③（Thomas Aquinas），人们一直在引用这篇文章，直到 19 世纪还在反复出版和印刷（Davidson，2001，pp. 1 - 112）。因此，我们可以说，以中世纪大学为中心形成的牧师、法律和医学等行业的职业制度化发展，其根源可以追溯到古代对职业义务的定义。

虽然古代政治哲学家指出了各种不同政府组织宪制形式的优点，但与对权力平衡的精心安排等问题相比，他们认为对公民和统治者的教育是形成良好的公共话语和政府的更为重要的基础（Kennedy，1994，pp. 115 - 118）。如今我们所理解的公共安全或公共服务制度在希腊罗马社会并不存在。社会并不对肆无忌惮的贪婪和权力施加太多外在的限制。相对而言，共同体的利益更多地依赖于公民内在的美德和宽容。在一种和谐的法团主义文化中，具备平衡的、有节制的个性素质被认为是其他美德的来源，比

---

① 昆体良（Marcus Fabius Quintilianus，约公元 35—100 年）是一位罗马帝国西班牙行省的修辞家、教育家、拉丁语教师、作家，是罗马帝国第一名领取国家薪俸的修辞学教授，并且是著名的法庭辩护人，其著作有《雄辩术原理》等。——译者注

② 圣依西多禄（Saint Isidore of Sevilla，公元 560—636 年）是西班牙 6 世纪末 7 世纪初的教会圣人、神学家，生于西班牙地中海沿岸城市卡塔赫纳，曾长期担任塞维亚总主教，劝化西哥特人归化天主教。著有 20 卷的类百科全书《词源》，历史学著作《哥德族历史》，自然科学著作《天文学》《自然地理》等。636 年逝世于塞维亚，1722 年被封为教会圣师。——译者注

③ 托马斯·阿奎那（Thomas Aquinas，约 1225—1274 年）是欧洲中世纪经院派哲学家和神学家。他是自然神学最早的提倡者之一，也是托马斯学派的创立者，成为天主教长期以来研究哲学的重要根据。他所撰写的最知名著作是《神学大全》。天主教会认为他是史上最伟大的神学家，将其评为 35 位教会圣师之一，也被称作天使博士或全能博士。——译者注

如，勇气、公正、智慧，以及最重要的实践智慧，即审慎精明的处事之道。具备这些优秀品质的人更有可能引导公众讨论朝着理性辩论的方向发展，使得这些辩论聚焦于公共利益，并有效化解冲突矛盾（参见 Tessitore，1996，pp. 28 - 37）。因此，统治者的优秀品质是良好的统治秩序的基础。

各种针对公民领袖的培训计划逐渐成为罗马帝国教育体系中的普遍现象，这一传统一直延续到中世纪，直至早期现代欧洲。实际上，从西塞罗到奥古斯丁、马基雅维利（Machiavelli）、约翰·洛克（John Locke），一直到约翰·杜威（John Dewey），几乎每一位对西方公共传播传统做出贡献的重要思想家，都曾经写过关于如何通过教育手段推动公民参与公共事务的文章。在中国、印度和其他所有文明中，也存在同样的普遍信念，即对未来统治者个性的塑造是良好治理的最好保证。

真实性标准

从雅典公民参与决策之初起，许多人就对能否从这些具有倾向性的、自私自利的众声喧哗中产生明智而审慎的公共决策深表怀疑。这种怀疑贯穿于柏拉图一生的思想之中。

公元前 450 年，雅典正处于其社会政治和文化影响的巅峰，却在随后与斯巴达（Sparta）的伯罗奔尼撒战争①（Peloponnesian War，公元前 431—前 404 年）中惨败而蒙受耻辱，此后内战频仍，从而引发了一场反思雅典社会弊病的思想运动。辩士学派的教师们是受到指责的对象之一。柏拉图、伊索克拉底（Isocrates）和其他许多人都认为，辩士学派的成员大多是一些从外邦移居雅典的新来者，这些人把公民商议的集会和陪审团变成了充斥着空洞言辞的地方，那些蛊惑人心、似是而非的观点得以大行其道。相对于寻找公共问题的解决之道，他们似乎对控制群众、维护私利、

---

① 伯罗奔尼撒战争（Peloponnesian War）是以雅典为首的提洛同盟与以斯巴达为首的伯罗奔尼撒联盟之间的一场战争，时间从公元前 431 年一直持续到公元前 404 年，这期间双方几度停战，最终斯巴达获得胜利。这场战争结束了雅典的古典时代，也结束了希腊的民主时代，强烈地改变了希腊。几乎所有希腊的城邦都参加了这场战争，故有人称这场战争为"古代世界大战"。希腊历史学家修昔底德在他的《伯罗奔尼撒战争史》中详细地记录了该事件。——译者注

捍卫意识形态更感兴趣（Poulakas，1995，pp. 113 - 149）。

这一时期的思想家们试图努力找到衡量正义、美德、善良以及邪恶等观念的通行标准。当时，地中海地区存在着许多不同的部落和民族文化，每种文化都有其独特的神和历史，每种传统都宣称自己是独一无二的真理，而雅典正处于这些不同文化传统汇聚的中心。在这种情况下，为这些不同的文化传统找到一个共同的基础从而推动公众共识的形成，是一个巨大的挑战。作为对这一问题的回应，苏格拉底及其追随者，包括柏拉图，提出了一种建基于以问答形式展开的辩证思考的教育方法，他们希望以此来引导年轻人对社会议题展开批判性思考（Poulakas，1995，pp. 99 - 101）。总之，柏拉图的辩证方法试图将表述者的论断不只是建立在观点或情感的基础上，也要以源自经验世界的公认事实为依据。在由真理探寻者构成的共同体中，人们相互合作，彼此交换以正直手段得到的证据，最终获得真理。这是一种理想的公共商议形式，其中，各方的观点和道德主张都能得到充分的表达和讨论，并由此汇聚成关于最佳行动方案的共识。与现代关于人权的普世宣言类似，当时的目标也是要建立一套普遍适用的正义和真理原则。柏拉图试图通过教育手段来引导政治家树立一个意义明确、普世且连贯的正义观念，并以此为基础准确判断哪些行动应受到支持，哪些不正义的情形应得到纠正。他希望借此可以挽救雅典文明（Gadamer，1980，pp. 93 - 123）。

正如亚里士多德指出的那样，柏拉图把哲学的焦点从本质问题转向了社会、政治、伦理和沟通等问题（Irwin，1992，p. 58）。在颇有争议的《理想国》一书中，柏拉图试图提出一个理想社会的教育、传播和治理模式，这使得该书成为一个可以激发新的公共话语规范理论的持久源泉。遵循柏拉图的传统，古典时期科学思想的一个核心问题就是真理如何在公共话语中得以实现。这一追寻真理的过程以这样的假设为基础：宇宙中存在理性、和谐的秩序，真正的智慧在于有能力去思考如何将一切现实整合为连贯的整体，从而使人们的生活与自然秩序相契合。柏拉图的真理观与这种合理性相符，同时也认为一切存在是不可分割的合理的统一体（Jenks，2001）。

亚里士多德强调了辩证法的重要性，但又将其视为共同体建构过程中的必要成分，即以辩证的方式形成社会和政治意义上的人。他相信，人类与宇宙法则和谐共生的第一步就是要把人自身个性中的情感和知识能力以理性和平衡的方式整合起来。公民要想在城邦国家推动和谐决策的形成，就必须在他们自身的人格要素中将这两方面结合起来。

几个世纪后，基督教哲学家重新发现了柏拉图传统，并把宇宙万物和谐共生的理性观念纳入上帝的意志及其创世计划之中。根据奥古斯丁在《上帝之城》中的概括，基督教伦理的使命就是要在个体的主体意识、群体的共同意识以及周遭世界中甄别出上帝创世行动的博爱精神，从而理解上帝的意志（von Heyking, 2001）。辩证法，即提出可供争论的关于不同真理主张的问题，成为阿奎那以及中世纪其他重要思想家进行神学和哲学反思的框架。辩证法逐渐成为古希腊罗马、中世纪以及现代早期等不同时期培育参与公共事务能力的教育活动的核心要素。在整个希腊化、罗马、中世纪以及近古时代，长着胡须、带有禁欲主义色彩的致力于寻求真理的哲学家形象，一直是社会制度中一个十分重要的组成部分。大多数罗马政治领袖都有哲学家作为家庭成员，为他们的公共演讲出谋划策（Sandbach, 1989）。随着基督教成为普世宗教，禁欲主义的僧侣取代了哲学家的位置，探寻真理，与上帝的意志融为一体（Brown, 1992, pp. 71 - 117）。在中世纪晚期，教廷的修道院主教们指引着世俗统治者依上帝旨意治理世俗事务。有关宇宙的统一性与合理性的知识成为衡量一切公共话语是非曲直的基础。

理论解释

在技术发达的地中海社会，实际上从医生到造船工在内的每一种社会角色，都需要某种理论支撑。换言之，必须解释清楚为什么特定的技术会导致特定的结果，以及为什么对某种技术知识的运用必须要以特定的方式进行。例如，劝服性的公共演讲艺术之所以能够发展成一门科学，有赖于一系列复杂的理论和解释系统。

柏拉图、苏格拉底以及雅典时期的其他许多思想家都提出了关于有效的公共演讲的解释性理论，并把公共传播与良好的社会治理联系起来。但亚里士多德却从辩士学派和其他人那里汲取了思想灵感，创造了一个包罗万象的哲学系统，包括形而上学、知识论、人学（philosophy of the Person）、伦理学和政治哲学。通过系统性地将修辞和伦理转化为一种方法，亚里士多德把关于公共辩证法的许多观点转变为一个可以教授的教学主题。

柏拉图关于知识、追寻真理和公共传播的解释以及他对良好治理的强调，都是要把公共话语和治理建立在坚固的、不变的普世价值基础上的尝试。不过这种尝试是乌托邦式的，很难在现实世界得到实施。

相比而言，亚里士多德的观点更加实际，他认为要想娴熟地将原则应用于现实，就必须把对普世不变原则的把握与对具体利益和观点的了解结合起来（Bodeus，1993，p.65）。因此，亚里士多德提出了三段论的基本逻辑，首先提出不变的原则（大前提），然后插入一个具体的文化情境（小前提），最后得出关于特定行动过程的结论。当然，这种演绎逻辑的语境是极其复杂的，亚里士多德指出了许多不同的应用方法。他确信，只有培育出一种充分发展的把握适当行为过程的习惯性能力，人类共同体才有可能形成既尊重普遍理性又兼顾不断变化的历史情境的法律体系（pp.66-67）。

在亚里士多德对公共传播和政治领导力的解释中，最核心的一点是他所谓的"phronesis"理论，这个概念一般被翻译为"实践智慧"。这一备受争议的概念最好理解为一种能够把一个文明中根本性的、受到普遍认同的持久价值与政治决策的实践语境相结合的能力（Bodeus，1993，pp.36-37）。年轻人通过文学、历史、戏剧来学习这种实践智慧，但最关键的则是通过参与正在发生的公开的政治辩论来积累可以把握实践智慧的经验。亚里士多德的理论以普遍原则和一般意义上的德性发展为基础，但这些一般性要素只有通过尝试解决真实的政治问题从而获得实践经验才能得到发展，这要求既尊重一般性价值，同时又必须持有解决问题的务实态度。实践智慧的一个很重要的方面，是对共同体中多样文化和生活境况的移情性理解，以及一种在尊重所有不同立场的情况下达成一定程度的共识的能力。

亚里士多德生活在雅典城邦国家民主制度的晚期，他见证了古典民主制度在希腊化时代被帝国取代的过程，而后者后来又成为罗马帝国的一个组成部分。在许多方面，亚里士多德继续把对普遍真理的追寻提升到了超越文化的层面，将其变为一种从特定文化语境中抽象出来的系统的探索性科学（Poulaks，1995，pp.150-186）。亚里士多德将雅典的辩证法发扬光大，使之成为后来在中世纪和现代早期欧洲具有发展潜力的一个重要哲学传统。西塞罗曾经在雅典学习过一段时间，接触了柏拉图、亚里士多德以及斯多葛学派的思想传统，并将所学知识应用于公共演讲、治理和行政管理的具体问题之中（Wood，1988，pp. 70 - 78）。

令人惊叹的是，这些在文化繁荣的古典社会发展出来的彼此相互竞争的公共传播理论，成为一个具有两千五百年历史的规范理论传统的基础，其影响延续至今。

自由至上主义传统：1500—1800 年

在中世纪的西方，公民通过辩论获得智慧的理想在一些受到保护的空间得以延续，例如，意大利的城市-国家、大学、修道院、新兴的商业城市，同时，在某种程度上，还包括早期的议会（Jones，1997；Luscombe & Evans，1988，pp. 308 - 315；Marongiu，1968）。但新兴的欧洲国家却发展出了一种与柏拉图的哲学王模式更为接近的公共话语观念和实践，这套模式在中世纪的君主理论中早就有所涉及，其基础是君主、贵族与教会的联盟关系（Canning，1988）。人们相信，君主的统治权能够维持法团社会的和谐，使一切社会主体遵照上帝赋予的社会位置行事。教会使得这种关于君主的信念合法化。关于合理秩序的知识并没有将哲学辩证法排除在外，尤其在中世纪的大学中，但这些哲学活动必须限定在教会权威所界定的上帝启示的前提之下。受膏①仪式赋予君主以上帝之名统治世俗世界的权力，而臣民或多或少会把君主视为国家团结的基石。反过来，国家作为强制权力的垄断者，又给予宗教体系支持。理论上，真理性的标准取决于教会对某一事物是否与它对《圣经》经文、传统教会教义以及亚里士多德等哲学家著作的神学解读相一致的判断。对这些方面的判断被看作是符合上帝创造的和谐自然秩序的重要指标。在实践中，统治阶级成功地从教会

---

① 受膏是用芳香的油、奶、水、熔化的黄油或其他物体，倾倒或涂抹在对象身上，为许多宗教和种族所采用，亦在君王加冕过程中使用。人和事物受膏，标志其引入了神圣的能力，这也可被视为使人或事物摆脱魔鬼危险的影响的一种精神方式。——译者注

那里获得了合法的立法权和他们想要的统治方式。新教改革运动挑战了罗马教会的权威，但在实践中，它又允许君主自行选择何种宗教规范最能够为其统治提供合法性。从这一法团主义观点出发，教会和世俗统治者作为真理的守护者自然应该控制一切言论出版活动，以确保和谐的现实秩序不会受到任何错误言行的干扰。真理是唯一的。

15世纪，这一神圣不可侵犯的世界观开始丧失合法性。教会的腐败和对《圣经》教义的悖逆动摇了人们对教会统治秩序的信念。围绕诸如贷款利率这样的问题，教会与商业、政治和技术等领域的利益群体之间开始出现日益升级的冲突。君主的集权统治导致了日益严重的权力滥用。与行星系统等相关的新的科学发现使和谐的世界秩序成为被质疑的对象。对传统观点的辩护似乎日益成为一种虚假的意识形态，其目的在于维护权力的等级秩序，并通过强制手段压制显而易见的真理。

技术和经济进步逐渐成为核心价值，但也存在许多彼此竞争的观点，对如何实现国家进步提出了不同的看法。其中一种模式主张遵循有秩序的发展过程，由君主及其谋臣以自上而下的中央控制和规划的方式进行。另一种模式则支持个体行动者的能动性，通过自愿的个人和群体交换协议的达成来建构国家团结。封建主义意识形态逐渐被废弃，取而代之的是一套确认了所有个体平等和自由的新哲学世界观。在1500年到1800年的大约三个世纪的时间里，公共传播的法团主义规范理论得到修正，以确保个人拥有传递和获取攸关其自身利益的信息的自由（Siebert, 1965）。这一新范式改变并扩大了公共话语的规范理论的范畴，纳入了一系列新的制度构想。

个人的力量

规范理论的自由至上主义传统强调了这样一个事实，即每个人都拥有理性思考并创造性地改变周围世界的能力。在一定程度上，这一思想的基础是对个人自由和尊严的深刻信念。对约翰·洛克来说，每个人生来就具有理性，生来就是自由而平等的，就具备参与社会治理的潜能（Locke, 1960）。由此确保了个人主张自己的平等地位以及一切人的普世平等的权利。洛克的思想确立了现代民意表达的公共论坛，不断挑战着奴隶制、对妇女的压制以及其他一切形式的社会排斥机制，正是这些排斥机制构成了历史上法团主义思想的主要特征。

在自由至上主义传统中，担任社会治理职责的是公民代表，他们必须对人民负责。这就使公众有权同时也有义务，通过公共领域的意见表达来监督指控那些民选官员的滥权行为，并责成政府做出改变。与依赖精英群体对知识的垄断来实行治理的传统方式不同，这一新传统认为所有人都应受到鼓励，主动为他们的自身利益而认真思考，建立他们自己独立的观念体系。这里预设了一个假设，即没有哪一个人或者组织机构可以掌握一切真理，因此个人应当被鼓励去创造他们自己的独立想法，其中每个人的想法都是对整个社会潜在的重要贡献。一切组织机构都会受到意识形态歪曲的影响。对自由的保障鼓舞着人们不断对自身所处的文化语境提出质询，对其自身关于正确或错误、正义或不正义的理解做出独立判断。多元社会以及维持媒体多样性的原则可以一直追溯到这种个人有权持有独立信念的价值主张（McQuail，1992，p. 141）。

如今，对独立思想的鼓励在绝大多数民权宪法中都得到了保障，同时，联合国《世界人权宣言》等文件所宣称的基本人权也包含了这一点。思想自由的权利包括不被强迫公开自己观点的权利，同时也包括不因持有某种观点而受罚的权利（Emerson，1970，pp. 30 - 41）。绝大多数教育系统和社会化计划设想的目的都是要培养公民对自身信念的独立意识，以及有意识地捍卫这些思想的能力。如今，许多宗教组织也表达了对这一自由权利以及不同信念体系完整性的尊重。

表达个人信念

在这一过程中，不仅信仰自由得到了捍卫，在公共辩论中以令人信服的方式向别人表达自己观点的权利也得到了保障。这种保障排除了一切外在的公共的真理性标准，因为个体的言论表达并不会对他人的权利构成威胁，这就是弥尔顿在《论出版自由》（*Areopagitica*）中提出的著名的"犯错的权利"（freedom to be mistaken）。媒体的私人所有权得到了保护，同时，出版活动在开始前、过程中以及事后均免受一切形式的审查或报复，这一点也得到了保障，所有这些都进一步巩固了言论自由的基础。自由表达权突出强调了所有公民都有义务在公共辩论中表达自己的看法，同时也强调了公民知情权的重要性。这种观点期望人们能够在公共表达中克服一切形式的经济、政治或宗教影响。相应的公共政策可以推动媒体数量的增加，从而提高媒体资源的易得性，并通过消除人们获取媒体资源所面临的经济障碍，来进一步鼓励公共领域的言论表达。最大限度的自由表达被认为是确保公民能够获得关于某一公共问题的替代性信息来源，进而保证公众能够获得全面、公正和客观的信息资源的一个重要途径（McQuail，1992，p.101）。当言论自由与隐私或个人名誉之间存在冲突时，法庭往往倾向于认为言论自由具有更重要的价值（Bollinger，1991，pp.1-23）。

在公共领域中捍卫真理的最好办法是自由、开放和不受审查的辩论，无论是错误的还是正确的观点都可以畅通无阻。观点自由市场的"看不见的手"是促成我们无限接近真理的最佳手段，专门建立相关机构来裁决公共言论的正确与否是完全没必要的。"当所有观点都能得到自由表达并彼此竞争时，真理自然会战胜谬误。"（Smith，1998，p.31）这个假设成为18世纪被反复提及的一个观点。这一古典的观点市场理论建立在一系列假设之上：真理是能够被发现的，人类能够将真理或现实与非现实的事物区分开来，人们能够就证明一个论点的证据达成共识。这个理论假设人们能够并且愿意将自身的社会偏见放在一边，透过纷繁的现象到达讨论对象的核心命题（Baker，1989，pp.6-7）。虽然其中的某些前提很可能是站不住脚的，但一般认为还是采取支持言论自由的立场比较稳妥。

为了促进公开的辩论，很重要的一点就是要鼓励那些具有明确的文化价值并愿意就特定集体决策议题发表看法的利益群体将自身组织起来（Friedland，Sotirovic，& Daily，1998，pp.191-220）。这样，言论自由就通过一系列其他形式的自由权利得到进一步巩固，包括集会自由、宗教信仰自由、教育权和迁徙权。事实上，观点市场的规范理论是以关于公民社会在民主体制中的角色的更加广泛的理论为基础的。

言论自由被具体化为出版企业的自由，并进一步被阐释为媒体所有者不受国家或其他重要社会机构干涉的自由（McQuail，1992，pp.102-105）。这种将观念和信息简化为一种非个人化的货币价值的做法构想了一个人人都可以进入的公共领域，这种进入不受任何以社会特权、宗教、种族、职业或其他人为障碍为基础的标准的限制。

对多元信念的宽容

对多元的、冲突的甚至是相互敌对的信念的宽容,被视作公共话语的一个特征。大多数重要的自由至上主义理论家,例如,约翰·洛克和约翰·斯图尔特·密尔,都撰写过讨论宽容的文章,探索如何避免对少数观点的暴力压制。在实践中,宽容意味着对一个人的错误甚至是危险观点的接受,即不仅认为这些观点有存在的权利,而且从长期来看,假如持有此类观点的人能经受住长时间的考验,那么这些观点对我们甚至是有益的(Nederman & Laursen, 1996)。约翰·斯图尔特·密尔在他的《论自由》一文中指出,少数派的立场和新观念应当得到鼓励,这可以成为反制"多数人暴政"的一个手段(Mill, 1859, 1951)。

宽容保证了每个群体维系自身文化的权利,并确保自身能够进入公共领域,公开阐述自身文化在社会中存在的独特价值。它同时也鼓励人们去尝试了解并公正地判断其他群体的立场,推动人们去理解每个群体是如何对整个社会的福祉做出自身独特贡献的。宽容还意味着公共领域中的不同文化之间存在一场持久的对话,社会成员会不断努力去探索那些为所有群体所共享的价值。

控制权力的机制

为了保障自由,引入制度化的权力制衡和持续的权力再分配机制是十分重要的。洛克的很有影响的《政府论(下篇)》(*Second Treatise on Government*)大约写于1680年,在文中,他把政府的权力归于作为个人的社会成员,以及每个人理性思考的能力。"人类天生都是自由、平等和独立的,如不得本人的同意,不能把任何人置于这种状态之外,使之受制于他人的政治权力。"[①] (1960,第八章)洛克提出将政府权力分为立法、行政和司法三个组成部分,但其中立法机构拥有最高的权威,因为它必须直接对选举了其成员的人民负责。

---

① 此处译文参考了下书:洛克. 政府论:下篇. 叶启芳,瞿菊农,译. 北京:商务印书馆,1996:59.——译者注

从这个观点出发，人们对立法活动的监督权在很大程度上依赖于新闻媒体对立法活动持续不断的报道，以及从不同视角出发围绕这些立法活动展开的辩论。在18世纪的欧洲，尤其在英语国家，人们日益接受的一个观点是新闻媒体具有监督政府权力滥用、揭露寡头集团压制和滥权做法的功能（Smith，1988，pp. 19-26）。政府的存在取决于人民的同意，这样的观点日益成为人们的共识。由此，人们也愈发强烈地认为，如果政府不能对公民的合法利益关切做出回应，那么人民有权解散这样的政府。新闻媒体则在不断地评估各种不同程度的对抗滥权做法的强力行动的合法性（pp. 26-30）。

自由至上主义传统突出强调了私人财产在捍卫个人言论自由方面的堡垒作用。财产是个人奋斗的成果，是将个体才能应用于自然资源发展的结果（Simmons，1992，pp. 222-277）。拥有并运营新闻媒体的权利被认为是抵抗暴政滥权的神圣堡垒。

自由至上主义传统也倾向于把个人追求自身目标的自由，而非社群主义规范以及相互利益对等的契约关系作为社会道德秩序的基础。从这个观点来看，正义的观念在本质上就意味着对契约的履行。如果每个人都意识到对保护自由的法律的尊重最终将惠及所有人，那么，言论自由也会得到尊重。

自由至上主义的一个重要维度是对媒体权力集中的持续批评，以及对为媒体利益辩护的意识形态的持续揭露（Hocking，1947，pp. 135-160）。公共话语的自由要求必须存在所有权和观点的多样性，这样，新闻媒体自身也成为持续不断的批判评估审视的对象。

启蒙与教育

纵观整个18世纪，出版家们始终强调媒体中的公共辩论是教育和道德进步的一个主要来源（Smith，1988，pp. 42-53）。例如，本杰明·富兰克林（Benjamin Franklin）在他自己出版的报纸中就不断引导读者去审视那些支撑一切信念的具体证据，而不要因为迷信、魔法或对权威的盲目服从而接受任何观点。系统性的怀疑主义鼓励人们去分析现象背后的原因，尤其要去寻找改善自身生活状况的最有效的办法。他鼓励读者们去为他们自己的利益考虑，但在交易往来中又怀有公正之心，并勇于伸张正义。

从笛卡尔一直到洛克和卢梭，启蒙思想的一个潜在观点是认为个人内在的理性思考能力具备一种自然的善（a natural goodness）。相比而言，对外部社会结构的依赖更可能成为腐败的来源。在洛克看来，个人合理状态（reasonableness）的固有品质是个人治理能力的基础，同时，这不仅是个人自我实现的基础，也是真正的社会进步的基础（Schouls，1992，pp. 168 - 172）。康德同样把他的责任伦理建立在理性证据的基础之上，即认为人的利己倾向与不愿意以同样的方式利他的倾向之间存在矛盾。而在媒体上呈现出来的各种争论，将会进一步强化人们回应自身内在的理性和责任意识的自由能力（Merrill，1974，pp. 195 - 199）。

作为公共传播渠道的媒体

新闻自由意味着新闻媒体的主要功能就是作为各种来源的观念和新闻信息的公共传播渠道。虽然印刷商和出版商对出版自由进行辩护的理由是新闻媒体是他们的私人财产，但在实践中，报纸的出版者往往主张新闻自由主要体现为它能够为所有人提供同等的自由权利。尤其是那些小型社区中的出版者，由于没有大型党派性群体的存在，他们往往倾向于持有一种中立的立场，并对所有不同的观点保持开放态度。在一定程度上，这是一种基于广泛的社会政治哲学基础，被提升到道德准则水平的实用主义。富兰克林的《为印刷商辩白》（Apology for Printers）一文是有关中立新闻原则的最著名的申明之一。由于此文冒犯了当地的神职人员，所以富兰克林在发表这篇文章后遭到攻击。他的回应则是："当人们持有不同的观点时，双方的观点都有权被公众听到。"（Botein，1981，p. 20）正如博坦（Botein）所评论的那样，"此处的原则与18世纪关于公共善的信念是一致的，这种善依据不同个人和不同利益之间的自由竞争来加以界定"（p. 20）。

社会责任传统：1800—1970 年

随着18世纪末工业革命的到来，大城市开始形成，围绕工业生产出现的社会分层结构以及伴随而来的服务业也开始出现。报纸出版商迅速发现了商机，那些正向城市流动的没受过太多教育的阶层产生了对城市信息的需求，而廉价的大众报刊正好可以满足他们的这种需要。大众报刊的服务对象是那些教育水平一般的阶层，传播的内容充斥着抢劫、谋杀以及其他各种耸人听闻的街坊新闻，讲述的语言方式贴近普通人，绘声绘色，很有煽动性。

随着选举权逐渐向那些没有太多财产的阶层扩散，这些报纸也成为人们获得政治信息的主要渠道，对大众选举过程产生了很大的影响。19世纪，民主制度不断发展，它们都假定立法机关和政府的成员应当是贯彻选民意志的人民代表。因此，选民必须要不断地了解他们所选官员的表现，以便监督和评估他们是否做到了为民服务。城市、地区性和全国性政府承担着教育、医疗、交通和其他各种公共服务职能，因此这些信息变得尤其重要。18世纪的报刊已经在欧美的民主政府建构过程中扮演着重要的政治角色，如今，它们迫不及待地要巩固自身作为"民主根基"的作用。精英读者能够从第一手的口头消息源获得有关自身所在城市、国家和帝国的信息，因此，他们对那些能够报道政治观点发展趋势的严肃报刊更感兴趣。教育水平相对较低的阶层则不可能有这样的特权来获得私人俱乐部和家庭聚会等场合的第一手信息源，因此只能依赖媒体提供的新闻。于是，记者成为公众的受托人，以见证者的姿态为他们提供有关社会现实情况的新闻报道，而选民必须就这些情况做出政治决定。因此，廉价的便士报逐渐引入了新闻记者、快速电报、新闻通讯、生动的报道形式以及摄影。媒体同时也在民族主义发展过程中发挥了核心作用，显然，没有什么能够比兜售一份绘声绘色讲述民族扩张战争的报纸能够带来更多更丰厚的回报。

19世纪末，尤其在美国，大众报刊的批评者们指责所谓黄色新闻业对民主价值和家庭道德构成了严重威胁。许多人呼吁政府对黄色新闻的泛滥采取控制措施。许多证据表明报刊在处理新闻的过程中存在严重过失，比如，出于既得利益的考虑压制重要新闻，与广告主沆瀣一气提供虚假广告，或者大肆传播反社会的偏见。1912年，国会通过了管理报业的相关立法，随后，1913年，大约20个州考虑对报业采取某种形式的管制措施（Marzolf，1991，p.64）。

政府干预的威胁激发了报业空前的敌对情绪。报业借以标榜自己的道德理由在于免于政府控制或任何形式的言论审查对民主制度而言是十分重要的。而更加实际的考量则是，这些设想要实施的管制措施常常妨碍了报业获得丰厚的收入。为了应对日益高涨的公众批评，报业同意基于"社会责任"的原则实施内部改革。此时，"社会责任"已经成为报业批评家们广泛使用的一个词组。如何处理媒体独立性的道德诉求与满足公众信息需求的责任之间的矛盾关系，始终是公共传播规范理论中最棘手的问题之一（Glasser，1989；McQuail，2003）。一般认为，这种冲突的道德基础源自进步主义运动①（progressive movement），而这一运动本身就是许多报业批评话语的源头，这进一步增加了问题的复杂性（Botein，1981，pp. 40-57）。

专业化

在工业化的民主社会以及传统国家的工业化城市中，基于封建秩序形成的尊卑有别的传统职业格局已经不复存在。相反，最受人尊重的是那些经典的职业类型：神职人员、律师和医生。这些职业的从业者追求在共同体内的荣誉和地位，其基础是他们所受的良好的高等教育以及对职业身份的认同。医生这个行业之所以能够脱颖而出，是因为医学领域取得了快速的科学进步。19世纪初，许多理论和应用科学领域都取得了快速发展，医学领域也不例外，掌握了这些技术知识的从业者自然也就要追求与此相适应的职业地位。大学教育中迅速出现了新的职业课程，尤其是在诸如美国这样的年轻国家的较新的世俗大学中。在美国，到19世纪中叶，布莱德施泰因（Bledstein，1976）所说的"普遍的职业化"已经开始出现。

在这场职业化运动过程中，包括约瑟夫·普利策（Joseph Pulitzer）在内的业界领袖们最常提到的关于提高报业社会责任感的建议就是将新闻工作变成一个职业（Marzolf，1991，pp. 50-61）。实际上，记者们已经在专业化的道路上迈出了第一步，那就是设立行业协会和出版属于自己的专业杂志，例如，美国的《编辑与出版人》（*Editor and Publisher*）。但普利

---

① 进步时代（Progressive Era）是指1890年至1920年期间，美国的社会行动主义和政治改良纷纷涌现的一个时代。这一时期出现的进步主义运动的主要目标是以揭露和削弱政治利益集团的方式清除政治家和社会腐败，进一步建立直接民主的参政方式。进步运动者也试图通过反垄断法监管拥有垄断权力的托拉斯集团，以促进公平竞争，保障消费者权益。——译者注

策和其他报业领袖们想要的是将新闻教育纳入大学学位课程体系。1906年，历史上第一个新闻专业学位课程由沃尔特·威廉斯（Walter Williams）创立于密苏里大学。一年后，普利策也在哥伦比亚大学创立了自己的新闻专业课程。到20世纪20年代，美国大学已经设置了几十个新闻专业学位课程。

专业化给新闻业带来的第一个好处是可以确保新闻从业者通过系统正规的专业训练，并以通过考试和获得学位证书的方式来证明这些训练的成果，从而向公众展示这些从业者掌握了必备的专业技能，因此值得公众信任。不过就新闻业而言，其科学性传统和学术研究的基础都是一个必须被发明出来的新事物。此外，专业还包括伦理规范。在许多职业中，这些规范通过自愿的口头宣誓（例如，医生）或近似宣誓的方式转化为从业者内在良知的组成部分。这实际上是一种公共承诺，即为客户（就新闻业而言，面对的是使用媒体的公众）提供优质服务、对同事保持忠诚以及掌握高水平的专业技能。虽然主管决定着他们能获得的工资水平的高低，但记者们必须只靠自己的良知来确保新闻报道的真实性和准确性。这也给媒体从业者的职业义务造成了严重的矛盾：一方面，他们必须对自己的良知和公众负责；另一方面他们又必须面对来自利润驱动或政府控制的机构的压力。

最后，也是最重要的一点，一个专业人士会变为行业联合体的成员，这种联合为其提供了个人的身份意识，以及在协会组织和专业共同体内部所获荣誉的社会身份认同。一个人在专业组织内部所获声誉的大小，取决于个体从业者达到专业能力标准的程度。共同体的声誉则取决于它赋予专业服务多大的重要性。记者将自己转变为专业人士的主要动力正是要提高自身在地方和全国共同体中的声誉。但共同体只会在那些典型的专业从业者达到了共同体期待的标准时才会赋予他们特定的社会声誉。这种不确定性和公众对媒体期待标准的矛盾性又给新闻业造成了更多的内在冲突。

专业化的其他方面，例如，通过参加特殊课程和会议或通过阅读专业杂志来不断提高自己的专业能力，在传媒行业中同样也受到鼓励。在系统的传播专业训练基础上获得相应的大学学位已经成为界定传媒行业专业性的一个越来越重要的要素，而基于对传播问题的持续研究所获得的专业知识，则成为在规范层面上评估传媒业状况的一个十分重要的参照点。

捍卫大众民主

在自由至上主义传统中，传媒往往把自己的道德义务建立在表达自由和忠于自我良知的原则之上。19世纪至20世纪早期发生的社会改革运动逐渐建立了这样一种共识：对传媒，尤其是对报业的所有权同时也附带着尊重社会责任的道德义务（Hocking，1947）。针对社会责任传统的要求，传媒业做出的反应是通过强调自身在捍卫民主方面的重要性来寻求其存在的道德基础。实际上，民主的政治文化的确认为这是媒体存在的目的之一。18世纪，报业作为公共论坛发挥了重要作用，为人们传播和提出有关如何组建一个有代表性的政府的各种政治方案提供了空间。在接近和评论政治领袖人物方面，报业的地位和影响力不断提高，以至于被看作权力平衡机制中很重要的一个组成部分，即所谓的第四权力（McQuail，2003，pp.51-52）。于是，维系作为民主捍卫者的身份成为传媒规范传统中的核心任务，而传媒机构，尤其是其中的研究性分支，则开始不断地评估传媒在捍卫和推动民主方面的道德表现（Gans，2003；McChesney，1999；Schudson，2003）。

信息受托人

传媒迫不及待地要承担起公众委派的信息受托人角色，因为这一角色能够合法化媒体获取信息的特权和公信力。在独立性和免于政府干预的道德要求得到满足后，传媒在面对公众要求提供准确的公共事务信息的需求时，表现出摇摆不定的暧昧态度。为了应对这一问题，公民社会建立了一系列制度对媒体的表现进行严密监督。诸如哈钦斯委员会报告之类的定期的重要评估就是这些制度的一个组成部分。报业评议会（press councils）、投诉委员会以及申诉专员职位都是为了保护公众权利而设立的（Bertrand，2003）。普利策奖等对卓越的媒体表现加以褒奖，促进了专业标准的不断提升，而公众对报纸和广播媒体工作中重大失误的批评，同样发挥了重要作用。

受托人新闻业的出现将出版者的责任从表达自己的想法和价值观转向满足公众的信息知情权。新的带有大字标题的报纸版式、倒金字塔结构的写作方式以及根据不同社会地位和兴趣形成的对新闻的分类，这一切使得报纸,哪怕对只有初等文化程度的人来说,都是很容易翻阅的读物。报纸通过强调教育、信息告知和道德提升的功能,为其新的更加大众化的、追求轰动效应的文体风格提供了合法化的平衡(Dicken-Garcia, 1989, pp. 158 - 161)。在 19 世纪极受欢迎的连载小说,为读者在口语文化中已习以为常的那些叙事语言问题提供了解决办法。广告不仅降低了报纸的售价,还告诉城市移民群体市场上供应何种大众消费品、哪里的价格更实惠,以及对那些向上流动的人群来说,何种风格在当下是可以被接受的。

正如哈林和曼西尼(Hallin & Mancini, 2004)指出的那样,新闻业的形式随着政治制度和政治文化的不同而出现显著变化。但总体而言,新的专业新闻业的伦理准则始终围绕这一问题展开:为读者提供有关事件的完整的现实主义再现,从而使他们能够对这些事件的含义做出自己的个人判断。记者的核心任务是保证报道的准确性、全面的叙述以及不偏不倚的陈述。这些伦理要求催生了一系列新闻报道技术,例如,电报和生动直观的摄影报道、对采访内容的逐字引用以及使读者有身临其境之感的深度新闻调查方法(Dicken-Garcia, 1989, p. 163)。在帮助读者融入新闻语境、以近乎直接的方式体验新闻事件方面,这些新的报道技术往往更胜一筹。

对权力滥用的监督

社会责任伦理的另一个维度要求新闻业服务于大众政治利益:支持民众的政治运动及其代言人,揭露政治机构中的贪污和欺骗现象,增进爱国情怀和社区团结,抨击权力集中,以及展现少数贫困群体的绝望处境(Dicken-Garcia, 1989, pp. 107 - 108)。媒体则为这一颇具实用主义色彩的活动提出了一套道德基础,即媒体的重要性在于它能够促进社会正义、再分配社会权力、揭露公权力的腐败、拆穿特权和社会等级神话的骗局(Gleason, 1990)。

媒体作为权力滥用的系统性批评者角色的发展还带来了社会责任传统的另一个要素:各种形式的调查新闻报道(Ettema & Glasser, 1998; Protess et al. , 1991)。就此而言,新闻的目的不是简单地报道重要的公共事件,而是系统地揭露社会问题或者权力的滥用问题,并由此调用各种话语资源刺激公众对这些问题采取行动。这些做法被认为是体现媒体社会责任的最重要、最纯粹的形式。

对媒体的公众监督

虽然政府的法律管制向来被认为是有损媒体独立性的负面做法，但对企业责任的强调和对经济垄断的担忧则带来了另一种不同的视角。管制意味着媒体必须对公众负责，而政府有权代表公众的利益。广播的出现开启了政府管制之门，至少在电子媒体领域政府管制成为常见现象（Bensman, 2000）。相应地，媒体也默认了这种管制，因为政府能够为传媒业提供相对公正的协调管理服务。这种管制的核心元素之一是要确保媒体服务必须保持与各个社会领域和不同需求相一致的多样性（Einstein, 2004）。政府还为与传媒事务相关的一切社会主体提供了一个可以商议可接受准则的论坛。美国1933年里程碑式的广播立法和欧洲公共广播服务系统的建立都是政府发挥管理职能、促使媒体达成指导行业实践准则的重要事件。

在20世纪早期进步主义的社会责任运动的语境中，人们充分认识到社会利益的巨大多元性以及特定霸权性力量联盟企图用有偏见的意识形态歪曲文化现实的趋势。面对民主决策中社会权力日益集中和某些利益不断被排除在外的趋势，人们意识到通过强制措施来维系公众意见多样性的重要性，因为只有这样才能确保公共集体决策能够充分考虑各方的不同利益，从而避免社会向极权主义发展的趋势（McQuail, 1992, pp. 141–181）。媒体内容的多样性同样被认为是很重要的，因为只有这样，媒体才能为多元社会中具有不同文化利益、信息需求和品味偏好的公众提供服务（Hoffmann-Riem, 1996）。媒体所有权以及服务风格与内容的多样化体制的确立，也成为防止传媒权力集中的重要措施之一。

公共服务

由宗教机构与皇室的残余势力、国教教会、特许设立的大学以及其他重要的文化机构构成的法团主义传统在许多国家，尤其在欧洲，要比在美国更加强大。在这些社会中，媒体承担起了具有宗教机构功能的角色，其核心任务是要维持文化和社会的团结。如今这些国家大多采取了商业服务、公共服务、机构媒体和社区媒体相结合的混合传媒体制。所有这些不同形式的媒体的首要任务都是提供公共服务。但依靠公共资金来运营的媒体通常被看作整个文化产业在服务品质方面的标杆。公共媒体有责任提供商业媒体无法提供的某些服务，比如，教育。所谓"公共的"媒体一般会被看作是代表着社会责任的标准和典范。

公民参与传统：1970 年以来

描述当下历史阶段的特征通常是很困难的事情，因为我们依然处在试图搞清楚当前时代会带来什么的过程之中。围绕社会责任和公共服务问题，许多重要的理论家提出了自己的批评意见。显然这意味着，社会需要确立一组新的公共话语规则。一个典型的例子，是詹姆斯·凯里（Carey，1999）的观察：基于社会责任传统的受托人新闻业（trustee journalism）大体上已经被那些居于霸权地位的利益主导，而没能把最紧迫的社会议题纳入公共辩论之中。很多人认同戴维斯·梅里特（Davis Merritt）的观点，即新闻业是一种精英主义的、带有"强烈神职人员色彩"并把民众排除在公共议程之外的职业（Rosen，1999，p. 41）。公共传媒也因为所谓精英主义倾向而受到广泛批评，因为它们往往把特权阶级的文化作为服务内容品质的衡量标准。一系列新的价值立场凸显了规范理论传统中存在的许多缺陷：对女性、非欧洲族裔群体、残障人士以及穷人的排斥。

其中，最核心的一个批评观点认为媒体没有揭露社会权力的集中问题，而这恰恰是对民主的一个主要威胁。当代社会的主要特征是不断扩大的贫富差距、巨大的社会不安全感以及使向上的社会流动变得极其困难的社会固化（Gans，2003，pp. 1-20）。各种隐形障碍依然阻碍着特定性别、民族和种族的人们获得社会机遇。更加糟糕的是，不同社会等级之间的鸿沟和日益增加的文化对抗只是被看作体制本身的一个组成部分。

这种分析指出了几个非常危险的趋势。媒体日益成为金融财团的一个组成部分，做出相关决策的不再是关注公共议题的新闻编辑，而是只对利益相关方的利润感兴趣的财务官。新闻采编的人数正在减少，媒体日益依赖由行政部门发言人提供的公关材料和毫无批判性可言的报告。在许多人看来，大众媒介所报道的内容大多只是与处于政治经济金字塔顶层的少数人有关，它们把权力的集中和固化作为一种司空见惯的正常现象展示给作为旁观者的公众（McChesney，1999，pp. 1-11）。偶尔出现的臧否公众人物的批评性报道和揭露重大腐败现象的调查新闻，只不过纠正了那些最恶劣的滥权行为，却给人们造成一种权力受到了挑战的错觉。媒体并不会促进对超越文化隔阂的各种观点的讨论，相反，它们把公众变成一群被动的甚至是愤世嫉俗的旁观者（Cappella & Jamieson，1997）。尽管社会责任理论传统所提倡的媒体制度安排在对抗社会权力集中方面发挥了重要作用，但后现代文化发展所带来的新情况则要求我们寻求新的解决之道。

那些认为媒体和传播机构在推动社会权力的民主化和再分配方面能够发挥重要作用的人坚信，穷人、边缘人群、弱势群体以及其他利益相关群体将成为推动社会变革运动发生的主要动力。对此，他们主张支持和改进地方性的、小型的、另类的媒体（alternative media），正是这些媒体支撑着克莱门西亚·罗德里格斯（Clemencia Rodriguez，2001）和约翰·唐宁（John Downing，2000）所描述的那种自发性运动。另类媒体往往表达那些为主流媒体所忽略的公众不满，并帮助一般公众和参与社会运动的群体提出针对医疗、教育和其他公共服务领域的重要改革方案。此外，还有一个思路是试图促使现有的主流媒体机构能够为草根公民运动提供更多的支持（Gans，2003，pp. 113-125）。持这种思路的人主张应该关注政府在如下方面所采取的媒体政策：在公共广播系统中开设另类媒体服务，强化非营利和非商业性媒体服务，通过管理机构来鼓励主流媒体向另类观点提供更多开放空间，以及与消费者权益运动开展有效合作（McChesney，1999，pp. 300-319）。

在更加宽泛的国家和国际层面上，有许多社会运动试图对公共传播政策、立法、司法要求的界定以及国际协定产生影响，使公民的传播权利能够被纳入其考虑范围。其中影响最大的主张之一是强调人权和人们的传播权（Hamelink，1994，2000）。这种观点为许多人的行动提供了合法的规范观念基础，他们努力的目标是要推动社区媒体、公共媒体以及那些有利于另类形式的公民媒体（例如，报业评议会和媒体投诉委员会）参与的传播政策。

对话伦理

从深层的背景来看，上述观点的基础是强调文化身份多样性的后现代思想对现代性的批判。现代社会存在着大量各种类型的专门化知识和职业亚文化。全球化使得曾经彼此分离的文化身份处于直接的互动之中。每种亚文化都有自身的电子传播渠道。报纸编辑们则开始抱怨传统报纸无法对如此多样的兴趣做出有效回应（Kovach & Rosenstiel, 2001）。国家建构和大众社会改革曾经是社会责任伦理观所强烈支持的进步主义线性社会进化愿景的一部分，但如今却被看作一种窒息了多样化个人身份认同的压倒一切的历史意识形态观念。

除此之外，还可以找到更多能够证明新传统正在出现的证据。比如，以团结和内在信念为核心要素的康德式个人主义伦理，如今已让位于作为公共传播基础的主体间话语伦理。人们进一步意识到具有不同文化背景的个体所持道德主张的多样性，并对那种认为道德理性超越文化差异的启蒙主义普世假设产生了疑问。女权主义者和其他少数群体对伦理敏感性基础的反思表明，公共伦理体系过分依赖于男性的、专业主义的政治经济经验。在这种情况下，由哈贝马斯（Habermas, 1990）主张并经塞拉·本哈比（Seyla Benhabib, 1992, 2002）进一步发展的话语伦理得到了越来越多的支持。他们认为，道德理性必须纳入具有不同文化和个体身份的主体间的相互倾听、商议和对话。

对话于是成为现代传播理论的核心要素，同时也是布伯（Buber）、列维纳斯（Levinas）等思想家所主张的对话伦理中的重要概念。长期以来，道德实践的观念过度地建立在工具理性、商业、政治权力商议和专业性服务的模式之上（Elliott, 2002）。对话伦理则要求将视野拓展到共同体空间伦理的层面，从而使与家庭、宗教有关以及以休闲、地理或兴趣为基础的共同体的关切都能在这个空间中得到表达。与那种将道德问题简化为中立的类型变化的做法不同，共同体伦理为具有不同身份认同、文化背景、社会阶级和族群归属的人们提供了共同的空间，使他们能够直面彼此的差异和不同视角（Bracci, 2002; Nussbaum, 2001）。这种伦理立场是要把公共领域重塑为一个文化混杂的空间。

参与性媒体和运动

这种强调一个人独特的个人和亚文化身份的文化趋势使得"真实性伦理"(ethics of authenticity) 的重要性日益突出（Taylor, 1992b）。这种新传统尤其重视那些能够保证身份得到表达和强化的传播类型：传播渠道的多样化，杂志发烧友和文化的扩散（Atton, 2002, pp. 54–79），以及变得日益重要的受众民族志和接受分析。这一范式要求人们采取新的管理视角，更加重视为共同体内的不同文化群体创造更大的对话空间（Horwitz, 1989）。

社区电台、原住民报纸、电视台和多媒体运动受到鼓励，在全世界各地普及开来（至少在国家允许它们存在的地区是如此）。社区媒体遵循这样一些原则，包括节目必须由非专业人员制作，社区内所有人和群体都有直接使用媒体的权利，以及节目内容必须由社区内公民组织来决定（Jankowski & Prehn, 2002）。这些媒体由类似合作社的委员会所有，相关的政策也由有兴趣参与管理工作的社区成员来制定。社区内有一种尊重非专业者才能的氛围，他们坚信邻里和亲朋之间能够给彼此带来快乐，至少这可以作为商业媒体中那些技巧娴熟的专业娱乐明星的替代选择。社区媒体颂扬地方文化身份，它所强调的是个人化的而不是普世的标准。地方性社区媒体通常能够产生一些具有很强的大众吸引力的新媒介风格和类型，但它们保持小规模和地方性媒体的决心是十分坚定的，在很大程度上，这样做的目的是要抵制大众文化的影响。

通过参与性媒体，共同体内的边缘和弱势群体，比如，妇女、青年、少数族裔和移民，获得了更多的参与空间（McChesney & Nichols, 2002）。这些媒体的出现使那些长久以来保持沉默并对从属和受压迫地位持有宿命论观点的人重新焕发生机，积极参与到群体讨论中来。在地方性广播、视频或电视节目中，主持人团队扮演着激发者的角色，将第一个发言的权利给予共同体内那些持反对意见的人。由此，那些本来微弱的抗议声音变得更加清晰，其他发言者通过来信或受访参与对相关议题的评论，演播室辩论开始出现，关于共同体内或地区性议题的一般讨论也得到鼓励。这一设想中存在几个规范性问题：主持团队的主要目的不是要呈现客观报道，而是要帮助那些受压迫群体发出自己的声音，进而采取行动。这里的规范标准并不是作为信息传达者应保持的距离感，相反，应当是主动揭露不公正状况，并推动公众达成关于社会变革的共识。在这种情况下，公共话语的决定者不再是领导层和掌权者，而是参与共同体事务辩论的全体人民，尤其是那些话语权不足的少数群体、贫困人口和边缘人群。

另一种参与性媒体是克莱门西亚·罗德里格斯（Clemencia Rodriguez, 2001）所说的"公民媒体"（citizen media）。在这里，主角不再是那些与权力关系改变过程多少保持距离的"激发者们"，而是那些由边缘的、弱势的人群推动的自发的地方性运动。这些群体以一种没有太多组织性的方式对作为其日常生活一部分的剥削现象发起挑战。由于这些群体的遭遇与贫困人群的困境相近，因而他们创造出一种使意识形态和霸权性话语丧失合法性的新话语。这些运动并没有太多复杂的理论基础，但它们把传播重新定义为一种对话性的、参与性的、语言方式不断变化的非专业活动。这些小型运动来去匆匆，就像罗德里格斯所形容的那样，像沼泽地里的水泡那样转瞬即逝，但最终却能为它们所支持的那些身份和要求赢得尊重。这不是那种在"他们"和"我们"之间发生的、为了"夺权"和"控制媒体"而进行的大规模运动意义上的变化，而是指小规模运动的扩张对现存权力结构的逐步破坏，直到没有人再相信这套结构。

与这些小规模的、似乎转瞬即逝的运动不同，一些更加引人注目的运动对现有的公共话语组织方式发起了更加直接的挑战。美国社会的公共新闻运动大多发生在地方和地区报纸中，这些媒体认为自身发行量的下滑和公众对其记者的不满，主要原因在于它们没有仔细关注自己所服务的社区的真实议题（Rosen, 1991b）。编辑们意识到，他们受竞选活动中政治领袖和公关机构的操纵，后者制造出许多假议题来分散媒体和公众的注意力，从而避免被迫对真议题采取不受人待见的立场。与此同时，人们普遍存在一种担忧：因为感觉到参与并不能带来什么改变，选民开始对政治持冷漠态度，公共政治参与出现衰退迹象。在这种情况下，报纸开始尝试通过调查和座谈会的形式，试图发现在教育、医疗、公共安全、地方文化生活等日常议题中人们最关心的是哪些。新闻媒体也重构了自己的新闻采集方式，从受制于权势机构信息源的归口制度（beat system），变为启用紧扣社区核心议题的特定方面开展经济或教育问题报道的专业新闻记者。

新闻陈述的方式也试图紧跟某一议题发展的自然历史过程，从而帮助公众获得对某个重要问题前因后果的更加连贯的理解。优秀新闻的标准也从对专业程序的关注转向能否给共同体带来有价值的意义并提高共同体内公民社会组织的水平（Lambeth，Meyer，& Thorson，1998）。这种对共同体社会权力格局改变的深入介入，已经成为各种公民参与性媒体主张的关键特征之一，同时这也在公共新闻的支持者和那些捍卫更传统的中立的受托人新闻业模式的人们之间激发了一场关于规范原则的辩论（Glasser，1999a）。

共同体建构

最后，就规范理论本身而言，在公共话语这一问题上，公共领域的社群主义哲学运动已经对自由主义、社会契约和进步主义的社会责任等各种传播理论提出了直接的挑战（Christians，2004；Christians，Ferré，& Fackler，1993）。社群主义中存在各种不同的理论路径，但所有这些路径都持有一个共同的观点，那就是试图把对个体利益的反映以及促进个体行动者个人目标的实现作为公共话语的基础，并不意味着同时也为社会共同福祉打下了可靠的基础。自由至上主义的市场逻辑在本质上有可能导致严重的社会权力集中和社会排斥。这一问题在一定程度上通过围绕功能主义的经济进步和工具理性主义价值达成的脆弱共识得到调节，这两点成为社会责任规范理论的基础。但即便如此，工业社会的价值共识依然是相对匮乏的。公共商议在一定程度上促进了持有不同道德主张的主要行动者之间的商议，但足以维系特定道德秩序的真正的对话和道德共识依然很难达成。而那些看似通过不同文化群体间对话形成的道德共识，实际上却是动用权力和资源将这些不同的声音纳入某一霸权性声音之下的结果，例如以白人盎格鲁-撒克逊新教徒[①]（WASP）男性专业人士的利益为主导的霸权话语。结果，这往往会导致集体决策总是偏向于主导权力掌控者的文化资本利益。

---

① WASP，即 White Anglo-Saxon Protestant 的缩写，指美国当权的精英群体及其文化、习俗和道德行为标准，泛指信奉新教的欧裔美国人。该群体拥有庞大的经济、政治势力，构成美国上流社会和中上阶层的绝大部分。尽管美国社会日益多元化，但他们的文化、道德观和价值取向仍在很大程度上影响着美国的发展。——译者注

社群主义规范理论倾向于支持公共商议的文化对话形式。这一理论试图从布伯①和列维纳斯②、金黛如③（Daryl Koehn）、保罗·弗莱雷④（Paulo Freire）和查尔斯·泰勒⑤等人的传播哲学中找到理论基础，这些哲学观点都把沟通关系视为传播的基础。对哈贝马斯来说，在公共领域的自发行动受到工具主义技术专家治国论和制度权力压制的条件下，道德自觉性的培育显得尤为迫切。因此，哈贝马斯的话语伦理理论同样重要，尤其是受到南希·弗雷泽（Nancy Fraser，1992，1997）和塞拉·本哈比（Seyla Benhabib，1992）批评后经过修正的理论。金黛如的理论超越了关爱、培育和同情的女权主义伦理学，转向了具有公共性和广泛应用价值的对话性伦理（Daryl Koehn，1998，Chap.3）。贯穿在布伯、弗莱雷和列维纳斯理论中的对话性特征鲜明地体现了他们在规范性层面的追求，他们同时也坚持对变革性行动（transformative action）的支持。用弗莱雷的话来说，只有通过对话性传播我们才能获得批判意识，从而成为完整意义上的人（Freire，1970，1973）。对布伯而言（Buber，1958），恢复对话的能力应当成为人类的首要目标（pp.209-264）。他认为，只有当我—你关系（I-Thouness）繁荣之时，我—它（I-It）关系模式才会消失（Buber，1958）。列维纳斯（Levinas，1981）所主张的自我和他者间的互动则使得

---

① 马丁·布伯（Martin Buber，1878—1965），出生于奥地利的犹太哲学家，其最著名的理论是以他的哲学著作《我和你》为基础的对话哲学。他认为真正决定一个人存在的东西，不是"我思"，也不是与自我对立的种种客体，即"我—它"的关系，而是他与各种存在物和事件发生关系的方式，即"我—你"。——译者注

② 伊曼纽尔·列维纳斯（Emmanuel Levinas，1906—1995），法国犹太裔哲学家，1928年于弗莱堡大学跟随胡塞尔研究现象学。他对海德格尔的《存在与时间》有深入的研究，其著作是对海德格尔的一种批判与延续。——译者注

③ 金黛如（Daryl Koehn），当代美国哲学家，主要研究领域为商业伦理和企业治理。——译者注

④ 保罗·弗莱雷（Paulo Freire，1921—1997），巴西教育理论家、哲学家，20世纪批判教育理论和实践方面最重要和最有影响的学者之一，主要关注教育在被压迫人民的斗争中所起的作用，代表作是《被压迫者教育学》。——译者注

⑤ 查尔斯·泰勒（Charles Taylor），当代加拿大哲学家，麦吉尔大学荣誉退休教授，横跨当代英美哲学和欧陆哲学界，主要研究领域涉及语言哲学和心灵哲学、政治和道德哲学（自由主义、社群主义、现代性等）、宗教哲学（天主教与世俗化、现代化）、当代自我理论、哲学史等。1975年出版了让他名扬学界的《黑格尔》一书，其他著作包括《自我的根源：现代认同的形成》《多元文化主义》等。——译者注

和平成为规范意义上的概念，非暴力不仅仅是一种政治策略，同时也是一种公共哲学。伊迪丝·维索戈洛德（Edith Wyschogrod）的论著是基于列维纳斯理论的自我与他者对话伦理学的代表，但她对同情（compassion）的强调又使得自己的理论自成一体（Wyschogrod，1974，1990）。

结　论

显而易见，特定历史时期主要传播行动者所能接受的规范传播理论，在很大程度上取决于这一时期的文化以及不同国家对特定时代文化的适应状态。而这些时代的精神气质又与权力精英的世界观以及他们为一定程度的集体行动建构恰当规范基础的努力有紧密的联系。

同时，我们也明确看到，没有一个时代会完全满足于已逐渐被当时的人们接受的规范理论。这一历史观照把我们引向那些将成为下一章讨论基础的核心问题：一个更加完善的规范理论具备哪些特征？一个完整的规范理论需要什么样的社会条件或策略？

约翰·德拉姆·彼得斯（John Durham Peters）的《对空言说》①（Speaking into the Air，1999）一书探讨了两千五百年来关于什么是好的传播的人类思想历程，也对当下界定规范理论新维度的努力做了很好的总结。基于对历史的考察，彼得斯认为，"基本上可以说，传播……更多的是一个政治和伦理问题，而不只是一个语义和心理问题。黑格尔和马克思、杜威和米德、阿多诺和哈贝马斯（1999）等思想家都认为，公正的（强调为引者所加）传播是一个良好社会的标志"（p. 269）。因此，绝不是像那些认为新技术可以解决沟通问题的人常常主张的那样，传播只是一个涉及更强大的技术力量的问题。相反，良好的传播意味着相互理解。当前公共传播规范理论中的主要观点都强调，判断媒介有效性的标准是它们在人类及其共同体发展过程中扮演了多大的积极角色。

---

① 本书最初的中译本由何道宽翻译，华夏出版社 2003 年出版，书名为《交流的无奈》；邓建国的新译本以《对空言说：传播的观念史》为题，于 2017 年由上海译文出版社出版。——译者注

第三章 规范理论的特征

上一章的历史回顾表明，对规范理论的解释并不是一个连续发展的决定论式的历史过程，而是主要社会行动者为了理解在特定社会政治语境中公共话语应当如何表达而展开的持续的对话过程。人们会参照过去的理论方案，但最好把规范性理解为关于在当下条件下如何就公共决策传播达成共识的活动。有时，新的公共传播理论方案会得到高度认可，但随着新的行动者和媒介技术的出现，这些观念总会受到挑战。这一追寻新理论方案的过程会不断激发出确保不同行动者的道德主张都能得到尊重的方法，而随着这种对话的过程变得日益全球化，这一理论探索的过程也有了新的意义。

相应地，我们把公共传播规范理论定义为对这一问题的合理解释：公共话语应当如何表达才能有利于一个共同体或国家找到问题的解决之道。这之所以能构成一种理论，是因为它试图解释特定形式的公共话语如何有利于合理公共决策的实现。正如我们在第二章中所指出的那样，自由至上主义理论在早期现代欧洲之所以得到广泛认可，是因为这些理论契合了当时的自由企业精神和与僵化的封建权力结构残余势力做斗争的要求。弥尔顿的《论出版自由》以及后来密尔的《论自由》都很好地总结了那个时代自由至上主义共识的主要观点。这些理论主张似乎都十分简洁且明确地解释了与公共话语表达相关的许多问题应当如何解决：如何以及为什么必须保证表达自由，人们应当如何快速获得他们想要的信息，如何不借助强制手段达成共识，以及如何处理那些所谓的错误意见。

然而，到了20世纪，随着新的社会行动者和不同传播需求的涌现，社会政治环境出现了变化。自由至上主义理论使媒体成为其所有者的私人喉舌，而这一点再也无法让所有人满意。人们迫切需要一种强调媒体所有者社会责任的新理论，以此来解释在媒体成为大型公司企业的新条件下，真理、自由、参与等目标如何实现。哈钦斯委员会报告中提出的理论方案及其广为人知的《传媒的四种理论》的修正版本，向好几代年轻媒体从业者阐明了社会责任体系如何有效，以及与之前的理论框架相比，它为什么更加合理。

在本章，我们会继续探讨对获得一个更令人满意的公共传播的组织形式来说，为什么理论基础如此重要。建立一个被广泛赞同的理论或规范的解释框架究竟有什么意义？为什么一个达成理论共识的社会的公共传播会更加有效？是否一个明确且直接以规范理论为基础的公共话语传统能够引导媒体以更强烈的方式支持民主？最后，我们还要搞清楚一个共同体或国家究竟如何才能形成一个更加合理的规范理论方案，由此，我们才能为新闻传媒在民主社会中的角色奠定有效的规范基础。

单一理论还是多个竞争的理论？

《传媒的四种理论》以及随后关于规范理论的各种讨论都倾向于强调各种相互竞争的模式。然而，对历史演变进程的分析却表明，我们所讨论的其实并不是一些相互竞争的规范理论，而是一个能够合理化特定政策或有助于判断特定行动者道德主张是否合理的相对统一的解释资源体系。规范理论传统中显然存在多样且相互竞争的理论取向。例如，对如何保障公共话语真实性和自由这一问题的个人主义、自由至上主义式解释的支持者，与社群主义观念，即那些偏向社会视角的规范理论的支持者之间，长期存在着意见纷争。在这里，我们把这些相互竞争的取向看作不同的范式传统。范式是会对一个意义场域内各个方面都产生影响的模式或基本逻辑。例如，如果自由至上主义取向成为规范理论的主导性范式传统，它将会对公共话语规范性层面的所有方面产生影响，包括良好传播的个人理想、伦理规范、更好的传播政策，以及公众要求的传媒表现。每个传统都会提供一些不同的理论资源来解释为何特定的规范路径更可取。在一个特定社会中，支撑政策传统的特定规范理论体系通常会包含第二章所讨论的四种范式传统的不同要素。例如，在英国，虽然公共服务制度具有很大的优势，但我们依然能在其中发现法团主义、自由至上主义、社会责任和公民参与传统的要素。

也许我们最好把规范理论理解为一个解释性资源库，或一场持续的对话。每当特定的社会环境无法对公共话语民主程序给予明确解释时，这场对话就会被启动。当许多新的发展中国家开始建设自己的报业和广播电视系统时，它们必须确保这些系统能够适应本国的文化和政治体制，因此它们倾向于兼容并蓄的折中主义，吸收并改造来自全世界各地的观念。二战之后，日本为了构建新的民主公共传播体系，曾派出代表团对美国的商业体制、英国的公共广播传统以及世界其他地区的传媒制度进行全球性考察。最终的结果是日本的传媒体制更接近欧洲的公共服务传统，但同时也受到来自美国的很多影响。

每次围绕规范理论传统不同方面的重大讨论都促使相关解释变得更加清晰和明确。古希腊思想家提出的理论方案中已经包含了公共领域中表达自由的早期观念，但直到早期现代欧洲，对言论自由的更加全面的理解才真正出现。经过数个世纪的对话和辩论，当代公共话语规范理论的观念变得日益丰富，许多不同的维度也变得日益清晰。在特定语境下，如果我们面临的是言论自由的问题，那么，我们会发现可供使用的解释性资源对自由观念的解释要远比现实情况丰富和深刻。

如今，规范理论日益成为一场全球性对话。在西方之外的地区，西方起源的规范理论会与当地的观念展开对话。来自东亚、印度、非洲、伊斯兰世界和拉美地区的具有不同文化传统的人们，正不断加入这场对话当中。对话的大门保持开放，这有助于对话的参与者利用他们自己文化传统的各种规范理论资源。

民主和媒体角色

在本书中，我们把公共传播的规范理论视为民主社会中传播的特定制度组织形式的概念基础和解释根据，以及理解民主社会中媒体角色的理论基础。实际上，我们可以把民主理解为一种特定的传播形式。在这种形式中，公民可以就治理决策交换意见，并对民选官员的政治活动进行监督。在历史和社会文化发展的任何特定阶段，规范理论都会解释并合理化民主传播的制度。

显然，自约翰·斯图尔特·密尔以来，甚至自半个世纪前的哈钦斯委员会以来，媒体在西方民主社会中的角色已经发生了极大的变化。如今，公民希望有更多直接参与传播的机会，而且在全球绝大多数社会中，为公民对公共话语的参与提供合法性论证和规范理论基础已经成为一个更加重要的议题。在本章中，我们指出，规范理论基础对民主传播制度的活力，对支持和实施民主传播活动的媒体而言，都是极其重要的。

为了描述构成传播伦理、传播政策和专业领导力等规范性领域的要素，进而对规范理论进行界定，图2以一种分级结构的方式将各种规范性议题组织起来。最顶端是分析性的基础要素，包括一种文化中关于传播的价值观念（一种"公共哲学"）以及这些价值观念在规范理论中的组织方式。最底端是一些具体要素，包括媒体生产群体的日常实践以及指导传媒从业者日常选择和决策的个人规范性标准。图2简要地展示了一个规范性体系中典型的主要行动者，同时这一体系也对其他维度保持开放。我们可以从某一文化中的传播价值观出发，指出传媒从业者的工作必须与这些价值要素相适应。或者我们也可以从传媒从业者的个人价值观出发，指出它们在某种程度上也会对文化的传播价值观产生影响。无疑，这一体系中的各种行动者之间存在一种辩证关系。

这个结构的最底部是公共传播领域从业者的个人理想和价值观。这些从业者根据自我良知对何种公共传播代表着真理、正义和对人类尊严的尊重做出判断，并以此为基础采取行动，而一切规范性要素最终都取决于这

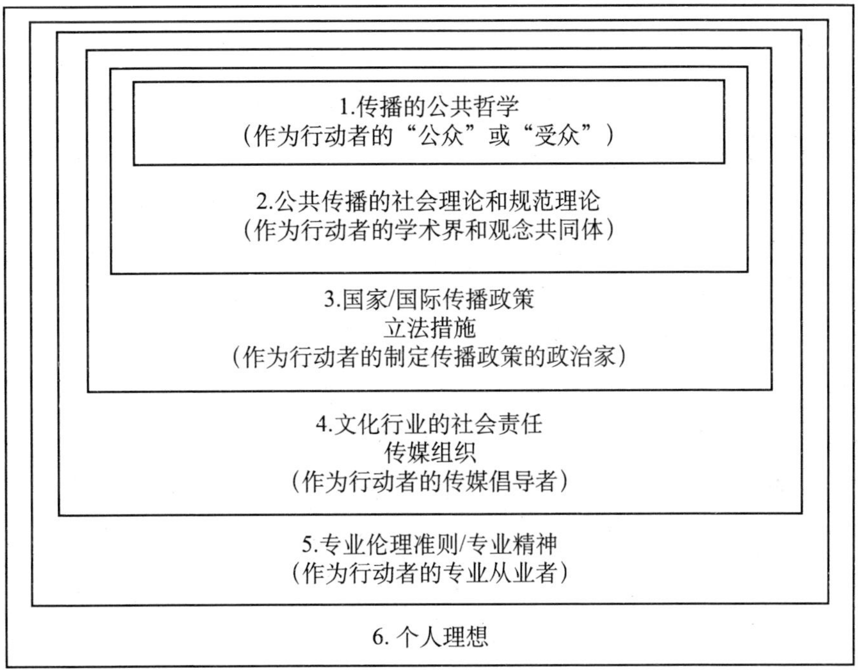

```
┌─────────────────────────────────────────┐
│  ┌───────────────────────────────────┐  │
│  │        1.传播的公共哲学            │  │
│  │   (作为行动者的"公众"或"受众")     │  │
│  ├───────────────────────────────────┤  │
│  │    2.公共传播的社会理论和规范理论  │  │
│  │   (作为行动者的学术界和观念共同体) │  │
│  ├───────────────────────────────────┤  │
│  │        3.国家/国际传播政策         │  │
│  │             立法措施               │  │
│  │  (作为行动者的制定传播政策的政治家)│  │
│  ├───────────────────────────────────┤  │
│  │        4.文化行业的社会责任        │  │
│  │             传媒组织               │  │
│  │     (作为行动者的传媒倡导者)       │  │
│  ├───────────────────────────────────┤  │
│  │      5.专业伦理准则/专业精神       │  │
│  │     (作为行动者的专业从业者)       │  │
│  └───────────────────────────────────┘  │
│              6.个人理想                  │
└─────────────────────────────────────────┘
```

图 2　主要社会行动者

些行动的个体。从业者的个人信念基本上决定了新闻制作部门的企业文化或精神气质、专业协会的伦理准则、传播专业教师的教学原则，以及整个传媒行业的基本面貌。对专业传播者伦理准则的形成影响最大的是他们融入公认的职业文化的社会化过程。如果一种文化具有严格的伦理要求，那么规范将十分重要。伦理准则只不过是以公共的、书面的和共识性的方式把专业精神中最重要的一般原则转化为正式的形式。专业协会制定、采纳、维护并强制实施这些准则，并且其含义一般也只能由这些协会来界定。

传媒组织的规范性政策通常是具有操作性的强制性规范。众所周知，报纸的伦理准则常常得不到严格执行，对从业者而言，这些准则只是一些松散的指导原则。当下的传播是传媒组织的集体行动。一般而言，若有侵犯权利的情况发生，或者有人向投诉委员会举报媒体的道德不轨行为，那么不仅从业者个人要对此负责，媒体机构也要对这些问题负责（Mnookin, 2004）。

在传媒机构的规范性政策之后，紧接着是文化行业的集体社会责任。滥权行为往往不是孤立的，而会涉及整个行业。因此，当公众直接或通过他们选出的政府官员对特定的记者或出版物发起攻击时，相关的报纸、广播电视或其他传媒行业都会受到牵连。如果不采取补救性措施，它们就会面临进一步的经济或政治行动的威胁。社会责任意识体现在个人信念和企业精神中，但在发生严重滥用职权的情况下，整个行业会协调一致。当"水门事件"事发，当曝光的五角大楼文件揭示了越南战争的起源时，实际上所有的文化行业都被卷入其中，并在这些事件中保持了团结一致。

立法性准则使得传播伦理突破了自发行动的边界，进入国家行动和国家垄断的强制性手段的领域。报业和其他多数传媒行业一直都在努力维持自身的独立性，确保不受国家的控制性权力的束缚，目的正是要保护它们的自由以及作为公共社会责任守护人的功能。国家具有合法性仅仅是因为政府是以民主选举的方式产生的，通过立法建立的规范在某种程度上代表了一般大众所认可的经商议形成的标准。通常，传媒行业认可特定形式的公共管理对所有人都有利。一般来说，它们同意接受政府的协调，并将其视为设定行业共同准则的最有效和最公正的办法。

实际上所有国家或地区性国际组织，比如欧盟，都实施过确立国内或国际传播政策的重大立法行动。每当公共传播领域发生重要变化，比如，某一重要新技术的发展以及新传播产业的建立，或者在政府政权发生重要变化之后，就会有人提出新的政策。在二战后的德国和日本，以及1989年政治剧变之后的东欧国家，文化、基本的社会政治组织和特定的发展挑战都成为建构新的规范理论基础和新传媒制度的推动因素。

最后，我们看到的是规范理论层面以及与此紧密相关的对社会发展方式的理论解释。我们认为，虽然规范理论以最直接的方式处理公共政策问题，但它也为这些政策涉及的所有要素提供合理的基础。虽然提出各种复杂的规范理论构想一般是学者和思想界的任务，但那些参与公共政策议题的人或许也对此做出了贡献。正如最近发生的关于公共新闻业的争论所表明的那样，那些有理想主义追求的从业者也许会参与到规范理论的讨论之中。从社会背景看，公众对滥权现象的批评日益增加，而且从业者之间也逐渐形成了一个共识，即业界需要确立新的系统性的政策主张。在某些时候，诸如哈钦斯委员会或联合国教科文组织设立的麦克布莱德委员会等代表性团体会得到授权对当时被建议的最新规范进行归纳总结。这些委员会通常会参考那些重要的哲学和理论性的批判学术观点。它们所发表的报告会援引道德哲学原则，因此几乎总是显得十分理想主义，超前于它们所处的时代，甚至带有几分乌托邦的色彩。这些理论方案几乎无一例外都会在业界引起争议，部分原因在于这些报告对业界的滥权行为提出批评，同时也是因为业界必须投入更多的资源来达到这些报告所提出的理想标准。

显然，规范理论发展的某些阶段是同时发生的，并受到社会发展的一般理论的影响。规范理论的自由至上主义维度是作为早期现代欧洲自由主义政策的一部分而出现的。社会责任规范也是随着19世纪晚期现代国家建构过程中大众民主制度的确立而出现的。

媒介多样性是体现当代规范理论中社会责任维度要素之一的典型例子。通过采取特定的公共政策，我们能够防止所有权的集中，从而为传媒服务的多样化发展提供条件。多样性的理想强调的正是这种公共政策会在社会文化方面给我们带来哪些好处。传媒多样性理论还为许多不同的传媒实践技术提供了合法性，并为人们把规范性标准延伸到新媒体和新传播情境中提供了依据。多样性原则还可能使新闻生产机构和从业者个人信念层面出现的新规范变得有效。当规范理论牢牢建立在道德哲学和更广泛的哲学前提基础上时，它会变得更加雄辩有力。古典时期和早期现代规范理论表达观点的方式无疑是一种形而上学话语，而这一话语认为规范理论讨论的内容是自然的已知事实，而非人为的文化常规。公共话语实际上有赖于人类的创造性文化行动，但这种创造性必然受生存条件的制约。实际上，所有的公共话语规范理论都提出了某些关于人类和社会存在本质的假设。

传播伦理中的最后一个规范性要素是传播的公共哲学。这指的是社会文化中广为人知的与传播有关的价值观念和责任信念。正如韦弗（Weaver，1986）关于专业主义来源的研究所表明的那样，记者或其他传媒专业人士的许多价值观念都来自他们的家庭和社区环境。从业者和整个行业都明白，他们必须时刻面对公众的道德要求和期待。捍卫自由和社会责任的政治意志与人们的价值信念一样强烈。如果业界的反应不符合道德哲学家和学者们的期待，他们的批评将会像沙漠中的呼喊一般尖锐、强烈。在许多方面，规范理论所表达的是能够反映人们心目中道德要求的合乎逻辑的论断。

规范理论的基本问题

显然，和不同文化中存在不同的民主传统一样，在不同的社会文化环境中也存在不同的规范理论传统。因此，亚洲和非洲地区可能会发展出属于自己的民主公共传播的规范传统，其形式与西方传统不同。不过，也存在一些民主公共传播的共同议题或问题，所有规范理论都必须面对这些问题并找到解决之道。通常，规范理论的目的是要解释并为特定的公共传播实践提供深厚的哲学基础。这同时也意味着否定有悖于固有价值观念和哲学传统的做法。有时候，规范理论还可能成为人们良知的组成部分，从而推动公共传播向更民主的方向发展。

规范理论涉及的第一个重要问题是如何确保人们能够自由、平等地进入公开的公共辩论。各种传统规范理论会要求保护一定程度的自由，确保人们可以公开表达意见而不被报复，在公开辩论中坚持自己的立场，以及把那些与共同体面临的问题相关的主张公开化。与此同时，公开辩论必须带来真实可靠的、明智的决定。在西方传统中，在辩士学派的学者们开始为全体公民拥有自由背景下的劝服性演讲的合法性辩护之后，关于真实性问题讨论的线索之一在地中海城邦国家的民主政体，尤其在雅典，开始出现。柏拉图批评的是辩士学派学者们推崇的话语方式，而非质疑公共话语的过程本身。实际上，柏拉图学园中所施行的教学方法正是以苏格拉底式的公开辩论为基础的。西塞罗在他的著作中已经设想了议员的辩论自由、提出法庭审判的诉讼自由以及言论出版自由。后来，弥尔顿和其他异见分子之所以要抗议政府迫害新闻出版自由的错误做法，正是因为英格兰有公开议会辩论和陪审团公共审判的悠久传统。

规范理论的第二个核心问题是找到通过商议解决冲突的办法。事实上，一切关于合理的公共话语模式的重大理论主张，都是在社会制度性危机威胁到自由公开的辩论时才出现的。雅典学院的各种思想观点大多出现在雅典城邦国家民主制度的晚期。西塞罗以一位规范理论家的身份出现，是因为他担忧帝国军事将领组成的独裁政府很可能意味着罗马共和国的终结。奥古斯丁则看到罗马的公民生活为野蛮的暴行所遏制。而早期现代欧洲的持不同政见者们斗争的对象则是专制主义的君主政体和违背自身大公会议①传统的教会联合构成的掠夺型制度。如今，哈贝马斯对理性主义官僚体系治理的社会提出批评，因为无论这些官僚体系解决工业化社会问题的效率有多高，它们都是非人性化的。哈贝马斯主张以商议理性为基础的话语伦理，即承认他人的利益和权利，并寻找能为各方所接受的问题解决方案。在今天的许多非洲国家，一个重要的问题是如何保护非洲生活和传播的社群主义传统——在这种传统中，共同体的福祉是最重要的价值——同时又不至于蜕变为一种僵化的威权主义公共传播类型。

第三个问题是如何在劝服性的、精致简洁的、受人欢迎且易懂的公共话语表达的艺术性和真实性之间保持平衡。如何界定公共真实性是一个重要的核心问题，因为文化现实是建构性的，而真实在一定程度上总是文化建构的产物。在大多数重要的公共话语规范理论出现的时代，具有独特艺术风格的传播活动大都受到尊重。古典的公共话语不仅仅是出于解决问题的实用主义目的而存在的，同时也是令人愉悦的、富有启发性的人类经验的表达，在一定程度上显得庄严崇高。雅典时期的希腊社会鼓励并且欣赏隆重华丽的演讲术、诗歌、戏剧、优美的建筑，以及其他各种艺术表达形式。好的公共话语应当充分发挥人类情感、才智、记忆和理性的每一个方面。当时，包括柏拉图、伊索克拉底和亚里士多德在内的多数批评家都对辩士学派演讲教师所传授的方法提出质疑，因为这些方法似乎经常导致做出不真实、不公正和不明智的决定。

弥尔顿既是一位伟大的诗人，也是修辞论辩之术的笃信者。他之所以为自己的言论自由立场辩护，包括为那些被许多人认为错误的口头和书面表达的自由辩护，是因为他相信持续的公开辩论最终会带来最明智、最真

---

① 大公会议（或称公会议、普世公会议、普教会议）是传统基督教中有普遍代表意义的世界性主教会议，谘审表决重要教务和教理争端。对基督教教义有深远影响的基督教早期会议是第一次尼西亚公会议、第一次君士坦丁堡公会议、以弗所公会议和造成日后罗马天主教和东正教分裂的迦克墩公会议。——译者注

实可靠的抉择。罗伯特·哈钦斯是一位伟大的人文主义者，热爱哲学、文学和诗歌。基于这样的个人背景，由他领导的委员会对当时的媒体提出批评，指责它们没能从社会语境出发，为公众提供关于时事议题的准确、公正、平衡的报道。传媒不能只充当追求商业利润的工具，它还必须以负责任的方式为公众服务。

提出一个完整的规范理论还需要考虑第四个问题，即学术界和公共话语领域的关系。那些非常正式的规范理论表达基本上都是学术工作的产物。在公共传播方面，学术界常受到指责的罪过之一是它在理论上的完美主义倾向。柏拉图对依据真实性实现正义的热情和对混乱无序的公共传播的不信任使他提出了自己的公共商议理论。这种理论主张公共商议应由哲学王来主导，从而把威权主义的公共决策合理化了。实际上所有的重要规范理论家同时也是公共话语表达的传授者。雅典学院的那些教师，塑造了我们时代社会责任前景的那些人，以及当下推动社群主义传播运动的那些人，无一不致力于在与他者的关系和文化环境中培育一种对辩证思维的热情。他们都对促进文化的代际传承充满激情，并鼓励每一代人自由地重新发现文化的价值，以创新的方式再造文化。但这种主张是否一定能带来一个真正开放的论坛，确保他者能够自由思考并得出他们自己的结论？例如，今天的自由至上主义者对当代社群主义的核心观点表示怀疑，因为他们觉得社群主义损害了言论自由。

规范理论的合法化功能

规范理论把特定历史时期的特定公共话语模式置于受到认可的道德前提之上，从而使之合法化。这些道德前提建立的根据则是人们的生存现实。今天，为了未来人类和其他物种的生存所需而保护空气、水和环境，一般被认为是一个无可置疑的道德义务。合法化意味着确立尊重特定公共传播环境中所有主要行动者的道德主张的正当性规则，并找到尊重所有人道德义务的方式。例如，当下许多运动都主张在公共传播过程中直接发出自己的声音是十分重要的，而人们的参与权实际上是一个道德要求。但传媒行业人士却认为他们对投资者和从业者负有道德责任，因此他们坚持认为自己的任务是符合专业标准的要求。父母们认为自己对孩子负有道德责任，对此，媒体必须尊重。而一些国家的发展需要则会提出一些其他的道德要求。找到一个能够被各方接受、尊重所有主要行动者道德要求的理论方案是很困难的，很少能够做到十全十美。尽管如此，人们还是发现，某些国家的公共传播系统要远比其他国家的更加令人满意。

上一章的历史考察已经清楚地说明了一点，那就是一个居于主导地位的规范性的公共话语范式会在很长的历史时期内保持有效性，却会在很短的时间内发生剧烈变化。例如，法团主义范式在几乎长达两千年的时间里一直处于统治地位，却在早期现代欧洲不到一个世纪的时间内让位于一种个人主义观念。现代性的新世界重新组织了世界的意义，从而使所有社会机构的意义能够相互协调，共同构成了一个合乎逻辑的整体。市场的隐喻从最初强调个人创业的自发精神转变为观点的市场，科学信息汇集的市场，甚至是宗教观念的市场。

当围绕线性进步所形成的本质上十分不同的历史和时间的组织方式开始出现时，不同意义和谐共存的公共话语形式也会发生相应的变化。为了理解这个新世界，从洛克到卢梭在内的思想家们对各种意义整合的方式进行了探索，直到言论自由的规范理论开始出现，并对各种道德主张做出回应。最后，就连曾经为更加中央集权的公共商议的法团主义秩序辩护的教会和君主们也开始意识到言论自由是对他们最有利的。但这种我们称为自由至上主义的新范式并没有完全取代之前的法团主义模式，而是对其进行了重构，使之能够与新思想兼容。当人们提及个人良知的诚实正直时，自然秩序的说法依然会出现，但意义已经很不同了。

有时，某个思想家的个人主张会对整个时代产生巨大影响，因为它似乎解释了很多现实问题。据说直到现代早期，柏拉图的《理想国》仍是西方传统中最有影响力的一本书。现代社会的人们会发现很难理解《理想国》中所表达的世界观，这一事实本身就说明这本书与当时的世界观和时代精神之间的联系有多紧密。但是，如果认为《理想国》总结了早期现代之前的关于公共话语的所有规范理论，那就大错特错了，因为它只是规范理论的重要思想资源之一。规范理论从来不局限于某个理论家的说法，而是处在关于如何合理化特定公共话语模式的持续不断的辩论之中。弥尔顿的《论出版自由》或哈钦斯委员会的报告,也许会被看作与当时许多人的想法相近的一个好的理论主张。但一般来说,没有一个单一文献能够概括特定时代的全部规范理论。通常会有很多文献出现,相互参照,发现彼此的共同点,补充或强调某个核心要素。这种相互参照表明,这是一个一直在进行的辩论过程,其中,参与对话的每一个声音都有重要的观点要表达。

虽然特定时期规范理论的状态也许很难明确界定,但这些理论通过把公共话语模式与更广泛的意义结构联系起来,从而合法化这种模式。柏拉图的《理想国》试图把商议性的公共话语模式与理想的政治家角色、教育制度、认识论和形而上学联系起来。最重要的是,它符合当时得到广泛认可的禁欲主义精神。后来,经过少许修正,这种思想使得基督教徒们能够在上帝或造物主的思想中为禁欲主义的宇宙理性观找到一席之地。当时,正如奥古斯丁指出的那样,公共话语的目的是引导所有人的生活与造物主的创造计划保持和谐的关系。由于亚里士多德的影响,辩证法同时也成为阿奎那的思想方法,这种方法通过类比论证的方式在对立面之间不断转化,直到最大限度地接近上帝的精神。正如我们已经指出的那样,基督教伦理主要处理的是人际传播的问题,但与此同时,与公共传播相关的规范理论,例如,亚里士多德的理论,也成为公共传播制度的思想基础。

基础性解释

规范理论在传播活动与道德主张之间建立起系统性的联系,其基础是一套可以对各种问题提供合理解释的道德哲学。它设置了一套指导原则,规定了在生活各个领域中处理公共传播问题时何种行动是合理的,是与广为接受的哲学世界观相符的。例如,在古代,柏拉图和亚里士多德的理论就为存在秩序的法团主义构想,以及在以农业经济为主的小型城邦国家中公共传播应当如何进行等问题提供了合理的解释。亚里士多德的理论之所以发挥了这样的作用,是因为他的学说对伦理和政治、艺术和喜剧,以及许多其他领域的问题提供了系统性的解释,并在这些不同领域的解释之间,以及这些学说与关于人和宇宙的总体概念之间建立起系统的联系。西塞罗、斯多葛学派,以及实际上数百位其他不那么知名的学者都对柏拉图、亚里士多德和芝诺①(Zeno)的总体解释体系进行了改造,试图在此基础上提出生活各领域尤其是公共传播领域的规范性指导原则。在早期现代欧洲,洛克、卢梭、康德等人以启蒙哲学观为基础提出了各自的理论解释,从而为现代公共传播的绝大多数层面提供了规范性准则。今天,以哈贝马斯为代表的系统性思想家正在改造启蒙哲学的解释体系,从而把当代跨文化语境纳入考虑的范围。在这一语境下,为了理解巨大的信息流,我们必须时刻处于一个持续不断的沟通调适过程之中。

哈贝马斯曾经写道,当他还是一个小男孩,在广播里听到关于纽伦堡战争审判的报道时,他想知道这样的战争暴行怎么会在他的国家发生。他解释道,那次经历成为他很多工作的灵感来源(Allen,2002,p.97)。实际上,几乎所有重要的当代哲学家都在思考我们的公共传播体制究竟哪里出了问题,因为正是这样的体制默许了二战的大规模暴行、卢旺达(Rwanda)和达尔富尔(Darfur)的大屠杀、发达经济体中令人震惊的不公正和许多其他在我们所谓高度合理的文化中存在的不合理性。规范理论试图把我们在公共领域中的日常传播活动与更广泛的价值体系结合起来,从而有助于减少我们行动中的冲突和矛盾。如果人们注意到纽约的赫伯特·甘斯(Herbert Gans)、哥伦比亚的克莱门西亚·罗德里格斯,以及喀麦隆的弗朗西斯·尼安姆乔(Francis Nyamnjoh)等背景差异极大的学者都投身到规范理论的工作之中的话,他们也许会问究竟是何种对现实的理解启发了学者们提出各自的规范性原则。

正如我们已经指出的那样,规范理论为公共传播系统提供合法性;它同时也合法化了各个主要行动者的个体角色。公共传播中的行动者由不同个体组成的群体构成,他们认为自身的政治、经济和文化利益受到公共传

---

① 芝诺(Zeno of Elea,约前490—前425年),古希腊哲学家,以提出关于运动不可能的四个悖论而知名。他认为世界上运动变化着的万物是不真实的,唯一真实的东西是他的老师巴门尼德所谓的"唯一不动的存在",所以"存在"是一而不是多,是静不是动。——译者注

播的特定组织方式的影响。这些个体形成了利益共同体，并组织起相互沟通的网络，试图改变与公共传播相关的决策过程以及为这些过程提供合法性的价值体系。例如，在今天的许多国家，家长和其他关心广播电视会对未成年人产生负面影响的人们建立了各种协会组织来监督广播公司，敦促它们重视这一社会化过程的道德后果。

规范理论也为群体以公共行动者身份存在的权利提供了合法性。在上述社会化责任问题的例子中，公共广播服务传统因为着重强调了广播电视的教育功能，从而为那些支持教育责任的行动者提供了更多的合法性。有人认为，美国浓厚的自由至上主义传统强调了商业活力的重要性，因此赋予了企业自主性更多的合法性，但对同样是重要行动者的家长和消费者群体的权利没有给予足够的重视。由此可见，付诸实践的规范理论无法为所有重要的社会行动者提供足够的合法性。

一切社会行动者都倾向于根据群体内成员共享的道德义务来处理公共话语问题。专业记者会认为他们有把与重大事务相关的信息告知公众的道德责任。当民主制度受到威胁时，相比其他群体，记者群体会更快地意识到广义的民主价值与自身工作之间的关系。社会责任理论的规范传统解释了为什么优质新闻业的重要性不只在于它是民主制度正常运行的保障，还在于它对一个自由和公正社会的存在，以及最终对人类的自由和尊严来说，都是必不可少的。柏拉图抨击了辩士学派的学者，并认为对公共生活的干预必须以形而上学的辩证法为基础，这事关希腊社会的道德秩序。在这一点上，他实际上代表了当时许多人的观点。总之，规范理论的功能就是为各种利益共同体的身份和行动提供道德合法性。

除了个人身份的道德性，即忠实于自我的问题，不同群体所支持的各种理论方案还代表着不同的价值、经验和专业能力的共同体。这种共同体在促进传播机构完成其社会使命方面发挥着十分重要的作用。例如，媒体消费者协会组织认为自己在设定文化价值、秩序和团结等维度的规范性标准方面发挥着重要作用。记者们则认为自己在维系自由和开放辩论的制度体系方面扮演着至关重要的角色。传媒所有者则认为自己的重要性体现在开发新的媒介服务和提高媒介的多样性方面。规范理论所面临的挑战在于如何为每一种道德主张提供合理性，同时又能保证各个群体承认并尊重其他群体的道德立场。

社会行动者往往会根据自己特定的角色和利益范围来确定他们与其他行动者的关系。创意制作人通常会根据自己与那些参与媒体生产活动的人的关系来界定自己的立场。图2根据他们应对公共传播的质量所负责任的多少等级描述了当代公共传播中的主要行动者。这些行动者多数会根据伦理准则或非正式的道德原则来确定自己的道德义务。专业伦理准则体现了一个群体为其成员设定规范的努力，同时也意味着对其他行动者的一种申明，即该群体的实践活动不只是个人利益驱动的结果，而是遵循了道德原则的。但通常没有言明的是，伦理准则源自更为基础的规范理论，并只有在更加广泛的社会道德意义上才有合法性。

正如我们在讨论公共传播系统的合法性问题时所指出的那样，在某一特定历史时期，一个完善的规范理论的功能在于协调公共传播领域中所有重要行动者的不同道德主张，使之能够和谐共存。但在重大的社会文化转型时期，由于主要行动者之间缺乏关于公共话语模式的共识，一群行动者往往会猛烈地攻击其他行动者，抨击后者的非道德性。一个典型的例子是在早期现代欧洲持续了数世纪的两种现代化模式之间的争论。支持君主政体的社会群体认为，只有经过王国神圣权威授权的高度中央集权的、具有高度计划性的官僚体系才能够以适当的方式完成工业化和合理的现代化。而企业家阶层则认为，只有在各种商品、发明、观念、宗教信仰和哲学思想相互竞争的市场中汇聚起来个体的创造力和首创精神，才能够以符合国家竞争力要求的灵活性和速度采取行动。也许有人会指出，社会责任理论正是试图在这两种传统之间达成某种平衡。

高质量对话的重要性

历史分析表明，并不是所有社会和所有历史时期都能发展出一套能够为真实的、自由的、对社会负责的、参与性的和具有社群主义特征的传播提供合法性基础的规范理论。并不是所有社会和所有时代都能就何种公共传播系统是人们所需要的这一问题达成某种共识。并不是所有声称是民主的公共传播形式都真的是民主的。公共话语模式中依然存在高度的不公正性，而大量的社会群众依然无法获得他们想要的信息。在某些情况下，许多人被剥夺了发出自己正义诉求的机会，或者某个重要的亚文化群体被剥夺了表达自身价值观的自由。有时不充分的公共传播阻碍了有效决策的做出和对问题的解决。这里的关键问题是社会应当如何达到民主公共话语实践的最佳状态。

我们认为，要想构建一个能协调所有行动者道德主张的令人满意的规范理论方案，一个关键的条件是社会行动者之间对话的质量问题（Habermas，1990；Pasquali，1997）。如果对话唤起了一种对所有行动者道德主张的尊重意识，并能够促使追求共识的集体努力持续进行下去，直到所有道德主张都得到关照为止，那么，我们可以说，这样的对话实现了其核心功能。高质量的对话能够促使所有社会群体更加深刻地意识到他们之间的相互依存关系，并使他们坚信如果某一群体的道德主张被漠视的话，那么所有群体都会遭受损害。下列标准与哈贝马斯（Habermas，1990，1994）、阿佩尔（Apel，2001）、本哈比（Benhabib，1992）以及阿伦斯（Arens，1997）等理论家提出的话语伦理原则十分相似，但它们至少提示了在公共对话过程中应当存在的主要维度。

（1）这种对话应当鼓励所有可能的行动者就其利益共同体和道德主张问题展开内部决策过程。通常，为某一社会群体安排一位"决策委员会代表"或设置"决策机构内的办事处"是能够有效激发他们明确自身角色的有效方法。

正如我们已经指出的，"道德主张"意味着某种持续的人类生存状态会要求有特定的行动来回应（Christians，1997，pp.6-8）。例如，一个挨饿孩子的母亲会产生一种强烈的必须去寻找食物的责任意识，并认为自己有从周围人那里索取食物的道德权利。发展中国家的农民会认为，自己在道德上有权要求媒体提供能够帮助他们将农业生产率提高至维持日常生存水平的信息。对话的过程能够促使致力于农村发展的行动者意识到，为农民提供信息不只是为了提高生产率，同样也是为了提高农民的健康水平，以及创造更加丰富的文化生存环境。显然，这种对话在绝大多数发展中国家还不存在。农民及其共同体在公共传播过程中依然声音微弱。《人民传播宪章》（*People's Communication Charter*）是把边缘群体的道德主张纳入公共共识，并将当前规范理论所强调的公民参与付诸实施的一次努力。

（2）应当鼓励所有当事方积极参与商议过程。如果某些当事方没有参与这一过程，那么最终提出的解决方案在后续的政治进程中将缺乏这些群体的支持，甚至会被视为非法的而遭到抵制。例如，在20世纪60年代后期到20世纪70年代，许多拉丁美洲国家发生了将更多公共服务和社会责任维度引入传播政策中的运动。基于意识形态标准的考虑，许多主要的社会行动都被排除在这些运动过程之外。结果是，遭到排斥的群体成功地阻挠了这些运动，导致运动发起者提出的各种方案未能进入最终的决策阶段（Fox，1988）。

总的来说，贫困人群和边缘群体从来都没能充分参与到公共商议的对话过程之中，公共话语通常会把许多大规模社会群体的意见排除在外，比如女性、农村居民、青少年以及各种少数群体。这种情况要求设立一个中立的、可以代表社会道德基础的官方召集机构。至于它采用公共立法机构形式还是公民受托人组织形式，则取决于这一社会裁决道德权威的特定方式。

（3）所有各方的意见不应当仅仅被看作实用主义要求，同时也应被看作道德要求。应当鼓励所有参与方从道德层面来定义自己的关切。换言之，应当从与社会内在的共同福祉的关系出发来表达自己的诉求，并明确这些诉求有利于维护基本的人权和人类尊严。有时候，由于是从道德的角度来表达自身的话语，行动者最初提出的实用主义诉求会逐渐变成一种道德主张。一个典型的例子是英国的里思勋爵（Lord Reith）在解释BBC宪章时所引入的道德话语。最初，报业担心广播会抢走它们的广告收入，因此，广告没有成为BBC的资金来源之一，这是出于对报业做出让步的实用主义考虑的结果。但后来，对广告的排除被广泛视为一个道德议题：为了民族文化的共同利益，公共传媒的某些领域应当免受商业广告的影响（Paulu，1981，pp. 13–14，54–60）。

（4）对话应当能够促使参与者理解他人的视角，即深入地体察和理解其他群体的道德主张，并把这种理解视为自己的一种道德义务。哈贝马斯受到罗伯特·塞尔曼（Robert Selman）的启发，认为道德意识发展的最优状态是这样一种能力:"认识到有必要协调具有互惠关系的不同视角,相信社会满足、理解或解决方案必须是相互的,并通过协调手段达到真诚和有效的状态。"(1990,p. 144)

(5) 当讨论是基于首要价值(overarching values),即那些"超越"了特定群体的利益,但同时又能保证所有群体的利益得到尊重的价值时,通过商议程序达成共识的可能性会更高。基于首要价值提出的解决方案服务于所有人的需要,承认人们有获得优质服务的权利,并确保所有群体的利益都能得到尊重。当规范理论诉诸类似于共同体的整体进步这样的共同价值时,它会更有助于达成社会共识。某些国家或国际层面的价值观在历史上曾得到广泛接受,被视为共同行动的最高正当理由。如果一项规范性主张诉诸这些价值观的话,那它将会得到更多的认同。与当事各方感兴趣的新兴共同价值有关的诉求,同样也能促使各方加入对话的进程中来。

以超越文化建构的任意性的特定绝对义务[①](categorical obligation)为基础的道德话语是一切要求尊重他人道德主张的诉求的基础(Christians,1997)。人们运用道德话语的能力取决于这一过程中领导群体是否足够正直。如果当时各方觉得领导阶层只是代表着他们自身的实用主义利益而非普遍的道德价值,那么,通过道德诉求将各方纳入商议过程的可能性就要小得多。

(6) 尤其重要的一点是商议方案不应要求任何一方放弃它的部分合理的文化价值和基本的道德权利。基于首要价值提出的方案必须具有足够的丰富性,从而确保各方都能从中发现一些与其道德主张相一致的东西。

(7) 一种文化中有机的社会相互依赖程度越高,其成员越有可能认为尊重他人的利益最终也会对他们自己及其直接参照群体(immediate reference group)的利益有好处。腐败是从共同体攫取利益来服务自己的家族、地区或政党利益的一种盗窃行为,在许多国家都被看作是阻碍社会经济发

---

① 康德在 1785 年出版的《道德形而上学基础》(*Groundwork for the Metaphysics of Morals*)一书中提出了定言令式(categorical imperative)的概念。如果某种行为无关于任何目的,而出自纯粹客观的必然性,那么这种令式就是定言令式;反之,如果行为是实现目的的手段,则被称为假言令式。绝对义务是基于定言令式的不受特殊目的或动机支配的客观的普遍道德义务。——译者注

展的主要障碍之一。进行腐败活动的那些人没有意识到，腐败最终也会反过来损害他们自身的利益。

埃米尔·涂尔干（Emile Durkheim）等社会理论家指出，对现代社会来说，发展出这种道德的相互依存感是十分重要的。斯宾塞（Spencer）的契约论（contractualism）把经济市场看作社会关系的典型模式，进而把他人转变为纯粹的经济对象。在涂尔干看来，这种观点是有害的（Durkheim，1960）。涂尔干也不同意韦伯的看法，即复杂的正式组织机构中常见的那种工具理性是现代社会关系的基本形态。相反，在《职业伦理与公民道德》（*Professional Ethics and Civic Morals*，1957-1992）一书中，涂尔干认为服务和相互关切才是社会关系的典范。他认为，专业主义伦理是限制科学知识支配力量的一种重要方式，由此可以确保人们尊重并致力于维护委托人、同僚的利益以及社会的进步。在他看来，专业社团应当成为孤立个体和强大国家之间的社会调解机构，从而使得向我们今天所谓的公民社会发展的设想成为可能（Turner，1992）。

人们之所以有商议的意愿，是因为他们意识到，如果无法建立一套新的规范性方案，那么所有人的利益都会受到损害。尤为重要的是必须要有一个被所有人接受的道德基础，即人们之所以愿意采取某个行动，只是因为这样做是好的，即便它并不会直接给个人带来实际的好处（Kohlberg，1981）。否则就只能出现一个任由残酷权力、恩怨法则或基于亲疏远近的个人化协议规则主宰的体制。一旦宗派主义领导群体的价值观占据主导地位，领导者相互竞争的目的就只是展示他们比其他庇护人能给支持者带来更多好处。同样，宗派主义领导者会相互倾轧，破坏一切共识，因为共识会削弱他们的领导形式。正如本哈比和其他学者指出的那样，话语过程必须超越哈贝马斯引入强调相互关怀的多视角关系中的理性主义正义观。弗莱雷则提出了一个能带来相互尊重关系的对话范型（Christians，1997，p.9）。

如果说主要行动者间对话的质量对能否达成令人满意的规范性共识十分重要的话，那么，按照何种规则来详细阐释尊重各方道德主张的共识也是很重要的。的确，从最早的柏拉图和亚里士多德关于修辞学的著述以来，人们对传播问题进行哲学和科学反思的历史包含了一次次尝试界定何为好的公共传播的努力（Poulakas，1995）。不同的范式传统强调了公共传播不同方面的重要性。例如，柏拉图强调了公共话语中客观的哲学真理的重要性。早期现代欧洲的出版自由运动自然会强调对个人真实良知的表达。其他范式传统则强调了全体行动者的社会责任或对传播体制的激进民主化。无论特定规范传统关注的焦点是什么，它都必须能够向主要行动者解释为何他们有道德义务确保他们的行动是尊重其他行动者的道德主张的。

当主要行动者之间的共识出现破裂，公共传播陷入一种强权即公理的混乱状态时，建构一套新的规范性准则就变得十分重要。在这种情况下，主要的公共行动者不再受任何道德秩序的约束，并认为旧规则不再有效。形成一套新的规范理论方案的过程常常会反复，或遭遇严重失败。条件之一是对话的质量。另一个条件是在对话过程中形成的规范理论的质量。此处的质量指的是所有主要行动者在多大程度上愿意遵守他们建立的关于良好公共传播的道德规范，比如，自由、内容的多样性、可靠性和秩序（McQuail，1992）。当某个特定的社会政治运动试图实现对社会的改造，并建立作为这个新社会一部分的新的公共传播系统时，相应的公共传播规范理论就会出现（White，1989）。

传媒活动的道德基础

特定规范理论能够实现多种功能，从而化解特定时期公共传播领域中可能存在的不满和冲突。对当代媒介伦理文献的主要批评之一是它们基本上只是一些行事准则的罗列，而没有系统地把这些准则与道德基础联系起来。例如，克里斯蒂安指出，如果没有一个统一的道德范式，就会出现临时性准则、相互冲突的压力群体行动以及对自身原则浑然无知的监管机构的大杂烩（Christians，1977，pp.19-29）。

特定准则和方案背后的规范性传统通常源于特定历史时期的世界观和社会挑战。但社会理论家也指出，赋予一个时代以道德一致性和创造性活力的是一套崭新的系统的道德愿景，人们由此可以为新的角色和制度注入动力。早期现代欧洲的自由至上主义传统关注的是人类的自由和平等问题，这一传统塑造了报业的角色，并确定了规范报业大亨行为的准则。

罗伯特·伍斯诺的研究分析了三场重要的话语运动，这些运动都反映了当时特定的历史语境：路德引领的新教改革、伏尔泰等人所界定的启蒙愿景以及马克思总结的 19 世纪早期对社会乌托邦的渴望（Wuthnow，1989）。伍斯诺认为，导致现代文化困惑、文化战争和重大文化矛盾的原因在于人们对基本的道德愿景缺乏共识。"在当今世界，对公共话语的研究之所以尤其重要，是因为人们普遍认为，我们彼此之间的交流正日益变得各说各话，其结果是官僚和技术考量压倒一切，传播的目的不再是找到切实可行的办法来达成关于公共利益事务的共识。"（Wuthnow，1992，p.8）

特定规范理论范式传统的主要作用是把实践和活动与特定时代更为基础性的价值观念联系起来。早期现代欧洲的印刷商们也许会因为被剥削了他们想要的收入而痛恨王权和教会对出版业的垄断，但他们追求出版自由的斗争却是建立在更加广泛的道德基础之上的。与此类似，如今许多少数群体的斗争运动都希望社群媒体能提高他们对地方政府服务的影响力，但他们诉诸的却是传播权和参与权。道德范式具备如下功能：

- 它把行动与首要的道德目标联系起来，从而把实用主义活动转变为道德活动。传媒活动的基础是道德责任。例如，它把一种道德主张而非一种实证主义的功能框架作为建构伦理准则的基础。与良好媒体相关的一切主要价值，包括真实性、自由、客观性、多样性以及对社会团结的贡献等，都充满着一种道德意味。

- 它提供了一种简洁明了的解决方案，确保特定的传媒活动能够既对所有主要行动者的道德主张做出回应，同时又能满足和增进当事各方实用主义的和道德的要求。因此，这种解决方案能够促使各种相互矛盾的道德主张形成和谐的关系。

- 它把媒介使用转变为一种具有超越价值（transcendent values）的公共哲学形式。如今，对社会的道德基础而言，媒介使用被认为是十分重要的。新范式产生共识的原因之一在于它把新技术、新角色与民主的理想和长久的社会价值联系了起来。

● 它为个体媒体专业人员提供了一套理想价值，并为他们在社交过程中接纳这些价值提供了基础。伍斯诺的研究说明了路德和伏尔泰高度凝练的语言是如何决定性地重新界定了一系列社会角色的（Wuthnow，1989，pp. 14－15）。

● 它为传媒政策和传媒立法提供指导。政治家的工作被转化成是为整个社会服务的，而不只是为自己的政党或选区的选民谋取利益。

我们可以用"社会责任-公共服务"模式来说明上述规范范式的诸项功能，因为迄今为止这一模式的历史足够长，足以说明我们此处提出的论点。社会责任理论所提出的道德主张是，传媒既是现代自由民主的基础，也是公民获取信息和传播服务的权利的基础。

把媒体与一般意义上的规范性要素以及具体的公民公共哲学联系起来，使许多媒介使用形式具备了合法性。一旦人们认定一个人如果不使用媒体就不能成为一个好公民的话，人们在实用主义意义上的媒介使用行为必然会增加。媒体作为广告活动的语境要素，会把自身的声誉传递给广告主。当然，这是一把双刃剑。当媒体进入社会生活的许多领域时，比如广告，这种关系的道德性就会受到质疑，从而迫使媒体重新思考它们的道德基础。

传统职业获得声誉的方式是宣称从业者的科学专业技能是为社会福祉和顾客的利益服务的。与此相同，媒体与民主，即国家经济进步和个人尊严息息相关。这成为区分各种重要传媒角色的基本原则：记者、编辑、业主、通讯员、电影导演。这些角色不再仅仅像半熟练的工厂工人那样是经济企业的组成部分之一，而是涉及发挥个人独立的艺术天赋来参与到创造国家"神圣共同体"的过程中。这一点强化了传媒工作的道德意义，因此，在理想状态下，所有人都会感到满意。报纸老板和编辑必须尊重作为专业人士的记者的独立性，正如所有医生都必须尊重其他医生一样。

规范范式把媒介使用从单纯的娱乐转化为公民的一种民主责任。现在，对地方报纸是否体现了民主价值保持警惕的态度，以及做一个具有批判思维的媒体使用者，成为人们的神圣职责。政治家们的道德主张之所以

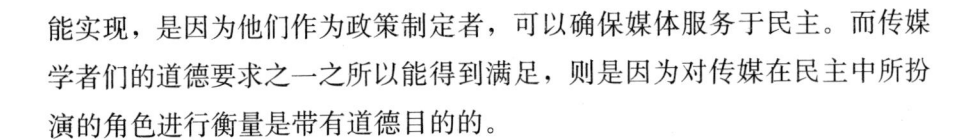

能实现，是因为他们作为政策制定者，可以确保媒体服务于民主。而传媒学者们的道德要求之一之所以能得到满足，则是因为对传媒在民主中所扮演的角色进行衡量是带有道德目的的。

公共文化真理

人们关心的与公共传播相关的基本问题之一是在公共领域内传播内容的真实性。如果个体行动者的主张是不真实的，那么公共辩论的结果就可能基本上是无效的，参与辩论的共同体也会失去与其所在的现实世界的联系。解决这一问题的关键取决于确定何为公共传播中的真理。

在各种衡量标准中，有一种观点认为，客观性、准确性以及对各种信息来源的公正处理是保证真理性的基础。这些标准也许很重要，但实际上它们并不能保证公共话语的真理性。常见的情况是，新闻也许是准确和公正的，但它并不能反映真实的社会问题。在某些社会，奴隶制被合理化，并被解释为一种对待特定人类群体的合理方式。在那些社会中，奴隶制或种族隔离制度至少没有被公开质疑。这些否定人类尊严、自由和平等的制度被合理化为一种天经地义的"真理"。对于许多其他以特定方式将某些人类生存类型界定为低等的排斥性标准，比如，围绕性别、性倾向、种族等维度建构起来的标准，我们也可以得出类似的结论。在任何特定时间被视为"真理"的东西都可能是一种由武断的文化建构的产物或者是一种意识形态，是为了保护权势者利益而对现实做出的一种系统歪曲。

衡量媒体内容真实性的一个更可取的标准是所谓的"公共文化真理"（public cultural truth）。真实性的标准不应只是认识论意义上的与现实之间的对应关系，同时这个标准也应该有利于满足社会正义的要求。道德性的一个基本标准是尊重人类的尊严和其他一切不同生存方式的尊严。公共传播就是关于共同体最佳决策的辩论，而最佳决策是以正义和对人类苦难的同情为基础的。对某些事件而言，衡量真实性的最重要的标准就是社会正义是否得到了尊重。那些对某种主张的真实性提出质疑的运动源自这样一种意识：一些人的存在正在以某种方式被否认和毁灭。因此，所谓公共文化真理就是对不公正和人类苦难的一种系统再现（representation），如果一个社会想要作为一个文化统一体继续存在下去，它就必须承认这些现象的存在，并设法解决这些问题。只有当所有公民都能根据自己的良知自由表达意见时，民主的公共话语才可能存在。由于对问题的界定取决于特定时期发挥作用的特定文化运动和文化价值，公共文化的真理就成为一个不断变化的由意义建构的产物。

也许有人会觉得对文化性真理的强调显得过于相对主义，而对超越性真理没有给予足够的重视。根据这种看法，超越性真理是基于哲学和神学语境来构想的。但是，公共话语问题也许更适合在文化科学的语境下来讨论。因此，探讨以人类尊严和一切生存方式的尊严为基础的公共文化真理，是既与超越性真理的前提要素相勾连，但同时又把问题基本保持在文化科学范围内的一次尝试。

媒体必须评估自身是否有能力根据正义和人类尊严的标准来质疑当下人们所建构的公共文化真理。在任何历史时期，在追寻更加完善的规范范式的过程中，最关键的任务之一是不断地引导媒体重视这种自我评估。如果媒体持续地对重大的社会不公正现象视而不见，或者只是想当然地认为这是一些根本无法解决的难题，那么媒体系统一定出现了根本性的问题。公共传播总是存在这样一种趋势，即蜕变为一种实用主义的、自私自利的活动，而忘记了道德目标。一旦出现这种情况，媒体就会成为意识形态绑架的对象，再也无法保持真实性。

但什么是真实的？克莱门西亚·罗德里格斯关于现代公民媒体的论述涉及了传播真实性问题的核心要素：

> 作为象征性生产持续进行的空间，公民媒体可以被看作象征性抵抗和论争有可能发生的重要场所。换言之，当人们深入符号和代码的宇宙，使用文字、图片、声音和特效，选择、拒绝、重新纳入和重新挪用象征性要素从而创造出他们自己的意义网格时，他们也许正在重新界定世界、重新组织现实以及重新建立一个新的秩序，以至于此前建立的权力的社会和文化条件不再有效（Rodriguez, 2001, p.151）。

罗德里格斯强调，当标签化（labeling）能够改变权力关系，从而使一个从未有机会成为生产者的人变成一个生产者时，它就是有意义的，就有了"真实性"。换言之，这个人的创造性、尊严和价值会得到充分的施展。对公民媒体来说，始终存在这样一种诱惑，即努力接触到更多受众，从而变成大规模的媒体，并用一套固定方法来使自身的运作常规化。罗德里格斯对公民媒体是否要屈从这种诱惑表示怀疑。她认为，保持一种地方的、日常的、短暂性的状态，能够使公民媒体变得更加真实可信。

也许，理解特定传播范式传统的最好方式，不应当是把它视为一种本质主义定义，而是将它看作一种理论方案，能够使日常语境中的普通人摆脱权力的限制，创造出体现他们自身创造性的表达方式。法团主义传统的最可取之处也许就在于它鼓励了苏格拉底式智者们关于日常生活意义的无止境的争论。自由至上主义范式传统的价值则在于它使任何人都能拥有表达自由，从而使一个人的思想能够为世人所知。而社会责任论的专业主义传统则使每个记者都能为社会做出自己的贡献。

结　论

本章概述了规范理论发展的过程，以及它在公共话语中发挥的作用。在许多方面，本章呈现的是传播伦理的一般理论。

过去二十年来，大量与传播伦理的内容和实践相关的著作得以出版，这为我们在本书中的理论建构提供了极其丰富的学术资源。通常，这些著作会提出记者或其他媒体从业人员的一系列职责清单。记者有义务完成这个任务或其他活动，但这样说的根据是什么呢？把某些活动纳入义务范围，而把其他活动排除在外，这样做的依据又是什么？伦理准则与媒体政策、规范理论、道德理论等更加广泛的规范性议题之间又是什么关系？本章勾勒出了一幅理论地图，引导我们关注更深层次的与传播伦理相关的基础问题。这幅地图为我们展现了一个积极的愿景，为我们提供了一种路径，来推动公共话语领域中主要行动者之间的对话，并为发展道德共识而建构出更加令人满意的规范理论。

本章关于规范理论特征和功能的分析的一个基本前提是，这种理论出

87 现的语境是民主的公共话语。规范理论最基本的特征是它试图提供一套关于特定社会中民主构想与公共话语行动者的具体角色之间关系的合理解释。下一章会就民主文化和政治的基本维度提出一套开放的、具有灵活性的理论解释。随后的几章则会阐述与这种民主观念相关的媒体的主要角色。

第二部分
民　　主

第四章　民主的原则与实践

民主意味着主权在民。无论采取何种特定形式，民主共同体都代表着多数人相对于少数人统治的胜利。民主制度与个人或家族统治的君主制不同，也与小集团统治的寡头制不同，它意味着人民当家作主。[1]

尽管不同的民主理论对大众主权的定义不同，但在两点上它们的看法几乎是一致的：平等和自由。平等意味着人们拥有一样或基本相同的决策参与机会，正是通过这些过程，人们实现了自我统治。比如，人人都有参与选举投票的权利，并且每张选票的价值是相同的。自由则意味着相互影响的权利。比如，传播的自由使每个人——无论是言说者还是听者——都有权利在不受强迫的情况下自由参与辩论和讨论。总之，基于对政治平等和个体自由信念的大众统治已经成为基本的理想目标，即托马斯·克里斯蒂亚诺（Thomas Christiano）所谓的"现代社会最低限度的民主理念"（1996，p. 4）。这也成为建构一个更完整的民主理论的基础。

各种民主理论千差万别。正如大卫·赫尔德（David Held）指出的那样，关于"成功的'民治'的前提条件"有哪些，民主理论之间分歧尤甚。有些人认为，只有当公民通过直接参与共同体日常事务来实现自治时，民主才算是成功的。而其他人则认为，实现民主的最好方式是公民委托他们选举的官员来进行治理。社会治理并非轻而易举之事，需要大量的时间投入,而专业官员的经验和资历使他们有能力满足这些要求。但无论人们做出何种选择或妥协,如今对一般民主观念的一致信念多少还是存在的。赫尔德提醒我们,这与人类历史上很长一段时间的情况截然相反。大约从公元前 5 世纪的古希腊城邦国家时期,一直到 18 世纪的法国和美国革命时期,"绝大多数政治思想家"都"对民主的理论和实践持一种高度批判的立场"(1987, p.1)。

虽说当今无人会否认民主是一个有价值的目标,但并非所有人都愿意在自己的决策活动中实践民主规则。以人们熟悉的报纸编辑为例,在社论文章中他们大多表达的是对民主价值的赞赏,但在日常新闻生产过程中,他们却很少会真正身体力行地实践这些价值。通常,编辑们并不会觉得自己言行之间的落差是个问题,原因在于他们认为民主是政府的一套组织形式,而不是针对私人及其个人事务的要求。但其他人则以一种更加宽泛的方式来理解民主。他们把民主视为一种社会、组织和制度理想,远远超出了政府治理的领域范围。正如六十多年前乔治·塞尔迪斯(George Seldes)所指出的那样,出版自由意味着"让编辑人员来管理报纸"(1938, p.382)。[2]

因此,对什么是民主这个问题的回答取决于如何确定民主适用的范围:在何地何时我们可以对民主制度安排抱有期待?而对民主适用范围的确定又最终取决于对两个与民主前景相关的更大且相互关联的问题的回答:民主理想及其根据究竟是什么?第二个问题与民主实践有关:如何将这些理想付诸实践?

显然,在对民主原则的抽象的、哲学的探讨和对民主实践的应用性的、具体的考察之间存在重要区别。但与此同时,这两个方面之间又有重要的联系。对民主原则的表达往往意味着对特定民主实践形式的期待,而对民主实践的描述也必须参考那些启发了这些实践的原则。提出一些脱离实际、不现实的以至于在实际中根本无法实施的理想是没有意义的。一旦与民主、新闻出版或任何人类事业相关的理想目标或观念,与文化、社会学、历史学或其他学科对人类日常生存条件和状况的基本经验描述相脱节,就会出现保罗·曼西尼所说的"过度的规范主义"(exacerbated normativism)现象(Mancini, 1996)。不太恰当地引用伯特兰·罗素(Bertrand Russell)的话来说,无论那些指导原则多么纯粹美好,都没有一种民主形式"能够摆脱真实世界无聊乏味的放逐"（Baber，1996，p.349）。

但是，把理想价值与当下制度安排的现实过分紧密地勾连在一起，以至于它们基本上就是对现状的描述，这样做也是没有意义的。当"是什么"和"应该是什么"之间不存在有意义的区分时，规范理论的价值也就不复存在。一个以适当方式建构起来的民主规范理论应该和传媒的规范理论一样，必须具备解释力，对人们有启发意义。这样的理论意味着一种"嵌入的乌托邦主义"（embedded utopianism），赫尔德正是用这个说法来描述他自己的政治理论的。这样的理论不仅要搞清楚"我们在哪里"，还要分析"可能会怎样"（Held，1995，p.286）。它当然考虑到了"真实世界"的情况，但它同时也必须估量，我们需要具备何种条件才能将这个世界变得好一点，或者不那么糟糕。

因此，我们理解民主的方法是横亘在规范的和经验性的问题之间的。我们对民主的解释包含了一系列达到一定抽象水平的重要原则，它们强调了任何一个民主共同体都会具备的独特纲领。但我们的解释也会说明，在实践中，同样的原则如何能够成为区分不同民主共同体的基础。我们首先会简要阐述现代民主思想中的两个主要传统，这一讨论会为我们考察四个大致不同的民主模式或理论提供一个一般性的框架。接下来，我们会着手探讨一系列话题，它们生动地说明了媒体和民主之间关系的复杂性：（1）自由和平等之间的平衡；（2）共同体和传播之间的关系；（3）公众意见和大众同意的本质。在结论部分，我们会讨论近几年不同民主原则逐渐融合的趋势，以及这种融合对新的民主实践形式和公共传播的新机遇来说可能意味着什么。

现代民主思想的两个传统

正如民主本身受到许多思想来源的启发一样，民主展现自身的方式也是多样的，赫尔德（Held，2006）提出的几种不同的民主模式恰好说明了这一点。今天的各种民主实践类型都源自法国和美国革命的政治动荡时期，理解这些模式的最好方式应该是参考现代民主思想中的两大传统，即哈贝马斯所说的"两种得到普遍认可的民主政治观念":公民共和主义（civic republicanism）和程序自由主义（procedural liberalism）（Habermas，1996b）。两者都涉及一系列广泛的基本问题，比如，权利与自由、大众同意以及政治权威。但是，它们处理这些问题的方法以及最终它们对民治观念内涵的理解都是不同的。换言之，两者间的不同之处不在于它们对实现人民自我治理所需基本条件的认识，而在于它们对这些条件的定义以及赋予这些条件优先地位次序的不同。

公民共和主义作为一种大陆民主传统，是以法国大革命和让-雅克·卢梭、詹姆斯·哈林顿（James Harrington）等人的著作为基础的。这一传统强调的是共同目标和共享价值观的重要性。它希望国家能够在保护和维系共享的价值体系方面发挥关键作用，即所谓的共同利益联合体（commonwealth）。源自英美传统的程序自由主义以约翰·洛克和托马斯·霍布斯等人的思想为基础，着重强调了自由独立的个体的利益。根据这一传统的看法，国家的任务是确保个人能获得实现自身目的所需的手段。这些手段通常以市场逻辑来界定。因此，自由主义提出的是一种手段的民主论（democracy of means），它对共同体持有一种义务论式（deontological）的看法。这种看法把焦点放在个人的目的上，因为它认为个人的目的先于并独立于一切个体之间的联合体。相比之下，共和主义提出的是一种目的的民主论（democracy of ends），它对共同体的看法是目的论的，只有通过共同生活，人们才能意识到共同体的好处，而孤立的个体是不可能体会到这一点的。

共和主义和自由主义的差异不仅体现在对国家角色的不同看法上，还表现在对政治过程本质的基本理解上。共和主义对政治的构想特别重视每个公民对公民文化（civic culture）的投入，并认为这一点要比个人偏好和私人利益更重要。通过哈贝马斯所谓的"公民自决"（civic self-determination），个人成为"在政治上独立自主的行动者，以及由自由平等之个体构成的共同体的创造者"（Habermas，1996b，p. 22）。但自由主义的政治观念却基本上以一套程序性机制为基础，这套机制的目的为个人偏好的表达提供便利。哈贝马斯把这种作为自由主义传统下政治特征的程序描述为一个"私人互动的市场结构化的网络"（p. 21）。政治独立性的作用是将公民分离开来，从而保护"他们表达私人利益的机会"，这些个体表达"最终汇聚为一种政治意志"(p. 22)。

的确,把自由主义传统下民主观念的精髓理解成"一个公民在选择公共官员和政策方面的偏好汇聚的过程"是很重要的,这一点促使艾丽斯·杨(Iris Young, 2000, p. 19)把自由主义描述为民主的"集合模式"(aggregative model)。在她看来,这与民主的"商议模式"(deliberative model)不同,而商议民主正是共和主义传统下政治和政治参与的特征。杨解释道,集合模式中"民主决策"的目标是"要决定哪些领导人、规则或政策能够最大限度地对应于最广泛、最强烈的公众偏好"。民主变成了一个"竞争过程",通过这一过程,个人独自或与他人协作来为他们想要实现的目标寻求支持。而民主的商议模式则建立在完全不同的前提之上。这一模式并不认为"目的和价值是主观的产物……并外在于政治过程",而这恰恰是杨所描述的集合模式的基本假设。共和传统认为,目的和价值都是公共讨论的结果。因此,回到哈贝马斯(Harbermas, 1996b)的公民共和主义观念,商议模式提出了一个识别和达成共同目标与共享价值观的机制,从而使政治参与"遵循的不是市场过程的结构,而是以相互理解为导向的公共传播的稳固结构"(p. 23)。

由于民主的集合和商议模式分别主张不同的政治参与形式,因而它们对自由的理解也是不同的。这些不同的自由观念及其对国家提出的不同要求,强调了"差异悬殊的公民形象"。对此,哈贝马斯总结如下:

> 根据自由主义观点,公民的地位主要是由他们相对于国家和其他公民所拥有的消极权利来决定的。作为这些权利的拥有者,他们享有政府的保护,只要他们是在法律法规限制的范围内追求自己的私人利益——其中包括免受政府干涉的权利。政治权利,比如,选举权和言论自由,不仅具有相同的结构,同时也具有与民权相似的内涵,正是这些权利为合法的主体提供了空间,使之能摆脱外部强制力量的束缚……
>
> 根据共和主义的观点,公民地位并不是由作为私人个体的公民所要求的消极自由模式来决定的。相反,政治权利——尤其是政治参与和传播的权利——是积极自由。它们所要保证的并不是免于外在压迫的自由,而是参与共同实践的可能性。通过这种实践,公民首先能把

自己转变为他们想要成为的那种角色——在政治上独立的行动者，以及由自由平等之个体构成的共同体的创造者（Harbermas，1996b，p. 22）。

然而，没有任何一个"实际存在的"民主会恰好完全符合某个传统。民主以各种原则混合物的形式存在，常常把各种观念以创造性的甚至矛盾的方式混合在一起，从而使得任何特定的思想流派或文献都无法宣称自己的正统地位。甚至在那些具有丰富民主传统的社会中，不同地区、不同代际的民主实践都是差异巨大的。几乎任何一种危机，比如，恐怖主义、战争、民众骚乱、腐败、金融动荡以及自然灾难，都会迅速改变国家的角色，进而重新定义生活在一个民主社会意味着什么。因此，自由主义和共和主义代表的都是"理想型"。与其说它们是对民主的描述，不如说它们为我们检验和理解民主原则的逻辑及其应用提供了思想资源。作为规范的而非经验的平衡视角，自由主义和共和主义的理想之间产生了某种张力，这或许会为其他民主模式的发展提供有益的启发。

四种民主模式

为了拓展和完善我们对民主的集合和商议传统的理解，使之更接近民主社会现有制度安排的现实，我们对其进行了修改和重组，划分出四种不同的模式：多元民主、行政民主、公民民主和直接民主。表1和下文的讨论都会对这四种模式进行总结。虽然这四种模式无法穷尽现代世界民主社会的所有可能性，但它们为我们考察媒体和民主之间的关系提供了一个广泛易得的分析框架。当然，模式总是存在自身的局限性。民主实践永远要比模式通常展现的情况更复杂、更富有变化。在任何情况下，民主模式都应该被看作一些启发工具，激发人们思考民主不同侧面之间的关系。我们选择的这些模式的运作方式与杨的描述十分相似（虽然我们没有杨所具备的深度和细致）："每个模式都会挑选出现有民主实践的一些特征，并将其系统化成一套关于理想的民主过程的一般性论述。"（Young, p. 18）

表 1　民主的模式

	自由主义传统		共和主义传统	
	多元民主	行政民主	公民民主	直接民主
主权	由相互竞争的利益群体共享；"多个权力中心，没有一个中心可以掌握……全部主权"（Dahl, 1967, p. 24）	限于政府更替的过程中；"为人民服务的政府"而非"由人民运作的政府"（Schumpeter, 1942, p. 412）	诉诸共同利益，从而以集体的方式实施主权；"平等公民间自由和公开的理性运用"（Cohen, 1997b, p. 256）	要求对公共事务的非中介化的参与，"全体人民都参与治理活动……至少在一定的时间内"（Barber, 1984, p. xiv）
市民社会	私人化的，具有创业精神；以市场为模板	高度受限；只限于选举、更换或罢免官员	开放、充满活力；对社会总体目标的公开辩论	直接介入政府运作过程；以新英格兰乡镇自治会议为模板
自由	消极界定；先赋的而非自致的	消极界定；先赋的而非自致的	积极界定；通过国家政策予以确认	积极界定；通过国家政策予以确认
平等	机会的平等；基本是一项私人事务	选举平等，受到国家的保护	生存条件的平等，资源分配的公共议题	生存条件的平等，资源分配的公共议题
公众意见	个人和群体意见的集合；以私人利益的组成结构为基础	个人和群体意见的集合；以私人利益的组成结构为基础	公共商议；以共同目标和利益诉求为基础达成结果	公共商议；以共同目标和利益诉求为基础达成结果
共同体	工具性的或情感性的	工具性的或情感性的	构成性的	构成性的
新闻业	具有倾向性，分化的；动员群体成员，增进他们的利益	报道危机或运动；提醒公民存在的问题，从而扮演权力监督者的角色	促进商议；支持和扩大辩论与讨论	促进对话；为辩论和讨论提供论坛

多元民主模式

多元民主有时又被称为"自由多元主义"或"利益群体"民主，其合法性源自这样的主张：个人主张自身利益和偏好的最有效的办法就是组成或大或小的群体，彼此之间相互竞争，努力寻求或制定使大家都能满意的政策和计划。这些私人组成的群体受到国家的保护，但又免于国家强制权力的侵犯，它们就像私人企业在市场中竞争一样，努力寻求大众对其利益的支持，努力获得增进和保障其利益所需的各种资源。多元主义者并没有低估群体竞争可能带来的派系斗争和分裂的危险，但他们相信，这种权力的分散是防止在高度同质化社会中不可避免要出现的冲突矛盾的最好、最恰当的办法。

在多元主义传统中，权力是分散的、去中心化的，因此实现人民统治的方式是建立一套相互制衡的制度。换言之，虽然多元主义和其他民主形式一样，都承认人民主权的合法性，但它也合乎逻辑地坚持认为这种主权具有局限性。显然，有限的或共享的主权成为多元主义观点的"基本原理"。这就是最重要的多元主义理论家之一罗伯特·达尔（Robert Dahl）所说的权力制衡，这种制衡可以保护少数人免受多数人暴政的伤害："社会中必须有多个权力中心，而非只有一个权力中心，这样就没有一个中心可以掌握全部主权。虽然唯一的合法统治者就是人民自身……但即便是人民自身的主权者地位也不应当是绝对的。"(p.24)

作为一个过程，多元主义强调个人的选择自由，即人们有权决定如何以及何时联合起来追求他们的共同利益和目标。市场逻辑强调开放竞争，并希望"从长期来看"竞争能带来优胜劣汰的效应（Nozick，1974，p.332）。与此类似，多元主义强调"不断的商议"，并期望"从长远看终究能在全体社会成员中达成一致意见"（Dahl，1976，p.24）。通过形成联盟和达成妥协，大小各异的群体能够以一种有意义的方式参与到相互让步的多元主义政治过程之中。无论某个结果有多么让人不快，多元民主社会中的一切群体"都有充足的机会来陈述自己的情况，相互讨价还价，从而努力实现一个也许更能被接受的替代方案"（p.23）。达尔指出，相应地，多元主义传统下的这种权力结构"有利于形成这样一种政治：更依赖讨价还价的博弈过程，而非等级化的权威机制；更多地靠商议和妥协，而非单方的独断来化解冲突；更多地通过相互调整和渐进的增量变化的积累，而非全面的有组织再造的根本性方案来实现改革"（p.190）。

多元主义过程在一定程度上离不开一个分化的传媒系统，因为只有这样，正如贝克（Baker）在讨论多元主义民主社会中新闻业的角色时所指出的那样，每个群体及其利益都能有"它自己的媒体资源来进行内部动员、寻求外部支持和吸引新成员"（Baker，2002，p.177）。多元主义既不要求也不阻碍商议（Young，2000，p.19）。它依靠媒体来维持"建设性的冲突"，以此推动竞争的过程。这种竞争反过来为公民提供了他们所需要的各种选择，由此公民可以决定哪一个选项才是满足他们的需求和利益的最好方式。这就需要一个具有鲜明党派性的新闻业，能够发出各种立场坚定甚至尖锐刺耳的声音，以与更大的社会共同体中各种不同的价值和信念相称。哈林和曼西尼（Hallin & Mancini，2004）用"极化多元主义"这个词来描述意大利、西班牙、葡萄牙和希腊存在的"高度极化的冲突性政治"。在这种情况下，媒体内容往往表现出明显的政治倾向，而不是保持客观公正的立场。通过报道政治和政治家的活动、议题和观点，新闻媒体在如火如荼的多元主义政治冲突中扮演了"斗争工具"的角色。哈林和曼西尼注意到，"政治中立的新闻观念"，"在一系列不同的世界观相互激烈竞争的地方并不那么受欢迎"（Hallin & Mancini，2004，p.61）。

在多元主义民主社会中，新闻业的主要作用是动员，而非简单地提供信息。通过强化政治议程，并为专业化的分析和评论提供平台，新闻媒体可以推动政治谈判和讨价还价的过程（Hallin & Mancini，2004）。即便是处于温和的多元主义状态下，政治传播也会与那些作为利益当事方的知情人保持一致，这些人因为自身的知识和个性特征而获得广泛关注。另外，政治传播也可能会把政治表现为一场冲突或博弈，并以这样的内容来吸引，而不太会去动员共同体的大部分成员。由于多元主义既不要求也不鼓励广泛的公民参与，新闻媒体或者制作一些新闻内容来满足政治上活跃的读者、听众和观众的需求，或者将日常新闻去政治化，使之对那些在政治上不活跃但数量庞大的受众产生吸引力。

多元主义者可能会，也可能不会要求国家通过补贴或其他资助形式来为媒体的多元化提供正式的支持，但他们总是会依靠国家来保护媒体竞争的环境。多元主义传统反对地方、地区或全国性的媒体垄断，因为它认为竞争的利益需要竞争的媒体。但多元主义传统会对日益加剧的媒体所有权集中持何种立场，这一点并不是那么清晰。如果传媒企业认为提供多样的媒体资产有利于自身，那么谁拥有其中某个资产又有什么关系呢？所有权的多样性和内容的多样性之间有什么必然联系吗？贝克的论述简明扼要，一方面，他承认媒体系统缺乏"分化和多样性……会阻碍建设性冲突和损害多元主义政治",但另一方面他也想搞清楚为什么"全国性的或全球性的所有权集中会导致多元主义式多样性的缺失"(Baker, 2002, p. 178)。因为根据市场经济学的逻辑,"单一的企业集团通常会支持不同的媒体实体或报刊,这些媒体持有极其不同的观点,服务于不同的群体。这种多样性扩展了集团的总体市场覆盖面,但却不必强迫自己和自己竞争"(pp. 177-178)。

行政民主模式

行政民主模式建立在这样的假设基础上:普通公民缺乏实现有效自我治理的兴趣和技能。[3] 哪怕是在最小的共同体中,民主所要求的知识都要超过绝大多数公民所能掌握的知识,它对政治投入程度的要求也会令绝大多数公民觉得无法承受。因此,大多数民主共同体都需要一个由民选领导人构成的精英团队,他们对公共服务的全身心投入,确保了立法和行政事务会受到它们理应得到的严肃而持续的关注。

行政民主的观念通常与马克斯·韦伯(Max Weber, 1978)和约瑟夫·熊彼特(Joseph Schumpeter, 1942)的著作有关,它对领导力的重视胜过对公民权的强调。赫尔德(Held, 2006)认为,这种受到限制的公民权和政治参与观念是行政民主政治的特征,因而这是一种"高度局限的民主模式"(p. 159)。在这个模式中,公民政治参与的范围大致不超过选举以及偶尔罢免政治领导人的活动。大众主权基本上意味着"公民用一个政府代替另一个政府的能力"(p. 142)。在一段关于民主的论述中,熊彼特"对一般公民的政治和知识能力做出了较低的评估"(Held, 2006, p. 143),他主张"政府应当为人民服务",却坚决反对"由人民自己来运作政府"(Schumpeter, 1942, p. 256)。他写道,民主"并不会也不能意味着人民在任何显而易见的意义上真正地实行'人民'的'统治'。民主只能意味着人民有机会接受或拒绝谁能统治他们"(pp. 284-285)。

在多元主义传统中,政治离不开群体之间的竞争。相比之下,行政民主政治依赖的是精英之间的竞争。两种传统都认为公民的角色就像消费者一样,他们的选择就相当于一种政治表达的形式。但与多元主义模式相比,行政民主模式更加认为"政治家的行为与为了赢得顾客而相互竞争的企业家的活动是类似的"（Held，1995，p.174）。而且，关键的是，这种为了顾客而竞争的活动——争取选民的青睐——通常只有在正式选举的时候才会发生，这意味着在行政民主模式中，公民就像依靠市场一样仰赖国家来获得自我表达的机会。

由于行政民主模式强调的是当选官员的素质，同时又假定公民大体上是不太参与政治的，因此，对媒体角色的看法会倾向于认为，它们应该把主要精力放在报道危机事件和竞选活动上。新闻服务于行政民主的方式，不是告知公民那些他们无法直接和立即掌控的议题，而是提醒共同体注意到危机，尤其是那些涉及腐败或领导者的无能的危机。记者同时还应当详细报道竞选中的各项承诺和不同平台的活动，尤其是在激烈大选前的数月时间内。

通过报道危机和竞选活动，新闻媒体承担了"体制的守门人"的角色。很久之前，沃尔特·李普曼就用这个说法来描述新闻业可能为美国社会做出的有限却很重要的贡献，前提是美国人同意"放弃公民是全能全知的想法"（Lippmann，1922，p.229）。文森特·布拉西也提出过类似的看法，他认为新闻业服务于社会的方式，不是为个人提供信息，而是确保官员是诚实的。自由的、不受约束的新闻业的这种"监督价值"，既不假设也不要求一种自治过程中公民可以常规性地参与其中的民主形式："监督价值建立在一种不同的假设之上。根据这种假设，由于反对力量是政府的内在组成部分，因此，虽然不是永远如此，但在绝大多数时候，公民能够把精力几乎完全放在他们自己的私人事务上。"（Blasi，1977，p.561）关于新闻媒体在民主政治中应扮演更低调的角色，约翰·扎勒提出了一个最详尽的合理性解释。他认为，主流新闻业应当发挥"盗窃报警"（burglar alarm）的作用。与布拉西提出的新闻业的监督责任一样，扎勒认为公民"应当对需要他们关注的问题保持警觉，但除此之外，他们应当把注意力放在私人事务上"（Zaller，2003，p.121）。

迈克尔·舒德森（Michael Schudson，1998）对公民权如何在实践中发挥作用的问题提出了悲观但同时又十分现实的解释。以这一解释为基础，扎勒否定了他所谓的"全能新闻"（full news）标准，这种标准被人们广泛接受，却很可能是站不住脚的。根据这种看法，"新闻应当为公民提供各种基本信息，以便他们形成并更新关于包括最高官员的表现在内的一切重要事务的观点"（Zaller，2003，p.110）。在扎勒看来，符合优质标准的新闻必须尊重他和舒德森所谓的"监督式公民"参与政治的兴趣和能力，这些公民需要为享受私人生活的乐趣留有足够的时间——"欣赏日落、哼唱小曲或者倾听孩子熟睡时发出的呼吸声"（Schudson，1998，p.312），但同时他们也会"关注周遭发生的迫切需要做出反应的重要事件"（Zaller，2003，p.118）。

扎勒认为，这个标准"相对于当前人们的理想而言，更贴近当下的实践"，它要求记者们以"高度聚焦的、戏剧性的和娱乐性的"方式来报道重大事件，这些报道的"间隙并不固定……而且并不经常出现"。通过这些报道，新闻媒体"能激发普通人采取行动"（Zaller，2003，p.122）。对选举和竞选活动的报道也适用同样的逻辑，这些活动只有在特殊的情况下才值得媒体关注。他认为新闻媒体应当"甄别在竞争活动中反对党是否提出了重要的挑战，如果没有则加以忽略，如果有则仔细关注"（p.125）。虽然扎勒指出"满足对民主需求的方法，就是仔细审查那些政绩受到质疑的现任官员的记录，而对其他没有问题的现任官员直接让其再度当选即可"（p.124），但有一点尚不清楚，即当一位现任官员的记录可以得到审查，却没有挑战者能够对其再度当选构成严重威胁时，记者应当扮演何种角色。

公民民主模式

这种民主模式与多元主义和行政主义模式相比，都存在截然不同之处，因为它不赞同自由-程序传统（liberal-procedural tradition）的一个核心主张：个人偏好的集合构成了一种合法的大众同意形式。在公民民主中，公民通过一种独特的公共判断来表达赞同，这种判断与个人在多元或行政民主中做出的私人选择的总和，可能是一致的也可能是不一致的。的确，这种公共判断既是过程也是结果，它假定"公民具备被理性说服的可能性，这些理性可能与他们早前形成的偏好和利益是相矛盾的"（Cohen，1997b，p.413）。

乔舒亚·科恩（Joshua Cohen）是参与式民主的主要支持者之一，他倾向于把公共判断视为一种"理性的公共运用"（public reasoning）的形式。与"公共讨论"相比，这个说法更好地把握了公民民主的商议性本质,因为"公共讨论"常常也包含了作为多元主义民主特征的商议和讨价还价活动,甚至还包括在行政民主中作为公民参与主要形式的选举活动。根据科恩的定义,理性的公共运用指的是这样一个政治过程:公民"在认为其他人基于理性可能接受自己的意见的前提下,对制度和政策计划进行辩护和提出批评"。与此同时,它也意味着一种具有民主性的结果,在这种情况下,公民会相互"合作",并将这一结果视为"权威性的"(Cohen,1997b,p.413)。因此,公民民主社会中的公民会彼此互动,目的是发现或形成真正的共同利益。他们通过相互合作来确定"可普遍化的利益"(generalizable interests)以及这些利益所表达的"普遍意志"(general will),这种意志超越并取代了"全体意志"(will of all),因为后者是对"不可普遍化的利益"计算的结果。共和主义传统下的民主观念认为,个体"在公共生活中能发现他们独处时不可能发现的好处"(Sandel,1982,p.183),这成为共和主义传统对民主政治中理性和合理性本质的关键假设。自由主义传统下的各种民主模式却以不同方式但大多基于相同的理由,对这个假设表达了保留意见。

公民民主离不开特定的公民文化,这种文化必须珍视充满活力的公共生活的重要性,并且培育维系这种公共生活所必需的对公民权的承诺。即便由于人口规模问题,公民并不能亲自直接正式地参与国事,但他们的政治意志以及自主统治权,都建立在他们在"作为平等个体的自由公共理性思考"(Cohen,1997b,p.412)的基础上,对关涉共同体需求和利益的问题做出集体回应的能力。无论这种集体回应采取的是共识的还是妥协的形式,通过商议达成的公共判断与多元民主或行政民主条件下个体形成的判断都是不同的。甚至"致力于寻求能说服所有人的理由的公民做出的投票结果,也很有可能有别于在缺乏这种追求的情况下得到的累加结果"(Cohen,1997a,p.75)。

作为公民民主的重要特征,理性的公共运用赋予了新闻业一个特殊的重任,要求它不仅要在保证公民知情权方面发挥重要作用,还要确保公共话语维持在特定的水准上。在公民民主条件下,新闻业通过创造和管理公共商议的机会来推动政治参与。它提供了南希·弗雷泽所说的"话语互动的机构化领域"(Fraser,1997,p.451),这个领域不仅对那些参与其中的公民有益，对那些没有直接参与的人也有好处，虽然那些作为旁观者的公众对公共事务的参与可能也就相当于一个偶尔的投票行为的分量。无论其参与程度高低，公民民主体制下的公民都希望新闻媒体能够在"促进共同体正常运转"方面发挥某种积极作用，这正是美国"公共新闻"运动中一个十分流行的老话题。

在政治新闻中，出现了日益增加的愤世嫉俗的情绪以及随之而来的疏离和冷漠态度。作为对这些问题的一个结构松散却影响广泛的回应，公共新闻为新闻业设定了一系列商议性的理想目标。它呼吁记者们把读者、听众和观众看作是在新闻事件中有利益关系的公民，从而找到与他们互动的更好的方式。公共新闻强调实质相对于策略的重要性，尤其在报道政治活动时。它对问题的处理方式突出了对解决问题的前景的关注。公共新闻忠实于共和主义对参与式民主形式的信念，因此它把新闻业的目的理解为推动和改善公共生活，而不仅仅是报道和批评（Glasser & Lee, 2002, pp. 204 – 205, 203）。

新闻业推动和改善公共生活的方式是"提供激发思考的话语，而不是提供信息"，并且"具备足够的包容性和广泛性"（Baker, 2002, pp. 148 – 149）。但包容性并不意味着要去迎合那些无知、冷漠且自愿待在参与式民主制度边缘的人。相反，它指的是接纳不同的声音、不同的观点，甚至不同的表达形式。[4]而广泛性并不是说要对行政和立法的细枝末节加以关注，因为通过特定的公共商议途径来处理这些具体事务是民选代表的责任。另外，正如克里斯蒂亚诺观察到的那样，"许多人要比其他人更了解实施中的各种政策及其影响和出台的过程"。广泛性也不是要把一种更一般的责任强加给新闻业，要求它在报道共同体议题时必须与这个不可避免的事实达成平衡。虽然专业化知识很重要，但对公民民主而言，最要紧的是运用"基本的道德洞见"来思考攸关共同体前途命运的问题，以及对这些道德见解本身的讨论、分析和批评。"为了实践他们的最高统治权力和政治平等，公民必须对他们所在社会的总体目标做出抉择。"克里斯蒂亚诺解释道，"至于他们是否了解这些目标是如何实施的并不重要。"（Christiano, 1996, p. 193）。

直接民主模式

这个模式基本上把人民自治理解为不受任何中介因素影响的对公共事务的参与。本杰明·巴伯（Benjamin Barber）是各种"强"民主制度及其所主张的"广泛的大众政治参与"的鼓吹者，他的观点被广泛引用。根据巴伯的看法，直接民主设想的是一种充满合作与和谐关系的政治。在这种政治中，"人类具有多变但又可塑的本质，相互竞争但又有彼此交叉的利益，他们能够做到以社群的形式和谐共存，因为这不仅有利于保护他们的共同利益，也有利于维系他们之间的相互联系"（Barber，1984，pp. 8, 118）。这个模式修正了公民民主模式，使共和主义传统远离了代议制政府形式，而更接近民主参与形式。在这种形式中，"所有人至少在某些公共事务上、某段时期内能够做到自己管理自己"（p. xiv）。虽然这个模式通常与古希腊和文艺复兴时期意大利的城邦国家有关，但很重要的一点是，我们必须意识到这一模式之所以能够把"每个人"都纳入政治之中，是因为它采取了狭隘且具有排斥性的公民权定义。除了这些历史背景，更加意味深长的一点是，直接民主模式还与卢梭和马克思的思想有关。正如巴伯的观点所表明的那样，大多数关于直接民主的现代理论都游移在"对古代小国寡民的怀旧之情"和"能把大规模直接民主变为平民暴政的铁板一块的集体主义"之间（p. 25）。

解释直接民主的最好方法是考察那些妨碍其成功实施的因素：人口规模、不平等和个人主义（Barber，1984，p. 245）。直接民主反对一切代表形式，把它们看作是对人民主权的侵犯。正如卢梭的名言所警告的那样，"一旦人民允许其他人来代表自己，他们立刻就失去了自由"。正因为如此，特别是在那些幅员辽阔、人口多样的社会中，直接民主总是要面对如何克服物理和社会距离的难题。一个常常被认为出自马克思（例如，Marx，1970）的著名的解决方案，是以委派取代代表。

> 最小的共同体可以管理自己的事务，并选举受委派的代表来参与更大的行政单位（区、镇）的事务，然后反过来，这些人又会进一步选举出参与更大规模行政地区事务管理的候选人（全国代表团）。这

种安排被称为直接民主的金字塔结构：所有委托人的任命都是可以被撤销的，他们受到其支持者各种要求的限制，并被组织到一个由直接选举形成的委员会的金字塔结构之中（Held，2006，p. 115）。

然而，在这种可撤销的委任制度下，或者在任何形式的直接民主制度中，只有当每个人都能享受到完整且平等的影响他人的机会时，公民主权才能得以保全。

在自由主义民主传统中，平等指的是国家不会采取任何措施去推动或限制个体为自己创造的政治参与机会。与此不同，在直接民主中，一切形式的公共或私人资源的集合和分配，只要它会导致不平等的政治参与机会，就会遭到反对。这种非常不同的平等观念使得直接民主坚决反对私人权力中心及其不负责任的政治影响。正如巴伯指出的那样，虽然说直接民主"既不要求也不完全对应于特定的经济体系"（Barber，1984，pp. 252-253），但它却"主张政治相对于经济的优先地位"（p. 257）。这种优先性对人们很熟悉的尤其是在许多多元主义者中流行的一个自由主义观点——"政治是实现私人经济目的的手段"（p. 253）——提出了质疑。

政治相对于经济的优先性同时也使私人控制的媒体有多大的活力成为一个问题。虽然在直接民主制度中，私有制在总体上也许并不是一个问题，但私人控制与公共责任的要求是相矛盾的，直接民主将这种要求施加于一切扮演公共角色或具有公共目的的机构。在直接民主中，新闻自由存在的目的是服务于共同体的利益，而非记者及其管理者的利益。共同体，而不是市场力量或甚至新闻编辑部，应当成为新闻业品质和价值的最终评判者。亚历山大·米克尔约翰（Alexander Meiklejohn）十分简洁明了地指出过这一点，他反对自由至上主义的新闻自由观把个体自由看作是神圣不可侵犯的看法。相反，他支持另一个关于言论自由和出版自由的不同观点，相对于个人的意见表达，这种观点更重视共同体应当倾听什么："最关键的一点不是每个人都应该表达意见，而是一切有价值的意见都必须得到表达。"（Meiklejohn，1960，p. 19）在这种十分明确的反自由主义的言论自由观中，集体自决压倒了个体的自我表达（参见 Fiss，1996；Glasser & Gunther，2005）。换言之，这意味着言论自由的意义远不止是个体言说者的自由问题。

米克尔约翰关于传播自由问题的观点以新英格兰乡镇自治会议模式为基础，关注的焦点正是新闻业在直接民主条件下应当着力支持的对象：对话。虽然对话意味着商议，但商议并不必然要求有对话的存在[5]；这成为区分公民民主和直接民主的一个重要方法。新闻业的一大好处是它专注于为"一切值得表达的观点"提供一个论坛，因此，在直接民主制中，它能够发挥类似于议会的功能。这一点不应当与新闻媒体常见的传送渠道角色相混淆，因为扮演传送角色的记者很少或不会对他们传播的内容做出评判（在广告的处理上，新闻媒体通常只是扮演一个普通搬运者的角色）。相反，扮演议会角色的媒体会出现辩论和讨论，并且要确保在讨论中所有与议题相关的意见都能得到完整公正的表达。

虽然对话和直接参与的条件"在当今决策过程所处的实际状况中正变得越来越遥不可及"，但正如汤普森指出的那样，它们依然在许多居民区和小型社区以及各种组织和协会机构中广泛存在（Thompson, 1995, p.254）。无论何时何地，只要直接民主依然是一个可行且可取的选项，那么，新闻业就要继续通过提供对话空间来促进商议。

传媒与民主：关键概念

长期以来，为了提出与民主和民主实践相关的理论论述，人们使用了许多术语和概念。其中，对理解民主社会中传媒的角色而言，有六个概念尤其重要：自由、平等、共同体、传播、公众意见、大众同意。我们不会将这些概念割裂开来分别加以描述，而是以成对的方式进行讨论，从而突出民主思想中的一些张力和差异。

自由与平等

一切形式的民主都赞成"自由和平等"的原则，但在实践中，自由和平等通常意味着非常不同的甚至相互矛盾的关于权力、参与和责任的视角。准确地说，自由和平等作为民主理论的基石，以各种方式相互关联，而正是这些关联的不同方式把不同的民主类型区分了开来。

一般观点认为，共和主义民主传统更强调平等，而自由主义民主传统则更强调自由。虽然两个传统都承认自由和平等是相互依赖的，但之所以强调的重点不同，是因为它们对民主如何运作以及民主参与的要求是什么设定了非常不同的假设。具体而言，自由主义把个体视为是彼此分离和独立自主的；个体的自由保护了其独立自主的权利，以及选择的权利。相反，共和主义则把共同体视为是独立自主的实体；个体之间的平等保证了其参与共同事务的机会。由于强调了自由，自由主义从个体的独立自主性出发来界定基本的权利和自由。而由于突出了平等，共和主义对同样的权利和自由的理解则是推动对成员的需求和利益能够做出积极响应的共同体的形成。

在被广泛引用的《两种自由概念》（*Two Concepts of Liberty*）一文中，以赛亚·伯林（Isaiah Berlin）考察了"消极"自由和"积极"自由之间的差异，从而抓住了这两种民主传统之间的重要张力（1969，pp. 124 - 130）。从消极角度理解，自由意味着免于什么的自由；从积极角度理解，自由意味着做什么的自由。此处介词的变换表示的不仅仅是不同的自由概念，同样是自由所要求的条件的差异。自由主义者对自由的理解只要求某些条件的空缺，通常是对强制和其他对行为举止的外部限制的排斥。这种自由观念成为共和主义者思考的起点，但在此基础上，他们增加了赋权的要求。汉娜·阿伦特（Hannah Arendt，1963）通过辨别解放（being liberated）和自由（being free）状态的差异对这个要求进行了解释。根据阿伦特的看法，解放意味着从某种状态中摆脱出来，而自由则意味着做其他事情的能力。虽然从逻辑上说，"我们摆脱了甲的限制从而能够做乙"这个命题表达的是积极自由的逻辑，但在共和主义传统中，此处的乙，从政治上应被广义地理解为进入我们与他人一起经历的共同生活的机会（MacCallum，1967，p. 314）。这就意味着必须对自由主义强调个人自由的观点做出一个十分重要的补充，即自由不仅仅是指允许个人实现其私人目的，同时也意味着赋予个体能力去实现凭一己之力也许无法实现的共同利益。因此，对阿伦特来说，自由不是实现私人目的的手段。相反，自由本身就是目的，即共享的共同利益。自由的"实际内容"，"是对公共事务的参与，或对公共领域的进入"（Arendt，1963，p. 25）。

自由主义推崇个人自由,之所以说这种自由是个人的,是因为它是私人性的,反映了个体的独特性。这种自由强调的是选择自由的重要性,它可能要求也可能不要求他人的赞同。当选择自由涉及支持特定信念或表达特定观点时,它不牵涉他人。但当这种自由涉及如何在不同选项或不同政治议题之间做出选择时,它实际上假设了由他人所提供的多种选项的存在。无论哪种情况,平等都只意味着国家自身与任何特定的选项或一组选项保持距离,从而在个人的偏好方面对所有个体一视同仁。即便国家采取干预措施的目的是创造或改进相关条件从而使人们有更多或更好的选择,它也不能表现出对任何特定结果的偏向。

共和主义者支持的是公共自由,此处的公共意味着这种自由是共享的、共有的。这种自由强调了通过公共商议过程发现自我的重要性。正如克里斯蒂亚诺所指出的那样,这意味着"对增进共同福祉的坚定信念"(Christiano,1996,p.29)。共和主义者把民主参与视为人民自我治理的重要特征之一,并认定个人必须有参与辩论和讨论从而可以彼此互动的平等机会。国家创造和维系平等的目的是赋予民主参与的结果以合法性。这就是克里斯蒂亚诺所谓的"资源的平等"(equality in resources)[与自由主义所支持的"福祉的平等"(equality in well-being)相对照]。因此,平等是国家通过政策来加以确认的一个原则,而不是通过不干预来支持的一种理想。

自由主义传统下的民主,例如,多元主义或行政民主模式,都把自由视为最基本的价值。这些民主模式都试图在"自然状态"下实现对个人的保护。根据"受人尊敬的洛克传统",这种自然状态是指个人能够"以他们认为合适的方式采取行动和处置自己的财产"(洛克语,转引自 Nozick 1974,pp.9,10)。自由意味着不受干涉,尤其是不受来自专横国家的干涉。因此,罗伯特·诺奇克(Robert Nozick)坚决反对"国家权力非法地通过牺牲一部分人的利益来增加另一部分人的利益"(Nozick,1974,p.272)。他的这种说法十分典型地说明了自由主义,尤其是自由至上主义传统,对任何资源再分配或其他旨在确保弱势个体拥有平等机遇的措施的反感。平等仅限于确保游戏规则的公平。诺奇克希望国家发挥作用的范围最小化,顶多不超过一个"守夜人"的责任,这样的国家将自己的角色限制在确保契约的实施方面，从而最大限度地尊重个体的自发性："契约，对攻击、盗窃等行为的禁止。"（p.272）任何更加宏大的平等概念，赋予国家任何更多的职责，都会把国家的偏好强加在个人身上，而这反过来又会限制个人的自由，限制他们的选择自由。

共和主义传统下的各种民主，例如，公民民主模式和直接民主模式，都把平等视为最基本的价值，都试图实现个体之间的政治平衡，并将这种平衡作为个人自由的前提。共和主义者都很重视"经济和社会不平等对政治平等造成的影响"（Christiano，1996，p.142），因此，共和主义传统很重视对资源的再分配，以及旨在创造和维持具有包容性的政治传播环境的各种措施。一种"平等主义的民主路径，"克里斯蒂亚诺写道，"要求在法律和社会政策抉择过程中，每个人的利益都应当得到平等的关照。"（p.53）

共同体与传播

自由主义视野下的共同体是一种为了推动成员目标和利益实现而进行的自愿联合。这种联合可能完全是工具性的，即它的成员之所以愿意联合起来，是因为这能够增进每个成员的利益。这种联合也可能是情感性的，即具有相似情感的个人发现以集体形式联合起来追寻共同的目标对他们是有益的。无论是哪种形式，自由主义传统下共同体的存在都是为了服务个体，而绝不是为了限制他们。

因此，自由主义传统下共同体的一个重要特征就是绝对信任个体有理解世界和决定何为最好的生活方式的能力。共同体和其他的自愿联合形式也许有时能够帮助个人理解世界，但这种联合从来都不是这种理解的条件："理解社会的是个人的意识，而不是共同体的传统。"（Waldron，1987，p.135）自由主义式共同体并不以开拓进取的积极形象示人，而是把自己定义成为已知目的服务的手段。

在自由主义传统中，个人可以在没有共同体帮助的情况下繁荣发展。同样，在自由主义传统中，意义的存在也不依赖于传播。意义和观点一样，是个人思想的结果；它是只有个人才拥有的东西。我们从洛克和启蒙传统那里继承的是凯瑞（Carey，1975）所谓的传播的"传递"或"传输"模式。在这种模式中，意义与传播的关系就相当于货物与火车的关系：仅仅是一物对另一物的搬运而已。在自由主义共同体中，个人有资格按照他们自己的方式理解世界并表达那些理解。但如果把传播理解为传递或传输的话，公共传播的权利就不再具有必然性。

作为传输的传播必然是商业的一个组成部分，它以相同的方式或基于大体相同的理由，被视为和任何私人间的交易一样的活动。与"自由"表达在免受国家压制的情况下就能繁荣发展不同，传播只有在市场竞争中取得成功才能兴盛起来。因此，自由主义社会中的个体只有在公共空间表达的权利；对公众表达则需要传播手段，而传播并不是一项公共权利，而是私人特权。

共和主义传统中的共同体则可以被看作是"构成性的"（constitutive），这意味着个人拥有通过与他人联合来了解自己的机会。这种共同体之所以是构成性的，是因为它认定个体是"在主体间互动的过程中形成的，同时又构成了这一过程本身"（Cornell，1985，p.297）。共同体与构成它的个体之间的关系是互惠性的，这种互惠关系要求共同体在本质上必须是民主的。因此，共同体生活并不是民主带来的结果，它就是民主本身。

在这一传统下的传播就成为文化领域而非商业活动的一部分。个体从事传播活动不仅仅是为了交换观念、商品和服务，同时也是为了寻求共同的目标和利益。身份认同和政治目的是传播的结果。对传播的保护，不应当只是因为它是实现未知目的的手段，同时也是因为传播本身就是一种目的。因此，我们最好把传播的自由理解为积极与他人互动的自由，对这种个人自由的界定和捍卫，是基于这样的考虑：共同体具有将个体私利转变为集体利益形式的力量。传播的自由因而并不只是一种狭隘的个人权利，相反，正如迈克尔·桑德尔（Michael Sandel）所指出的那样，从广义上说，它是一种公共承诺，即我们必须致力于培育"对共同体的形成而言必不可少的共享的自我理解"（1984，p.93）。

公众意见与大众同意

自由主义者把观点视为只有个人才会拥有的东西，观点属于个人。观点在本质上表达的是个人的偏好。而私人观点要成为公共意见，离不开特定形式的公共性（publicity），即把私人性议题转变为公共问题的过程。因此，公众意见就是对个人意见的一种完整表述、广泛总结或至少是有组织的集合。在现代，它通常指的是民意调查结果的发布。

民意调查本身直接而形象地说明了自由主义传统下公众意见的逻辑。它们使得那种强调自决、自我表达和个人利益之重要性的民主观获得了合法性。它们确认了每个独立自主的个体作为民主权力的承载者所具有的活力，从而生动地展示了公民的政治权威。可以肯定的一点是，至少从乔治·盖洛普（George Gallup）的开拓性工作中我们可以看到，最初人们之所以运用民意调查手段，是为了对抗特殊利益集团过分强大的非民主的影响。盖洛普把消费者偏好研究的方法应用到民意调查中。他在自己的硕士论文（Gallup，1925）中提出了这些方法，并在博士论文（Gallup，1928）中进一步加以完善，目的是推动社会改革。他希望通过直接面对"人民的声音"来实现一种"更加真实的民主"。这种方法尊重每个人的价值，并至少在统计学意义上赋予每个人平等的被倾听的机会。因此，民意调查促成了一种完全开放的、平等主义的民主形式（Salmon & Glasser，1995）。

本杰明·佩奇（Benjamin Page）和罗伯特·夏皮罗（Robert Shapiro）为把大样本公民调查作为了解集体民意的一种合理手段做了辩护，他们认为，个人意见累积为公众意见，就是战胜个体无知从而增加集体智慧的过程。虽然佩奇和夏皮罗承认，在特定时间节点上关于特定议题的个人意见很可能缺乏他们认为公众意见所具备的那种理性特征，但他们认为个人的政策偏好会逐渐呈现出一种中心化的趋势。这种趋势表明，各种稳定的、合理的、连贯的、确定的观点彼此叠加，从而累积为"理性的公众意见"。尽管"有证据显示大多数美国人只知晓很有限的政治知识……而且在不同的调查中，个人的政策偏好表达可能会很明显地且多少有些随机地表现出差异，但集体政策偏好却呈现出十分不同的特征"[6]（1992，p.384）。

根据佩奇和夏皮罗的看法，因为获知公众意见的方法只能是通过"统计的累加过程，在这一过程中，许多个体表达的意见会被汇总或合并到一个集体总项中"（Page & Shapiro，1992，p.15），所以，对大众同意的了解只能通过测量调查员选择的公民样本呈现出来的对某个或多个政策选项的支持程度来实现。换句话说，如果公众意见只能通过测量并赋予其公共呈现形式的调查方法而存在，那么，大众同意同样也会成为统计学的一个人造对象。具体而言，它成为一种关于公众意见的数量或分量的说明，即是否特定数量的偏向某种政策路线的公众意见足够表明被统治者的政治赞同。

共和主义传统下的公众意见则把公众参与作为一个前提要求，而这一点恰恰可能是自由主义传统下的公众意见会从中受益的。虽然佩奇和夏皮罗意识到公共辩论常常会提升并增加公众意见，但讨论的匮乏绝不会妨碍可累加为公众意见的个人观点的形成。个人观点和公众意见之间的差异只是测量方法的误差造成的结果。然而，共和主义者却认为这种差异十分重要，在他们看来，公众意见是公共辩论的结果，而并不是后者的一个附属现象。

共和主义视角下的公众意见与自由主义的假定形成了鲜明对比。正如佩奇和夏皮罗所提出的那样，这种假定把通过适当方式测量和累加起来的个人意见的总和等同于公众意见。南希·弗雷泽指出，共和主义者并不假定公共偏好和利益的"提出是外在于并先于公共话语的"。相反，共和主义者认为，公共偏好和利益"既是公共商议的结果，也是它的前提"（Fraser，1992，p.130）。因此，公众意见的共和主义解释框架建立在公共的概念基础之上，它一方面指的是个人之间互动的场所，另一方面还意味着从这种互动中产生的共同的或共享的利益。

民意调查从操作层面把公众意见定义为个人观点的汇集，这实际上等于否定了共和主义者所强调的公众意见的公共属性。民意调查并不要求个人必须在公开场合表达他们的要求及其理由，因此，它强调了意见的私人属性。个人以匿名的方式表达意见，并且不需要承担对其偏好及其理由做出解释和辩护的责任。此外，民意调查还会产生误导，甚至使公众产生疏离感。正如苏珊·赫布斯特（Susan Herbst，1993）在她对政治立场十分多元的芝加哥居民的研究中所发现的那样，民意调查会影响到哪些议题会"被讨论"，并能够把这些"讨论"会出现的反应选项限制在民意调查机构所选择和设定的范围内。如果正如许多共和主义者长期以来所主张的那样，政治生活的实质就是公共讨论，那么，民意调查不仅无法准确反映政治生活，反而还可能会经常对其构成一种阻碍。

公共讨论和公众意见之间的这种关联性，强调了个人应在建构超越个体和私人利益的意见方面发挥作用。与个人意见不同，公众意见聚焦于一般或共同的利益问题。公众意见代表着一种集体智慧,这种智慧的形成得益于开放的、容易进入的公共讨论。这种讨论的焦点是大家共同关切的议题,并致力于寻求能够得到每个参与讨论的人的支持的问题解决之道。因此,在理想状态下,公众意见反映了哈贝马斯所谓的理性共识,即关于所需行动的一种完整且非外力强加的一致看法。当然,在实践中,公众意见常常反映了妥协的结果,由此形成的最终协议并不能代表真正的一般利益,相反,它只是在各种相互竞争的私人利益之间达成了一种平衡。

如果我们把公众意见理解为公共商议行动的产物,那么,它就会使大众同意具有一种十分重要的权威性。这种权威性源自只有在开放且不受限制的辩论中才能达成的公共观点。与民意调查所反映的同意不一样,以说理方式形成的同意要求必须就当下的议题达成共识或妥协。如果不具备这两个条件中的任一个,那么,无论掌握多么丰富的日益激愤的个人观点,我们都可以说,占据优势地位的不是公众意见,而是哈贝马斯所说的"非公共意见"。

民主的未来

自 20 世纪 80 年代中后期以来,围绕"商议民主"模式,学者们开展了大量的工作。这个概念最早由约瑟夫·贝塞特(Joseph Bessette)在 1980 年发表的一篇讨论共和主义政府形式的论文中提出。绝大多数与此相关的著作关注的核心问题是如何把自由主义和共和主义传统结合起来,从而使民主能够更好地回应当前世界的要求,并更具生命力,因为全球贸易和传播已经从根本上改变了民主实践的要求。如今,政治参与已经超出了传统民族国家的界限,这要求民主形式必须能够纳入对不受有地理范围限制的权力中心的考量。赫尔德因此呼吁实践一种世界主义民主模式,这种模式能够扩大并深化"跨地区和跨国际结构的民主问责机制,(并)有助于对已经超越国家民主机制和运动范围的各种力量的管理"(Held,1995,p. 283)。

赫尔德等人关注的焦点是对所谓全球民主秩序的新的紧迫需求。作为一种国际制度安排,这一秩序的目的是维系"在纵向和横向上同时相互连接的各种不同的权威领域"（Held，1995，p. xii）。虽然并没有低估地方性的、全国性的和地区性的民主秩序的重要性，但赫尔德的"世界主义民主模式"所构想的是一种"民主行动的跨国结构"框架（p. 235）。世界主义民主承认地方性的、全国性的和区域性的权威，但同时也协调并整合这些权威，从而建立起一个规模更大的民主共同体："由民主国家和社会构成的一个国际共同体，致力于维护国内及跨境的民主公法。"（p. 229）

更抽象地说，赫尔德的民主模式所支持的是一种以康德的"普世友好"（universal hospitality）原则为基础的民主共同体。据此，赫尔德进一步提出，重要的是必须超越"民族和国家的特定主张"，转而集中关注"对彼此追求自身计划和目标的平等权利的相互承认和尊重"。赫尔德解释道，普世友好意味着"既享有自主性，又尊重对这种自主性的必要限制"；它要求对"彼此追求自身计划和人生规划的平等的合法权利"的"相互承认"，而这至少意味着在没有"他人参与、同意或赞同的情况下"，不去影响或决定"他们的人生状况"（Held，1995，p. 228）。

赫尔德主张建立一个全球性议会，与联合国那种更具包容性的国家间组织不同，这是一个由民主国家构成的立法机构。由此，赫尔德的全球民主秩序计划首先要致力于消除不利于推动民主国际化努力的一切因素："健康与疾病、食物供应和分配、'第三世界'的债务负担、数量庞大的全球流动资本的不稳定性、全球变暖以及降低核武和化学战的风险。"（Held，1995，p. 274）赫尔德同时还希望能够举行"针对有争议的重要议题的跨越民族国家界限的一般性全民公投，这些议题涉及民主法律的实施和公共开支的平衡，而对选民的定义依据则是争议问题的性质和范围"（p. 273）。除了能够把全世界民主国家联系起来的法律机制之外，赫尔德也意识到"在市民社会的组织中寻找非国家、非市场解决方案"的必要性，包括建立"各种各样的自治团体和群体"。

注释

[1] 的确，民主意味着人民的统治或大众权力。但这个概念是两个希腊词的合成词，这表明民主概念的意义不是一目了然的，相反，它具有复杂性。其中，*demos* 指的是生活在城邦中的公民，但它同时也指底层阶级，即"乌合之众"。*Kratos* 则指的是

权力或统治。尽管实际上绝大多数希腊人是不被当作自由公民对待的妇女和奴隶，民主的观念依然提出了财富的问题，正如亚里士多德所强调的那样："当统治是基于个人拥有的财富时，无论这些统治者数量多寡，都构成寡头统治；而在穷人统治的地方，则会出现民主政体。"（转引自 Arblaster，1994，pp. 13 - 14）民主由此成为一个备受争议的概念也就不足为奇了。但在另一方面，它又启发了许多分析性的反思，从古希腊到如今，一直如此。

［2］参见科恩和罗杰斯的著作（Cohen & Rogers，1983），他们主张一种更广泛的民主观，把民主理想的范围扩展到了"正式政治领域"（p.150）之外，并专门将"工人利益屈从于资本家利益"视为一种不民主的状态（p.146）。另参见哈尔特（Hardt，1995）对大多数美国新闻报道忽略工人问题的讨论。他发现，"媒体环境更多地由商业利益而非新闻工作者的专业判断来决定"（p.24），而对这一问题持续且有计划的批评同样是缺乏的。

［3］例如，参见贝克（Baker，2002）提出的"精英主义民主"（pp.129 - 134）概念以及赫尔德（Held，2006）的"竞争性精英主义"（pp.125 - 157）模式。

［4］参见杨（Young，2000）对"包容性政治传播"标准的深入讨论。

［5］正如汤普森（Thompson，1995）指出的那样，"我们没有充分的理由来假定，与面对面的对话互动相比，阅读一本书或观看一个电视节目的过程的商议性价值就更低。相反，通过为个人提供他们原本不可能获得的各种形式的知识和信息，中介化的准互动过程对商议活动的激发作用即便不会超过，但至少也是与同处一个场合的面对面互动方式不相上下的"（p.265）。

［6］"尽管我们承认大多数个人存在理性的无知，而且他们的政策偏好也可能是肤浅的、不稳定的，但我们认为作为一种集体现象的公众意见却是稳定的。"（Page & Shapiro，1992，p.14）

第五章　新闻媒体在民主中的角色

作为最早的新闻媒体，报纸以文字叙述的方式定期报道各种时事，主要是政治、外交、军事或商业新闻。它们宣称自己可以提供可靠的信息，或至少可以成为权威的接近官方的信息来源。它们主要的服务对象是不断发展壮大的城市贸易和行政中心的商业阶层。虽然早期欧洲报纸在实践中的自由度有限且经常成为官方喉舌，但如果不对出版自由和经济自由提出一定要求的话，报业就不可能获得发展。报业发展缓慢，其财富规模也与经济发展水平和政治自由程度紧密相关。相比其他地区，北欧和北美的报业发展更具活力。

慢慢地，除了原有的商业新闻信和官方公报模式之外，新的印刷媒体形式也逐渐出现了。各种政党报纸开始出现，它们服务于争夺权力的党派或推动政治社会改革的政治运动。在19世纪下半叶，大众报纸成为严肃报业和即将到来的真正的大众媒体之间的一个过渡形态。商业报纸力求成为真正受到大众普遍欢迎的媒体。其所有者的主要目标是盈利；但通常，他们还有一个相对次要的目标，即发挥政治影响力。概而言之，这些发展使我们很难用新闻报业这样一个简明的概念来囊括各种印刷媒体，因为这些媒体出版的形式和目标十分多样化。进入20世纪后，大众报业继承了早期报纸的权利和声望，却拒绝扮演相同的社会角色，承担相同的社会责任，或遵守相同的行为准则。这种紧张关系在一定程度上反映了经济和政治目标之间的分裂，这也成为关于新闻业社会责任的规范性争论的核心问题。

随着新的新闻实践形式的不断出现，新闻报业也在不断变化。广播电视新闻的先后出现，使我们更难以把新闻媒体当作一个单一机构来对待。对这些相对更新的媒体来说，与其他传播任务（尤其是广告和娱乐）相比，提供新闻只是相对次要的任务。记者们也面临着全新的空间、时间和内容形式的压力。电视新闻更具国际化特征，这进一步增加了问题的复杂性，因为电视新闻的传播更可能超出其原有语境的范围。而且相对于只有文字叙述的情况，它传达意义的方式也更为直接。而印刷新闻媒体大多局限于一国范围，其目的是满足地方性需求。新闻媒体之间日益激烈的竞争，常常导致产品多样性的减少和编辑决策的新困境。一方面，人们对客观性和中立性的追求增强了。同时，在一个日益世俗化和信息饥渴的时代，人们也对专业新闻产生了更多的需求。但另一方面，竞争导致的压力也促使新闻和信息更加单一，更加通俗易懂和具有娱乐性，从而有利于获得更广泛的受众。这些现象带来的结果十分复杂，常常混杂着各种相互矛盾的目标，以及各种模糊不定的旨在提升服务品质和专业主义精神的应对之策。

虽然各个国家情况迥异，但其间出现的许多变化却大体上可以归纳为舒德森提出的三种新闻业模式："倡导者模式""市场模式"和"受托人模式"（Schudson, 1999, pp. 118 - 121）。第一种模式实际上描述的就是党派新闻业；而第二种模式指的则是商业驱动的大众报业和广播电视新闻业；第三种模式指的是服务于公众的不同信息需求的独立专业新闻业。在美国，这三种模式差不多是相继出现的，其中第一种模式基本上已经消失，而后两种则彼此竞争，争夺主导权。在欧洲，倡导者模式虽然处于衰落之中，但依然存在，甚至被视为一种专业新闻业模式而被普遍接受。此外，在欧洲，受托人模式以另一种形式出现，即公共广播。公共广播在编辑上的独立性不受国家和其他利益集团的干扰，并代表社会履行广泛的信息和教育职能。虽然这些模式的出现有先后之别，但它们的确能够共存，并为争取主导地位而相互竞争。

上述简要的历史回顾，有助于我们理解新闻媒体在遵循自由和自治民主原则的现代社会中应发挥何种作用。内部矛盾，以及各种相左的目的和实践，都对媒体产生影响，使我们无法对新闻活动的核心特征或应当采取何种规范做出百分百明确的界定。尽管存在这种不确定性，我们依然可以认为，随着媒体的全球化发展，前文所述的各种趋势逐渐聚合到一种主导的新闻业类型，它包含了一些联系松散的并存特征。这一模式适用于绝大多数主流新闻媒体，无论是商业媒体还是公共服务系统。这些特征主要包括：新闻和观点的多元化、新闻报道的中立和客观、市场导向，以及基于共享实践规范的专业化。我们或许还可以增加一个"媒体领域认同"特征，因为同样是新闻和信息服务，在报纸、电视、广播以及日益重要的互联网之间却持续存在着十分重要的差别。这种主导模式在西方备受青睐，并且被输出到一些发展中国家。这是一种十分典型的支持现有民主形式的模式，无论是司法权威还是政府权威，只要是合法的权威，它都表示尊重。然而，由于采取了中立的或中间的立场，这种模式对激进观点不是很有包容性，同时也避免出现支持特定政党的倾向。同样，这种模式的专业主义也不太能接受直接的社会和政治参与，同时也会对各种尚未明确赢得大众支持的新社会运动和观念保持十分谨慎的态度。正如许多批评家已经观察到的那样，这一模式是谨慎和保守的，限制了新闻业的社会作用。

新闻媒体的职能和类型

以上述讨论为背景，下面我们提出一个初步框架，借此来确定新闻媒体的基本职能。这些职能的源头既与媒体的内部因素（专业性、商业化以及理想信念）有关，也与外部因素（各种形式的外部压力和要求）有关。引领新闻业发展的是作为个体存在的无数个编辑、出版人和记者的进取心、愿景和目标追求。他们怀着不同的动机，试图记录或影响历史的进程。新闻媒体同时还是政治和社会活动家们的传播渠道。此外，新闻媒体还试图满足其所有者以及许多不同服务对象的经济和文化要求，包括公关人员和潜在受众。无论媒体需要实现的那些相对主要的物质和理想目标是什么，实际情况都是如此。从这个角度看，民主制度下新闻业的基本职能可以分为三大类：

- 观测和告知职能，服务的主要对象是公众。
- 通过批评性评论、建议、主张和观点表达等方式，作为独立行动者参与公共生活。
- 为媒体之外的各种声音提供表达的渠道、论坛或平台，使之能到达目标公众。

媒体履行这些职能，需要满足不同的条件。第一个职能依赖公众的信任，而这种信任又离不开公众对媒体独立性和表现能力的肯定。第二个职能的发挥主要依赖一套有效且广泛的信息搜集和分配体系，以及在编辑工作中有意识地对不同信息源和观点保持开放。第三个职能源自记者对民主行动和辩论的参与，它有赖于在一个健全的公共领域中积极发挥新闻自由的作用。

这种对新闻媒体职能的区分，也可以从图3所示的两个维度的交叉角度来理解。其中，纵向维度的两端分别代表观察者/信息员与政治社会生活的积极参与者这两种很不同的角色取向。在一端，媒体发挥着被动但可靠的镜子功能；在另一端，媒体成为活动家手中的武器。横向维度展示的则是媒体在扮演渠道角色的过程中呈现出的不同程度的中立性或干预度，这种差异会对媒体传播的所有内容的把关、可获得性以及处理方式产生影响。信息的可获得性可能会在完全开放到完全封闭的区间内呈现出各种可能性。开放性要求不能在对意欲传播或强调的信息的选择方面施加任何限制性标准。相反的情况则是有限的信息可获得性，但这种限制通常是根据透明的标准做出的。同时，媒体制度（以及单个的媒体机构）也是多种多样的，因为构成这些制度的媒体机构的表现方式千差万别。根据这两个维度，图3展示了以下四种主要的新闻媒体类型。

（1）具有内在多元性和世俗性特征的媒体，谋求在目标市场（不一定必须是大众市场）中最大限度地扩展传播范围或受众规模，某种程度上通过迎合范围广泛的政治社会群体的需求来实现这一点。

（2）具有外在多元性的商业媒体，同样追求较高的市场占有率，但往往会采取特定的意识形态或政治立场，以此来吸引持有相同立场的受众。

（3）党派媒体，通常是非商业性的，且规模较小（地方性的或全国性的），并致力于维护特定（政治）群体的利益和观点。

（4）少数群体媒体，内容多是观点和辩论，致力于各种新的事实和观点的表达与交换。

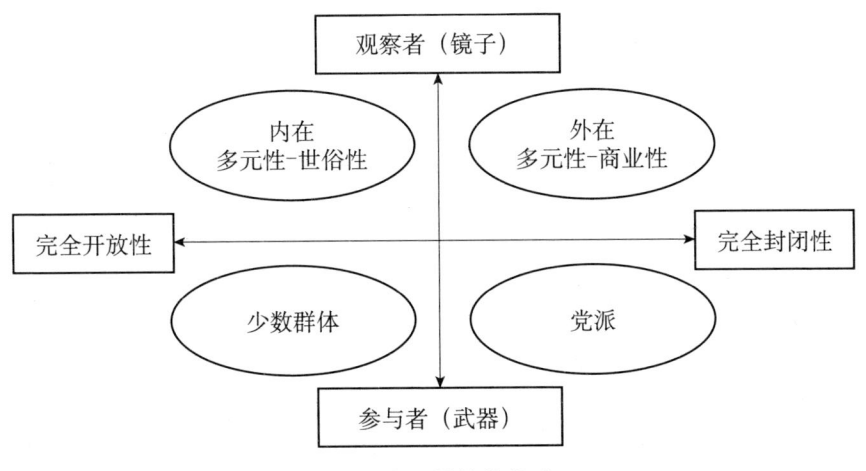

```
                    观察者（镜子）

          内在                    外在
       多元性-世俗性            多元性-商业性


   完全开放性  ←———————————————→  完全封闭性


          少数群体                 党派


                    参与者（武器）
```

图 3　新闻媒体的类型

我们已经充分意识到，媒体扮演各种角色时所处的运作语境具有多变的复杂特征。这个分类模型（图 3）的提出主要依据的是报纸和杂志等印刷媒体的情况。广播电视媒体，尤其是电视，则没有显示出相同的差异性。大多数电视新闻系统，无论是商业的还是公共的，基本都属于坐标系的左上方象限的范围。它们都希望能获得不加细分的大规模观众，所提供的内容也遵循前文所述的居于支配地位的新闻客观性观念，以提供信息服务为主。但与此同时，由于管理规定、不成文规范或商业压力的缘故，与印刷媒体相比，电视媒体没有那么开放，在编辑方针上的独立性也弱一些。至少在 20 世纪后期，广播电视新闻模式的实际状况正是如此，尽管在频道数量激增、监管放松以及互联网带来的节目形式多样化等因素的影响下，整个广播电视行业也在逐渐分化。

新闻角色的概念

在某些西方自由民主社会中,新闻角色的概念是这些社会特有的新闻史中的一个要素。坚持使用这一概念,我们实际上冒着继续承担过去五十年来传媒理论研究中积累的沉重包袱的风险。但不幸的是,我们找不到其他能够帮助我们摆脱这段历史束缚的术语,而其他一些术语的设置更具有局限性,例如,"职责""责任""任务""目标"或"功能"。

"功能"这个词来自社会学,常常被很随意地用来描述各种实践、服务、目标或特定需求的满足。但是,其含义是很不明确的,除非把它放入特定的系统中加以理解,这些系统依靠专业化的组成要素来满足其运作条件。因此,我们可以这样来大致描述一个民主政治系统:它具有信息需求,而媒体活动正好可以满足这些需求。但我们没有一个政治子系统的分析模式,可以使我们的分析不只是停留在对相互联系的信息流复杂组合的描述上。

在我们看来,"任务"这个词同样过于狭隘,但正如下文将要说明的那样,它可以被整合到角色概念中去。我们还会涉及职责和责任的观念,它们都适用于对新闻媒体的分析。但是,如果孤立地来看,这两个概念的用处不大,因为它们会使用许多十分不同的价值体系和视角,而这些要素与我们对特定情况下新闻工作的评价可能有关联,或者并不能成为合适的评价标准。对新闻媒体表现的外部评价,或对其目的的外部认定,常常是以伦理的、政治的或文化的标准为基础的,而这些标准对记者所受的诸种限制并没有给予足够的考虑。虽然这类评价和认定并不会因为这一点而变得毫无价值,但它们对建构一个有益于新闻业本身的规范理论来说基本是没有帮助的。

在本书中,我们用"角色"一词来表示各种职业任务和目标混杂的综合体,它们广为人知,并具有稳定和持久的形式。角色通常处于一个制度或机构框架内,人们根据特定机构的主要活动、需求和价值观来对角色进行管理,在本书中,这种特定的机构就是大众传媒。角色包括两方面的内容,即经验性要素和评估性维度。前者包括媒体记者实际执行的各种任务。后者指的是媒体服务的目的或宗旨,以及与此相关的价值或重要意义。媒体的目标并不总是直接宣示或显而易见的，人们可能会以十分不同的方式对其做出解释或认定。对大多数职业记者来说，其职业目标的最主要来源取决于他们在媒体系统中所处的位置，因为那正是记者接受训练、社会化和被指导的地方。

新记者们需要完成的特定职业任务种类繁多，无法一一列举，但这些任务通常涉及四种基本的活动：对信息的发现、搜集和选择，将信息处理成新闻叙述，提供背景和评论，以及新闻发布。这些活动也可以转化为更加一般的角色描述，而这种更一般的角色又自然会对更大的目标和评估性内容提出要求。这种转化也带来另一组词语，可以解释在更加广泛的格局中，新闻业的使命究竟是什么。这构成了描述这些角色的另一种方式，其中，下列说法是最典型的：

- 提供对社会环境的监测；
- 形成观点；
- 设置公共讨论的议程；
- 扮演政治或经济权力的"看门狗"角色；
- 扮演信使或公共信息员的角色；
- 社会生活的积极参与者。

虽然我们可以把记者社会角色的经验性要素和规范性要素分开讨论，但在调和两者关系的过程中，我们遇到了一个深层次的问题，因为前文曾提到的"客观"新闻业把媒体的角色设定为价值中立。专业的新闻业不应当偏向于任何一种观点或利益集团，并应该尽最大可能如实地记录社会世界。这一点本身就是一个规范性判断，但与此相关的观念却被广泛认为是根本性的、毋庸置疑的。在任何一种情况下，我们都可以说，客观性不只是一个抽象的理想，而更多的是一个如何做才算更好的问题。从这个角度来看，尽管完美的客观性无法实现，但这并不是什么要紧的问题。

如前文所述，媒体机构本身并不是规范性目标或评估的唯一来源。其他来源包括在更广的社会范围内受人尊敬的知名人士的意见，这些意见有时是在这些人士受到委托或应询回答时提出来的；代表各种不同事业和信仰的压力群体；爱国主义诉求和急迫的公共需求；个人的道德原则和良知。而内部的个人忠诚和吸引力也会产生规范性影响。

上述观察将我们带入媒体责任这个更加宽泛的问题，稍后我们会在本章中探讨这个问题。通过依附、义务甚至屈从等各种会对媒体目标产生决定性影响的纽带关系，媒体与其所处的社会环境紧密地联系在一起。这些影响因素既通过内部控制也通过与外部行动者之间的互动来发挥作用。这些外部行动者包括：预期受众以及更广泛的公众，媒体的所有者、服务对象和赞助者，其他依赖媒体的社会机构、群体和组织，以及政府和国家。虽然媒体可以在细节上掌控自己的活动，但在许多方面，它们却受到各种距离更远、有时还很强大的外部力量的限制和牵引。

在这种情况下，我们对这一点并不感到惊讶：尽管有前文所述的那些关于新闻业目标的共识或主流观点作庇护，对记者角色观念的研究依然发现传媒机构和记者个人都不得不面对许多根本性的紧张、对立和抉择。其中最主要的对立关系包括：

- 对所处的社会环境应当持一种中立的态度还是扮演参与者的角色；
- 聚焦于事实本身还是打算进行解释和做出评论；
- 以整个社会全部声音的把关人自居还是选择成为某种事业或利益的倡导者；
- 服务于传媒机构的利益还是试图遵循理想化的新闻使命观念；
- 在社会和非营利目标与市场标准之间进行抉择。

这些困境彼此不同，并在一定程度上相互独立。但它们的背后贯穿着一个基本命题，反映了各种不同的规范性观念对媒体实践的牵引作用。它们反映了人们对何为新闻这个问题的理解以及新闻媒体所采取的形式类型的多样性，其中每一个类型都有自己的目标、选定的公众对象和市场定位。新媒体形式，尤其是以互联网为基础的新媒体的出现，增加了这种类型的多样性，同时也使得究竟何为新闻这个问题变得更加难以回答。

新闻媒体角色的规范性

上述讨论已经清楚地表明，我们无法明确地回答媒体机构应当承担哪些主要任务并依据何种准则来实施这些任务。这里存在两个基本问题：第一，在新闻业内部和外部存在各种不同的甚至是对立的利益和要求。第二，既然新闻业是自由的，我们也就无法合理地正式要求它必须履行特定的使命。新闻出版自由是一个比新闻媒体的行动自由更广义的概念。它既包括不发表特定内容的自由，也包括拒绝或回避外部强加的任何传播义务的权利。对 20 世纪初期新闻界的最早批评意见依据的是当时关于出版和公共生活行为标准的最新观点，涉及公平观念，以及弱势和对立群体的表达权。民主原则成为反对唯利是图的资本主义新闻业的基础，并成为良好实践规范的来源。在没有任何正式基础或实施手段的情况下，批评家和各种对媒体提出要求的人将各种义务归到媒体头上。

在现代史上，由私人资助的美国新闻自由委员会（U. S. Commission on Freedom of the Press, 1947）在设定特定的新闻业社会责任方面，迈出了最早的重要一步，其立场是强调固有的共识，而非诉诸激进观点（Blanchard, 1977; Commission, 1947; Siebert, Peterson, & Schramm, 1956）。英国的皇家委员会（The Royal Commission）很快也提出了它对新闻业的社会和民主责任的看法（Royal Commission on the Press, 1949）。美国人关注的出发点是报业大亨们过分膨胀的权力以及耸人听闻的报道方式对公共信息价值的损害。在英国，人们对新闻界的批评大致基于类似的理由，虽然这些意见更加强调所有权集中导致的媒体政治多样性的缺失。

美国新闻自由委员会的报告提到了民主社会中的新闻界应当承担的许多义务，因为在这样一个社会中，新闻界在一定程度上处于一个特权的位置。这些义务包括提供全面可信的关于日常事件的报道，保持事实和评论的分离，为评论和批评意见的交换提供论坛，提供关于社会总体的有代表性的图景。这些责任反映了当时的自由主义政治阶层关于良好新闻实践的共同看法。这些观点没有得到新闻界业主们或激进左派们的广泛支持，但在一定程度上，它们的确是资产阶级知识分子的崇高理想，故而被委员会接纳并作为一种道德义务提出来。不承认这种道德义务的要求，新闻自由的主张将难以维系。既然媒体通过不成文的社会契约获得了以公共利益之名进行信息传播的权利，而且这种权利受保护的程度要远远高于对普通人自由的保护程度，那么，它就必须提供某些服务作为回报。

该委员会的一位重要成员威廉·霍金（William Hocking）曾经提到"人民有权拥有一个能胜任其角色的新闻业"（转引自 Nerone, 1994, p.97）。这一说法实际上是对新闻自由内涵的一种积极阐释，取代了占主导地位的（如今依然如此）的消极含义，即不受任何特定义务或限制的束缚。既构成同时也支撑着该委员会观点的一个要素是专业主义诉求。委员会的报告指出："新闻业对自身的定位是一种专业的公共服务。"（p.92）哈林对专业主义观念做出如下评论："在我看来，所谓专业化首先意味着，和其他职业一样，新闻业发展出了一种'公共服务'伦理。"这是"一个总体趋势的一部分，从进步主义时代开始，逐渐远离作为公共生活基础的党派政治，转向管理上的理性主义和中立的专业技术"（Hallin, 1996, p.245）。

对报业而言，新闻自由委员会以权威文本的形式提出的这些义务，从未构成一种实质性的约束，虽然在许多国家的伦理规范中也出现了许多相同或类似的要求（参见 Laitila, 1995; Nordenstreng & Topuz, 1989）。而对那些在舒德森所谓的受托人模式（参见第六章）下从事主流自由主义模式的客观新闻业的专业人士来说，这种关于媒体义务的社会责任理论所包含的观点是完全可以接受的。不出所料，后来对记者和编辑关于自身角色认知的研究也提出了一系列相似的结论（例如，Fjaestad & Holmlov, 1976; Johnstone et al., 1976; Weaver, 1999; Weaver & Wilhoit, 1986, 1996）。直到今天，新闻自由委员会所设想的这些媒体责任依然受到专业记者的认可，尽管他们在很多问题上常常持有不同看法，比如，在多大程度上可以卷入当前争议，以及在多大程度上应当扮演中立观察者和报道者而非阐释者甚至倡导者的角色。

对新闻用户观点的研究也往往强调提供全面公正的信息（Andsager & Miller, 1994; Andsager, Wyatt, & Martin, 2004; Fitzsimon & McGill, 1995; Immerwahr & Doble, 1982; Wyatt, 1991）以及监督政府的重要性（Gleason, 1994）。就政治系统的要求而言，现代民主制度中的政治行动者也倾向于对媒体提出相同的一般要求。当政治家无法得到可靠的媒体支持，或者无法进入媒体渠道时（无论是出于职业目的还是为了公众利益），他们通常会要求在公平的基础上获得进入媒体空间的平等机会。这一般指的是媒体资源的分配比例，但也会对执政中的政府给予额外的关注。政治家也会要求记者能够根据连贯的、可预测的新闻价值和客观性规范来处理政治议题，由此，他们可以按照符合新闻价值的方式从事政治活动，并从中获益。无论出于何种动机，新闻业本身、受众以及政治行动者对新闻媒体提出的要求，都最终汇聚成一个实践模式，而这个模式似乎与新闻自由委员会提出的社会责任理论模式非常接近。

总的来说，人们赋予媒体或者媒体自身所接受的那些角色的内涵来自政治过程中不同参与者的需求，以及新闻界自身所偏爱的实践方式。例如，布拉姆勒（Blumler）和古列维奇（Gurevitch）指出，公民需要有能支撑其获得政治信念，决策指导，关于事件、状况和政策的基本信息的素材，以及能够促进政治参与的情感满足（Blumler & Gurevitch, 1995, p.15）。受众表达的这些要求反过来会要求媒体做出相关回应，形式包括评论性建议、大量信息、对政治事件的严重关切，以及能够激发公众关注的呈现方式。这些需要同时还在不同程度上要求媒体向政治行动者提供直接的媒体渠道，使他们能够开展政治劝服、信息告知以及凸显自身知名度的活动。

然而，上述关于媒体应当如何处理它与政治和社会之间关系的表面共识，掩盖了严重的甚至可能日益加大的分歧；这些分歧意见大体上反映了人们所期待的一系列理想化的社会愿景和实践方式。媒体的内容很少涉及如下议题：公众对政治的冷漠态度，政客、媒体老板和管理人员的私利算计，传统媒体边缘化的趋势，以及各种新娱乐媒体的兴起（参见 Bennett & Entman, 2001）。撇开这些问题不谈，不仅民主制度下媒体角色的实质令人生疑，这些角色的合法性也不确定，并缺乏在媒体不履行职责的情况下实施追责、限制或做出处罚的机制。

如前文所述，我们并不缺乏关于媒体在广泛的社会领域特别是在政治方面可能承担的角色的各种分类模式。关于媒体角色和功能的基本观点一般会强调提供信息、通过提倡某种主张或提供论坛来塑造观点，以及通过发挥监督功能来提供批评意见（参见 Nordenstreng, 2000）。这些角色在各种不同的实践方式和体制（例如，公共媒体和商业媒体形式）中都有所体现。在这一部分讨论的最后，我们回到布拉姆勒和古列维奇所总结的民主制度所要求的媒体"为政治体系提供的功能和服务"。他们提出的主要因素包括：

- 对社会政治环境的监控；
- 有意义的议程设置；
- 为政治家的清晰而富有启发性的政治主张提供表达平台；
- 对官员的监督机制；
- 对公民学习欲望的激励；
- 在原则上坚持对试图破坏媒体独立性的外部势力的反对。

布拉姆勒和古列维奇同时还提醒人们注意影响媒体发挥这些服务功能的四个主要障碍。第一，一些基本的民主价值之间相互冲突，比如，编辑的自主性和向社会行动者提供进入媒体的渠道之间存在矛盾。第二，在政治精英和普通公民之间存在结构性的不平等。第三，与其他要求和利益相比，政治目标并不具有无限制的优先地位。第四，媒体受其自身经济和制度环境的限制。

显然，上述讨论说明，在决定需要深入审视哪些特定媒体角色以及如何定义这些角色方面，我们有充分的选择余地。但由于本书的目的所限，我们的选择是十分有限的。同时，我们对传媒规范理论历史的看法也指引着我们的选择。我们的主要选择标准是考虑这些角色与民主过程的相关性。下面，我们会参照在第一章和第二章中阐述的不同新闻传统。其中，每个传统都有其自身独特的起源、理论基础和实际表达形式。

人们对媒体究竟在多大程度上有服务社会之责产生了持久的争论，这正是我们关切的核心问题。从个人自由主义或自由至上主义角度看，即便媒体拒绝承担一切集体义务（无论是自行选择还是被分配的义务），也会被认为是合理的。根据这种观点，一切公共利益的概念实际上都只是特殊利益的体现，并最终变成对新闻自由的限制。媒体的传播活动应当只受到自由市场和供需法则的支配。而在另一个极端，社群主义和公民参与的视角则明确要求，媒体应当确立积极的社会目标，与其所处的共同体和社会进行互动，并努力把普遍的伦理和相关价值付诸实践。在这两者之间，我们发现存在各种不同类型的专业主义版本，它们对媒体角色的界定依据的是技术和专业标准，或某种由专家论断或合法权威机构定义的公共利益。

我们可以区分出两种不同的中间类型：一种是法团主义，在这种类型中，精英根据他们认定的公共利益采取行动，决定何为社会需求；另一种是社会责任，这种类型对民主决定过程更具有开放性。法团主义类型常常包含新闻业的行政模式，这种模式虽然以专业价值为基础，但与处于支配地位的社会机构之间存在十分紧密的联系，并主要为商业和经济精英群体服务。社会责任范式传统则依据不成文的社会契约，要求媒体承担一系列服务公共利益的责任。虽然社会责任传统的不同理论版本对一个秩序井然的社会需要哪些特定的传统标准和价值已经达成共识，但对社会责任的具体内容则语焉不详，需要对其充分阐释。那种认为批评是媒体之责的看法来自一种强烈的参与观念（参与者视角），但自由至上主义传统同样可能会鼓励媒体去追求这一目标。而社会责任传统则同样可能会认为，媒体应当以公共利益或追求真理的名义去扮演批判者的角色。

新闻业的四个关键角色

为了强调媒体在运行环境中面对各种相互冲突的要求和价值立场时所遇到的典型问题和主要困境，我们选择关注四个角色，分别是监测、促进、激进以及合作角色。图4从两个维度展示了这四种角色：纵向维度是制度权力的强弱，横向维度则表示媒体的自主性和依赖性。

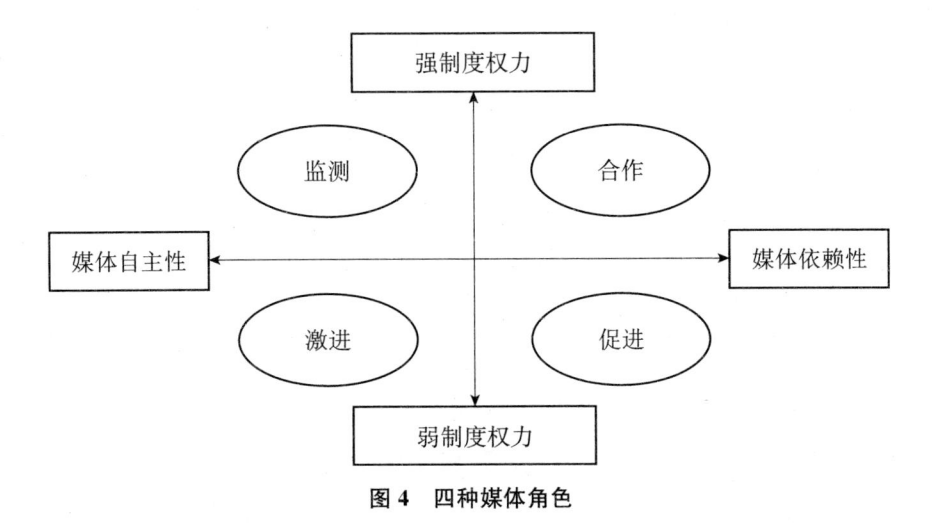

图 4　四种媒体角色

从关于新闻界职责的传统观点的角度来看，监测角色可能是最被广泛承认且争议最小的角色。在这个问题上，新闻界自身、受众和各种信息源以及媒体服务对象的看法是一致的。这个角色是指媒体应当搜集、处理和传播各种关于当前和新近事件的信息，并对未来的发展发出预警。与描述现实和提供客观报道相比，以编辑立场选择为基础的相关评论和解释只是处于从属地位。至于媒体应当在多大范围内发挥监测角色的作用，人们则根据媒体卷入社会程度的差异形成了不同的看法。这种角色可以只是相对消极地传输信息，也可以宣称自己是公众的代言人，积极履行监测者的职责。但是，这种角色并不包含带有倾向性的倡导活动，并受到专业新闻实践规范的限制，尤其是那些要求把观点和态度与以证据为支撑的事实区分开来的规范。这个角色充分体现了先前我们描述过的典型的专业主义新闻业模式。

相关文献对我们提出的媒体的促进角色讨论不多，虽然功能主义媒体与社会理论已经暗含了这一角色。这一角色的理论基础包括社会责任理论的一些要素，以及那种把媒体视为第四等级的观念。根据这种观念，民主社会中的媒体应当支持辩论，并有助于人民做出决策。此外，公共领域理论也把媒体视为一个关键要素。这一理论主要把新闻业看作一个商议实践的过程，借此可以提高公共生活的品质，从而为与程序自由主义和宪政自由主义（procedural and constitutional liberalism）相对立的商议民主做出贡献。媒体的作用是通过辩论和鼓励参与的方式来拓宽公民进入公共领域的途径，推动积极的公民身份和意识的形成。除了对商议民主的贡献外，媒体还有助于市民社会的运作，并促进有利于形成民主生活方式的文化条件的发展（Taylor, 1992a）。媒体可以促进包容性、多元主义和集体目标的实现。根据促进角色的概念，媒体应当帮助共同体和社会形成一种共享的道德框架，而不只是关照个人的权利和利益。与更大的公共利益相比，个体利益被认为是相对次要的，而公共利益的呈现并不是法令规定的结果，而是在公共传播的过程中逐渐形成的。媒体的促进角色不仅与个人主义是矛盾的，而且很难与很多由利润和竞争本能驱动的新闻实践相协调。根据这一角色的要求，典型的专业主义成为一个相对次要的目标。

激进角色在讨论媒体规范性要求的文献中经常被提及，虽然由于与新闻专业主义和市场力量之间存在潜在冲突，这一角色在一般媒体制度发展过程中被低估了。实际上，激进新闻业与专业主义和市场标准之间并不相互抵触。然而，绝对意义上的激进角色不会屈从于专业准则或市场考量。本质上，它源自超出媒体机构范围之外的社会和政治目标。它的焦点在于揭露权力滥用，并以提高公众对违法行为、不平等和潜在变革的关注意识为己任。与媒体扮演监测角色时偶尔对相关问题的批评性关注不同，激进角色意味着媒体依据清晰申明的价值观系统地、有原则地参与到社会斗争之中。其目标是寻求根本性的或激进的社会变革。在威权主义政府统治的情况下，对媒体批评角色的需求是显而易见的，但媒体发挥这一作用的条件却是有限的。在一般的自由民主社会条件下，扮演激进角色的往往是那些由少数群体主办的非主流印刷媒体，它们代表的是一些社会或政治运动，并依据各自的党派立场鼓吹不同的激进观点和政策。相对而言，由于公共管制和商业压力，广播电视新闻业较少扮演激进者的角色。尽管如此，偶尔也会有一些产生重大影响的纪录片和电视节目实际上发挥了激进角色的作用。

合作角色具体指的是在不可避免要参与到社会事件和过程的情况下媒体必须承担的重要责任。在建立不久的新国家这一典型情形中媒体可以合理扮演这一角色。这些国家往往面临着在资源匮乏和政治制度不完善的条件下推动经济和社会发展的巨大压力。然而，在遇到危机或紧急情况，或者社会面临外部或内部威胁等非同寻常的情形时，媒体和国家之间的合作关系即便不会被强制推行，也会得到大力提倡。此类情况的典型例子包括恐怖主义和战争，但自然灾难以及犯罪、健康和安全危机也会导致同样的结果。即便是在正常情况下，在媒体与政府机关和国家之间一般也会存在一个潜在的或局部的合作机制，这个机制可以产生自愿的合作。这种合作符合双方的利益。这表明了一个事实：媒体拥有公共信息网络这一重要社会资源，而当权者则控制着"新闻"的供给。这种合作关系几乎必然会对新闻媒体的独立性产生负面影响，但它也会常常以即刻必要性（immediate necessity）的理由而被合理化。不过，讨论媒体角色的文献很少提及合作角色，这主要是因为合作角色与自由至上主义和专业主义新闻原则是格格不入的，并且透露出许多人不愿言明的真相。

显然，尽管我们选择的媒体角色是有限的，但这种选择不是随意的。这四种角色使我们直接面对在任何传媒规范理论的内核中都会存在的矛盾和复杂性。对角色取舍的标准主要是看媒体的角色是党派性倡导活动的工具还是各种倡导性观点得以表达的平台。然而，倡导要素的出现与媒体的促进角色是相互关联的，因为如果没有关于对共同体和社会影响重大的争议性议题的各种观点立场表达的意见之流，倡导活动本身也不可能得以完成。充分的信息表达也意味着必须允许多样的观点立场、替代性选择以及问题解决办法的存在。甚至对媒体的激进角色来说，倡导也是十分重要的，因为有效的批评通常不是建立在证据和专家分析的基础上的，而是以关于是非善恶的不同想象为基础。

语境中的角色

哪些角色被选中以及媒体扮演这些角色时是否受到限制，取决于我们在下文将要提到的一些普遍性因素。这些因素涉及的维度主要包括共同体、权力分配以及合法化与责任问题。

共同体维度

特定地方的集体生活的品质决定了新闻业所处的社会语境的不同。共同体（community）这个词只是许多关键要素的一个方便表达，虽然它本身的词源十分复杂，并包含很多观念成分。虽然现如今这个词常常用来表示一切共享某些兴趣或观点的个体的集合，但其更完整的意思指的是一些理想化的要素，包括归属、共享的身份认同、合作、团结形式、凝聚力以及连续性。这样，共同体就与个人主义、孤立、竞争、匿名性以及持续变动的状态形成了鲜明对比。对全国性社团组织的区分，通常依据的是它们在从地方到范围极广的行动领域内推动共同体形成方面所具有的内在潜力。虽然人们更有可能在邻里社区和小型城镇中找到理想意义上的共同体形成的条件，但他们同样也可以在能把有类似想法的人团结起来的特定集体运动中发现这些条件。这种差异反映在不同的政治之中，进而也反映在人们对相关媒体的不同期待之中。对共同体的忠诚度越高，媒体就越可能成为积极的参与者，并表现出党派立场，因为这正是受众所需要和期待的。而在全社会范围内展开的大规模政治活动的层次上，媒体实践的方式将会更加超然、多元、信息丰富和平衡。如果其他条件不变，在后一种情况下，监测角色和典型的专业主义新闻业观念很有可能会处于主导地位。

但是，民主社会之间以及这些社会当下所处的历史条件之间都存在差异。想象一下那些内部分裂的社会，或者处于经济衰退之中、受压制、管理不当或受到外部打击的社会，我们就会明白在繁荣的世俗民主社会之外，还存在许多与其差别很大的不同社会类型。有些社会更加个人主义、世俗化和以市场或消费者为导向。在这些社会中，强大的公共机构几乎不存在，公共利益的观念也很淡漠。而在别的地方，意识形态、宗教、种族、阶级和地区身份依然影响巨大。在这种情况下，以公共利益之名实施干预主义行动的观念，即便颇受争议，也会被付诸实践。在这些不同的情况下，媒体工作方式的规范不可能是一样的。但总的来说，在繁荣的世俗主义情形中，媒体会更加超然独立，而在后一种情况中，则会更具有参与性和对抗性。

同样在共同体这个命题下，我们还必须考虑获取信息的自由，以及发表和扩散信息的自由。处于何种限度范围内的何种出版自由概念居于支配地位？它是绝对的且只受制于其他个体的权利和基本利益吗？媒体必须为合法出版活动造成的广泛的或意想不到的后果承担责任吗？共同体能否在没有紧迫危险的情况下，以保护普遍利益为名，合法地采取行动来压制、限制或惩罚出版活动？服务于公共生活的信息渠道是否只能完全交给市场来完成？在不同的社会，人们对此类许多问题的回答可能完全不同。显然，贯穿这些问题的总原则，使自由主义的拥护者和集体主义的拥护者之间产生了对立。我们在第二章中讨论过的关于传媒理论的争论反映了这种对立。但是，那些争论并没有解决这个问题，而媒体在日常运作中对公共生活重要事务的介入不可避免地会引发同样的问题。这一点对是否采纳或摈弃媒体的促进角色或合作角色尤为重要。

与共同体有关的还有平等问题，尽管两者之间的关系并不那么明确。与此相关的最重要的问题是人们说出和表达自己观点的平等权利，即以意见表达的方式参与共同体事务的权利。媒体运作的环境越接近共同体的形式，人们进入媒体表达渠道的机会就越应该更加平等，要求媒体公平地表现共同体内部的差异和不同变化形式的呼声就越强烈。这些平等主义理想推动着社会向全民享有信息的方向发展，并为媒体的表现和信息活动的结果设定了标准。这些理想的目标已经远远超出了平等机遇所要求、市场所能支持或者媒体所有者和控制者所能提供的事物的范围。所有权的问题使我们超出共同体维度，转而进入权力维度。有必要指出的是，一旦从事大规模出版活动的能力成为最富有的那些人（无论是个体、组织还是公司）独有的，公共价值便将遭到损害。由此产生的一个与媒体角色相关的问题是，那些在其中拥有巨大经济利益的群体掌控的媒体是否值得信赖，它们能否以对更广大的共同体的需要而言公平且令人满意的方式完成自己的使命？如果不能，人们应当如何维护共同体的利益？

权力分配维度

人们经常会提到媒体的权力这个说法。当媒体自视为第四等级时，它们也常常会用这个说法来描述自身。在这种语境下，权力通常有双重的意义，既指媒体对流通中的信息和观点产生的直接影响，也指社会中的权势机构（政府、商界等）必须在各方面都充分考虑到媒体的影响这一事实。把媒体看作第四等级，是将其与政府三大分支机构进行类比的结果：立法、行政、司法。这一提法意味着在民主社会中，人们通常会期待媒体在某种意义上以人民或普遍公共利益的名义行动（进而发挥其影响力）。媒体的权力并非法律或武力意义上的权力，而是指制造真理的权力以及与真理有关的影响力，或者是指通过吸引公众关注来帮助那些能够获取媒体资源的人实现其意欲达成的目的的能力。

人们普遍假设，在民主社会中，权力在根本上是属于人民的，而媒体在某种意义上是独立于国家和政府的，因此能够在各种不同的权力集团之间发挥调解作用。然而，在日常实践中，存在许多偏离这一假设从而对媒体角色产生影响的情况。对媒体实际运作的现实评估并不能完全支持简单的第四等级模式。编辑独立原则既是新闻自由的结果，也是它的一个标志。一旦这一原则得以确立，真正的媒体独立便会确保信息和观点以不偏不倚的方式自由流动的可能性，这样的信息流动支持的是多样观点的表达，而不再只是为任何特殊利益服务。

也许对民主新闻业理想最明显的偏离根本算不上是一种偏离。实际上，自由新闻业通常隶属于商业公司，这些公司都有自身的经济利益，而这些利益与一般公众或社会整体的利益并不一致。大量的理论文献和证据表明，媒体常常会偏袒特定群体的经济利益。我们甚至有更多的理由相信，主流媒体经常会服务于政府和国家的利益，只不过在热情、勉强或警觉性等方面的表现程度不同而已。我们前面描述过的合作角色，只不过是能够体现媒体在绝大多数时候是如何运作的一个更明显、更突出的例子。至少我们有充分的理由认为，我们不能假定媒体是公正无私的，即便它们声称自己是中立的、不偏不倚的。

偏离独立性的另一个例子是公共广播。在这种情况下，媒体通常服务于一个公共机构，并在目标和内容方面受到政府规章和管理的限制。虽然在日常事务中，对编辑独立性和透明度的保障通常能够达到令人满意的程度，但公共广播在与国家的关系中所处的战略性位置始终是存在问题的。

那种把媒体看作是对当权者，尤其是政府及其代理机构的滥权行为进行监督的监测角色的观点，更加符合民主社会中媒体与权力关系的理想模式。因此，媒体本身的影响力并不是指它们具备权力，而是说它们能够通过发出警告和发表揭露性信息与批评的手段，对那些真正拥有权力的人加以监督。扎勒（Zaller，2013）提出了媒体在公共事务中发挥的"盗窃报警"（burglar alarm）功能。这种对抗性新闻业的理想（例如，Rivers & Nyhan，1973）提升了独立批评观念的重要性，但也往往忽视了媒体中某些地位稳固的成功分支与其他各种利益（包括国家利益）之间存在紧密关联的事实。近来对媒体监测角色的一项研究表明，这种角色很容易蜕变为辩护者的角色，即媒体捍卫的是它们的赞助者或少数精英群体的利益（Donohue，Tichenor，& Olien，1995）。

关于媒体权力问题的讨论经常忽略的一个问题是任何社会中都会存在无权者。任何社会中都会存在大量群体，虽然并没有被正式剥夺公民权，但在教育、收入、居住地、健康、种族、社会问题、犯罪化等某一方面，或者在所有这些方面都遭遇排斥和边缘化（因此而无权无势）。总体而言，这些人不会积极参与社会政治生活，他们往往组织化程度低，其利益诉求也无法得到很好的表达。而媒体一般也不会觉得这些人是重要的，甚至不会把他们当作自己的潜在受众的组成部分。主流媒体一般不会表达对这些人的看法，即便他们能够进入公共视野，也是被社会其他群体当作问题来对待的，甚至偶尔还对他们抱以同情之心。

上述讨论已经充分说明，对任何自选的或外部赋予的媒体角色，都必须从社会权力关系的角度加以考察和具体说明。无论是在更加复杂精细的民主理论的探讨中，还是在对媒体日常实践的考察中，我们都必须意识到权力关系可以以多种方式对媒体的社会角色产生影响。

合法化与责任维度

这里我们讨论的主要问题是，通过对其表现和后果的考察，各种媒体角色能在多大程度上被合理化。考虑合法性问题的起点应当是评估媒体所发表内容的品质，以及这些内容可能对其他对象产生的许多结果，比如，名誉损害、财产损失、尊严受损以及对隐私或私密性的侵犯。除此之外，人们往往还认为，媒体传播的与暴力、性道德等议题有关的内容，会产生一些意想不到的有害影响。

人们通过法律和规范等正式手段来应对媒体可能产生的有害结果，但在这些回应方式的背后，存在着一些更加基础的问题。人们对社会责任问题以及许多其他基础性问题没有做出充分的回应。在各种角色中，人们往往根据不同的有时甚至是相互竞争的各种理由，合理地要求媒体扮演某种特定的角色。但在要求媒体扮演某种角色的过程中，人们应该援引或诉诸何种正当性或权威性原则来支持这种要求？最早的《传媒的四种理论》把这种合法性建立在统治意识形态或者社会系统整体精神的基础之上，无论这种精神是放任的还是限制的，是规范性的还是禁止性的。在自由主义社会中，那种企图要求国家对媒体进行指导或限制的想法是不合法的，媒体义务的具体内容也从来不会得到清晰的说明。在社会主义社会中，工人阶级的利益决定了媒体行动及其所受限制的合理性。而且，自由主义社会中媒体所具有的地位以及某些时候所享有的特权意味着一个默认的契约关系，即媒体必须以"正确的"方式运用它所享有的自由，因为这种自由不是一种不受限制的权利，它意味着媒体是大众利益的托管人。

人们也可以依据多数公众的意见来决定媒体应当如何运作。然而，尽管就媒体标准和义务开展民意调查并不困难，但这些调查结果并不具备特殊的权威性。而且，一旦它们具备这种权威性的话，其结果也将是一种多数暴政。在自由主义社会中，合法性的主要基础实际上就是市场体系。依据市场逻辑，在法律允许的范围内，媒体应当尽可能为受众提供他们愿意购买的产品和服务。除了市场和大众意志之外，还存在一些可供人们表达相关意见（有时具有倾向性，有时是专家意见）的组织化手段。在没有外力强制的情况下，人们表达的这些意见为他们支持或反对媒体的立场提供了知识、道德或哲学基础。对公共广播而言，为了确保特定的服务品质而采取的干预措施可以通过一些特定的机制被合法化。即便如此，我们依然很难搞清楚，这种源自特定语境并以特定形式呈现出来的媒体角色合法性将如何能被延展到更广泛的情形之中。这种合法性的影响范围正在缩小，因为广播电视行业本身正处于衰落之中。不过，由于其示范效应和良好声誉，公共广播的合法性模式对行业规范的确产生了一定的影响。

可问责性（accountability）指的是媒体愿意为自己在信息传播活动中的行为负责，包括它对社会产生的总体影响。此外，这个概念还指在媒体不愿履责的情况下确保有可行办法促使媒体负起责任。通常，担责意味着媒体愿意接受或被迫承担外部力量赋予的责任、任务或目标。责任意味着对自由的某些限制，而强制实施的可问责性则是对自由的否定。然而，只要自由的限度还没有膨胀到允许伤害他人的地步，某些形式的可问责性与一般意义上的媒体自由就是完全可以协调的（Bertrand，2003；McQuail，2003；Plaisance，2000）。就当前的考量而言，我们或许可以这样来表述与可问责性相关的核心问题：媒体在扮演特定角色时应当对谁负责，以及这种可问责性应当通过何种手段来实现？

我们可以通过一些不同的方法来确保媒体负起责任，这些方法与我们所讨论的媒体角色之间存在不同程度的联系。媒体的组织行为会影响到社会中的他人及其利益，对这些行为进行问责监督的首要形式是法律和规制。尽管媒体拥有广泛的自由，它通常也会受到一系列限制，尤其当它可能会对个人名誉或经济利益、公共秩序、国家安全等造成潜在的损害时。

就此而言，这些限制并不包含任何积极的义务要求。有时，一些规定也会要求媒体以特定方式运作，并对自身的行为记录做出解释，尤其是当它需要申请或延续执照的时候。许多广播电视系统（无论是公共的还是私有的）都会受到管制，而曾经相对自由的互联网如今也面临要求加强法律监控的呼声，这种呼吁既源自公众的要求，也来自人们对有效且可盈利的运作方式的商业需求。然而，如果我们将公共广播排除在外的话，那么，在我们讨论过的四个角色中，没有一个是可以通过法律手段来加以贯彻的，而且媒体是否履行这些职能，也并非正式规定的社会责任。作为一个罕见的例外，只有在紧急情况下，为了保护社会和国家重大利益，立法机构才会要求媒体予以配合。

第二种确保媒体担责的形式是市场机制。作为"看不见的手"，市场通过引入由个人表达形成的社会需求来制衡媒体传播者的利益。市场不存在强制性，但人们认为市场在确保媒体承担监督者角色方面十分有效（因为这符合受众的明确要求）。但市场与其他三个角色之间只存在断断续续的联系。无论是促进还是合作的角色都超出了市场的范围，虽然在某些情况下合作角色会得到公众的强烈支持。激进角色一般是与市场不相关的，尽管实际上批判新闻业也可能会很受欢迎，并拥有属于自己的小众市场。

第三种确保媒体担责的形式是公众压力，其形式既可以是一般意义上的公众意见，也可以是有组织的压力集团和游说团体。虽然来自社会和各种群体的规范性压力可能会发挥作用，但这种作用主要在人们一致认定媒体的行为出现负面问题时才会产生。这些压力对积极结果的产生没有太大作用。在这种情况下，公众压力也许会对媒体发挥促进和合作功能起到一定的推动作用，但不能确保媒体一定履行这些职责。尽管如此，我们并不能排除这种可能性：公共声誉和巩固的社会地位会促使媒体积极扮演那些更具有利他性的角色。

第四种确保媒体担责的形式是专业自律。这种自律既可能来自媒体内部，也可能是来自媒体外部的社会要求。对专业行为标准和伦理规范的坚守要求媒体必须主动承担失误的责任，并承诺做出改进。这种自愿的态度也许会使媒体能够更好地履行促进和监测的职责；但它基本上与激进角色无关，因为这一角色会产生其自身实现目标的内在动力机制。

媒体角色与民主模式

在第四章中，我们提出了四种民主模式，分别是"多元民主""行政民主""公民民主"以及"直接民主"。这里，我们只需要指出本章中提出的媒体角色与这些民主模式之间的关系。

监测角色在四种民主模式中都是必需的，但又存在一定差异。在多元民主中，监测是最重要的媒体角色，因为相互竞争的各种利益群体会通过可自由获取的信息和观点资源来争夺公众支持。最主要的差别发生在极化的多元主义形式（Hallin & Mancini，2004）和那些相对温和或竞争不太激烈的形式之间。在前一种情况下，媒体必须以特定群体代言人的身份从一个特定的视角出发来扮演监测者的角色。这要求媒体系统在纵向上是分化的，不同的媒体渠道代表着不同的政治群体。记者会倾向于对某些事件做选择性报道，并从特定角度出发对客观事件做出解释，而不只是简单地有闻必录。新闻业是社会斗争关系的反映，而中立、客观的新闻报道生存机会渺茫。相比之下，在自由多元主义或温和的多元主义情形中，由于不存在尖锐的观念冲突，我们更有可能发现内在的媒体多元主义形式。它的意思是媒体在履行告知公众的职能时采取的的确是中立、客观的新闻业形式，但又会通过各种评论形式来反映不同的视角和立场。

行政民主模式要求信息的流动，但并不太要求媒体必须反映不同的观点。媒体提供的信息主要来自官方的、独立的或专业的信息源。即便信息流经常来自可能并不可靠的官方渠道，那些强调信息准确性和完整性的主张仍然奠定了媒体的公信力，增强了公众对媒体的信任。在这种民主模式下，新闻业最主要的专业价值是它逐渐积累的可靠性。与多元主义相比，行政民主中的新闻媒体对边缘信息源或那些偏离主流的人的关注要少得多。所谓的国家或总体利益决定着新闻选择和重要性判断的标准，也决定着新闻报道的框架。

在公民民主和直接民主中，媒体发挥监测职能的方式更加琐碎，也更不客观。真实性作为新闻叙述的一种独立且可验证的属性，不再是一个核心问题。人们也无法找到决定事物重要性的客观办法。公民必须根据自己的利益做出选择和决定。

除了与同属一个阵营的政党或政府相配合的政党新闻业之外，媒体的合作角色在一般多元主义民主条件下并不是十分重要。媒体通常并不试图直接救济社会或者与政府紧密合作，虽然在行政民主模式中，媒体会以所谓国家利益为由，与政府展开一定程度的合作。不过，合作角色与商议民主中的媒体运作是协调的，因为根据商议民主的原则，为社会需求服务是民主社会的一个基本特征。在现代社会，直接民主基本上是一个理论设想。在这种设想中，媒体很可能会从属于民选政府，而不是扮演平等合作者的角色。当然，这些讨论并不涉及民主社会中可能出现的威权主义倾向，尤其是在发生危机的情况下。在那种情形下，合作角色要么是媒体无法回避的选择，要么就是以大众要求的名义甚至民主决策的方式被合法化了。

激进角色同样以各种面目出现在不同的民主模式中。在充满竞争性的多元主义社会中，无论这种竞争是强是弱，媒体的激进角色都很重要。如果没有媒体的批评声音，公民在不同党派和候选人之间做出选择的能力将大打折扣，因为在没有反对者强烈的批评意见的情况下，不同党派立场的竞争将无以为继。原则上，行政民主模式并不要求必须存在来自媒体的强烈反对意见，尽管这种模式对合法权威的要求的确也包含了公共问责的过程。在这个过程中，独立媒体对行政机关的监督发挥着重要作用，即便这种监督并不是出于怨恨或私利的目的。商议民主模式毫无疑问是离不开具有批判性的新闻媒体的。直接民主同样需要批评的声音，但这种声音不是只能来自与群众多少有些距离的媒体机构。直接民主的运作过程也可能必须容忍一些出于提高市场占有率的目的而提出的所谓非建设性的批评意见。

激进角色的特征是对权力问题的关注，促进角色关注的是公民权问题，合作角色根据国家或其他强势机构的要求来确定，监测角色则介于公民和制度之间。不同角色有着属于自身的独特使命：监测角色的使命是揭露，促进角色的使命是商议，合作角色的使命是动员，而激进角色的使命则是反对。因此，激进角色在本质上促成了媒体的党派化，使之成为倡导性活动的媒介。此外，激进角色还要求为了一个更美好的社会而改变现状，由于这种强烈的规范性立场，自然会有人认为这一角色具有改善现实的意图。

结　论

上述讨论已经清楚地表明，关于媒体或新闻角色的观点始终是充满争论的，存在各种不同看法也是不可避免的。人们对媒体的期待常常并不一致，充满着持续的变化、重新界定和讨价还价。在言论出版自由得到保障的条件下，人们无法对媒体提出确切的主张，要求其必须以特定公共利益观念的名义去履行某种职责。相反，既自由又难免犯错的媒体要想获得成功，就不能不对自己的受众和其他许多与之打交道的社会群体做出一定的承诺。这些承诺必然会带来一些持久的期待。即便这些期待并不具有强制性，媒体也不能熟视无睹。除了这种一切社会互动都会有的一般特征，作为机构的媒体，无论是私营的还是公营的，都在很长的历史过程中主动参与到社会进程中，并总是呈现出各种相互矛盾的趋势，其中就包括强烈的利他性和私利性要素之间的矛盾关系。

第三部分
角　色

第六章 监测角色

哈罗德·拉斯韦尔（Harold Lasswell，1948）为传媒的监测角色奠定了理论基础，他用"监控"（surveillance）这个词来描述所有传播形式的基本功能。在传播理论中，这个观念一般指的是对周围环境中的事件、状况、趋势以及威胁等相关信息的观察过程。它会让人想起观察站、瞭望塔或者航船上的乌鸦巢穴，这些设施的作用在于可以为地平线上的自然和人类的发展提供一个更长久、更广泛的视角和早期预警。监控有时候也被作为一种包含了观察过程、信息搜集以及信息内容本身。

事实上，拉斯韦尔的监控一词不仅仅意味着查看，更意味着以关联性和可靠性为指导标准开展的有计划的、系统性的观察。有时候它包括向政府或者利益团体报告社会状况的过程。在有些运用情境中，它也涉及情报采集以及为实现控制的目的而进行的监控，比如"在警察的监控之下"这样的说法就表达了这个意思。"刺探"是其最负面的含义。福柯著作中的圆形敞视监狱（panopticon）作为监狱的典范模式，就是以这种监控为基础的。在这种模式中，罪犯时刻处于控制点的警戒下。最近，在"反恐战争"的语境下，尤其随着推广电子窃听的可能性越来越大，这个含义更是普遍应用。因此，这个术语因为某种程度上的邪恶内涵和隐藏的控制目的，已经不再适用于描述新闻的功能。我们用更具有普世和中性含义的词

"监测"来代替"监控"。这个术语的改变强调了新闻活动的开放性,其意图是让信息接收者受益而不是扮演信息特工或者控制的角色。

监测角色很大程度上适用于早期的调解模式:新闻媒体在事件和信息源与公众成员之间发挥着调解两者关系的作用。在这个意义上,记者作为传播的双重代理人,既要为信息来源服务,也要满足公众的信息需求(Westley & MacLean,1957)。新闻的选择基于受众的预期信息需求。这种调解延伸到为信息源提供公众回应的反馈,同时指导媒体组织做出关于新闻重要性的决策。

"监测"这个词最基本的含义是对人、环境和事件以及潜在信息来源所处的真实世界进行有组织的审视。另外,它还表示以相关性、显著性以及公共领域所需的规范框架为指导进行的评价和解释。这一点把监测与当下人们所熟悉的囊括一切的电子信息搜索引擎模式区分了开来。这个术语的第三个释义仍然暗示着警惕和控制,多少具有一些负面的含义。

在具备了最基本的独立性和透明度条件下,一个自由的新闻界能够在接受受众评价的前提下,根据这三个要素合理地从事信息传播活动。至于新闻媒体对民主政治进程的贡献,监测角色的潜在基础就是从事监督活动的公民的概念,即为了参与民主政治进程而积极搜寻信息的公民(Schudson,1998)。简而言之,新闻媒体的监测角色意味着它们与各种社会行动者合作,并为他们提供基础性资源。我们将在后面的章节中进一步探讨这个问题。

监测角色的来源

公共信息的功能可以追溯到民主和现代媒体出现之前政府的军事、行政以及国际商业需求。在早期,为了防范审查,大部分新闻收集和传递活动都局限于对事件的真实报道,因此可以被纳入观察和信息的范畴。早期的新闻信息沿着贸易和邮政的路径传播,主要内容是那些会对商业产生影响的国际事件,在欧洲尤其如此。17世纪以前,当这种新闻信息形式转化为一种可交换的商品时,是根据其作为指导远方事件和未来环境的可靠性而进行评估和定价的（Dooley & Baran, 2001）。

　　解释事件的报道被卖给潜在的使用者，主要是商业和贸易界人士，但是可能也有政府和宗教界人士。这些早期的新闻活动是更广义的信息收集和报道活动的一部分，为了达到宣传的目的，教堂和国家的代理人，以及很多其他各种旅行者和评论家也会从事这些工作。事实上，通过印刷媒体来告知公众信息的活动是更广义模式下的文化和社会扩散与变革活动的固有组成部分。

　　人们不仅仅需要与商业和政治相关的事实信息，实际上他们对各种新闻都有需求：观念、艺术和设计、时尚、食物、建筑、工艺品和科技。其中，对某些特定种类的新闻信息的搜寻和重新加工传播经常被剥离出来成为记者和媒体的主要任务。但这种关注忽视了很多其他次要的报道和出版活动，特别是那些与政治或经济议题没有直接关系的社会和文化事务。

众多角色中的监测角色

　　为了厘清监测角色的意义，有必要将其置于一个更广泛的媒体角色框架内进行审视。关于媒体角色的第一个分类模型来自对美国驻外通讯员的研究（Cohen, 1963）。这些记者往往认为自己在政府政策制定者和公众之间发挥着桥梁的作用，同时也会在不同程度上以不同的方式介入现实或者保持中立。这些角色范围极广，既可以是公众的告知者和教育者，也可以是政策的拥护者或批评者。直到今天，记者工作的重点应该是中立调解还是积极参与，这两种倾向之间的基本矛盾在后续关于新闻工作机构的研究中依然是一个长期讨论的话题（Patterson, 1998）。

　　在20世纪60年代充满斗争与冲突的西方社会背景下，记者代表公众积极介入现实，甚至表现出特定的党派色彩，在意识形态上被看作是一种值得称道的做法，这与基本上被确立为合理新闻立场的客观性标准是背道而驰的。尽管如此，人们依然认为那些努力做到不偏不倚并为公众提供独立思考所需信息的记者是值得称道的（Janowitz, 1975）。对这两种新闻角色观点的不同评估依旧存在，并因国家的不同而呈现出显著的差别（Halllin & Mancini, 2004)。

关于记者自身角色定位的研究显示，随着不同时期时代精神的变化，记者的角色也会发生相应的转变（Johnstone, Slwaski, & Bowman, 1976; Weaver & Wilhoit, 1986）。但中立的报道者角色始终处于主导地位而被反复强调，这本质上是监测的基本任务，以客观性价值为支撑。韦弗和威尔霍伊特（Weaver & Wilhoit, 1996）的研究表明，美国记者一直强调"迅速地为公众获取信息"。解释和调查一直被认为很有价值，这主要涉及可能会损害公共利益的政府和企业活动。其他诸如反对者、批评者、参与者等角色得到的认可就少得多，尽管也有少数拥趸。这种情况与媒体的世俗化和商业化本质，以及它们与政党、政府甚至竞选活动者之间日益淡化的联系是相一致的。在世界的其他地方，作为新闻业理想目标的中立性原则并没有得到同等重视。但是，这仍然是最典型的新闻业运作模式（Weaver, 1999），甚至在东欧剧变和苏联解体后加以改革的媒体系统中都能看到它的影子（比如 Wu, Weaver, & Johnson, 1996）。

当解释新闻业的工作时，人们往往会把注意力集中在搜集和传播关于真实世界的可靠信息的核心活动上，并常常把这些活动等同于媒体的监测角色和新闻客观性的观念。但是，这种观点太过局限。媒体信息的确包含了这一核心要素，但是它也涉及其他相对不那么中立的活动和视角。

首先，没有审慎的选择和一些直接或暗含的解释，信息不可能充分，这不可避免地为主观性开启了大门。不做出价值判断或者运用非客观的相关性标准，人们将无法搜集和发布信息。其次，监测角色和我们所熟悉的媒体作为公共利益的"看门狗"和守卫者的角色是重叠的（Gleason, 1994），因为选择性监督的标准之一就是保护公众。这就为那些具有潜在批判性甚至是完全对立的立场表达提供了可能性。再次，监测活动还扩展到了调查性报道实践的范围，这需要识别问题和主动寻找证据，而不是简单地搜集和发布那些现成的信息。如果没有个人的投入和明确价值判断的运用（即便不是积极倡导这些立场），这个任务将无法完成（Ettema & Glasser, 1998）。上述讨论用一种相对积极的态度来看待监测活动中的警惕和控制要素，因为启迪民众的动机成为"好的"监控形式的合理性基础。尤其是当媒体以不知情的公众或某一受害群体之名，对权力的滥用或者民选政府的渎职进行监督时,这种合理性的基础就更加牢固了。

最后,新闻媒体作为一个多元观点论坛的角色提醒我们,信息环境不仅包括数据,也包括和公共议题相关的观念、价值观和信仰的表达。当这些内容变成公共记录的一部分时,它们也是真实的事件。

尽管监测的内涵具有广度和弹性,我们还是可以把它和其他媒体角色区分开来。其中之一就是对党派立场的倡导和信仰。在这种情况下,媒体提供的任何信息都可能是带有偏见的,因为它不会完整描述现实,而是从一个主导性视角出发,以某一事业或群体的名义公开地对新闻进行选择和阐释。当媒体代表一项自己选择的目标去发挥动员和运动组织功能时,我们可以得出同样的结论。另外两个不同的媒体角色是娱乐和构建社会共识(Fjaestad & Holmlov, 1976);后者指的是媒体或有意或含蓄地以各种方式增强社会凝聚力和认同。虽然信息一般不同于娱乐,但对一般好奇心的满足以及新闻报道的故事叙述无疑都具有转移注意力和潜在的娱乐特征。在硬信息(hard information)和关于现实的其他信息类型之间并没有明显的分界线。

理论支撑

很明显,从我们前文所述来看,向公众提供信息从一开始就是新闻业的关键特征。在某些方面,这是新闻媒体自我设定的基本使命,也是新闻职业实践的核心。正因为如此,我们不必从新闻机构之外去寻求这种角色的正当性和合法性。我们可以说新闻业通过各种形式的职业规范表达为自身的存在提供了理论基础(例如,Laitila, 1995;Meyer, 1987),这些表述不仅仅指出了媒体应当如何行动,有时还规定了媒体应当承担的各种责任和问责方式:对所服务的公众、社会、报道对象、记者自身以及雇主负责。

然而,媒体实施监测并对事件及其背景进行报道的核心实践过程究竟应当包含哪些具体内容,并没有普世的共识。相反,出现了许多为人们所接受的不同形态和风格的职业伦理的变体。当然也有失败和不足,原因在于新闻业无法独立于它的控制者,即拥有和管理媒体的人,而这些人除了专业的新闻目标之外一般还有其他目标。同时,我们也可以说,由于新闻业对社会来说太重要了,因此我们不能让记者们单独决定恰当的规范原则应当是什么。他们从自己的视角出发来判断什么是可取的,但这种判断不一定能够反映对公共传播结果同样感兴趣的其他人的视角。

正因为如此,媒体的监测角色引起了很多新闻媒体研究领域之外的理论家的注意。历史上,第一个与此有关的是关于民主政治的理论。但直到相对晚近的时期,除了那种认为言论和出版自由是政治自由之基石的观点之外,人们很难找到关于新闻在民主进程中应扮演何种角色的明确共识。当然,在19世纪甚至更早的时候,新闻界获得了报道国会以及类似集会的重要任务。倘若没有这一点,其民主价值将会遭到削弱。这种角色催生了第四等级的概念,从而在原则上赋予新闻界和其他政府分支对等的权力(Schulz, 1998)。

尽管第四等级的说法经常因为其傲慢和缺乏可靠性而饱受批评,但新闻界在当代政治中所扮演的关键角色,即便是作为中立信息的传输者,也让这种观念充满活力。从最好的角度来说,在维持政府对公众和社会的责任,以及保障公共领域的良好运作方面,这种角色是必不可少的。民主选举的程序都理所当然地认为媒体会自由地传播关于政府行动、问题、议题和影响公众的政治,以及官员候选人的信息。民主理论一般并不涉及这些明显的事务,但它们却是民主必不可少的条件,这为评判并敦促新闻界不断改进自己提供了标准。

另一个与同一思想源头有间接联系的相关理论是哈钦斯委员会的报告中提出的媒体的社会责任理论(Blanchard, 1977; Hutchins, 1947)。它要求新闻界"在赋予事件意义的语境中,以真实、全面、明智的方式对这些事件进行报道"。新闻界被要求在事实和评论之间做出区分,并呈现与争议事件有关的正反意见。这些都是监测的不同侧面,尽管并没有冠之以监测之名。综合来看,它们超出了新闻伦理要求的范围,因为后者更关注避免伤害而不是服务于更广泛的公共利益。

委员会提出的全面性和公正性的标准,在其后的各种评估和调查报告中得到了积极响应,并在很多国家旨在界定公共广播的信息传播任务的各种宣言中出现（Nordenstreng，1974）。对广播电视的要求，尤其是公正性和客观性的要求，超越了社会责任论的最初形态。它们成为规制框架的一部分，这个框架基本上使广播电视不再享有只有报纸才能拥有的党派性和不受限制的观点表达自由。原因主要在于传播渠道的稀缺性以及某些时候广播电视机构所处的垄断地位。

尽管存在上述正面评价，但批判理论一般都对前文所描述的媒体的监测角色持批判的而不是赞赏的态度。批判理论家对客观性观点本身提出质疑（Hackett，1984），进而对媒体能够令人满意地履行监督职能的必要性和可行性表示怀疑。这些理论家一般认为，媒体提供新闻信息的实践，进一步强化了当权者和精英群体为了自身利益考量而提出的对现实世界的具有强烈意识形态色彩的主导性解释。而中立性原则只不过是为了保护现存体制的基本利益。同时，批判理论一般不会对客观新闻业的整体目标提出批判，而是更多地呼吁人们意识到它的局限，采取措施保护真正的新闻自由，并确保新闻渠道和理解世界的视角的多样性。但批判理论中更加激进的一个分支仍然倾向于认为，主流的大众媒体不可避免地会成为维系不公正社会秩序的工具。当批评者从边缘或弱势群体和阶级的立场出发，或者只是从发展中国家与强势的发达国家之间关系的视角出发时，他们就更容易得出这样的结论。如今我们已经迈入了一个后批判时代，在这种情况下，规范理论在总体上已经不再只是一味地做出负面判断，而是更多地把精力放在识别公民社会和公共领域对信息表达的多样性和丰富性的要求上（Curran，1996）。

信息实践

监测角色在不同程度上涉及如下某些或者所有形式的实践活动：

- 根据文化机构的告知，维持和发布公共事件议程。
- 接受并核查外部信息源提供的打算进一步向公众传播的通告和信息。在这里，媒体既是各种社会声音的代言人，也是需要搜寻信息的公众或目标受众的代理人。

● 在进行政治、社会和经济决策或宣布和启动新事件的重要论坛上，确保在场并做出及时的新闻报道。这包括对国会、议会、法庭、重要机构的新闻发布会等的常规报道。

● 对重大时事进行报道，并不断复制关键事实数据（从金融数据到体育赛事结果，无所不包）。

● 为公众提供关于可能有严重后果的风险、威胁和危险的警告，例如，天气预报、旅行纠纷，以及外国战争与动乱。

● 在主要的议题上引导公共舆论以及重要群体和人物在重大事务上的态度和信念。

● 依据议题对受众和社会而言所具有的相关性和重要性标准来设置公共议程，从而表明何为当前的重要问题和议题。

● 对事件和观点进行权衡，做出公正的分析和解释。

● 作为第四等级在政治事务中协调政府和公民的关系，并确保政府接受舆论监督从而承担责任。

● 以活跃的"看门狗"身份自居，当发现某些重要的社会行动者的行为违背了公共利益，尤其是当这些活动以秘密的或隐蔽的方式进行时，媒体就会像"犬吠"一样发出警告。

● 当所获信息显示存在重大的违背道德和社会秩序的情况时，自发地启动相关调查。这可能包括对传言、谣言以及非官方或者个人信息的追踪调查。

这个任务列表呈现出一系列主动性程度不同的活动类型，从单纯的观察和信息传输角色，到积极采取事先的预警行动，再到最终的积极调查和对实际改变的追求。到这里，监测角色让位于批判和辩证模式，两者在本质上是不同的。我们把上述一系列活动的变化过程总结如下：

信息任务和活跃程度

接收和传输事件信息（消极）；

选择性地观察、报道和发布（积极/消极）；

报告异常状态和警告公众（积极）；

寻找、调查和揭露不法行为（积极和投入）。

正如我们的讨论已经说明的那样，除了记者在多大程度上能保持独立性并获得受众的信任等相关问题之外，在监测角色内部还存在一些关键的矛盾。当媒体的活动沿着前文提及的不同活跃程度的范围逐渐从仅仅是信息告知变为更加积极的表达活动时，最突出的一个矛盾就出现了。这种积极活动的一个典型例子是调查性报道，用艾特玛和格拉瑟（Ettema & Glasser, 1998）的话来说，这时媒体扮演的角色是"公共良知的守卫者"。但是，这些学者提醒人们注意当记者不带个人道德立场进行调查性报道时他们可能面临的困境。为了遵守客观性原则，调查记者声称自己在辨别受害者和不法行为时运用的是新闻判断而不是价值判断。他们认为自己总体上是作为受害者和社会的代言人来揭露肇事者的，而不是出于意识形态和偏见才这么做的。这一点表明了媒体在扮演监测角色时面临的主要矛盾之一。

在对客观性的批评中，最核心的是事实与价值分离的问题，这个问题在一定程度上破坏了监测角色的统一性。当对事实的选择受到价值和观点的引导时，即使这些价值和观点来自可被证实的受众或公众的关切，这种做法也在一定程度上违背了我们在前文所描述的那种对监测角色的基本理解。对这种困境我们还没有总体的解决办法，但似乎当人们就一些被广泛认为违背道德秩序的行为或对社会整体的紧迫威胁来源达成高度共识时，那些具有更积极目标的媒体行动也就可以被视为是提供信息活动的一部分。一旦超出这个范围，媒体活动就变成了宣扬特定党派立场的行为或宣传活动。

关于媒体应当如何扮演监测角色并没有统一的方式，也没有确定的方法来识别相关实践。在一个多元的媒介系统中存在各种形式、格式和目的的变体。这里会涉及许多不同的媒体类型，尽管所有类型都是"现实导向"的；根据惯例，虚构和娱乐内容基本上被排除在外。但即便如此，媒体活动依然会涉及各种表现形式，包括脱口秀、重要社论、股市报道、天气预报，以及与媒体呈现给个体公民的不同社会世界相关的流言蜚语。

即使在同一个形式内部，也可能会存在截然不同的类型。比如，坎贝尔和里夫斯（Campbell & Reeves, 1989）研究了美国电视纪实节目《60分钟》（*60 Minutes*），从中发现了电视节目履行监测职责的三种不同方式。

第一种是"侦探"模式，第二种是"游客"模式，第三种是"分析者"模式。这些模式大致分别对应于新闻活动中的调查、观察和解释。这些术语生动地说明了完全不同的目的、实践、结果和标准。尽管我们可以在同一个电视系列节目中发现这三种模式，但更普遍的情况是各种不同的类型分布在不同的媒体内容和格式之中，这样做是为了服务于不同的受众。

新闻客观性

对大多数人，尤其是专业记者而言，也许最有可能达成共识的一个观点是，应当"中立客观地报道"正在发生的事件。在这里，中立意味着平衡和公正无私、无偏见、无企图。客观指的是可证实的事实，而报道则意味着以一种不带感情的方式原原本本地讲述新闻事件的来龙去脉。从这个角度看，作为观察者-报道者的媒体只不过是作为公众成员的代言人延伸了他们的感知范围而已。那些持有这种观点的人认为新闻界的职责顶多就是向他们报告社会现实中正在发生事件的事实，在这个过程中媒体不应当做价值判断、带有感情色彩或介入事件过程。

关于这个问题还有许多可以讨论，但根据这种居于支配地位的含义，我们可以认为监测角色这一观念实际上否定了某些特定形式的新闻活动的合法性，这些活动朝着意见表达、传达意识形态或者在广泛的社会事务中发挥积极作用的方向走得太远了，以致媒体变成了高度卷入现实的带有党派色彩的行动者。这里强调的重点是信息在准确性、充分性、相关性和可验证性方面呈现出来的品质。信息提供的职能同时要求，在观察过程中，一旦选择性可能会有利于特定利益或导致歪曲的结果，记者便应当规避选择性。这意味着记者必须尽可能全面地报道真相，而不要报道任何被认为是不真实的和无法验证的信息。

这种中立报道者的概念承认社会中存在很多相互竞争的利益和彼此对立的群体，但这个观点也坚持认为，新闻媒体不一定非要选边站或者拥有自己的既得利益。根据这种观点，尽管存在冲突，社会在本质上还是统一的，在面临基本的生存问题时，人们共享着同样的价值立场和共同利益。人们认为新闻机构有能力识别可能的危害并曝光不法行为，这一点是以关于规范和价值的普遍共识为前提的。无论在何种政治体制下，一旦涉及最基本的利益和矛盾，正如前文提及的，国家利益可能几乎总是会成为人们最终的诉求对象。

20世纪中叶，尤其是在美国，罗伯特·达尔（Dahl，1967）等人提出的多元民主理论与上述观点最契合，虽然这些理论中的一些假设可能是不切实际的，尤其是那种认为社会阶级之间存在基本的共同利益的想法。我们越是远离这种个人主义的自由主义社会观，就越会发现监测角色要么根本无法根据其自身的固有准则被媒体付诸实践，要么就存在将报道对象神秘化，从而掩盖某些特殊利益的风险。

根据当代公共领域理论，新闻媒体的监测角色是双重的。首先，这一角色界定了公共空间的边界以及存在于这些边界内的行动者、议题和事件。围绕这些议题和事件，人们形成公共意见，并就此做出集体决策。新闻媒体不断地建构和重申公共领域的形态和内容。没有被注意到的或没有被发布的东西在本质上是不可见的，也就无法顺利地成为政治或者公共商议的对象。公共信息的第二个方面是，在关于社会世界的媒体呈现中，分别在需要强调的前景和作为陪衬的背景中不断填充信息素材，并识别其中的各种角色。这是一项十分琐碎的工作。同时，媒体还要维持和管理公共与非公共之间的边界。这一任务是媒体职责的题中应有之义，而非媒体专门选择的结果。

如果人们接受了主导新闻范式关于作为客观报道的信息提供职能的可能性和必要性的主要假设，那么，这个职能似乎是最适合民主的媒体角色。监督职能适应自由主义的个人主义民主制度，尤其符合商议或参与式民主的要求。这两种民主形式都假设，公民作为投票者需要了解足够多的信息，才能在知情的情况下做出理智的决定，尤其是在定期的选举期间。新闻媒体必须成为提供这些信息的主要来源，因为没有其他机构能够如此大规模和快速地向人们提供至少表面上看来公正无私的信息。作为履行这一角色的媒体所服务的对象，公众成员被认为有能力搞清楚自己应该知道哪些关于"现实"的信息，并根据自身的利益采取行动。如果新闻媒体能够忠实于上述信息传播理想，它们就不会偏向于特定的利益、游说团体和掌权者。在某些方面，那些有权力的人甚至可能比其他利益群体更易受到媒体信息传播活动的限制，因为媒体知道他们是谁，并有组织地专门紧紧地盯着他们。但这种印象往往只是一种假象，极具误导性，因为那些掌权或拥有财力的人可以动用许多合法或不合法的手段来操纵新闻媒体的规范和实践，从而使之为自己的利益服务。

责　任

　　媒体在扮演监测角色的过程中，主要应当对受众、客户和信息源负责。信息的流通很大程度上是依靠自律来规范的，其中，媒体从业者的目标是为受众提供服务，而受众则应当能够判断他们所接收到的信息和警示是否可靠。任何新闻媒体，如果在扮演监测角色的过程中，在任何一个方面都不能确保所提供信息的质量，那么最终将失去受众的信任，它所提供的服务也将变得毫无价值。与此同时，在民主社会中，媒体所获得的新闻自由也确保了它们必须承担这种责任。

　　然而，大量证据却表明，媒体很可能无法对环境进行充分的调查报道，这种情况可能是个案性的，但更多的则是一种系统性的制度现象。在制度层面则出现了很多趋势，比如，一般的公共报纸和广播电视媒体对某些国际事件的报道严重不足，由于媒体集中导致的新闻报道多样性的匮乏，以及在针对权势者进行批评报道方面存在的总体性挫败。

　　在一些人看来，第一个趋势在过去的十年甚至更长的时间里对美国产生了日益强烈的影响。第二个趋势作为市场条件的结果已经在许多国家出现，而第三个趋势也因为媒体的风险规避行为而广泛出现。总体来说，许多（虽然不是大多数）制度性失败都可以归咎于市场条件。当媒体变为日益有价值的商业活动时，经济利润的目标就取代了政治目标或专业目标。

　　在学者们提出的各种媒体问责机制中（例如，Bertrand, 2003; Gillmor, Dennis, & Glasser, 1989; McQuail, 2003; Pritchard, 2000），市场在挽救媒体失败方面的表现最令人不满，原因在于市场本身就是问题的一部分。在市场之外，还有三个主要的替代机制。其中之一是行业自律以及新闻伦理要求。这一点非常重要，但由于公司权力和内部弱点的存在，自律的作用有限。而且，当媒体没能提供高质量的信息时，政府也基本不能通过法律法规的手段来对其加以纠正。

那些依然存在公共广播体制的国家则是一个例外。公共广播的职责是提供全面平衡的信息服务。但即便是公共广播，在面临商业和政治压力时仍然是脆弱的。政府能以间接的方式采取更多措施促使信息和媒体的结构更能满足社会需要。然而，那种可以采取直接干预措施来保护或提升新闻标准的时代已经过去了，而这种做法在 20 世纪下半叶曾经在欧洲出现过。与受众和广告市场不同，公众意见依然作为一种潜在的问责力量发挥着作用。尽管它在与媒体表现有关的某些特定议题上会有效，但公众意见并不能保证在大多数时候都起作用，除非媒体的表现极其恶劣。

权力和监测角色

媒体和权力（社会的、经济的和政治的）的关系不可避免地会对媒体的角色表现产生影响。新闻的相关性标准在一定程度上是由消息源的权力或新闻报道中的主角人物的权力来决定的。民主的核心议题之一就是媒体独立于社会权力的持有和运作。总的来说，西方社会认为自由的新闻界必须远离国家权力，并在一定程度上独立于经济权力的控制。如果做不到这一点，那么，媒体的监督角色的服务对象就不是人民，而只是掌权者的利益。尽管如此，我们仍然可以看到不同程度的媒体与权力的分离，从完全的分离和保持中立到与当权者的全面合作。

脆弱的第四等级概念通过确立与国家权力不同的属于新闻界自身的权力来解决这一问题。媒体对信息的掌控构成了其权力的基础，这也是当代媒体的一个常见特征。与日常选择和媒体的制度性定位都相关的一个问题是，媒体究竟能在多大程度上提出反对和批评意见，而不至于损害合法权威或挑战民主规范。

当然，实际情况比这复杂得多，包括这种乐观推论中存在的缺陷。的确，当媒体扮演监督角色时，它会持续关注现存的权力拥有者、特殊利益和优势群体。但这些利益群体同样也可以利用媒体对自己的关注来为自身利益服务。媒体提供信息的过程不仅是对某些利益群体的监督，也会在不同程度上提高这些群体的优势地位。问题实际上变成了一个通过操纵自由的信息公开传播来实现自身利益最大化的过程，而实现这一目标的技巧和机会都是存在的。无论人们青睐哪种民主概念，那种将新闻媒体视为履行监督之责的"看门狗"的观念，如今又多了一层意思，即媒体还可能会充当捍卫许多既得利益的看家犬（Donohue, Tichenor, & Olien, 1995）。

上述我们提到的媒体提供信息的活动不可避免地导致新闻业变成一种信息、观念和图像传播的渠道，但由于人们在接近媒体资源方面的差异以及知识沟的存在，并不是每个人都能平等地获得媒体传播的这些信息资源。作为信息渠道的媒体的主要功能是进行自上而下的垂直信息传播。相关利益越强大，媒体就越会要求与此有关的信息的公开传播，原因在于这些利益影响广泛，公众必须对此有所了解。正如美国的情况所显示的那样，客观新闻业只会承担与事件有关的主流观点，而不能走得太远以致失去合法性。这种情况导致的结果是限制对高度批判的、激进的或少数群体的看法的报道，并强化了国家权力对媒体的制约作用（Bennett, 1990）。

人们试图在由媒体的信息活动带来的好处和坏处之间保持平衡，但这种平衡是否总是积极的还是个未知数。任何对这一问题的评估都必须对这样一个事实做出解释，即媒体很少是一个中立的观察者。实际上，媒体还是社会行动者，有其自身的经济利益，而且很可能是某些政治或经济权力所有者的传声筒。当媒体报道影响它们自身的议题（比如，规制、垄断或批评）时，尽管表面上远离政党政治，但依然能看到新闻媒体呈现出党派色彩。

尽管存在上述批评，且客观报道的范式在总体上存在脆弱性，这种在本质上将媒体定义为一个符合广泛公众利益的信息传播工具的做法，在面临种种困难的情况下，依然在一定程度上充满活力，并不断将这种观念传播出去。前文已经提到，一个声称以观察和报道现实为使命却明显无法做到这一点的新闻业，早晚会丧失公信力和存在的理由。当这样一种新闻业在更大的权力保护下才能生存下去时，它仍然需要维持自己似乎是与现实相联系的表象。

甚至媒体对某些议题不予报道的现象也会成为人们透析事实真相的信息来源。在战争期间，宣传家和信息的控制者为了维持一定的公信力并确保所发布的内容至少能够产生影响力,也会通过新闻媒体渠道尽可能多地传播真相。在人们从观念上对新闻媒体的期许(如这里所理解的那样)和媒体在总体上没能如实报道现实这个事实之间存在着根本性的矛盾。意识到这些矛盾有助于维系人们对作为媒体最基本使命的监测角色的信念。

监测角色和民主的类型

正如前文所述,媒体的监测角色似乎与自由多元主义民主最协调。这种民主模式认定所有公民都需要获得与其特殊处境相关的信息,并能够提出这种要求,而满足这种要求恰好是自由新闻媒体的利益所在。市场也推动着服务于特殊利益的新闻渠道和出版物的出现,无论这些利益是根据何种标准来界定的。在自由多元主义模式中,带有意识形态色彩的新闻同样可以存在。

其他民主模式的运作同样离不开某种形式的监测角色,但其重点和结果可能不同。行政民主模式强调新闻的信息质量,并采纳一套与纯粹的市场标准不同的关于媒体表现的等级体系。只有在一个具有精英主义色彩的高度专业化的新闻业的基础上,充分的信息传播才有可能实现。这意味着这种强调新闻品质的观点高度重视官方认可的报道,或者本质上准确的且可被证实的信息。能够体现最高信息质量的可能是权威的统计数据。相对于观点、价值或意见,事实更重要。

公民民主对信息价值的评估方式则不同,它更强调搜寻和提供信息的过程。为特定的共同体服务是最重要的,而且与自由至上主义和行政民主相比,在这种模式中,媒体的监测角色可能更加受到特定对象的引导或者更有选择性。直接民主的情况可能与此差不多,但在直接民主中,客观新闻报道的理想可能会由于媒体没能促进人们以民主方式选择价值而面临挑战。

履行职责的障碍

　　媒体的信息告知角色在很多国家得以确立，并受到宪法和其他法律条文的保护。新闻界通常存在一些惯例甚至享有一些法律特权，比如，可以批评公共人物、保护消息来源、进入新闻事件现场。但是，即便是在秩序良好且相对开放的社会，媒体在履行监测职责时依然会遇到一些障碍，这些障碍既来自媒体内部，也来自媒体外部。

　　第一个障碍与如何获得不属于公共领域的信息有关，无论这些信息是掌握在政府还是私人组织手里。出于保密性的要求或者维护经济利益的目的而对某些信息采取保护措施的做法，限制了记者进行观察和调查的权利。媒体几乎不可能完全不受限制地履行监测职责，尽管很多国家已经在法律上努力扩大公众获取信息的权利。这方面的努力已经取得了进展，尽管新闻媒体并不总能从中受益。正如最近的经验所表明的那样，即便在几乎没有战争或内部安全没有遭到外部威胁的情况下，政府和军方信息源一般也会严密地控制信息；只有在信息压倒性地有利于当局时，才会被公之于众，这与公共信息截然不同。而那些与公众高度相关的信息反而可能不会得到传播，因为搜集这些信息的成本太高，或者这些信息过于敏感以致会让媒体冒法律风险。对这些问题的判断只有在相关信息得到全面披露的情况下才能做出，而对这些信息的披露本身就是个问题。此外，关于媒体发布什么样的信息不会对个体造成潜在伤害，同样存在限制。

　　第二个障碍是由于媒体运行所处的经济条件造成的对信息传播内容的限制。大多数新闻媒体根据商业原则进行运作，通过新闻或广告销售来获取利润。这就促使媒体十分重视那些便于获得新闻和能赢得大规模受众青睐的信息源。对新闻的选择因此受到两方面的影响：便于获得信息在成本上更划算，能让绝大多数人感兴趣的新闻更有吸引力。

　　第一个趋势可能会导致媒体喜欢复制那些最能提供媒体所需信息的机构发布的新闻：通讯社、公关公司、官方信息源或者其他财力雄厚的组织或游说集团。这一趋势的总体结果是限制新闻媒体的独立性和批判力，并阻止媒体对当前状况进行全面和平衡的监督。这种情况恰好为那些想要成为管理和操纵新闻与新闻事件的人提供了可乘之机，从而提高了新闻变为宣传的可能性。

第二个趋势可能会对媒体提供的新闻的质量产生影响，尤其是新闻的深度和全面性。人们对新闻内容中日益严重的简短性、肤浅性和耸人听闻的报道方式表达了极大的不满，而这些问题都可以归因于媒体所面临的获得并持续吸引受众的压力。从这一点出发，人们已经开始用信息娱乐（infotainment）这个词语来特指当代新闻内在的不充分性。其中备受批评的一点是媒体对更加严肃复杂的公共议题的忽视，而无论根据哪种民主理论，这些议题都应该是政治辩论的主题。

不过，也有人指出，让新闻更具有吸引力是获得受众的一种方式。不能有效传达到受众那里的信息显然是无用的，不管其本身质量如何。而且，努力取悦和激发受众的兴趣并不必然会减少新闻业的批判锋芒，因为政治丑闻及其曝光既具有重要的监督问责价值，同时也能激发起受众的兴趣。的确，媒体能否成功履行监测角色的职责，不仅有赖于相关信息，也离不开公众的投入。在这个意义上，上文讨论的不足之处并不能完全归因于媒体本身。

除了为了获得最大规模的受众而产生的商业压力外，还有另外一个来自新闻生产的文化及其所处的广阔媒介环境的因素在发挥作用，这就是媒介化（mediatization）。媒介化导致新闻价值的标准和信息内容的呈现方式日益受到媒体追寻好故事或好节目的欲望的影响。这其中的核心逻辑是对戏剧化叙事以及极具吸引力的人物和个性的强烈偏好。行动、惊奇、兴奋、情感介入以及一切能够以最引人入胜的方式被视觉化的东西，都会受到重视。这种标准导致呈现形式比内容更重要，而且不可避免地扰乱了选择的平衡。这可能会导致对长篇大论的、复杂的、抽象的或不熟悉的观念，以及需要记忆和解释的信息的排斥。这种"媒介逻辑"的存在反过来会影响那些试图获得新闻报道的人，从而把相同的标准转移到提供和塑造公共信息的人身上。

在一个极具竞争性的市场环境中，把信息的搜集和发布活动置于主流新闻文化的影响和新闻机构的要求的支配之下，还会产生其他后果。其中一个得到证实的因素是记者们对独家新闻的高度关注，这使得记者相对更重视对特定信息的独一无二的获取，而不是关注这些信息本身的深层意义。这种做法肯定无法让那些寻求预警信息或者建议的公民感到满意。与监测角色特别相关的一个已得到证实的习惯做法是，在特定市场中，所有新闻媒体都会跟踪报道相同的新闻（被认为具有很高的新闻价值），并对这一话题给予持久的关注，以至于这些报道不具备任何信息价值。这种现象有时被称为媒体炒作（media hype）（Vasterman，2005）。这种做法的特征之一就是新闻生产与现实之间的联系很有限，比如，媒体会把几件突出事件塑造成一个犯罪浪潮，并引发由其自身激起的道德恐慌。所有这些做法都使得新闻无法发挥我们下文将要提到的"盗窃警报"功能，从而削弱了新闻对公民具有的价值。

可以说，媒介化的纯粹后果就是公共话语的扭曲和对真实信息的逃避。我们已经从新闻生产的角度提到某些做法至少可以帮助媒体获得受众，但如果信息失去了其大部分的潜在价值，它也就失去了力量。我们并没有明确的办法来平息关于这一问题的争论，因为这场争论的结果恰恰取决于我们应当对监测角色抱有何种期待，以及反过来，这个角色应当满足什么样的需要。

作为对这一讨论的一个贡献，扎勒（Zaller，2003）提出了这样的假设：对一个健康的民主制度而言，新闻只需要发挥盗窃（或防火）警报的功能就够了。在他来看，社会责任理论所鼓励的那种新闻标准，即他所谓的"全面新闻标准"，是完全没有必要的。根据他的看法，新闻应当是既可行又有用的。根据盗窃警报的标准，新闻在民主社会中最基本的价值就是让有利益关切的公民能够对正在发生的政治议题和问题保持一种常规化的警惕，而不必掌握高深的知识。公民偶尔会需要了解更多，并变得更加积极，但这种状态并不会持久。

扎勒的观点基本上是以舒德森（Schudson，1998）所援引的监督公民（monitorial citizen）的概念为基础的。此外，他的观点还受到唐斯（Downs，1957）的民主的经济理论的支持。唐斯的理论认为，决定人们消费政治信息的因素包括个体的个人需求，以及他们愿意为此付出的时间和金钱成本。大量在有着悠久传统的新闻习得（news learning）研究领域中进行的经验研究也显示，即便电视和其他大众媒体有规律地传播大量高质量的新闻，一般公众能从中学到的东西也相当少（例如，Robinson & Levy，1986）。与此同时，多丽斯·格雷伯（Doris Graber，2001，2003，2006）通过多年的研究则证明了这样一个结论，即普通公众能够在不需要大量信息的情况下理解和掌握重要事务的基本要点。从这个观点来看，大多数时候，以最佳的方式挑选和呈现之后，最少数量的新闻也能满足多数作为公民的新闻消费者的需求。

但这种观点也受到批评，原因在于它倾向于认可软新闻、个性化、耸人听闻的报道手法和关注丑闻等当下正在发生的媒体趋势，而正是这些趋势转移了公民的注意力，使之远离政治参与。具体而言，贝内特（Bennett，2003）针对扎勒的观点指出，经常存在的一个问题是，新闻媒体发出的"盗窃警报"经常是错误的，或者在真正出现问题时它又没能发出警报。但他同时又指出，尽管在日常新闻工作中，全面的新闻标准和盗窃警报模式之间应该会存在矛盾，但似乎盗窃警报模式更受青睐。

大量关于新闻实践和表现的文献似乎都支持这样的观点，即媒体履行监测角色的过程是有选择性的，难免存在缺陷（McQuail，1992）。但是，我们已经指出，关于这些缺陷，有各种不同的、有时是替代性的解释，尤其是从媒介经济学角度做出的解释。我们当然没有必要诉诸那些整体化的理论，从总体上把新闻监督的观念斥之为一种意识形态、宣传或骗人的把戏。不同媒体有不同的职责和目标。实际上，媒体机构作为一个整体已经根据各自的市场定位而变得专业化了。在某种意义上，这意味着每种媒体在履行监测职责时存在选择性是合理的，因为选择范围之外的问题会由其他媒体负责监测。但在实践中，并不是各种事件都会得到关注，而是存在过度的重复关注，原因在于媒体都试图取悦相同的新闻消费者。在扮演监测角色的过程中，媒体的身份通常首先是商业公司，其次才是社会机构。

虽然在不同的媒介制度和个案之间，媒体的监测角色在形式和效力上会有差异，但从传播研究中总结出的一些一般性看法则表明了哪些因素会对媒体的监测过程产生影响。其中，最重要的观点如下：

- 特定媒介或媒体系统能够或将要监测的环境范围，受到地理和文化（包括语言）以及媒体的技术和组织能力等要素的限制。对边缘地带的观察通常会从一个理论上的中心视角出发，因此，这种审视不可避免地带有种族中心主义色彩。

● 由于监测者利益的影响，关注的焦点取决于经济和政治标准。

● 在其他要素不变的情况下，数量巨大或极具重要性的对象、人物和事件，以及凡是能够激发起受众强烈兴趣的事物（体育运动、流行文化等），都会引起关注。

● 那些寻求公开并主动接受媒体监督的对象更容易受到关注，相反，那些试图回避监督的对象则受到的关注较少。这种差异源于受监督对象是否动用了权力和金钱的力量来发挥影响。媒体对环境的观察并不是均衡的。

● 监测不只是一个对孤立事实进行观察和记录的问题，而是从有限的解释框架出发来理解世界。对框架的选择很可能会受到精英和大众观点的范围与力度，以及国家和部门利益考量的制约。贝内特（Bennett，1990）提出了一个指数化（indexation）过程，在这个过程中，媒体通常会反映主流的权威解释，而把异端或少数意见边缘化。

● 媒体的观察经常被不断变化的议程所引导和塑造，这个议程为进一步的监测提供了最初的指引。

● 监测角色对公众可能产生的影响不是一个直接的单向的信息或观点传递过程，而是一个对话过程的结果。媒体为受众提供他们想要新闻，而受众则会对媒体突出报道的内容产生兴趣或形成一种熟悉感。两者之间存在一个相互适应的过程。

结 论

在一个拥有自由媒体的民主社会里，新闻媒体履行监测角色的过程很容易遭遇各种失败。就此而言，在很大程度上，新闻的品质是由社会的整体品质决定，尤其是公民权、公民社会的活力以及民主过程的健康程度等方面的社会品质。这种情况没有特殊的或确定的弥补办法。同时，我们应当记住，媒体的监测角色依然会受到有力的支持。这种支持一方面来自人们从未中断的广泛存在的信息需求，另一方面来自在历经艰难时代和危险环境后经久不衰的新闻报道传统。监测角色是新闻业活动的核心要素，履行监督之责也正是媒体最拿手的事情。只要享有基本的自由，媒体的监测功能就不可能彻底失效或缺乏自我修复机制。整个新闻系统并不需要做到完美，才能满足人们的基本信息需求。

第七章　促进角色

新闻媒体的促进角色以公民共和主义的民主传统为基础（参见第四章）。媒体反映了其所处的政治秩序，它们发挥促进公共生活的功能的逻辑和依据主要是公民民主理论。从这个角度来说，只有在活跃的共同体中我们才能发现一些单凭个人不可能获得的好处。公众意见是商议的结果，而不是在商议之前就已经存在的。公众意见是以公开辩论为基础的集体智慧，而不是最隐秘的自我意识所激发的个人偏好累加的结果。在公民民主理论中，共同体是由互动构成的，因此，公共传播培育了共同的利益和目标。用詹姆斯·凯里的话来说，新闻业只有在与公众产生关联时才有意义。因此，它应当——

> 引领并参与我们文化中的对话活动：激发、组织、推动和记录这些对话，从而为艺术、科学、宗教等其他文化对话活动提供素材。赋予公众对话参与者的身份，鼓励他们参与对话，而不只是充当记者和专家之间对话的被动的旁观者，这有利于他们的意识觉醒（Carey, 1987, p.17）。

发挥促进作用，意味着媒体通过与读者和观众建立紧密联系并鼓励他们积极参与传播活动来促进受众之间的对话。所谓促进，就是新闻媒体支持并强化处于国家和市场之外的公民社会成员参与到公共事务之中。与媒体角色的规范性特征相一致的是，它们不只报道公民社会的各种社团活动，同时还在丰富和完善这些活动方面发挥积极作用。在明确和解决公共问题方面，公民被赋予了重要使命。这种互动模式的目的是要实现民主多元主义。媒体的促进功能是要推动多样的文化和世界观的表达，而不是要固守一种虚假的共识和整齐一律的公众意见。在接受这一挑战的过程中，媒体必须遵循那些得到广泛认同的道德框架，正是这些框架为媒体自身所处的并赋予其意义的社会提供了指引。为了说明商议、公民社会、多元主义和道德秩序是如何协调运作的，我们应当把媒体的促进功能放在其历史、社会和理论语境中来加以理解。

商 议

新闻媒体的促进功能既以商议民主为基础，又促进商议民主的发展。在商议性的政治活动中，公众以彼此都能获知的方式表达他们的诉求，而不是把这些想法"作为私密信息藏在心底"，或是"诉诸那些能够揭露真相的权威机构"（Gutmann & Thompson，2004，p.4）。他们必须"超越狭隘的自我利益进行理性思考"，并使用合理的论证来"说服那些与自己观点不同的人"（Gutmann & Thompson，1996，pp.55，2；参见 p.255）。媒体促进社会、政治和文化议程的协商进程。商议过程对"范围广泛的不同证据"保持开放，并"尊重不同的声音"，理性地权衡现有的各种数据，并愿意考虑"不同的可能性"（Macedo，1999，p.58）。

媒体推动的商议过程将规范意义上的民主过程界定为互动的对话。在这些对话中，公民围绕实际事务和社会愿景彼此进行互动。在这种路径下，"规范和制度对挑战和争论保持开放，其合法性源自公民之间形成的真正的共识"（Deveaux，2000，p.141）。当人们的互动过程是以道德理性的意见交换为基础，而不是把"政治权力作为唯一的交换筹码"时，他们可能会"采取更宽广的视野来看待各种议题"（Gutmann & Thompson，2004，p.11）。

社会冲突是民主生活的重要组成部分，而在商议性的政治活动中，这些冲突的主要参与者是公民,而非司法或立法专家。平权行动、环境保护、医疗政策(Gutmann & Thompson,2004,Chap. 5,pp. 139-159)、全球变暖、枪械管制、军火贸易、福利改革以及安乐死(Gutmann & Thompson,1996)等各种议题引发了一系列道德冲突。对此,公众必须通过协商的手段予以解决。根据齐格蒙特·鲍曼(Zygmunt Bauman,1993)的定义,在后现代状态下,人们意识到人类社会存在大量尚无解决办法的问题。当短期内无法达成共识时,人们通过承认与自己观点对立的"理性观点有其存在的道德价值"来使持续互动的渠道保持开放(Macedo,1999,p. 123)。这种对共识处于悬而未决状态的假设没有把共识社会的形成视为理所当然,相反,它意识到不可避免的多面性是人类共同体的基本特征。

哈钦斯委员会基本上是从上述逻辑来理解媒体的促进角色的。该委员会认识到新闻不仅仅是精确的信息,它认为新闻业必须"在赋予当日事件以意义的特定语境下来对它们进行真实、全面、明智的报道"(Commission on Freedom of the Press,1947,p. 21)。换言之,新闻媒体必须为人们提供"完整的当日信息"(p. 28)。哈钦斯委员会的报告要求新闻报道必须确保"不同社会群体之间能够相互了解彼此的观点和态度"(p. 22)。报告建议媒体充当人们"交换评论和批评意见的论坛"(p. 23)。根据该委员会的看法,由于民主生活的复杂性,大众传播的主要使命应当是促进社会冲突的解决方法"由暴力转变为讨论"(p. 23)。新闻业是否对社会负责要看它是否对社会共同体承担义务。新闻业存在的关键是它要推动一个健康社会的形成,而不只是维护个体的言论自由。

四十多年来,发展传播模式也在媒体的促进角色方面贡献了许多见解。[1]但是,正如罗伯特·怀特(Robert White)所指出的那样,发展理论及其实践从一开始就"陷入了与参与原则有关的一个根本性矛盾之中"(White,1994)。一方面,发展理论强调了参与性传播的重要性,其范围囊括了"从地方性戏剧团体到农民组织参与农业政策制定"的各种参与形式。但以科学逻辑为基础的社会工程和某些情况下处于支配地位的国家规划,始终主导着发展实践的逻辑,"主动权和对发展过程的控制权始终掌握在专业精英的手里,从而否定了真正参与的可能性"(pp. 95-96,

101）。在早期，发展新闻学成为以自说自话的、实证主义的、技术取向的媒体理论为基础的一个领域（参见 Servaes，2001，2007）。勒纳和施拉姆（Lerner & Schramm）的带有机械论色彩的现代化理论成为发展新闻学的理论基础。在这种理论中，"现代化实际上成为西方化的一个委婉说法"（Dare，2000，p. 167）。人们逐渐意识到，表面上看起来有益的现代技术和组织方式转移"实际上是对北大西洋国家利益的延伸，其背后是对工业化国家有利的一种持续的依附关系和劳动分工体系"（White，1994，p. 104）。

与现代化模式偏向于政治和企业精英的做法不同，以共和主义传统为基础的参与式媒体理论所建立和维系的是一个高度民主化的参与群体。安德鲁·莫姆卡（Andrew Moemeka）提出了一种发展传播者"从后方领导"的"促进策略"。这种策略源自古老的非洲传统，它是一个把"什么才是适合做的以及如何有效且高效地做这些事"结合起来的苏格拉底式的过程（Moemeka，2000，p. 119）。观点和计划不是外部专家强加的产物，相反，共同体通过互动式学习建构起自己的知识和经验。这种对话式的发展传播模式有赖于草根群体内部的合作，而不是一种自上而下的问题解决方式。怀特对"日常生活中意义建构的复杂过程"进行了仔细研究，提出了一种不同于扩散范式的"仪式化的文化戏剧理论"。这个理论的"焦点在于草根群体的意义建构，共同文化符号的产生，以及引起广泛认同和参与的历史发展的公共概念的形象化呈现"（White，1994，pp. 113 - 114）。[2]在这里，国家的角色不是去控制地方和区域群体的努力，而是对他们的积极性予以回应和支持。

发展传播放弃了西方那种客观中立的报道的理想模式，并确认了公民可以自主行动的方式。根据加尔通和文森特的说法，以发展为导向的新闻媒体让大众得以发声，允许他们进行讨论，让他们"对社会管理拥有更多的自主权"，然后报道实际发生了什么（Galtung & Vincent，1992，pp. 146，163 - 164）。这种媒体促进了普通民众的参与性传播，并对人民的关切予以回应，而不是只着眼于维护政府精英和大国的利益。记者作为积极的参与者，致力于由内及外地理解自己所处的共同体的具体生活。

新闻作为一种社会叙事成为商议的中介形式。在格拉瑟的新闻对话模式中，公开讲述的故事可以创造出共享的经验和促进相互理解，从而推动了人们的彼此互动（Glasser，1991；参见1999b）。从这个角度来说，促进角色在公共新闻业中的表现最为微妙和突出。公共新闻也被称作公民新闻或社区新闻，它沿袭了社会责任理论与发展传播的传统，但更加直接强调以公民为基础的价值观，同时在真正理解共同体方面也更有抱负。[3] 由此看来，新闻业是一种公开的民主实践，其功能在于"推动公民商议，促进公众对各种事务的理解，同时……通过对重要的公共问题的报道，来促进人们更好地理解可能的解决方案和不同的行动过程所支持的价值观"（Lambeth, Meyer, & Thorson, 1998, p. 17）。这种新闻业与传统新闻业的差别在于，它不是把人们视为个体消费者，而是视为公众，即"能够找到公共问题的民主解决方案的潜在行动者"。公共新闻"超越了报告新闻信息的有限使命，转而承担了一个更大的使命，即促进公共生活的良性运作"（Merritt, 1995, pp. 113-114；参见 Merritt & McCombs, 2004）。[4]

20世纪90年代，在对严肃新闻的需求不断降低、政治新闻失去公信力、人们对公民事务的兴趣日渐消退的背景下，媒体专业人士和学者开始寻找一种新的新闻业模式。"他们试图以新的方式去理解民主，从而可以从另一个角度把新闻理解为民主的培育者和记录者。"（Rosen, 199b, p. 8）对更有活力的公众和更大的公民参与的需求推动了公共新闻的诞生。根据埃德蒙·兰贝斯（Edmund Lambeth）的说法，这种形式的新闻业能够富有同情心地倾听公民的故事与想法，并选择那些最能激发人们进行商议、确立公众对相关议题的理解的报道框架（Lambeth, 1998, p. 17）。

尽管由公共新闻催生的这场运动的根基主要在美国，但类似的"实验也（正）在世界各地的媒体机构中被实施"，目的是要促进公民积极参与到互动民主的过程中。在拉丁美洲，媒体机构"实施的公共新闻计划比其他任何一个大洲都要多"（Mwangi, 2001, pp. 24-25；2007）。《新日报》（*El Nuevo Dia*）和《理性报》（*La Razon*）都认为腐败是对玻利维亚民主的最大威胁，并强调公民有责任行动起来遏制腐败。在哥斯达黎加，最重要的新闻广播时钟广播电台（Radio Reloj）和位于首都圣何塞的第六频道电视台都积极扮演了社区论坛的角色。牙买加首都金斯敦的记者则鼓励公民积极参与到解决艾滋病和前列腺癌之类健康问题的努力中（Mwangi,

2001，p. 26；2007）。20世纪80年代中期以来，"许多危地马拉报纸对和平进程进行报道和评论，同时向各种公众意见保持开放，从而扩大和激活了公共领域"（Crocker，2000，p. 113）。

斯坦福大学商议民主研究中心的詹姆斯·费什金已经成功开展了一系列促进民主商议的实验（James Fishkin，2007，参见1992；Fishkin & Laslett，2003；Ackerman & Fishkin，2005）。他主张在商议的基础上进行民意调查。在这个过程中，公众提前熟悉相关议题，然后在全国观众面前围绕这些议题一起进行讨论，最后将讨论结果公布在主要报纸上。2007年10月，在布鲁塞尔举行了一场全欧盟范围内的商议性民意调查，时间从那个周的周五下午持续到周日晚。在这场得到全欧范围内20个赞助商的支持、由费什金的"商议民意调查"机构和"我们的欧洲"基金会（Notre Europe）共同主办的题为"明日欧洲"的商议性调查活动中，来自欧盟27个国家共362位公民用22种语言围绕重要的社会与外交政策问题展开了讨论。选择程序是先从所有回答过范围广泛的问卷调查从而获得终选资格的人中随机抽选出3 500人，然后再根据每个国家在欧盟议会中的代表比例从这些人中选出最终的参与者。前测和后测的结果表明，当这次活动结束时，参与者对许多有关欧盟未来的重要问题的了解得到了极大的提升，对这些问题的看法也发生了改变。来自12个新成员国和15个老成员国的参与者起初意见相左，但随着讨论的进行，他们在经济改革、国际贸易、欧盟的扩张问题以及欧盟在世界中的作用等相关问题上的看法却趋于一致（参见www.tomorrow.stanfo.eu，http://cdd.stanford.edu/polls/eu/index/html）。

"我们威斯康星人民"（WTPW）是自1992年以来就在威斯康星州麦迪逊市实施的一项促进计划，是美国历史最悠久的公民新闻项目。WTPW的理论基础就是商议。电视、报纸和广播相互协作，向整个社区报道市政会议、听证会、辩论以及公民陪审团围绕各种政策政议题和选举展开的活动（参见www.wtpeople.com）。根据WTPW的原则，其基本使命是"促进对话、协助重建人们与政治之间的联系……'我们人民'把'自身'视为推动更加强有力的社区对话，进而促进更加健全的公共生活的催化剂"（Friedland，Sotirovic，& Daily，1998，p. 202；参见Friedland，2003；Sirianni & Friedland，2005，Chap. 5）。这个项目的悠久历史为它带来盛名，同时也因为对商议过程的高质量的电视转播而赢得人们的信赖。它已经促成范围广泛的经济、宗教、政治和志愿者基层团体之间联盟的形成。但是，由于这是一个全国性的项目，所以它在促进当地问题的解决方面并没有那么成功。这个项目向人们说明了媒体所驱动的商议过程如何通过合作的方式得以制度化，即便它本身有意识地使用了一种弱商议（weak deliberation）的策略（Barber，1984；参见 Barber，1998，2007）。在这种策略中，"商议活动的组织者并没有把讨论的范围扩展到特定议题之外的意图"（Friedland et al.，1998，p. 206；参见 Friedland，2004）。

在扮演促进角色的过程中，媒体从业者并没有将社会问题简化为有待政治家来解决的金融和行政问题，而是鼓励公众直面他们自己的日常经验。他们的目标是"产生能够推动公众做出有意义的判断并采取有意义的行动的报道"；他们所展现的"文本形式能够把公民变成读者，然后再由读者转变为在现实世界中采取民主行动的人"（Denzin，1997，p. 282；参见 Denzin，2003，pp. 106-130）。

公民社会

媒体有利于公民社会的运作。它们积极地支持和强化人们在邻里社区、教堂以及各种处在国家和市场范围之外的组织中的民主参与（Arato，2000，2005；Cohen & Arato，1992；Edwards，2004；Sandel，1998，2005，Chap. 5）。从哈贝马斯开始，商议民主理论家一直就商议活动参与者的适用范围存在争议。乔舒亚·科恩（Joshua Cohen，2002）等人把商议活动的参与者局限在传统政府机构范围之内。与此不同，我们认为商议活动的参与者应该包含一切公民、专业和文化社团组织。这是一个规范性主张，因为媒体不只是简单地报道公民社会的活动和组织状况，而是试图促进和改善它们。这种以公民社会为核心的主张被认为是"可以纠正困扰当代政治的诸多弊病的一种策略"（Fierlbeck，1998，p. 148；参见 Miller & Walzer，2007；Walzer，1995；Walzer，2004，pp. 66-89）。

在公民社会观念的发展历程中，黑格尔是一个关键历史人物。19 世纪初，黑格尔把那些独立自主、以自我意识为出发点的公民视为一种独特的实体，他们既与政治性的国家不同，也与作为私人领域的家庭相区别。在当代哲学家中，费尔贝克（Fierlbeck，1998，p. 150）重点参考了黑格尔的《法哲学原理》（*Philosophy of Right*）。泰勒（Taylor，1991）则通过其他政治理论家的学说，尤其是洛克和孟德斯鸠的理论脉络来理解黑格尔的观念。赖德尔（Reidel，1984）完全依据黑格尔自己的理论来阐释何为公民社会。对卡维拉吉（Kaviraj）和科尔拉尼（Khilnani）来说，黑格尔同样是"塑造当代公民社会观念的关键人物"（Kaviraj & Khilnani，2001，p. 23），但他们也提醒我们注意，公民社会这个说法有着悠久的历史，它是"通过对亚里士多德的 *koinonia politike*[①] 概念的拉丁语翻译 *societas civilis* 进入英语之中的"（p. 17）。此外，他们范围广泛的论述还对以黑格尔和马克思为核心的德国传统之外的理论脉络进行了讨论，比如，苏格兰启蒙运动和法国启蒙运动（Chap. 4，5）。卡维拉吉和科尔拉尼还讨论了在拉美、中东、中国、非洲和南亚等各种非西方语境中，当地知识分子如何在公民社会这个概念中"注入了新的复杂的鲜活要素"（Chap. 8 - 14）。

哈贝马斯把公民社会定义为"非政府、非经济的社会联系方式和自愿组织形式，在由生活世界所构成的社会中，它们是公共领域的沟通结构得以存在的条件"（Habermas，1996a，pp. 366 - 367）。公民社会得以存在的一个前提条件是其成员状态的可变性，即他们"能够就自己的政治忠诚和公共从属关系进行选择"，从而"能够对以话语形式呈现出来的劝服和商议活动保持开放的态度"（Kaviraj & Khilnani，2001，p. 28）。从这个意义上来说，健康的民主制度离不开一个"能够把各种议题和观点付诸公论的充满活力的公民社会"[5]（Stevenson，1999，p. 43）。在充斥着战争、不信任和政治冲突的混乱时期，苏丹教会理事会（Sudanese Council of Churches）通过希望之声电台（Radio Voice of Hope）（www.radiovoceofhope.net）向南苏丹数百万流离失所的民众进行广播（Herfkens，2001，p. 6；同时参见 Lippman，2007）。妇女选民联盟（The League of Women Voters）则在儿童和环境保护等领域内推动了形式多样的公民创新计划。相反，威权国家

[①] 意为城邦政治共同体。——译者注

的公民社会则固守在一种去政治化的沉寂状态。

公共领域处于公民社会之中。因此，查尔斯·泰勒、迈克尔·桑德尔、迈克尔·沃尔泽（Michael Walzer）、罗伯特·贝拉（Robert Bellah）等当代北美哲学家关注的焦点不是国家的强大权力，而是"公民权的本质"（Fierlbeck，1998，p. 153；同时参见 Fierlbeck，2006）。桑德尔认为，洛克的自由主义传统中的自由观念预设了"一个中立的权利框架，人们由此可以选择自己的价值和目的"。公民社会建立在"共和自由"的基础之上，这种自由"要求政治能够在公民中培育自治所必需的素质和品格"（Sandel，1998，p. 58；同时参见 Sandel，2005，Chap. 5）。用泰勒的话来说，对公民社会理想形态的追求促使我们不断接近"自主规范"（norm of self-determination），而不是将政治领域边缘化。对公民社会观念重新进行丰富而深刻的理解为我们推动人权进步提供了一个重要的理论框架（Tayor，1991，p. 131；参见 Benhabib，2006，pp. 13-81；Fierlbeck，1998，p. 173）。

比如，1993年夏天在维也纳举办的第二次世界人权会议（World Conference on Human Rights）上，有171个国家的代表出席，但参会的非政府组织却多达800个，其中三分之二来自社会基层。然而，设置会议议程并通过最终决议的是联合国大会，而不是非政府组织。此外，负责起草最终声明文件的委员会也将非政府组织排除在外，这些组织的3 000名参会代表大多数都被安排在维也纳奥地利中心会场的一层，因而无法接触到参会的政府官方代表。尽管有这些限制，但人权机构和组织依然发挥了巨大的影响力。非政府组织代表的看法和专业能力显然在评估1948年《世界人权宣言》颁布以来人权事业取得了哪些成就方面发挥了作用。如果没有非政府组织的参与，我们就无法在许多领域取得重大突破，把人权的定义范围扩大到儿童、原住民和妇女。同样，如果没有这些组织的存在，联合国人权保护机制也不可能得到强化。[6]同时，非政府组织在人权历史、侵犯人权的特定方式、联合国组织结构、额外资源和策略等方面所具备的专业知识，对报道此次会议的新闻媒体来说都是不可或缺的。在充分理解民主参与和可持续发展如何进行有效整合方面，来自公民社会的观点发挥着十分关键的作用。

公民社会不仅仅指"那些独立于（但并不早于）政治国家而存在的人

类网络"（Issac，1993，p. 357；参见 Fierlbeck，1998，p. 154；Taylor，1991，p. 117）。"国家和公民社会的构成"是一个"复杂的关系，而不是截然的对立……政治家、军官和政府官僚同时从属于某个教会、俱乐部或文化团体"，因此他们并不总是"从国家立场出发，做出一些与公民社会的利益完全脱节的决定"（Fierlbeck，1998，pp. 155-156）。公民团体常常会游说政府。例如，在南非，工会组织推动了民主化进程。就公民社会这个概念的谱系来说，某些理论版本主要着眼于威权国家，"而在工业化民主国家，理论家重点关注的往往是政治冷漠和现代都市生活的虚无主义问题"（p. 162）。

戈登·怀特（Gordon White）采取一种更加宽泛的公民社会定义来理解这些复杂现象，但他同时也强调必须在特定的语境中来理解公民社会的不同表现形式。用他的话来说，公民社会是"介于国家和家庭之间的中介性社会领域，活跃于其间的是由社会成员为了保护自身利益或价值而自愿形成的……组织"。必须将这些组织的形成置于"它们与其所处的更广泛的社会经济结构的关系"中来加以理解（White，1994，pp. 378，386）。商议从来不是不受权力制约的（Cohen & Arato，1994，p. 23）。公民社会并不是一个没有压迫的理想空间。它包括一系列非政府国际组织，例如，无国界医生、地球之友、世界和平联合会、世界森林保护组织、斯德哥尔摩国际和平研究所、红十字国际委员会、罗马天主教会、绿色和平组织、国际刑事法院联盟，以及国际反地雷组织。妇女运动和有组织的劳工运动也是公民社会的组成部分。所有这些组织，无论影响大小，都"包含着不平等和支配关系"，而它们的"内部权力平衡"往往会对它们推动民主化发展的效力产生影响（White，1994，p. 385）。[7]

文化语境

媒体有助于改善民主生活所需的文化条件。通过交流和传播，人类不仅能够交换商品和服务，还能够使彼此关于世界的信念和设想保持活力。"安全可靠的文化语境"日益被视为抵御自由民主制度所带来的个体化力量的手段（Taylor，1992b；同时参见 Taylor，2007）。本哈比认为，罗尔斯的民主政治观的基础是"国家及其组织，其中最重要的是法律以及相关机构"（Benhabib，2002，p. 109）。她认为罗尔斯的公共理性模式限制了我们的讨论范围。它导致与我们的文化生活相关的许多议题"成为私人领域的问题，从而被排除在公共讨论的范围之外"（p. 110）。本哈比提出了自己的公民共和主义理论，她称之为商议民主。这个理论包含了第二个层次，即文化维度，尽管这个维度并不是作为一种与政治相隔绝的、孤立的"背景文化"而存在的（p. 111；这里所谓"背景文化"引用的是罗尔斯的说法）；二元对立的分析模式是"不成立的"。以民主体制为支撑的非强制性政治过程与民主社会的宗教、哲学和道德维度是分不开的："性别平等、身体完整性①、人身自由、儿童教育"，以及少数群体的亚文化实践（p. 111）。并不存在"自由社会的非政治文化底线"这样的东西（p. 120）。立法机构、法院、官僚系统等自由民主体制的正式机构，与通过媒体、社会运动和组织活动呈现出来的公民社会的非官方过程之间，始终存在着"意义重大的互动关系"（p. 121）。作为本哈比的多元文化民主理论的基础，话语伦理（discourse ethics）要求社会成员必须创造出"公共实践、对话和空间"，以便"所有受到影响的人都能参与到对争议性规范议题的讨论之中"（p. 114；同时参见 Benhabib，2006，pp. 13 - 44）。

换言之，文化为自治和权利提供了意义环境。人们的身份认同是在社会文化领域中形成的。我们是在文化所提供的集体信念和常规中进行互动交流的，文化也因此成为"我们进行政治抉择时所处的基本语境"（Tully，1995，p. 5；参见 Brett & Tully，2006）。虽然社会生活的政治、经济和文化维度完全是相互交织在一起的，但我们也需要从其自身的角度出发来理解和评价文化实践以及相关制度。住房和就业问题除了是政治和经济问题外，同时也受到种族主义、性别歧视以及托斯丹·凡勃伦（Thorstein Veblen）所说的炫耀性消费的影响。"经济剥夺、政治边缘化和文化不尊

---

① 身体完整性（bodily integrity）是一个法律、伦理及哲学术语，意思是指人类的身体具有不可侵犯的完整性权利，强调个人自主权，尤其是对自身肉体具有自我决定的自主权。一切违背伦理或法律原则对他人身体的侵犯，都违反了身体完整性原则。——译者注

重"是相互渗透、相互影响的（Stevenson，1999，p.50）。贫困问题的背后往往还涉及与依附和尊严匮乏的斗争。自雷蒙德·威廉斯和瓦尔特·本杰明（Walter Benjamin）提出他们的理论观点以来，我们就已经意识到，必须同时推动文化的民主化和政治化。无论是对反民主的压迫体制，还是对推动变革的社会运动而言，广泛共享的公共文化都是最主要的斗争领域。

全球广播电视最典型地体现了这种错综复杂的局面。所有权结构、政策、内容和技术问题都需要单独进行分析，但同时又要综合起来加以理解（参见 Vincent，Nordenstreng，& Traber，1999）。文化问题也是至关重要的。科技企业的运作同时也是一个涉及人类主观意识的过程，始终充斥着价值观念的影响。从对有待解决的问题以及相关素材和资源的选择，到设计和制造以及最终形成的工具和产品，价值判断贯穿于技术活动的每个环节。技术是人类整体经验的产物，并受到我们终极目标的指引。通过技术手段，某个群体的问题会得到解决，但并不是所有人的问题都会迎刃而解。某些资源会得到利用，而其他资源却被弃之不顾。阿诺德·佩西（Pacey，1992，同时参见 Pacey，2001）提醒我们，包括媒体在内的当代技术都建立在对专业知识、取之不竭的自然资源以及进步的根深蒂固的信念基础之上。其结果是，追求规模、权力和效率的价值观引导了当下技术发展的整体进程，这一点在全球广播电视产业领域表现尤甚。如果我们希望看到技术革命能够朝着以满足基本社会需求为宗旨，而非片面追求生产效率和精湛工艺，从而更加人性化的方向发展的话，那么，我们就必须在技术所处的文化语境中发起一场革命。如果我们能够改变对产业进步、工程专业知识以及中立现实（neutral reality）的迷思，新的技术形式就会随之出现。在发挥促进功能的过程中，新闻媒体必须呈现出产业界背后潜在的文化价值，而不只是报道它的表面运作机制和功能。

促进角色意味着媒体从业者不只是突出强调图书馆、博物馆、音乐厅、教育系统、公共广播等文化机构的重要性。他们关注的重点也不局限于电子音乐、电影、电视、杂志、戏剧和艺术。他们的报道范围也不仅限于全国性节日和制度化的纪念日。文化同时也是我们公民权中的一个需要培育和反思的重要维度。作为文化存在物，日常生活中的语言和视觉符号、图像、表征和迷思使我们的社会关系富有意义，同时也帮助我们在时空结构中找到自我定位。这些具有符号属性的素材必须整合到新闻报道的叙事之中。

当媒体从业者以促进角色对人类活动和组织制度进行报道时，他们实际上考察的是一个富有创造性的过程。在这个过程中，人们所创造并维系的不仅是生活和社会形态，同时也包括意义和价值系统。这种创造性的活动，即人类在时空结构中确立自身遗产的过程，是以人类通过符号建立文化形式的能力为前提的。而这些符号恰恰体现了人类追求有目的之生活的意志。记者的第一义务正是对这个过程进行深入考察。创造性是人类独有的品质，而有效的叙事往往会对社会生活的这一独特方面予以审慎的关注。在对地方社区和中介组织进行报道的过程中，熟悉当地语言的精妙和复杂之处十分重要。例如，理解宗教语言和仪式是必不可少的。象征形式是人性化发展整体进程中的关键要素，在文化缺席的情况下，饥饿、住房不足、健康危机和失业等问题都不可能得到彻底解决。

人类会对自己的生存状态进行判断。他们不是被操纵的木偶，而是会随着剧情的展开即兴发挥的演员。他们不只是对刺激做出反应，而是通过文化能动性对自身的经验做出阐释。无论是人类互动的微观形式（比如，交谈和邻里庆祝活动），还是范围极其广泛的人类倡议（比如，试图建立主张某种终极意义和价值的宗教系统），都是如此。传播是催化剂，是文化形成的动力。因此，媒体不是中立的信息提供者，而是文化适应的中介机构。包括戏剧艺术、新闻话语、文学和电子娱乐在内的所有象征方式都在文化建构的过程中发挥着作用。[8]我们生来就处在一个可被理解的和经过阐释的世界之中，并且会竭尽全力以富有想象力的方式运用这些阐释来理解我们自己的生活以及我们所处的制度环境。规划人生、选择奋斗和追求目标的能力，使共同体的存在具有价值。"就此而言，规划人生之所以有价值不是因为它有助于实现某种更高的价值目标，而是……自主的生活在本质上就是好的。"（Reaume，2000，p.246）这种人作为一种文化存在的概念给了我们一个"初始假设"，即"一切人类文化……都具备一些值得所有人倾听的重要见解"（Taylor et al., 1994, pp.66-67）。因此，媒体的促进角色意味着它必须致力于理解人类生存中语言表达的多种可能性和观点的交锋。

用卢梭的话来说，民主不是原子化的个体利益表达的集合，而是关于对社会总体而言何为最好选择的集体决策。社会的道德框架是尊重其成员的道德价值的基础（Fierlbeck，1998，p.89）。从这个意义上说，集体共享的善念优先于个人权利。对个人权利的过分强调往往会导致自私的合理化，并使得公民的选择变得随心所欲——人们所表达的只是他们自己的个人偏好，但这种偏好并不比其他人的偏好更具合法性。当共同体面临危机时，仅凭个人权利并不能给我们提供出路。当社会陷入分裂和混乱时，权利话语尤其无能为力。个人权利的意义要超越个体自身的范畴，就不能忽略共享意义和相互信任的重要性。共同利益是促使共同体获得自我认同和奋斗目标的核心要素。

社会实体的本质是道德秩序，而不只是语言结构。社会不只是由语言构成的。没有道德承诺，也就不存在特定关系中的自我观念。人类社会中那些被广泛共享的道德直觉——比如尊重他人的尊严——是在共同体中通过话语活动形成的。自我存在于"对话之网"中，一切自我阐释都或含蓄或明确地"承认人们关于善以及他们自身的观念都必然有其社会起源"（Mulhall & Swift，1996，pp.112-113）。与我们必须"在物理空间中确定自己的方位"一样，我们需要通过道德框架的指引来明确自身在社会空间中的位置（p.113）。在查尔斯·泰勒看来，对人类而言，"发展、维系和表达"我们的道德直觉和反应，就像我们必须搞清楚什么是上下左右一样，是再自然不过的事（Taylor，1989，pp.27-29）。弗洛伊德在《图腾与禁忌》一书中指出，社会创造出禁忌边界，从而把自身与其他社会区别开来。但人类社会同时也发明了图腾，从而使人们获得了奋斗目标和身份认同。新闻媒体的促进角色要求它们必须鼓励人们围绕这些社会特征和理想追求展开讨论。

对公共生活的促进不能只是被理解为一个技术性问题；新闻工作者必须通过适当的道德话语，就道德议题发表自己的见解。在对不理智或不公正的关系进行批判时，他们必须以在共同体整体内部得到广泛赞同的共同价值为依据。在这个意义上，媒体从业人员实际上参与的是一个共同体内部持续进行的道德表达过程。事实上，文化的持续存在离不开对其规范基础的认识和捍卫。因此，公共文本必须有利于我们"发现自身的真实状况"；公共叙事应该通过对攸关人们利益的事务进行解释说明，"把道德规范引入读者的生活"（Denzin，1997，p. 284；同时参见 Denzin，pp. 242-262）。将共同体黏合在一起的正是各种叙事。这些叙事确保了共同体成员对善恶、幸福与回报、生死的意义等问题的共同理解始终充满活力。恢复和重塑道德话语有助于强化我们最本质的人性特征。

我们可以在真相与和解委员会的文件记录中看到大量的道德议题（参见 Hayner，2002；Truth and Reconciliation Commission，2006）。1995年，纳尔逊·曼德拉（Nelson Mandela）设立了南非真相与和解委员会，其任务是"调查种族隔离制度的黑暗真相……（并）向南非和全世界报告这些真相"。乌干达、玻利维亚、阿根廷、津巴布韦、乌拉圭、菲律宾及智利等国家都曾出现过类似的委员会。但这些早期委员会的听证过程大多没有公开，"原因在于担心听证会的内容可能会太过耸人听闻，或者会遭到刚被赶下台但依然有一定势力的军官及其支持者的报复"。与此不同的是，"南非真相与和解委员会却……坚持认为公开和不公开的听证都是必要的；同时，受害者、委员会的公诉人员以及委员会委员对被起诉的犯罪者进行质询的过程，也是公开的"（Rotberg，2005，p. 5）。该委员会由圣公会大主教德斯蒙德·图图（Desmond Tutu）担任主席。为了促进公众的参与，委员会在全国各地搜集证词和证据，确保所有的文件记录对公众开放，还主办了一个官方网站，随时毫无保留地对公众的批评做出回应。广播和电视"通过多种语言广泛报道了"该委员会的活动，"尤其是对侵犯个体人权的事件以及赦免请求的听证"（Crocker，2000，p. 101）。

委员会的活动很好地体现了公民共和主义的精神，因此，甚至在把最终的调查结果提交给总统和议会之前，它就已经对南非整个社会发挥了很好的教育作用。"各种陈述得到广泛传播，成为这场持续上演的国家级戏剧的主要内容……不同于一场或一连串审判"，委员会提出了一系列"需要整个社会对之进行评判和谴责，同时又最终达成和解的"行为和问题（Rotberg，2000，pp. 5，9）。那些确凿的谋杀事件及其凶手都大白于天下，那些埋葬受害者的无名墓穴也被找到了。在这一过程中，扮演促进角色的新闻界意识到，"以恰当的方式回忆这些不堪的历史，能够满足受到重创的社会的集体需求……而遗忘则会对个体受害者乃至整个受害者群体的尊严造成进一步的伤害"（p.7）。[9]实际上，公共传播者在这个过程中发挥了十分重要的作用。他们竭尽所能地"揭露那些最恶劣的犯罪分子的内心世界"，同时又以尽可能专业的方式，"对受害者和/或幸存者的痛苦遭遇进行同情性的理解"。可以说，如果没有媒体提供"真实、详尽的报道"，从而使人们充分感受到"当时整个社会的情绪、气氛和忧虑"，南非公民将无法做到充分知情，从而在和解过程中做出理智的决定。媒体的报道使受害者或幸存者与行凶者能够了解彼此的处境，这对"营造有利于达成和解的氛围"是必不可少的（Villa-Vicencio, 2001, pp. 31, 36）。

阿根廷和智利的情况表明，真相与和解委员会的工作"与审判和惩罚是完全可以兼容的"（Crocker, 2000, p.104）。但是，委员会存在的依据并不是司法正义本身，而是为社会提供修复式正义①（restorative justice）这一更高的道德目标。在这一过程中，传播系统并没有直接实施惩戒从而恢复正义的权力，却可以通过有深度、细致入微的报道，即"通过公正的记录，建立起发挥纠偏作用的道德正义"（Villa-Vicencio, 2001, p.36）。"真相与和解委员会要努力解决的正是如何实现正义这样的基本问题……这些努力催生了一系列关于真相和正义的新词，以及一套如何实现这些目标的新的制度性手段"。它所做的是"通过把非正义行为的受害者置于这场全国性道德剧的舞台中心"，来实现其"深刻而微妙的道德目的"（Kiss, 2000, p.70）。

多元主义

媒体能够推动多元主义的发展。在汉娜·阿伦特看来，民主的典型特征就是多元性（Bohman & Rehg, 1997, p.401）。南希·弗雷泽同样认为公众的多元性能够防止集权的单一力量对政治秩序的控制。早在19世纪，

---

① 修复式正义（restorative justice），又称为修复式司法，其思想基础是"和平创建"（peace-making）观念，主张不应当只从纯粹的惩戒性的法律视角出发，而应当从社会关系中的冲突视角出发来解决犯罪问题，强调司法的目的是修复社会关系，即通过司法手段来维护当事者的权利和尊严，从而修复个体、群体和社群中由于犯罪事件已被损坏的关系。——译者注

约翰·斯图尔特·密尔就发现,"多数暴政"是民主社会的一个普遍问题。即便是在离不开全球性思维的当下,公民权也应当像赫尔德所指出的那样,是"多层次的、多维度的"(Held,2004,p.114)。如果要确保民主具有商议性,"决策机制就必须尽可能地去中心化,从而最大限度地增加每个人的参与机会,使他们能够对那些塑造其生活的社会条件发挥影响"(p.101)。这种包容性原则"通过适当方式得以确立的过程,必然要求存在多样和多重的民主公共论坛"(p.102)。[10]

这种当代社会中存在的文化多元主义趋势对商议民主是一种潜在的阻碍,因此,媒体所面临的艰巨任务是改善"理性的公共运用",从而确保"民主生活更有活力"——换言之,使之更具多样性(Bohman,2000,p.72)。在现代社会条件下,媒体发挥促进功能的目的并不是要使公众意见整齐划一,而是要推动多元文化的并存发展以及多层治理结构的形成。[11]它的目标不是要"以一种统一的、无所不包的方式"汇集所有个体的意见,而是要确保"公众内部的多样性"(p.140)。民族国家是由各种"多中心的和去中心的"(p.148)共同体构成的。在这些共同体中,彼此互动的成员具有自反性(reflexive)和参与性。[12]民主是"各种社会联合体的联盟机制"。在这个机制中,人们通过"彼此对等的让步"来实现不同利益之间的妥协、平衡和相互适应(pp.79-80)。

媒体在促进文化多元主义发展方面的作用不能被简单地理解为对政治矛盾的化解(参见Macedo,2003)。当美国民众围绕减税问题或欧洲人针对欧盟的货币政策展开争论时,他们通常并不会对民族国家内部私有财产的地位或民选政府的合法性提出质疑。除了这种共享的总体制度框架外,人们对在政治上如何通过民主程序解决差异性问题还拥有广泛的共识(Bohman,2000,p.73)。但促进文化多元主义的发展则是一个更深层次的问题。比如,如何界定少数群体文化的政治地位的问题,通常会涉及道德假设和政治过程的基本差异。某些矛盾是由罗尔斯所说的"不可调和的价值"导致的,这些矛盾提出了一个与理性和信息的功能相关的基本问题,即"理性标准本身是否受制于一些充满严重冲突的解释"(p.73)。正如詹姆斯·博曼(James Bohman)所指出的那样,罗尔斯所主张的那种单一的、程序化的公共理性观不足以支撑这种多元主义的发展。罗尔斯所设想的是一个自由宪政国家以及"普遍的人类理性",即"理性思考的能力和程序,比如,进行合理推论、权衡证据和平衡相互对立的不同立场"(Bohman,p. 79;Rawls,1993,p. 200)。相比之下,哈贝马斯对公共理性的理解更加动态和复杂,没有像罗尔斯那样"从一开始"就回避了"信念和世界观的多元性"问题(Habermas,1995,pp. 118-119)。因此,他所提出的解决方案也就与多元民主体制中化解矛盾冲突的有效方法更相近。[13]

自卢梭以来,多数民主理论家都认为化解深层的道德冲突是一个十分棘手的难题。正如博曼所指出的那样,"道德和认知的多样性通常是相辅相成的"(Bohman,2000,p. 86)。道德观的差异通常与人们对证据和各种数据的不同评估,以及关于得体的公共表达方式的认知分歧是纠缠在一起的。在这些情况下,"即便当事各方并没有丧失理性,仅仅诉诸人类的共同理性仍有可能无法达成共识"(p. 86)。罗尔斯的"回避法"(method of avoidance)在这种情况下通常会导致与预期相反的结果。为了把某些议题排除在公共讨论的范围之外,人们会采用"禁言规定"(gag rule)或"自我约束"之类的实用策略。但这些策略非但不能促进商议活动,反而与商议性原则相抵触(p. 74)。因此,在一个动态、多元的框架中,我们的目标并不是要寻求一个能得到所有人支持的单一的、不偏不倚的立场(Rawls,1993,p. 217)。相反,媒体所倡导的公共话语应当考虑到各种不同的观点,而不应试图把各种看法汇聚为某个单一的抽象观点。在这种情况下,人们不会预设某种单一的合理性准则,而商议活动的范围也远不止于人们在违背自身信念的情况下做出的利益权衡和妥协让步。在多元民主社会中,"代理人可能会基于各种不同的公开理由彼此达成共识……理想状态下的公共理性……允许而不是否定或回避民主政治中的道德冲突和差异的存在"(Bohman,2000,pp. 83-84)。

罗纳德·德沃金(Ronald Dworkin,1993)以堕胎为例,指出人们完全可以基于不同的理由就这一议题达成共识。在这个框架内,承认"人类生命的内在价值"与尊重女性的"生育自主权"并不矛盾。德沃金提出的方案是公开而多元的。在这种情况下,"各方的道德理由都会得到表达、解释和评估……人们对何为美好生活的不同价值立场和理解都会被付诸公论……这种做法与回避法相去甚远",实际上,这为"人们讨论差异问题提供了一个更广阔的框架"（Bohman，2000，p. 92）。这大大增加了辩论的表达方式，使之超越了程序自由主义所强调的个人权利价值的范围，并使人们能够在不断寻求折中方案与新道德框架的过程中不必放弃原有的道德信念。当道德分歧在对话过程中得到充分体现时，公共表达的话语空间就会得到极大的拓展。即便实现不了这一点，最起码"实践多元公共理性的过程能够促进商议者之间的相互尊重和包容"（Habermas，1996a，p. 411）。考虑到在生物学上关于生命的确切起源这个问题的争论尚无明确结论，那些在道德上坚持生命至上原则的人，同样可以在政治上支持选择权至上的立场，双方可以慢慢学会如何容忍彼此的观点。

基督教科学派[①]（Christian Scientists）反对用常规医学疗法来治疗那些可治愈的疾病，他们的理由是诊断或医学介入本身会成为导致病人发病的原因。这种冲突与医学事实无关，而是由对心灵和物质关系的不同看法造成的。成年的基督教科学派信徒可以基于成人的自主权选择拒绝接受治疗，但对于他们的孩子来说，在立法上不存在任何妥协的可能性。基督教科学派人士或许会意识到，只要能够作为一种文化上的少数派不断对主流体制提出挑战，与民主社会中的这种断裂情形共存能够带来足够多的好处，以至于拒绝与不同立场进行对话会成为不明智的做法（参见 Bohman，2000，pp. 76-77，262）。用乔舒亚·科恩的话来说，多元和行政自由主义（见第三章）只诉诸"真理，但并不是全部真理"（Cohen，1993，p. 283）。但是，只要存在包容的、充满活力的商议活动，在广泛范围内达成的共识就会有利于文化多元主义的繁荣发展。有时，在这种更加广泛的共识范围内，会出现一种有利于推动民主发展的彼此尊重的信念。比如，关于色情问题的争论通常会围绕自由表达权和道德冒犯这两个不同的立场展开。但人们完全可以把商议的重点聚焦在女性遭受的歧视这个共同的讨论框架上。[14]显然，当争论的双方就性别平等问题达成一致看法时，他们都会赞同，硬核色情作品中残酷对待女性的方式意味着女性处于从属的、

[①] 基督教科学派，即基督科学教会（Christian Science），由美国人玛丽·贝克·艾迪于1879年创立。该教派主张上帝是绝对的善与完美，罪、疾病和死亡都与上帝无关，因此都不是真实的，所有的物质性"错误"，包括疾病，都可以靠灵修而不是医疗等物质性手段来解决。——译者注

受支配的、缺乏平等机会的地位。同样基于性别平等的原则，艺术作品中写实的情色内容是可以被接受的——换言之，对亲密关系中情欲的表现完全可以做到在具有审美真实性的同时又避免压迫性。

关于少数族裔的亚文化问题，媒体同样可以在促进有活力的、多元的民主商议方面发挥关键作用。尽管在澳大利亚、加拿大、美国等国，对原住民的征服历史所导致的长期不平等关系几乎已经成为一个无解的问题，但媒体的作用依然是不可或缺的。显然，媒体有必要对采矿权、税收政策、教育和治理问题引发的各种政治冲突进行仔细和全面的报道。但是，当人们在包容和公民权的具体内涵这个问题上存在根本分歧时，什么才是多元主义的公共基础（Kymlicka，1989，2001）？确保人们能够平等且不受限制地参与选举活动，并不能直接促进文化认同。"用金钱手段解决问题往往会使部落群体中的每个成员都得到好处，但这并不能为群体的整体文化目标提供真正的保障或利益。"（Bohman，2000，p.78）

实际上，意识到商议活动在结构上具有对话性和互动性特征，对我们正确理解媒体的促进功能非常重要。对话性要求"人们必须相互承认彼此都有参与商议活动的自由权利"，"对修正自己的观点保持开放性"，并且"在即便存在持久分歧的情况下，在公共商议活动中保持相互合作"（Bohman 2000，pp. 88 – 89）。而所谓互动性则意味着这是一个对各种相互冲突的价值立场进行反思的过程，目的是要建立起共同的理解框架，同时寻求新的问题解决途径。正如莫妮克·德沃（Monique Deveaux）所指出的那样，文化多元主义需要一种更有厚重感的民主观念。商议民主"鼓励公民尊重彼此的社会差异和文化身份"，强调"互惠、政治平等和相互尊重——对满足少数族裔提出的基本正义诉求来说，这些都是关键的要素"。处于弱势地位的族裔和文化少数群体，都有"批评和影响他们所处的社会的公共和政治文化的权利"，商议民主使这种互动成为必不可少的过程（Deveaux 2000，pp. 4 – 5；参见 2007，Chap. 4）。

化解文化冲突的一种可能的办法是达成和解，但这种和解不是以一种内容早已预知的单一抽象观点的形式出现的，而是表现为一种能够提供替代性观点和政策的协商文本。和解意味着必须摆脱仇恨和报复的逻辑，转而创造出有利于化解前仇旧恨的新的时间和空间。1982 年颁布的《加拿大权利与自由宪章》(Canadian Charter) 就是一个为数不多的政治个案，这项法案承认了魁北克和部落群体的独特社会地位，使原住民群体在政策制定的商议过程中具有同等的政治地位。正如我们前面所提到的，真相与和解委员会作为多元商议的另一种模式，同样把达成和解作为其核心目标和动力。

正如查尔斯·泰勒所注意到的那样，他所谓的"承认的政治"，作为多元主义的维度之一，成为民主政治中一个棘手的问题。从本质上来说，民主社会必须确保每个人都有平等的代表权。这意味着一个都不能少；原则上，每个人在民主制度的程序中都拥有平等的参与权。因此，这里的关键问题是："当核心的社会制度无法顾及我们的特定身份认同时，是不是意味着民主以某种在道德上成问题的方式对某些群体进行排斥或歧视，从而成为一种令人沮丧的制度？"(Taylor et al., 1994, p.3) 诸如阿尔巴尼亚人、佛教徒、犹太人、残障人士或者儿童等具体的文化与社会特征在何种意义上是至关重要的？从原则上说，民主社会的公民在教育、司法保护、政治自由、宗教自由、法定诉讼程序和医疗保障方面享有平等的权利。难道我们的公共机构不应该不分种族、性别或宗教差异，把我们当作自由平等的公民来对待吗？那些在招生和课堂教学过程中努力保持公正和机会平等的大学和学院，是否应当为那些代表性不足的有色族裔学生提供文化中心和专门的课程呢？

当代社会所面临的这种承认多元文化群体的挑战，在政治上并没有轻而易举的解决办法——尤其是在美国和加拿大这样的移民社会。也许民主制度可以同时在两个维度上运作。当在投票、征税和法律保护方面坚持最低限度政治中立时，教育、民主制度等其他领域可以反映出一个或多个文化群体的价值观。一方面，在选举、税收和法律保护方面，民主制度必须坚持最基本的中立性原则；另一方面，在诸如教育之类的文化领域，民主制度可以有一定的弹性，从而具备顾及某种或某些文化共同体的价值偏好的能力。

近年来，全球化使得促进多元主义的发展成为一个艰巨的挑战 (Bohman, 2007)。所谓全球化，指的是一系列复杂过程。在这些过程中，"人员、形象、观念、技术和经济文化资本的跨国流动"得到了"强化和加速发展"(McCarthy et al., 2003, p.444)。现代资本化的过程推动着全球化的发展，同时也塑造了各地普通人的利益、需求和欲望。其结果是全球化席卷了当代世界的每个角落。这些过程不仅极大地缩短了相隔遥远的全球不同地区之间的空间距离，同时还进一步加深了"地方性要素和全球性要素的相互交融"（Giddens，1994，pp. 181-189）。总体而言，媒体在审美文化中不断创造出大量的新形象、身份认同和主体性。这些不断发展的表征技术和能力意味着如今许多人都是依据流行文化"来表达他们对过去、现在和未来的看法"，"新媒体成为人们表达兴趣、需求、欲望和恐惧的空间"。在媒体饱和的社会中，电子商务和技术逻辑的发展，使"道德恐慌及其对立面，即存在某种灵丹妙药和快速解决问题的办法"的主张，成为一种无处不在的话语。现代主体的思维中充斥着这种话语，剥夺了普通人行动的能力，并不断侵蚀着日常生活中最有价值的要素（McCarthy et al.，2003，p. 455）。文化和身份认同的碎片化相互杂糅的状况对多元化的公共领域构成了严峻挑战。

一项对撒哈拉沙漠以南地区国家的政府网站的研究发现，这些网站反映的是西方利益。它们把本国公民塑造为一些具有异国情调的人，以此来吸引外国投资者和游客。互联网的技术逻辑和审美取向都凸显了西方机构的主导地位，而非洲本地政府和地方力量的参与则没有得到应有的体现。"只有在接受成问题的殖民主义表征和西方主导的知识生产形式的情况下，身份认同才能发挥作用。"（Furisch & Robins，2002，pp. 203-204）从更一般的意义上来说，全球南方国家通常都被视为西方文化的载体。即便欧洲和北美学者出于善意对帝国主义和殖民主义做出历史的阐释，也很少有人能认识到当地人发起的抵抗运动、原住民的斗争以及地方的替代性观念资源的重要性。非白种人被看作是没有自主性的群体，缺乏运作自治民主的才智和能力。因此，在这种情况下，媒体应当通过儿童剧场、原住民艺术、民间故事、青少年音乐、诗歌和平民广播等各种形式表达正义的声音（McCarthy，1998，pp. 39-48）。

在多元主义所设想的动态民主形式中，公共领域并非一个静止的结构，而是一个持续变化、不断涌现出新群体的过程。为了保持民主，社会需要对绿色环保网络、族群组织、教育改革、女权运动等大众革新和新社会运动保持开放。作为一种规范的理想形式，多元主义使那些被排斥和边缘化的声音得以重见天日。地方化的替代性媒体网络与到处涌现的集权化媒体模式形成鲜明差异。例如，在巴西，环球电视台（TV Globo）几乎处于完全垄断的地位。但在民间，有一百多家传播组织活跃在视频制作领域，它们自下而上地发展出一个替代性的传播系统，允许用户对视频生产和发行渠道拥有控制权。这些视频制作组织遍布全国城乡各地，与工会、教会、社区和文化协会等各种组织有着紧密的联系。这种草根的多元主义运动对民众发挥了很好的教育作用，因而对推动社会变革具有重要的战略意义。

媒体的促进功能之所以是必要的，是因为人类生活其中的文化充满复杂性，而人们对文化的解释又是多种多样的。优秀的民族志作品应当体现出"足够的深度、细节、情感、微妙差异和叙述的连贯性，从而帮助读者形成批判意识。这样的文本也应当体现出充分的代表性，避免出现种族、阶级和性别刻板印象"（Denzin，1997，p. 283）。全球媒体监测计划（Global Media Monitoring Project，GMMP）已建立起世界上最大的研究和倡导网络，目标是要系统地研究 102 个国家的广播、电视、报纸等新闻媒体的报道是如何呈现女性的身份和贡献的。GMMP 致力于追求公共话语中的性别平等，它向我们揭示，性别歧视已深深植根于世界各地的文化之中。该项目坚持认为，媒体对女性的报道必须有充分的代表性，这是因为人们担忧，与那种业已式微的女权主义新闻报道模式相匹配的旧的权威观念，已经成为对倡导女性共同体和领导地位的新观念发展的一种阻碍（参见 Media and Gender Monitor，2005；Spears，Seydegart，& Gallagher，2000；Turley，2004）。

媒体在发挥促进功能的过程中所面临的最大挑战是如何激发民众的觉悟，即帮助他们表达自己的声音，并在文化转型的过程中相互协作。"草根群体发起的符号斗争提供了一种能够阻止主流意识形态对人们进行收编的抵抗伦理"，而媒体的报道应当反映这些复杂性（Stevenson，1999，p. 10）。

注释

[1] 关于发展传播研究漫长而复杂的历史，参见 Moemeka（1994）和 Gunaratne（1998，pp. 292-302）的概述。发展新闻学是世界新信息与传播秩序论争中的一个重要组成部分（请参考 Gerbner，Mowlana，& Nordenstreng，1993；Nordenstreng，

1984；Traber & Nordenstreng，2002）。关于把发展新闻学与威权政府控制的媒体混为一谈的相关描述，参见 Gunaratne（1995）。

［2］关于保罗·弗莱雷和马丁·布伯意义上的真正为发展服务的参与式媒体理论的不同维度，参见 Thomas（1994）的讨论。

［3］兰贝斯（Lambeth，1998）所总结的策略包括但不限于以下这些："通过公民投票来确定公众关心的议题；在全身心投入报道中之前，通过组织公民和专家参与的小组讨论来帮助记者了解报道主题的基本情况；举办公民焦点小组访谈来帮助记者获得并深入理解与报道主题关键要素相关的一手知识；通过开放性论坛使公众可以参与到对公共议题的讨论之中；最后，通过学术研究来评估媒体的表现。"（p.18）

［4］关于公共新闻的历史和内在逻辑的严肃讨论，参见 Rosen（1999b）。关于公共新闻引发的一系列基本问题，参见 Glasser（1999b）的分析。关于来自新闻业专业界人士的反思性讨论，参见 Merritt（1995）和 Merritt & McCombs（2004）。

［5］刘易斯·弗里德兰（Lewis Friedland）从社会资本的角度对公民社会做了如下界定："那些人们可以用来解决共同问题的社会信任关系、规范和网络。邻里关系、体育俱乐部、协作组织等各种公民互动的网络式社会资本的基本形式。根据社会资本理论，这些网络越复杂，共同体成员为了共同利益而采取合作的可能性就越高。"（Friedland, Sotirovic & Daily, 1998, pp.195-196；同时参见 Friedland, 2003; 2004; Sirianni & Friedland, 2005）

［6］关于《联合国世界人权会议官方报告》（Official UN Report of the World Conference on Human Rights），参见 www.unhchr.ch/huridocda/huridoca.nsf/（Symbol）/WCHREn?Open Document。关于《世界人权会议文件》（Documents of the World Conference on Human Rights），参见 www.unhchr.ch/huridocda/huridoca.nsf/FramePage/WCHR+En?OpenDocument。关于联合国人权事务高级专员办公室的相关信息，参见 www.unhchr.ch/map.htm。

［7］OneWorldOnline 是寰宇一家国际基金会（One World International Foundation）这一公民社会组织在互联网上的主要平台，其主要任务是致力于推动全球范围内与人权和可持续发展相关的各项议题。该机构成立于 1995 年，有上千个合作伙伴，其中包括近 200 座社区电台和一些视频/电视制作机构。所有合作伙伴免费分享各自的资源，为 125 个国家大约一百万用户提供超过两百万篇次的资讯服务。关于对该机构网络总站 OneWorld.net 的描述，参见 Vittachi（2001）。

［8］与雅各布·伯克哈特（Jacob Burckhardt）在《强迫与自由：对历史的反思》（*Force and Freedom: Reflections on History*）一书中对文化的定义一样，我们的定义

也是从文化的符号属性出发的。这与人类学和传统意义上的文化定义不同,前者把文化看作复杂文明体系的总和,而后者则把文化理解为文雅的举止方式。绝大多数文化定义都是非常宽泛的,几乎包含了所有社会活动。根据这些定义,文化包含了赋予某个群体以特征的技术、习俗、艺术、科学、产品、习惯、政治和社会组织。我们并不想采纳这种十分宽泛的定义,因为我们认为,文化与政治和社会组织、探索自然规律的实验性科学(例如,化学、物理和天文学)以及宗教制度相比,是不同的东西。因此,我们基本上把文化定义为人类的沟通活动,以及人类的艺术和语言活动的产物。

[9] 古特曼(Gutmann)和汤普森(Thompson)从修复式正义和民主化的角度对这种诊疗性目标进行了分析:"许多人(包括受害者自己)有理由认为,从道德上讲,原谅那些犯了罪却拒绝接受惩罚或不愿意为受害者提供补偿的人是不合适的。"(Gutmann & Thompson, 2004, p. 172; 同时参见 pp. 177 - 187)

[10] 公民共和主义传统中的文化多元主义指的是意识形态和种族的多样性,与多元自由主义存在本质性的区别(参见第四章)。促进角色中的多元主义的基础是积极自由,而在程序自由主义中,多元主义的基础是消极自由,而且机会平等基本上被看作私人事务。关于跨国多元主义的挑战,参见 Bohman(2007)。

[11] 赫尔德正确地坚持认为,应当把文化和政治维度整合起来:"如果政治空间的治理机制和制度必须受到……包容性和权力自主性原则制约的话,那么人们作为不同社群成员的实际身份就必须与某种法律上的政治地位相匹配。"(Held, 2004, p. 101)

[12] 博曼寄希望于以电脑为中介的传播形式能够促进跨国商议性互动的发展,从而能够推动一种比传统的全国性文学公共空间更有跨国色彩的世界性民主的形成(Bohman, 2004, pp. 138 - 151; 同时参考 Bohman, 2007)。关于全球化时代互联网和民主相关主要议题的严肃讨论,参见 Hilde(2004)。

[13] 为了"找到合理的道德妥协办法",博曼以哈贝马斯的更有动态性的观点为基础,进一步发展了他的复杂的"多元的公共理性观念"。我们这里的讨论正是以博曼的概念框架为基础的(Bohman, 2000, pp. 75 - 105)。

[14] 虽然没有援引这个例子,但查尔斯·安德森(Charles Anderson)把这种现象称为"改良理性"(meliorative reason)。他试图在公共传播者中进一步强化这种理性思考的形式,但这并不意味着他提出了一些不证自明的能够被所有人接受的问题解决方案。接受这种思维方式的记者所做的是尽量提出建议,指出不同的行动方案,而不是报道那些本质上虚假的困境和冲突(参见 Lambeth, 1999, pp. 30 - 31)。

第八章　激进角色

激进角色意味着媒体和新闻业会坚持以一种完全不妥协的方式捍卫民主社会中全体成员的绝对平等和自由权利。在以市场竞争原则为基础的社会中，人们在财富、教育以及获取信息和传播资源方面存在的严重不平等，常常被视为个人奋斗程度差异的合理结果。采取激进立场的新闻媒体对不公正的社会现象采取了零容忍的态度。激进民主的立场意味着必须不断消除社会权力的集中，从而确保每个人都能平等地参与到一切社会决策过程中。从专业实践的角度来说，采取激进立场的新闻记者不是只会鼓吹投票程序改革之类的表面变化，而是致力于推动对现有社会制度的核心要素进行根本性的变革。在某些时候，他们或许会把精力主要放在揭露和批评特定形式的歧视现象上，或者为某些没有话语权的弱势群体代言，但从长期来说，他们的目标是致力于实现一个普世人权得到承认的社会。

在发挥监测功能时，媒体把现有的特定权力结构视为理所当然的事实，其作用是提供这种社会配置的正常运转所需的系统信息。然而，持激进立场的媒体意识到，掌权者往往会限制信息的流动，因此有必要改变现有的公共传播系统，从而确保弱势群体能得到他们所需的信息。激进的新闻业试图帮助弱势的少数群体表达他们的替代性目标，这些目标体现了所有人尤其是边缘群体、相对贫困人口、赤贫者的需求和正当的道德诉求。

在这种情况下，记者的使命是对处于统治地位的利益联盟所导致的长期存在的不公正现象发起挑战，并倡导建立一套新的社会秩序，为那些致力于反抗不公正的社会运动摇旗呐喊。

扮演激进角色的媒体会试图揭示出这样一个事实：在那些可以主宰社会政治经济命脉和文化价值观的群体和那些在这方面几乎毫无影响力的群体之间，存在着重大的利益冲突。主流媒体的报道可能会试图淡化这些利益冲突；而激进的新闻媒体不仅要揭露这些利益冲突，还要指出这些冲突中存在的不公正和矛盾。同时，激进媒体还与那些发起各种形式的反抗和倡导运动，敢于对居于统治地位的掌权者发起挑战的群体站在同一阵营。因此，激进媒体在本质上是具有鲜明的政治倾向性的。

媒体的激进角色是建立在这样一种看法基础上的：社会中现存的政治经济权力结构往往有利于少数特权者掌握控制权，从而凌驾于大多数普通人的利益之上。那些处于弱势地位的群体可能会很在意这种结构失衡，也可能对此完全无感。不过，一旦对这种状况产生不满，这些群体就会成为一股推动社会解放和权力向底层转移的重要力量——可能是一种推动体制变革的温和力量，也可能会变成彻底推翻现有制度的革命性力量。相反，如果弱势群体对自身的处境毫不在意，对社会变革也漠不关心，那他们就成为受制于虚假意识的消极被动的人。在这种情况下，只有活动人士和少数派发起的政治运动才能有效地推动社会解放的进程。与此相应，激进媒体会为那些致力于在思想上解放被压迫者或被洗脑者的活动人士和激进运动提供支持，帮助这些群体参与到民主治理的进程之中。

从17世纪到18世纪，新闻界所扮演的激进或革命角色是政治和宗教改革运动的一部分，正是这些运动为现代民主社会创造了条件。在20世纪，以政治为核心使命的新闻媒体转变为面向大众发行的商业化媒体。从运作方式来说，这些媒体已经成为资本主义企业，其目标是为投资者获取利润，而这些投资者很可能对媒体在民主社会中的社会责任毫不关心。这些商业化媒体已经成为市场驱动的主流媒体产业的一部分，在这种情况下，政治运动或政党组织推动的传统激进主义所能获得的媒体空间变得越来越小。

自东欧剧变以及市场逻辑在全球范围内扩张以来，激进运动已经与传统的制度化政党关系不大，相反，推动激进变革的是一系列以受到排斥的社会身份为基础的新社会运动，比如，女权主义、环保主义和少数族裔运动。激进主义运作的主要空间从制度化的政治活动转向专注于特定议题或身份问题的社会运动。与此相适应，在理论上也出现了从公民社会理论（Cohen & Arato，1992）到后现代政治（Pulkkinen，2000），再到新型公众（emergent publics）等概念的演变（Angus，2001）。

这些推动激进运动发展的新的组织方式大多会借助主流媒体圈子之外的另类媒体（Atton，2004）、社群媒体（Howley，2005），以及其他各种形式的对抗性表达手段（Couldry & Curran，2003）。对抗性较弱的另类媒体则在国家或国际媒体政策的支持下，为那些在族裔身份、语言、文化和政治上处于弱势地位的少数群体提供接触和利用各种信息和文化资源进行自我表达的手段。在这种情况下，我们已经不能理所当然地认为这些媒体是激进媒体了，因为它们已经在总体上被整合到现有的社会政治系统之中。从这个意义上说，不同的媒体对主导权力结构的反抗存在程度上的差异。一些另类媒体和社群媒体的激进主义色彩是很温和的，以至于我们可以认为它们实际上发挥的是促进功能。诚然，在促进和激进角色这两极之间存在一个不同角色混杂的灰色区域，但在概念层面，我们认为仍然有必要强调理想型意义上的媒体角色。

一般而言，特别是在集体决策的民主程序方面，扮演激进角色的媒体必须促使社会权力的集中过程受到公众意见的监督。这意味着媒体必须说服公众，激发公众意见，促使人们采取行动，进而实现社会权力的再分配。在媒体发挥这种动员作用的过程中，它必须要向人们阐明社会权力的集中有什么危害，以及相反，社会权力的再分配有什么好处。

这种动员过程旨在提高公众对权力结构的认识，这就要求媒体必须突破传统形态，具备更高的参与性和对话性。这种参与性和对话性甚至已经超过了媒体的促进角色所能达到的水平。在一个真正的民主社会中，媒体不仅要揭露权力的滥用，还要阐明权力集中的原因和后果，从而帮助民众找到实现社会权力再分配的行动路径。勇于表达立场却各自为政的行动者不足以完成这一使命；这种激进运动的最终着眼点在社会整体，目标是要实现对整个社会结构的改造。

因此,"激进"一词在这里指的是这样一种视角:它所着眼的对象是社会权力关系的基础,目的在于挑战掌权者的霸权地位,并提出替代性方案。这种方案不是对社会构成要素的小修小补,而是要对整个社会结构进行改造。我们没有使用"批判"这个术语来表示媒体的这种对抗性角色,因为媒体在发挥监测和促进作用时,同样也会与权力结构保持一种批判性的距离。而且,"批判"一词承载的含义众多,在使用这个词语时,很容易被人们忽略的一点是,它还可以表示根本性的挑战。我们认为,使用"激进"一词能够更好地表达这个含义。不过,同样重要的是,我们必须接受这样一个不言而喻的基本观点,即科学基本上是一种反思性的批判活动。正如塞斯·哈姆林克(Cees Hamelink)在《传播、文化与批判》(*Communication, Culture and Critique*)创刊号中所指出的那样,在这种活动中,"没有绝对主义思维(absolutist mind)存在的余地"(2008, p.3)。斯拉夫科·施皮夏尔(Slavko Spichal)则提醒我们,批判性是公共领域的本质,而正是这一点最终带来了普世的传播权利(2008, p.29)。

在这种语境下,扮演激进角色的新闻业旨在对强势群体(一般是少数)手里掌握的社会权力进行重新分配,使之更有利于弱势群体(一般是多数)的利益。我们可以把意识形态粗略地分为三种不同类型:保守的、改良的和革命的。在本章,我们所讨论的是革命的意识形态。在这种意识形态中,新闻业是挑战和改变政治经济体制的一种手段。媒体的监测和促进角色代表的是一种改良主义意识形态:媒体是完善体制的手段。合作角色则代表着一种保守主义意识形态:媒体是维护现存体制的工具。激进新闻业与资产阶级精英主导的新闻业和新兴的商业化大众新闻业都拉开了距离。这在19世纪绝大多数西方国家都是常见的现象,当时各国的特定情况和发展进程迥异,但都发生了革命。正如简·查普曼(Jane Chapman)所指出的那样(2005, p.11),随着政治压迫和经济变革而出现的激进主义是比较传媒史研究中要考虑的基本要素之一。

的确,激进新闻业构成了媒介史上的重要篇章之一。甚至连美国也拥有丰富的媒体激进主义传统。正如麦克切斯尼和斯科特(McChesney & Scott, 2004)、贝里和西奥博尔德(Berry & Theobald, 2006)的研究所表明的那样,这种激进主义传统并不是以革命性媒体的形式出现的,而更多地表现为对主流商业媒体的一种激进批判的立场。但是，我们离当代世界越近，就越会发现媒体环境中原有的激进主义日渐稀少。激进新闻业已经日益被整合进一个非激进的甚至是保守的主流体制之中。总体来说，革命运动及其激进新闻业呈现出"兴起和收编"的历史发展过程（Conboy，2004，p.88）。

然而，在当下的媒体中，我们依然可以发现激进新闻业的踪迹——它不仅存在于弱势群体媒体中，而且在那些坚持独立立场，愿意为在特定议题上对当权者持激进批判态度的观点提供表达平台的所谓主流媒体中，我们也能看到激进新闻业的要素。因此，我们必须把激进媒体和激进新闻业区别开来，并承认这样一个基本事实：虽然在当代世界，真正的激进媒体并不多见，但作为一种特定现象的激进新闻业却依然存在，并在特定形式的公共辩论中表现出来。

激进传统

从历史的角度看，谈到媒体的激进角色时，我们自然会想到马克思。他的思想经历了一系列变化，从最初为包括出版自由在内的自由权利而斗争的改良主义的社会民主派，转变成为工人阶级统治地位而奋斗的革命的共产主义者（参见 Hardt，2001）。从这个角度来说，本章所探讨的传媒的激进角色这一问题的确就是一种"马克思主义的新闻理论"。但另一方面，如果我们把激进角色与共产主义制度，尤其是苏联体制等同起来，将是非常具有误导性的做法。而《传媒的四种理论》一书正是这么做的。实际上，有些曾经把自己的政权称为"真正的社会主义"的国家并没有能够实现马克思主义所设定的最初目标。

激进主义的一个重要特征是"无情的批判"。年轻时期的卡尔·马克思于19世纪40年代提出了这个说法，目的是强调他的一个观点：当下真正的社会批判意味着批判者必须大胆地表达自己的立场，同时不怕与掌权者发生冲突（Solomon & McChesney，1993，p.1）。正是这种批判路径激发了所谓的新马克思主义流派。这一流派在20世纪60年代后的传媒研究界逐渐产生了较大的影响力（Hardt，1992；Pietilä，2005；Schiller，1996）。这场被人们冠以"批判理论"或"政治经济学"等许多不同名称的知识运动进一步催生了许多不同的分支流派，但它们的一个共同特征就是始终忠实于"无情的批判"立场，即致力于向人们揭示他们看不到的社会真相。

实际上，理解媒体的激进角色的最好方式是追溯这种路径的演变过程，而非试图对这个概念给出一个教科书式的简单定义。德拉姆和凯尔纳（Durham & Kellner，2001）编著的论文集对我们理解这一点十分有益：这种演变的起点是马克思和恩格斯，他们认为"一个阶级是社会上占统治地位的物质力量，同时也是社会上占统治地位的精神力量"（pp.39 - 42）。随后是安东尼奥·葛兰西（Antonio Gramsci）和他的意识形态、文化霸权和反文化霸权的观念（pp.43 - 47），以及西奥多·阿多诺、瓦尔特·本雅明、马克斯·霍克海默等人所代表的法兰克福学派及其所提出的"文化工业"的概念。根据法兰克福学派的看法，"文化工业"是把人们的创造性能量转变为没有灵魂的商业主义俘虏的重要手段（pp.48 - 101）。

在马克思、恩格斯和葛兰西看来，由充满活力的激进运动所引导的阶级斗争向统治阶级发起了挑战。相反，法兰克福学派的看法则要悲观得多，他们认为"传媒文化只不过是再生产了现存社会，并对大规模的受众实施操纵，使之变得顺从"（Durham & Kellner，2001，p.9）。作为后法兰克福学派时代的批判理论家，尤尔根·哈贝马斯认为，一个进步的资产阶级公共领域在报业发展的早期阶段曾经对民主辩论的繁荣发挥过推动作用，却在商业公司权力的侵蚀下逐渐消失了（Habermas，1989）。在法国，与这一批判路径相似的是由哲学家路易·阿尔都塞（Louis Althusser，1984）所提出的"意识形态国家机器"理论。根据这个理论，媒体和新闻业作为一种意识形态机器，必然服务于特定的阶级利益，特别是资产阶级的利益。

因此，新马克思主义观念突出强调了资本主义带来的各种危害——在这种悲观的视角下，改变世界几乎是一个完全无望的目标。但实际上，这种看法敦促人们对西方社会中存在的结构性障碍保持批判的意识，从而推动了激进主义运动。包括新闻业的激进角色在内的与传媒有关的激进立场,逐渐发展为人们所熟悉的以变革为目标的积极社会运动。这与失败主义(defeatism)实在是相去甚远。最能说明这一点的一个典型例子来自德国学者奥斯卡·内格特(Oskar Negt)和亚历山大·克鲁格(Alexander Kluge)的研究(Negt & Kluge,1993)。他们提出了一个后法兰克福学派、后哈贝马斯式的研究路径,认为尽管社会政治系统会拉拢和控制消极的大众受众,但"无产阶级公共领域"的存在依然是可能和必要的。正是20世纪60年代和70年代的这种知识氛围催生了传播政治经济学,并促成了后来文化研究的兴起。

传播政治经济学与文化研究

为了更好地理解激进传统的后续发展,我们有必要先回顾一下传播研究发展的总体情况。直到20世纪60年代末,韦科·皮蒂拉(Veikko Pietilä)在他对该领域的历史概览中所提到的"经典的行为主义大众传播研究"一直在传播研究领域占主导地位(2005,pp. 105 - 126)。尤其在美国,这一流派的主导地位更加突出。它的长处在于提出了许多基于经验研究得出的发现,并发展了研究技术。计算机技术的出现进一步推动了这类研究的发展。但是,这些研究的弱点在于对更加广泛的理论路径和更为复杂的伦理问题缺乏观照。它们体现了当时十分典型的逻辑实证主义方法,其主导地位甚至引发了许多批判性反应,尤其是在美国之外的地区(参见Nordenstreng,1968)。填补这种理论和价值真空的是马克思主义以及作为其具体表现的传播政治经济学,代表人物包括北美的达拉斯·斯迈思(Dallas Smythe)和赫伯特·席勒(Herbert Schiller),以及欧洲的阿尔芒·马特拉(Armand Mattelart)和尼古拉斯·加纳姆(Nicholas Garnham)。他们的工作为一整代激进研究者铺平了道路。这类批判研究并不存在统一的路径,相反,其内部包含了很多不同的分支。其中一些学者关注经济和阶级结构,而其他人则主要关心意识形态和主体性问题(Pietila,2005,pp. 221 - 244;Schiller,1996,pp. 132 - 184)。不过,这个路径下的研究有一个共同的核心观点,即它们都"意识到大众传媒最基本的特征是从事商品生产和分配的产业化的商业组织"(Murdock & Golding,1974)。同时,从事这类研究的学者也意识到,除了生产出传媒产品和制造出受众之外,传媒产业还以多种方式介入资本主义的商品生产过程之中(Mosco,1996)。

到20世纪80年代初,整个传播研究领域都受到了激进传统或某些较为温和的批判研究的深刻影响,以至于这类研究在某些国家甚至占据了支配性地位。1983年,《传播学刊》(*Journal of Communication*)以"领域的骚动"(Ferment in the Field)为题出版的特刊对当时的这一情形进行了很好的解读。在对各种研究范式及其面临的挑战进行了一番令人印象深刻的全景式综述后,担任编辑工作的乔治·格伯纳(George Gerbner)总结道,批判范式已经成为这一时期传播研究的典型特征,"如果今天马克思还活着,他的主要著作将被冠以传播而非资本之名"(Gerbner,1983,p.358)。这种说法的目的并不是要削弱马克思主义传统对资本和阶级问题的重视,而是为了强调这样一种看法:对任何一种后工业时代的社会理论而言,与其他要素相比,信息和传播具有同样重要的地位。这种把马克思主义和传播问题相结合的做法,也预示着由"赛博马克思"(cyber-Marx)(Dyer-Witherford,1999)、"数字资本主义"(digital capitalism)(Schiller,2000)等说法所启发的一种新的研究路径,其核心观点是"信息商品已经成为当今世界市场体系内部和外部扩张的主要领域"(Schiller,2007,p.16)。

与此同时,到20世纪80年代,文化研究作为激进传统的另一个分支开始登上学术舞台的中心。它的理论源头来自英国文化研究学派,理查德·霍加特(Richard Hoggart)、雷蒙德·威廉斯、E.P.汤普森和斯图亚特·霍尔(Stuart Hall)在20世纪六七十年代发表的一系列著作奠定了这一学派的基础。文化研究学者抱有一种较为乐观的看法,认为在资本主义的统治性力量面前,工人阶级文化具有潜在的抵抗能力(参见Barker,2000)。在这种激进传统的视角中,大众文化被看作一个充满矛盾冲突的系统,并且媒体运作的过程也不完全是按照一种决定论式的秩序来进行的。相反,大众文化,尤其是以摇滚音乐为代表的青年亚文化,被视为一股能够发挥解放和赋权功能的积极力量(参见Grossberg,1992)。

文化研究扩张迅速,并很快在全球范围内获得了普遍认可。但在这一过程中,它也变得十分多样化,以致其中很大一部分内容已经不再具有批判性，更遑论激进性了。虽然文化研究与传播政治经济学一样，都是反实证主义知识运动的产物，但到20世纪90年代时，两者已经分道扬镳，并形成了相互对立的局面。许多对自身所处环境感到困惑的人文学者加入了文化研究的阵营，而那些坚持政治经济学批判路径的学者所处的学术环境则日益艰难。罗伯特·麦克切斯尼认为自己作为一名激进传媒研究者在这一时期的经历，恰恰体现了"传播政治经济学的兴起和衰落"（McChesney，2007，p.37）。但随后出现的"历史转向"则又带来了许多改变的潜在机会。总的来说，这一时期传播研究领域的新发展可以概括为一系列"骚动"，而其中或多或少都带有一些激进传统的影子（Nordenstreng，2004）。

在总结激进传统兴衰沉浮的发展历程时，詹姆斯·柯伦（James Curran）将其置于自由主义传统的对立面，并对"保守的20世纪80年代"在传媒和文化研究领域出现的"新修正主义运动"给予了特别关注（2002，p.107）。他承认的确出现了所谓的"激进传媒研究的中年危机"（p.x）问题，但同时也提出了一个旨在复兴激进传统的方案，其中的结论部分与传媒的角色问题紧密相关：

> 激进传统被自我指涉的（self-referential）修正主义观点削弱，相比之下，自由主义传统却在未受太多批评的情况下得以扩张。然而，传统的激进视角依然有许多值得保留的重要见解……激进学者所坚持的看法中有一点是完全正确的，那就是精英群体的强大压力在总体上制约着媒体，使之倾向于为既有的权力结构服务。不过，媒体也会受到对立的大众力量的影响……总之，一个重构的激进理论视角需要积极反对修正主义论调的发展潮流，因为这种论调高估了大众对传媒的影响，却低估了传媒对公众的影响（Curran，2002，p.165）。

全球视角

20世纪70年代，关于国际新秩序的观念标志着激进思想开始在全球范围内成为一个普遍现象。这场追求国际新秩序的运动的目标是要实现发展中国家在国民经济以及文化和传媒系统领域的去殖民化。这已经不仅仅是一种学术性的主张，而是国际关系中的一种强烈趋势。其中，发挥引领作用的是第三世界国家发起的不结盟运动，它们得到了作为第二世界的社会主义国家的支持。最终，这些国家在联合国层面提出了各项改革主张，目标是要建立国际经济新秩序和国际信息新秩序。后来，联合国教科文组织进一步发展了第二个说法，提出了世界信息与传播新秩序（NWICO）的概念，并通过麦克布莱德报告（MacBride Report）对其进行了充分强调和阐述（参见 Mansell & Nordenstreng，2006；Nordenstreng，1999）。但所有这些观点都只是在一定程度上具有激进和革命色彩，其主体部分依然是主张要采取一种改良主义立场推动全球传媒系统的改善。但即便如此，这项改革运动依然被认为是对西方政治和企业利益的一个威胁，故而在20世纪80年代由美国里根政府所推动的权力变局中遭到反对。结果，由美国所领导的西方同盟所推动的一个完全不同的"世界新秩序"，在20世纪90年代初取代了第三世界提出的新秩序主张，而正是后者曾经启发了诸如"世界信息与传播新秩序"之类的新概念。

在21世纪到来之际，人们对这种世界新秩序观念的理解一般都是从全球化的维度展开的。在这一过程中，由美国驱动的市场导向引发了一场反全球化（antiglobalization）运动。而这场运动所体现的，正是此前围绕世界信息与传播新秩序问题所发展起来的一系列政治和思想元素。因此，"无情的批判"从来就没有从关于媒体的性质和作用的争论中消失，特别是在关于"信息社会"（Webster，2006）和"后现代文化"（Best & Kellner，2001）的争论中。根据德拉姆和凯尔纳的看法，"与文化和社会的后现代转向所对应的，将是全球资本主义发展的一个新阶段，其特征是新兴多媒体、激动人心的计算机和信息技术，以及政治、社会、文化和日常生活的各种新形式的不断涌现"（Durham & Kellner，2001，p. 26）。这种"后现代转向"中所蕴含的激进主义元素为我们提供了不少有启发性的视角，比如，信息取代阶级成为理解社会的决定性要素（Castells，1996；Poster，2001）、混合文化的出现（Canclini，1995；Martin-Barbero，1993）、理解道德和伦理问题的新路径（Stevenson，1999），以及批判教育学问题（Giroux，2004；McLaren & Kincheloe，2007）。

数字化时代的激进主义

在千年之交的转折点上，围绕传媒以及作为其中一个特定组成部分的新闻业的激进角色问题，出现了许多不同的相互矛盾的看法。首先，在西方工业化国家，曾经通过社会主义或共产主义政党组织起来的传统左翼力量，现如今已经大体上融入了福利社会体制之中，而它们在长达一个世纪的时间内为之奋斗的社会和经济目标也已经或多或少得到了实现。其次，新出现的反对派运动，尤其是在发展中国家，通常是由宗教激进主义推动的。虽然这些运动与我们所界定的民主的激进媒体类型并不相符，但它们依然是很重要的。全球化进程以及与之相伴的新自由主义信条对传统激进主义所依赖的人道主义和社群主义价值观构成了挑战，从而导致当代激进主义中第三视角的形成：作为对全球化的反应，这种新的激进主义以反全球化运动的形式呈现出来，其策略之一是积极运用新的信息和传播技术（ICTS），尤其是互联网技术。

这些情况所带来的结果之一就是所谓的独立媒体（indymedia）及其全球网络组织（www.indymedia.org）的出现。推动这一组织形成的事件是在1999年西雅图世界贸易组织会议期间发生的抗议运动，当时的目标是"以激进、准确、富有热情的方式讲述事实真相"。这一组织网络的出现推动了与无政府主义传统有关的独立媒体运动在全球的兴起（Downing, 2003），同时也催生了一种新的新闻业模式（Platon & Deuze, 2003）。另类媒体的最新发展形式则主要以个人博客为代表。

在以计算机为基础的传媒领域，人们对版权问题的看法出现了一些新视角，这进一步推动了前文所述的发展趋势。以微软为代表的商业软件行业受到全球免费软件设计者以及他们开发的以 Linux 系统为代表的开源软件的挑战。这些开源软件背后的逻辑意味着数字化传播技术不应当成为资本主义逐利行为的手段，而应当成为人们可以自由支配的工具。在这个过程中，商品经济逻辑被礼物经济逻辑取代。传媒研究领域政治经济学传统的看法基本与此相同，它一方面揭露了资本主义传媒产业的非民主本质，另一方面则倡导一种服务于公共福祉的民主传播体系。

作为公共新闻运动的推动者之一，杰伊·罗森（Jay Rosen）曾经罗列了"博客新闻激进性的十个方面"。其中第一点是："博客的基础是礼物经济，而当下的绝大多数（不是全部）新闻则是市场经济的产物。"最后一点则是："传统新闻业的假设是我们已经拥有了民主，而我们想要得到的则是信息。在博客世界中，身边无处不在的信息是我们已经拥有的东西，而民主却成为我们要追求的目标。"道格拉斯·凯尔纳和理查德·卡恩（Richard Kahn）持有类似的看法，他们认为博客的发展带给我们的是"一个网络化民主未来的前景"。

其他人则认为，博客不再是主要的激进力量，相反，它已经成为服务现有媒体利益的新手段（Singer, 2005）。例如，尚塔尔·墨菲（Chantal Mouffe）对新媒体的看法就不太乐观，因为很多人并不会充分运用这些技术中所蕴含的"选择的惊人可能性"。在墨菲看来，新媒体"反而让人们只活在自己的小世界里，而不再愿意接受和理解互相冲突的观点，而观点冲突恰恰是富有竞争性的公共空间的特征。新媒体使人们能够做到只去阅读和聆听那些可以进一步强化他们固有信念的东西"（Carpentier & Cammaerts, 2006, p. 968）。

显然，围绕新闻业在数字化时代的未来命运这一命题，形成了乐观主义者和悲观主义者两大阵营（后者也自称为现实主义者）。在乐观主义者中，有一类人成为批判教育学的新倡导者（参见 McLaren et al., 2005）。其中有些人意识到免费软件和开源技术及其在维基百科等项目中的应用所带来的巨大潜力："如果说古腾堡的革命极大地丰富了印刷媒体资源的话，维基百科则在一个放大了数倍的量级上产生了相同的效果。"（Suoranta & Vadén, 2007, p. 146）虽然这些学者关注的议题主要是教育范式的转换和知识素养问题面临的新挑战，但他们的讨论与媒体和新闻也是有关系的："当黑客群体的自组织性质与数字代码不是稀缺资源的看法结合起来的时候，一种赛博共产主义的乌托邦就会出现。在这种网络空间中，志愿者组织和非异化（non-alienated）劳动者构成的共同体将在一种后稀缺性经济（post-scarcity economy）中实现自我管理。"（p. 153）

简而言之，数字化时代为激进传统注入了两种新要素。其一，数字化信息传播技术已经成为现有社会运动的内在组成部分之一。即便被称为独立媒体，这些新的媒体技术也并不是一股独立的力量，而只是传统政治斗争的新平台。其二，数字化信息传播技术或许为激进思想及其运动的发展提供了一些真正的新渠道。开源运动仍处于探索阶段，但它无论是对广义的激进思想，还是对激进新闻这一具体领域来说，都具有重要意义。柯伦从英国互联网杂志《开放民主》（openDemocracy）之类的实践案例中得出的结论是，虽然这些项目与精英群体有着千丝万缕的联系，但开源运动"对建设全球公民社会做出了重大贡献"（Curran，2003，p.239）。

激进主义的变体

在对批判/激进传媒研究的传统有所了解后，我们发现显然无法对一般意义上的媒体的激进角色以及特定意义上的激进新闻业给出一个简单统一的定义。对于究竟什么是激进的并没有明确的答案，而是要"视情况而定"。在这种情况下，我们不仅要考虑我们所讨论的媒体系统本身的性质，还要考虑社会乃至世界的性质。一方面是传统的激进观念，把媒体视为旨在实现权力结构整体转型的革命运动的工具；另一方面则是一些晚近才出现的激进媒体形式，约翰·唐宁把它们定义为"一般规模较小、形式多样的媒体，表达的是与主流政策、重要事务和视角不同的另类立场"（Downing，2001，p.v）。

今天，"激进"这个词的主流用法已不再具有政治左派的马克思主义色彩，而是越来越具有宗教激进主义的意味。在西方意识形态框架中，这主要指的是极端宗教运动和国际恐怖主义。它们所表现出来的那种激进主义的确是激进主义的一种变体形式，但如果把它与激进新闻业联系起来则是有误导性的。根据我们在本书中提出的媒体角色类型，无论什么时候，一旦媒体成为这些极端主义运动的工具，那它们所扮演的实际上是一种合作角色，而非激进角色。无论极右运动，还是极左运动，都是如此。唐宁（Downing，2001，pp.88-96）把这两种极端情况一起归入压制的激进媒体的范畴，与之相对立的是民主的激进媒体。在本书中，我们所说的"激进"一词指的是新闻的民主而不是压制性角色。虽然压制的和民主的激进主义形式之间的边界经常是模糊的，有时甚至是完全无法确定的，但在概念层面上对两者进行区分，同时也对这种区分保持质疑的态度依然是十分重要的。

与此相应，我们所理解的新闻的激进角色并不意味着媒体必须服务于任何类型的对抗性目的。它们服务的对象应当是社会中那些与既有利益格局相对立的群体，因为他们在权力系统中的代表性不足，权利受到剥夺，故而在公共领域中无法获得公平的表达空间。因此，我们所说的媒体的激进角色带有一定程度的大众甚至民粹主义的色彩。就这一点来说，激进角色不仅与权力概念有关，也与公民权概念有着密切的联系。

这种意义上的激进角色已经与国家之类的庞大制度结构拉开了距离。发挥激进作用的通常是各种另类媒体，它们一般由处于地位稳固的政党、工会和行业协会等组织之外的公民社会团体来运作。对于这些新的社会运动和草根群体来说，媒体不只是推进他们事业的手段，更是表达他们的批评立场、促进实践的渠道。因此，和报纸媒体在早期政党和解放运动中发挥的喉舌功能一样，另类媒体是它们所代表的运动或群体的内在组成部分。从这一点来看，另类媒体所追求的实际上是一种倡导式新闻（advocacy journalism）。

实际上，不仅另类媒体会从事倡导式新闻报道，在不那么激进的传统媒体中，我们也能发现倡导式新闻的影子。事实上，发挥媒体民主激进功能的一个重要群体就是那些在主流媒体中工作，却以批判性姿态介入包括社会正义和人权在内的基本议题的记者。与在主流媒体中占主导地位的那种多少有些保守的路线相比，这些记者所表达的激进立场往往成为不同寻常的例外情况，而正是这些例外常常会对舆论环境的走向产生重大影响。因此，我们不能仅仅从一种媒介形态或一个传媒系统整体的角度来理解激进角色，而应该根据新闻实践的特定形式来做出判断，而这种形式在或保守或开明的主流新闻业中很可能是处于边缘位置的。

另外，媒体的促进角色为民主过程提供了对话和参与空间，从而表现出工具性的一面。促进角色与激进角色都在公民社会层面运作，其目的都是要增强民众的影响力。从这一点来讲，两者区别甚微。在我们的分类体系中，把两者区分开来的是它们所要实现的目标：促进角色的目标是要促进公民之间的对话，而激进角色的作用是动员公众舆论来与社会权力结构做斗争。

无论是在理论上还是在实践中，另类媒体都在一定程度上发挥着激进媒体的功能。关于这一点,唐宁(Downing,2001)和阿顿(Atton,2002,2003)的讨论最为深入彻底。进入 21 世纪以来,由于政治和媒体领域的发展,另类媒体现象受到越来越多的关注。在政治领域,传统的政治机构,包括旧的政治党派,已经失去了选民的信任,故而迫切需要找到新的政治运作方式。在媒体领域,出现了两种标志性的矛盾趋势:一方面是所有权的高度集中;另一方面则是由数字技术特别是互联网技术推动的传媒实践的去中心化(decentralization)趋势。

在世界信息与传播新秩序的全球视角,以及全球各地尤其是拉丁美洲地区原住民和其他草根群体的各种媒体实践的启发下,克莱门西亚·罗德里格斯把相关讨论从另类媒体进一步推进到公民媒体的概念(Rodriguez,2001)。所谓公民媒体指的是草根群体通过直接控制媒体资源,从而形成了一个在全球范围内蓬勃发展的社群媒体运动。为了避免另类媒体这个概念背后潜在的二元对立倾向,即所谓自上而下的机构化的坏媒体与自下而上的由民众掌握的好媒体之间的对立,罗德里格斯调用了许多不同的理论资源:布伦达·德文和罗伯特·韦斯卡(Dervin & Huesca, 1977)的"意义建构"(sense-making)理论、古泽斯·马丁-巴韦罗(Martin-Barbero, 1993)的"混杂文化"(hybrid cultures)概念,以及欧内斯托·拉克劳和尚塔尔·墨菲(Laclau & Mouffe, 1985;参见 Mouffe, 1992)的"激进的民主公民权"(radical democratic citizenship)理论。这些理论反思所带来的一个重要经验就是,无论是另类媒体还是公民媒体,都不应被视为机械的二元对立现象,而应该是动态的由各种不同要素构成的混杂现象。

20 世纪 90 年代,在南亚(尤其是印度)和拉丁美洲地区,出现了一个类似的理论范式,即所谓"贱民研究"(subaltern studies)。其中,推动拉丁美洲"贱民研究"发展的是在美国理论家弗雷德里克·詹姆森(Frederic Jameson)的思想启发下出现的马克思主义文学研究团体(Marxist Literacy Group)(Rodriguez, 2001, pp. 1 - 2)。这是一个真正激进的思想流派,在学术研究中充满战斗精神,并且要"在研究贫弱者问题的过程中把我们的信念贯彻始终"(p. 3)。虽然并未形成具体的激进媒体理论,但对那些追寻激进目标的新闻从业者来说,这一范式成为他们的实践过程所处的知识环境的一个组成部分。

最后一个但同样重要的激进主义范式是女性主义研究（feminist studies），其关注的焦点是以父权制为基础的社会关系中的结构性不平等。自20世纪60年代以来，女性主义一直是媒体语境激进化过程中一个重要组成部分。随着诸如南希·弗雷泽的《自由不羁》（*Unruly Practices*）这样的经典著作的出版，女性主义研究已经形成了自己独特的传媒研究范式。但这完全算不上一个统一的流派，而是分化为许多激进程度不一的分支。

激进角色的维度

以上与传媒研究有关的激进思想史，为我们理解新闻的激进角色究竟意味着什么提供了必要的宏观脉络和主要构成要素。接下来，我们将主要关注在第五章中提到的几个维度，正是这些维度构成了确定新闻业角色的核心要素。

权力

在对激进角色进行界定的过程中，社会政治权力是最关键的概念。媒体在扮演激进角色时，从根本上与国家和其他社会权力结构所给定的角色拉开了距离。激进角色与社会中占统治地位的力量之间是一种对立和对抗的关系，其目标是要在那些服务于政治、经济和文化霸权的媒体之外，为另类声音的表达提供替代性的渠道。如果说扮演合作者角色的媒体一般会支持国家所代表的主导性制度权力，故而享有最低限度的自主性的话，那么，扮演激进角色的媒体则处于另一个极端：始终与自发的社会运动和人民反对专权的斗争站在一起。

与理解媒体的激进角色相关的另一个问题是权力的本质，而这个问题会把我们带回此前讨论过的一个话题，即激进和自由传统之间的矛盾。正如柯伦（Curran, 2002）所言，马克思主义的某些版本中那种认为经济决定权力的看法过于简单，甚至是误导性的。但削弱经济作为权力来源的重要性同样具有误导性。例如，在文化研究中，许多后现代主义者认为权力是高度碎片化和弥散化的，以致无须再重视经济的作用。这种路径实际上与自由主义范式的看法不谋而合,即构成现代社会的是悬浮在抽象的社会关系中、具有或多或少的独立性的个体。

有一点很重要,那就是我们必须意识到存在两种完全不同的权力观念:英美传统的权力观和黑格尔—马克思传统的权力观。前者以托马斯·霍布斯(Thomas Hobbes)的理论为基础,遵循的是伽利略学说中的宇宙观。在这种观念中,宇宙是一个不受外部制约的系统,由自由运动的物体构成,其中包括具有自由意志的人类。在这个传统中,权力意味着对自由运动的干预;权力是一种能够阻止自由运动的能力。相比之下,黑格尔—马克思传统遵循的则是康德哲学:人类的活动受到自然法则和道德理性的支配。在这个传统中,自由意味着摆脱自然的束缚而获得自主性,人类的理性和道德能力是自由的基础。自由"不是在不受干预的情况下随心所欲的能力,恰恰相反,自由意味着把自然欲望和利益置于道德考量的规范之内"(Pulkkinen,2000,p.12)。在黑格尔—马克思传统中,权力不是干扰自然运动的障碍,而是在公民社会中,以及最终在国家中确保道德和秩序得以维系的重要手段。

虽然激进传统所涉及的复杂知识史脉络并不总是清晰的,但总体来说,关于媒体作用的激进主张属于上述两种权力观中的后者,即德国传统。在英美传统中,权力概念只是建构政治和民主的自由至上理论的一个跳板,这在以罗伯特·达尔的作品为代表的现代经典著作中都有所体现。自由至上理论把政治定义为原子式个体之间相互博弈的过程。相比之下,黑格尔—马克思传统中的权力绝不是一个简单机械的概念。这一传统把政治视为社会的一个有机组成部分,权力并不是个体之间的一种关系,而是"社会自我控制过程中实现正义的一种手段"(Pulkkinen,2000,p.94)。

米歇尔·福柯(例如,Foucault,1982)是继承黑格尔—马克思传统的典型人物,他的著作已经成为当代社会权力理论发展的一个重要思想来源。正如杰夫·达纳赫(Geoff Danaher)、托尼·斯基拉托(Tony Schirato)和珍·韦布(Jen Webb)所总结的那样,"福柯并不认为权力是一种可以被人拥有或把持的东西,相反,权力是无处不在的,处于不断变化的流动之中"(Danaher, Schirato, & Webb, 2000, p.80)。因此,权力是分散的、流动的,但依然具有很现实的影响力。而且,在福柯看来,当权力处于不可见状态时，其效力更加显著。从这个角度来说，（后）现代社会存在一种从野蛮的权力的公开展示向"隐形压制"转变的趋势（p.81）。斯基拉托对传播系统在"全景敞视社会"中的作用的福柯式研究，采用的正是这样一种视角（Schirato, 2000; Schirato & Webb, 2003）。

这种权力观为媒体的激进角色打开了一个颇具挑战性的视角。传统的马克思主义的社会权力概念通常与以阶级为基础的政治和经济统治结构有关，这种概念所带来的是阶级对抗及其相应的激进媒体。但福柯的权力概念不能被归结于某个特定的社会位置。在这种情况下，激进主义不再意味着要去揭示某种清晰可辨的权力来源，而是意识到社会政治体系中普遍存在的一种结构性状态，即这种结构中内在固有的偏向性（a built-in bias）。

这并不是一个全新的视角。葛兰西、法兰克福学派以及后来的社会批评家雅克·埃吕尔（Jacques Ellul）、斯图亚特·霍尔、赫伯特·席勒等人都曾经在一定程度上阐述过类似的观点。这些理论家的一个共同之处是他们都持有一种整体观（a holistic view），即权力系统在（西方）社会中造成一种结构性偏向，而激进的理论分析和社会行动的目的就是要对这种结构性偏向发起挑战。那些追求新闻业的激进角色的人属于同一个思想传统，他们都持有一种整体的社会观和弥散的权力观。

共同体

权力通常是在一个共同体或社群中运作的。但我们刚刚讨论的两种主要观点对共同体的性质有着完全不同的看法。英美传统认为共同体是由寻求个人利益的个体构成的；德国传统则认为共同体是由一群因理性、道德和共同利益而聚集在一起的个体构成的。前一种共同体概念是相当松散的；而在后一种定义中，共同体成员之间的联系是较为紧密的，主要体现为能够代表集体利益的黑格尔式的国家。在自由至上主义传统中，社会是由个人主体组成的；而在德国传统中，社会主要是由共同体这种集体主体构成的。前者认为社会基本上是一种虚构，与此相反，后者认为个体才是一种虚构。

在实践中，人们大多会把社会看成是这些不同传统混合在一起的产物。如今，尽管经济自由主义，也就是所谓的新自由主义已经成为一个全球性趋势，但我们很少会见到一种纯粹的自由至上主义的共同体概念了。随着人们越来越关注全球治理和生态危机问题，那种认为超越个体的普遍利益并不存在的观点已经变得行不通了。因此，社群主义和所谓"强势民主"（strong democracy）思想在美国变得越来越有市场。但这种背离英美传统的思想趋势并没有带来新一轮激进主义浪潮；它只是自由至上主义信条的一种变体，却能够提醒我们不要忘记古典自由主义曾经陷入的僵局（参见第一章的讨论）。

就新闻业的激进角色来说，共同体或社群是其得以发展的理想空间，这和媒体的促进功能一样。大多数激进媒体是由某个共同体或社区创立，或者是在其支持下发展起来的，无论这些共同体是基于地理因素还是利益动机形成的。但是，正如唐宁（Downing，2001，p.39）所指出的那样，共同体是一个十分模糊的概念，它所造成的问题要比它解决的问题多。不过，正如我们在本章导言中已经提到的，在考察那些新的具有赋权功能的激进主义来源时，我们依然不能忽略社群媒体的重要性。事实上，充分发挥社群媒体的作用已经成为一场全球性的运动（Fuller，2007；Rennie，2006），甚至连世界社区广播电台协会（World Association of Community Radio Broadcasters）这样的机构也这么做。尼科·卡彭铁尔、里科·莱和简·瑟韦斯（Carpentier，Lie，& Servaes，2007）区分了四种社群媒体发挥作用的方式：（1）直接服务于特定社群；（2）作为主流媒体的替代选项而存在；（3）作为公民社会的一部分发挥影响；（4）作为一种"根茎结构"嵌入灵活机动的社会运动中。这些媒体发挥作用的不同方式可以适用于激进媒体和其他不同类型的媒体，但由于它们的总体目标都是要促进更广泛的参与，增加人们使用媒体资源的机会，因而与新闻业的激进角色是完全兼容的。

尽管存在以上各种看法，但在没有社群集体支持的情况下，某些形式的激进主义反而表现得更好。无论多么激进的社群都能产生限制作用，从而导致异见者的声音和无政府主义思想遭到压抑。在利奥塔（Lyotard，1988）等后现代主义者看来，尊重和支持差异是超越上述两大主要传统中存在的个人和社群二元论的关键。

合法性与责任

在社会中，激进意味着从与他人的相互信任关系的约束中解脱出来，除非他人也属于相同的激进组织。因此，激进新闻业并不赞同社会在整体上的合法性；这一点让很多人不安，觉得它具有颠覆性。但是，激进派媒体和记者却认为自己的对抗性立场是高度合法的，相反，社会在总体上则是缺少合法性的。

这种情况意味着激进派认为自己对社会整体以及国家不负有任何责任。然而，从概念上讲，激进立场是对处于霸权地位的权力的一种反应；在缺乏主导性权力结构作为其斗争对象的情况下，激进主义也就不可能存在了。因此，激进派行动者无法使自己与社会的其他部分完全分离；激进主义的源头及其斗争对象之间始终存在某种责任关系。

激进主义的本质导致它对主导性的社会体制持有一种对立的立场性质，这使它与合法性和责任观念无法兼容。因此，我们在第五章提到的四种媒体职责无法适用于激进主义也就不足为奇了。激进新闻业把法律框架视为对自由的威胁，而不是一种规范性的保障。实际上，激进派常常致力于实现的一个目标恰恰是要改变法律，甚至宪法。市场框架则代表了企业权力和资产阶级控制，这正是激进派要打击的目标。在某些情况下，比如，在劳资纠纷中，市民社会中的某些部分会支持激进派对抗官方的斗争。在这种时候，公共框架或许能够与激进主义形成某种对应关系。对激进主义来说，专业框架则可能会产生适得其反的效果，因为专业的自我约束过程往往会小心翼翼地守护职业自身的价值观，因而也就间接地支持了社会现有的权力结构。

结 论

激进角色与第二章中提到的四种规范传统之间存在何种关系？显然，它最符合公民参与的传统。在某些情况下，社会责任和自由至上主义传统也可能具有一定程度的激进性。但社团主义传统中几乎没有激进主义存在的空间，因为前者的目标是达成共识和有机统一，而后者则以冲突和分裂为前提。

如果把激进角色与第四章中提到的四种民主模式联系起来的话，我们会发现在商议民主的两种模式，即公民民主和直接民主中，激进主义都有一席之地。这两种模式都寄希望于公民社会中相互冲突的观点的交锋，而不是制度化的结构系统。另外，民主的多元主义和行政模式没有给激进主义留有存在的余地，因为两者的逻辑都是要维系而不是挑战现有的主导秩序。

虽然可能有人会认为，本章所讨论的新闻业的激进角色能够丰富商议民主，但也可能有人会质疑，在一个真正理想的民主社会中，激进新闻业是否还有必要存在。毕竟，民主的社会秩序意味着政党、行业协会、工会等各种机制可以疏导社会各方的不同利益，从而确保冲突可以在公开辩论和合法制度框架内得到协商和解决。如果这些民主机制能够得到充分实施的话，就不可能存在某个特定的利益集团占据霸权性的统治地位的情况，也就不存在激进媒体需要去挑战的对象。的确，在理想状态下，媒体的监测、促进和合作功能都对民主秩序发挥着支撑作用，唯独激进角色被排除在外。

然而，理想化的民主理论在实践中很少行得通，而人们对新闻业的激进角色的需求却是始终存在的。即便是在一个运作良好的民主体制中，媒体的激进功能也可以作为一套备用机制，一方面可以确保少数群体和无权者不被边缘化，另一方面促进富有活力的辩论在整个社会的展开。因此，我们认为，激进角色是对民主体制的一种保障，而激进新闻业依然是民主社会中一个重要的构成要素。

第九章　合作角色

合作的观念暗含着某种与国家或其他权力中心的联系，而这与自由至上主义传统中所设想的自由独立的媒体形象是相矛盾的。也许恰恰是因为这一点，新闻业的合作角色问题一直没有得到应有的重视。在世界上许多地方，媒体都是作为权力的监督者，而不是权力的传声筒而存在的。李·博林杰（Lee Bollinger）曾提出过类似的看法，他在描述美国记者的自我形象时指出，正是这种"新闻独立性的理想模式"使"新闻界充满了勃勃生机"，新闻工作者"被设想为一种类似于艺术家的形象……他们（在比喻的意义上）不食人间烟火，不受陈规陋习的制约，因而能够更好地发现和揭露社会的缺陷"（1991，p.55）。这种居于支配地位的新闻独立性模式赋予新闻工作者不受限制的权力，却几乎不要求他们承担什么责任。博林杰认为，这种模式促进了"这样一种世界观，那就是，实际上没有人能够对你该做什么指手画脚"（p.57）。不管人们认为媒体的实际表现如何，在新闻业对自己的看法中，合作或协作角色实际上始终是被排除在外的。

我们并不是要低估自由和独立性的价值及其所蕴含的媒体角色的重要性，而是想指出，新闻业的合作角色是普遍存在的一个现象，而且在历史上曾经占据重要地位，因此我们不应对之视而不见或贬低其重要性。在民主社会中，"合作"一词不仅是描述新闻界的某些具体做法，有时也是对新闻业的一种规范要求。尽管新闻工作者可能不太愿意承认，但实际上，合作角色常常是新闻业的一种规范性角色——它不仅仅是对新闻界的属性或其实践内容的一种经验性描述，更是对新闻界应当是什么以及新闻工作者应该怎么做产生约束的一种理想规范。

当媒体自愿甚至十分积极地参与某种关系时，合作就成为这种关系的特征。当媒体同意在战争期间不透露军队位置的信息时，很少有记者会认为媒体的这种合作态度是不合适的或者是不合理的——实际上，很多人把这种做法视为一种义务或爱国责任。当电视台同意转播总统竞选辩论时，没有人会对电视台决定与辩论组织者合作的做法提出质疑。新闻工作者通常会认为这是电视台应该提供的公共服务。但在其他情况下，合作行为可能会被视为软弱的象征和缺乏独立新闻判断原则的表现。合作行为最终能否被视为一种规范性要求或具有民主功能，取决于这种做法是否具有公共合理性。

当然，正如旨在为新闻界和市民社会之间的关系注入新活力的美国"公共新闻"运动所表明的那样（详见 Glasser，1999；Merritt，1995；Rosen，1999a，1999b），与国家的合作并不是媒体扮演合作者角色的唯一方式。除国家外，从为媒体提供资金来源的广告主，到试图借助媒体接近公众的社群领袖，还存在其他各种希望能够得到媒体的合作和同情的权力中心。但是，与国家的合作是一种十分特殊的情况，因为只有国家能够干预新闻界的事务，进而从根本上改变每日新闻的本质。国家能够而且只有国家能够通过法律、政策和指令为媒体的生存和发展提供合法的基础条件。C. 埃德温·贝克（C. Edwin Baker）以简洁明了的方式提醒我们，无论国家对新闻界的政策是多么地放任自流，它都会不可避免地要求由私人控制的新闻界承担一些服务于公共目标的责任。贝克写道，即使是美国这种几乎每个人都把自由的新闻界与自由经营的企业界相提并论的国家，依然为新闻自由提供了法律支持，其中包括旨在使其免受专横的国家权力干预的宪法保护，这种做法"应当被理解为允许政府鼓励和支持那种能够提供最佳判断，从而成为民主制度所需要，但市场机制却无法提供的新闻业"（Baker，2002，p. 213）。

在我们所讨论的民主环境下的媒体角色中，合作角色是非常独特的，因为它要同时面对来自国家和新闻界自身的需求和期待。如果从与国家的关系的角度来理解，媒体的合作角色意味着在新闻媒体运作的过程中会有地方、地区、全国乃至跨国政府机构的介入。合作关系意味着媒体对国家有兴趣介入新闻工作者的决策和报道事务的认可，无论这种认可是被动的、无意的、勉强的还是真心实意的。国家的这种介入并不必然意味着言论审查。而且即便真的涉及言论审查，它也不会总是与新闻工作者们赋予自己的自由和责任相抵触。但是，国家介入新闻报道或媒体顺从于国家的要求，这种做法无论是出于何种善意的目的，或者这样做会给媒体的表现带来多么积极的影响，它始终都会导致人们对新闻业的自主性产生怀疑。

媒体会在多大程度上扮演合作角色取决于它所属的关系类型，在不同的关系中，媒体的自主性和作为代理人的地位情况差异很大。在下一小节勾勒媒体扮演合作角色的不同形式时，我们会间接提到这种差异性。但本章的主要内容是要通过集中关注特定的具体案例来考察媒体的合作角色。首先，我们会简要地考察一下"发展新闻学"这个概念。实务界和学术界人士都积极参与到这个领域，努力将合作的观念转化为一种真正的媒介规范理论。然后，我们会转而分析媒体与国家进行合作的具体案例。第一个案例讨论发展新闻学的原则如何被运用到新加坡的新闻业中，从而促使新闻界必须与国家合作，帮助后者建立和维系有利于进步和繁荣的国家政策议程。第二个案例关注以色列的军事信息审查制度，这种制度在媒体和国家之间逐渐形成了一种特殊的合作关系。第三个案例讨论美国的公共安全政策，美国政府和媒体围绕这些政策达成了某种共识，但也导致了恐怖主义宣言的发布。

合作的条件

从规范的角度来理解，媒体的合作角色意味着一种搭档关系，即媒体和国家之间的一种合作关系。这种合作关系的基础是相互信任，以及对彼此赞同的手段和目标的共同尊重。在实践中，国家和媒体间的合作通常达不到这一理想状态。媒体的合作角色通常表现为多种形式，这取决于媒体是出于何种理由和动机来扮演这种角色的。而在大多数情况下，这一角色并不符合"相互信任"和"彼此赞同的手段和目标"的要求。正如表2所示，从强迫媒体接受，到媒体自身完全主动接受特定的合作方式及其后果，媒体扮演合作角色时所处的条件有多种可能性。从大卫·赫尔德（Held，1995，pp.160-162）的研究出发，表2把媒体扮演合作角色的条件大致分为三种情形——顺从、默许和接纳，并在此基础上进一步扩展为七种不同的分析形式。赫尔德提醒我们，"这些区分都是出于分析的需要做出的"，而"在一般情况下，不同形式的合作关系经常是混合在一起的"（p.161）。尽管如此，这些类型和区分还是为我们辨析不同的合作形式和评估媒体合作角色的合法性提供了一个有用的分析框架。

媒体在顺从的情况下扮演合作角色，其说服力和合法性最弱。通过强迫手段达成的合作关系仅仅是表面的合作。"强迫性合作"这一概念本身是一个自相矛盾的说法；强迫新闻工作者予以合作的做法无法形成真正的合作角色所依赖的伙伴关系。虽然冷漠和传统并不必然涉及强迫，但它们都意味着对普遍盛行的做法不加批判地接受；换言之，它们都在不质疑现状的情况下发挥了维护现状的作用。在态度冷漠的情况下，媒体是在对自身行为毫无意识的状态下扮演合作角色的：由于麻木或者无知，新闻工作者可能在自己并不赞成甚至不明不白的情况下就承担了某种角色。而传统则意味着过去证明了现在的合理性：在这种情况下，媒体的合作角色以历史为依据，成为一种习惯性做法。

表2	媒体扮演合作角色的条件：从顺从到接纳
顺从的合作	
强迫	别无选择；法律或其他形式的直接控制迫使媒体必须合作
冷漠	麻木或者无知；在不知不觉中扮演合作角色
传统	习惯决定行动；新闻工作者把历史作为合作角色的合理性基础
默许的合作	
实用主义	合作虽然令人反感，但无法避免；新闻工作者为了避免被强迫的情况出现，主动接受不得已而为之的选择
工具性	合作令人反感，但具有工具性价值；新闻工作者接受某种形式的利益交换
接纳的合作	
实践性赞同	根据自己对特定情况的理解，新闻工作者判定合作是正确的或者合适的
规范性赞同	根据他们认为自己必须掌握的与特定情况相关的信息，新闻工作者判定合作是正确的或者合适的

以默许的方式进行合作意味着媒体对相关制度安排的接受是十分勉强的。媒体之所以做出合作的承诺，可能是对不合作会造成的后果进行权衡的结果，也可能是对那些与合作无关的制度安排及其后果进行考量的结果。当媒体觉得如果自己不合作会导致被强迫去做的话，它会基于实用主义的理由对合作行为采取默许的态度。在这种情况下，新闻工作者为了避免遭到来自国家的公然直接的强迫，会主动接受"不得已而为之的选择"。当媒体因为某些与合作过程的制度安排和结果没有直接关联性的原因而同意采取合作立场时，它们实际上出于工具性的理由默许了这种合作行为。在这种情况下，新闻工作者会从这种合作角色中获益，但这种利益却与合作的手段和目的没有内在的联系。

只有新闻工作者在充分赞同的情况下采取的合作行为，才能体现新闻业合作角色的内在价值。当新闻工作者充分考虑了他们对于合作的特定情况了解多少，并在此基础上判定扮演合作角色是"正确的"或"合适的"，便就采取合作行动达成了一种实践性共识。这实际上意味着，基于对与国家保持合作关系的手段和目的的判断，他们一致认为这种合作是正确的。不过，如果新闻工作者在已经充分考虑到关于合作的特定制度安排和结果的所有情况，包括对合作可能给更广大的社会共同体造成的影响进行充分评估的情况下，仍然认定这种合作关系是"正确的"或"合适的"，那么，他们就在一种完全规范性的层面达成了合作共识。这实际上意味着，基于对与国家保持合作关系的手段和目的，以及这些手段和目的可能会给受其影响的群体带来何种影响的判断，新闻工作者一致认定采取合作立场是正确的。

这种真正的规范性赞同代表了一种理想的规范状态或人们所期待的标准模式，即赫尔德所说的"假定的预设性赞同"（Held，1995，p.162）。它假设了一个理想化的环境，在其中，每一个受媒体的合作角色影响的人都赞同这种合作行为。在现实层面，如果新闻工作者无法在每次决定采取合作行动时征询共同体成员的意见的话，那么，他们必须在思想上和态度上做好准备，随时接受公众对这种合作行为的合理性的公开质疑。虽然这种以公共辩论为基础的广泛共识的理想状态适用于所有媒体角色，但鉴于合作关系与一般公认的媒体和国家的分离关系相抵触，这种共识的理想状态在媒体的合作角色中尤其重要。

国家与发展新闻学

"发展新闻学"一词指的是那些与"转型"国家的情况相适应的特定传媒实践和制度安排。这些国家的政治、经济和文化制度还没有发展到一个真正自由的传媒体制所需要的那种成熟度。在差不多三十年的时间里，这个术语主要被用来描述那些所谓的第三世界国家，即那些在北美、西欧、日本、澳大利亚和新西兰（第一世界）等核心工业化国家圈之外，同时又不与苏联及其盟国（第二世界）结成同盟关系的国家。而第三世界这个说法作为冷战的产物，如今已经显得有些过时了。如今，发展新闻学的观念所讨论的对象依然是那些"欠发达""发展中"国家，它所关注的焦点依然是如何维系一种通常会（但不是只）与国家协作从而发展和巩固现有制度的传媒体制。发展新闻学要求媒体和其他社会机构谋求合作，而不是相互分离和对立；在相互协作过程中，它们不仅要实现自身的现代化，同时还要为国家整体的现代化而努力。虽然在阿特休尔（Altschull, 1984, pp. 154-155）所描述的"市场和社会主义制度下的新闻思想"中，以不同方式出现、不同原因导致的冲突依然居于主导地位，但在"发展中国家传媒体制的意识形态中，最关键的概念依然是合作"。

发展新闻学传统中的合作通常意味着媒体与国家之间的一种伙伴关系，虽然这种关系并不总是正式的，但这种关系的前提始终是媒体应当在发展过程中发挥积极作用。从这个角度来说，媒体责任与新闻自由形成了一种平衡关系；新闻工作者能够质疑甚至挑战国家权威，但这种批评不能达到对政府推动进步和繁荣的基本发展计划造成破坏的程度。正如1980年在尼日利亚的伊巴丹召开的一次会议上，一位当地知名记者所说的那样：

> 只要新闻工作者意识到自身对共同体的主要责任是帮助其发展，并且意识到自己手中的自由权利会对社会利益产生影响，故而这种自由并不是没有限制的，那么，新闻业和政府之间的不信任传统就将会

不复存在，它们将携手成为社会经济进步的共同推动者（引自 Altschull，1984，p.159）。

正如沙阿（Shah，1996，p.143）在详细描述发展新闻学的历史时所指出的那样，这个概念源自20世纪60年代的"独立新闻业"，它"对政府及其机构提出建设性批评，告诉人们社会发展进程如何对他们造成影响，并对地方性的自助项目予以特别关注"。然而，这种观念也常常陷入一种"通过控制大众媒体来推动国家政策的逻辑，而且这种做法也往往成为更大规模的压制运动的一部分"。基于这一历史语境，后来的发展新闻学观点一般都不再倡导一种简单的国家和新闻业的合作关系，而是强调媒体在促进或强化公民参与社会改革项目方面的重要性。不少人提出了思考现代化问题的不同路径，其中，沙阿（Shah，1996）在他的研究中所提出的"新闻业和国家发展模型"着重强调了传媒业的解放作用。

沙阿的解放新闻学模型确立了这样一种"立场，即新闻工作者可以作为参与者，加入持续的社会变革进程之中"（Shah，1996，p.144）。这种新闻学尤其关注"特定的以地方属性加以界定的身份和共同体观念，正是通过这些观念，不同的边缘群体之间及其内部的差别才凸显出来"（p.146）。通过强调"与主流媒体并存，同时又生产出不同内容"的替代性媒体的作用（p.162，注释7），沙阿提出了一个比早期的发展新闻学"更完整和更复杂"的模型。在沙阿看来，他的模型之所以更完整，是因为它"在公民的大众传媒近用权和社会变革之间建立起了理论联系，同时也因为它提出了新闻工作者参与社会变革的具体机制"。而之所以说他的模型更复杂，则是因为它"把多元性和流动性原则整合到了文化身份认同和共同体建构的过程之中，同时也因为它抛弃了客观性理念，因而对传统的新闻实践方式提出了挑战"（p.146）。

尽管沙阿的解放新闻学是麦奎尔（McQuail，2000，p.155）所提倡的"更好的、更积极的"发展新闻学的一个典型例子，但他的理论对媒体作用的看法在很多方面与媒体的促进和激进角色相似（详见第七章、第八章），都没有考虑到国家权力的作用，以及国家在保持主流媒体始终扮演特定角色方面的强烈兴趣。他的理论也没有考虑到主流媒体能够在多大程度上超越替代性媒体的作用，从而导致后者完全丧失影响力。许多学者都强调了媒体多样性（multiplicity）的必要性，比如，柯伦（Curran，2000，p.140）就提出了一个服务于"差异化受众"的"媒体序列"。与这些学者的看法相似，沙阿也充分阐述了一个更加开放、更加民主的新闻业模式的必要性。但关键问题仍然悬而未决，甚至尚未被提出：如果新闻业表面上独立，却把自己的活动限定在（至少在某些议题上）对国家提出建设性批评的范围之内，那么，我们该如何界定这种新闻业的本质？如果一个具有独立性的新闻业遵循发展新闻学的最初定义，承认并尊重媒体和国家在强化和完善（而绝不是削弱）全民共识方面的共同利益，那么，新闻业的这种角色究竟意味着什么？具体而言，沙阿的模型无法用来解释某些国家的情况，例如，在新加坡，媒体成为国家建构过程中的重要推手。

共识政治：新加坡个案分析

作为一个处于现代城市国家中的多元文化社会，新加坡的制度模式是名副其实的"威权民主体制"。在这种体制中，掌权的精英群体推崇自由和开放的市场价值，同时也对主流媒体和其他公共表达渠道严加控制。作为一个新兴的工业化国家，新加坡是我们研究发展新闻学模式在多大范围和多大程度上得以付诸实践的有趣个案。新加坡政府坚持认为，该国无法承受不受限制的媒体可能造成的不确定性。作为一个典型的干涉主义国家（interventionist state），新加坡政府几乎没有为公民社会的发展留有余地（Ang，2002，p.80），国家推动进步和改革的过程以它所反复强调的共识政治（consensus politics）为基础——这种共识由国家来定义，并通过国家对公共传播手段的控制来维系。换言之，与那些通过"公民联合"（civil association）的方式进行自我组织，从而强调规则、过程和程序的社会不同，新加坡社会主要以"企业联合"（enterprise association）方式存在，这种组织原则强调的是"全社会团结一致，致力于实现共同的事业目标"（George，2002b，p.174）。因此，新加坡对自身的政治、文化、社会和经济制度（包括媒体在内）的价值和成功与否的评价，是通过衡量它们对国家所定义的"和谐"与"繁荣"的双重目标（尽管这些目标并不总是十分明确）做出了多大贡献来实现的。

在新加坡执政的人民行动党的领导人已经非常直率地提出了对新闻工作者的期待，他们以明确（虽然并不总是有说服力）的方式阐明了政府和媒体保持长期合作关系的必要性。从1965年领导新加坡摆脱英国殖民统治获得独立，到1990年退休，李光耀一直担任新加坡总理。他很早就对较少或完全不顾及国家利益的媒体感到反感。李光耀及其人民行动党的同僚对各种关于新闻自由的诉求表示怀疑，他们认为有时候这些主张差不多完全变成了对"媒体所有者促进其个人和阶级利益的自由"的一种辩护（Lee, 2000, p.213）。因此，借用李光耀回忆录中一个颇能说明问题的章节标题（pp.212-225），他们制定了一个"媒体管理"计划。这一计划的目的是要确保新闻工作者对新加坡的成功发展负起责任，真正承担起推动新加坡国民繁荣幸福的使命。

1971年，即导致新加坡报业所有权结构发生剧烈变化的相关立法得以通过（1977年）的几年前[1]，李光耀在赫尔辛基对国际新闻研究会（International Press Institute）发表的一次演讲中，阐述了"像新加坡这样一个新兴的年轻国家"的需求是什么，同时还简要提到了在他看来媒体以及其他公共传播机构的合适角色应当是什么："强化而不是削弱我们在中小学和大学教育中所极力主张的文化价值和社会立场。"（Lee, 2000, p.217）李光耀关注的核心问题是如何推动新加坡从殖民统治的过去迈向人民享有更高生活水准的未来，对他而言，实现这一发展目标至关重要。李光耀认为，为了实现这一目标，新加坡既离不开"发达国家已经具备的那种知识、能力和纪律"，同时也需要大众媒体创造一种有利于鼓励"人们积极掌握"这些知识、能力和纪律的良好"氛围"（p.217）。由于不愿意让新加坡政府被一个完全自由的新闻界的变幻莫测的批评束缚住手脚，李光耀在这次新闻工作者大会上的发言的最后，对美国新闻工作者所信奉的那种独立自主的新闻业模式明确予以拒绝："新闻自由和媒体必须为新加坡的国家整体需要和民选政府的首要施政目标服务。"（p.218）

新加坡在拒绝西方尤其是美国的新闻业模式的基础上，确立了自己的一套关于传媒和国家关系的看法。这些观点虽然还未达到独一无二的程度，但的确与众不同。由于新加坡热衷于建设一个强有力的中央集权国家，而这样的一个国家必然要确保人们在重要的公共议题上保持一致立场，因此，正如李光耀自己所说的那样，新加坡的统治精英绝对不会允许本国媒体"像美国的媒体那样，扮演对政府进行监督、批评和质询的角色"（Lee，2000，p.223）。

很少有国家像新加坡那样，在标准的教科书中描述本国媒体时强调不受限制的媒体的危害性，同时大力弘扬这样一种观点，即媒体应当积极推动"国家建设，从不同族裔、不同宗教信仰的群体中创造出一个统一的国家和团结的人民，告知和教育新加坡人民，使他们了解国家政策和重大议题，同时具备良好的价值观念"（Tan & Soh，1994，pp.52-53）。这种关于新加坡媒体的看法已经得到了普遍认可，并且与社会责任理论和媒介发展理论的某些要素有着明显的联系。这种看法的起点是对自由至上主义传媒模式的批判，主导的社会、道德和政治秩序是后者挑战和奚落的对象。与此不同，新加坡的传媒理论则突出强调了媒体在促进社会和谐、团结和宽容方面可以做出的特殊贡献。以媒体对种族议题的报道如何激化族群矛盾为反面素材，新加坡政府希望新闻工作者能够展现出一个文化多元社会所要求的对文化差异性的敏感度。[2] 针对扮演"看门狗"角色，即强调监测职能的媒体，对政府计划和政策的合理性不断提出质疑可能导致广泛的愤世嫉俗和不满情绪，新加坡政府希望新闻工作者能够缓和社会争论，在讨论社会议题时能够尊重政府权威和国家利益，引导公民在核心价值观和关键的重要议题上达成持久的共识。[3]

在新加坡，国家通过各种对内容和所有权进行限制的法律手段，构建出为其需要服务的媒体环境。国家还会对从国外流入的出版物和节目内容的发行网络进行控制。新加坡的传媒法体系将国家确立为言论自由边界的最终裁决者，从而大大压缩了公民社会活动的领域范围，这在一定程度上既是英国殖民政府通过控制传播来实现控制危机的目的这一传统做法的产物，同时也可以被看作是人民行动党基于它所谓的"不受限制的自由至上主义媒体在历史和当下带给我们的惨痛教训"所做出的反应（Tan & Soh，1994，p.50）。尽管所有民主国家都界定并最终限定了公民表达的范围，但新加坡的做法已经达到了这样一种程度，即对国家合法性的强调实际上已经废除了人民主权（popular sovereignty），而后者正是人民实现自我治理的基本前提。

新加坡政府对待媒体的方式是促进还是破坏了人民主权，取决于媒体能否创造出民主制度所不可或缺的"公开和公正"的表达机会（参见 Christiano，1996，p.3）；而这一点又反过来取决于如何定义"公开和公正"。有批评家认为，新加坡媒体由于受到国家的严格控制，因而"其主要功能似乎就是机械地复制政府每天发布的公告，然后再把这些官方信息反刍给公众"（Chee，2000，p.2）。其他人则对此有不同看法。比如，时任总理吴作栋在1995年庆祝该国发行量最大、历史最悠久的英文日报《海峡时报》（*Straits Times*）创刊150周年时发表讲话指出，新加坡媒体拥有足够的自由度，"准确报道不法行为"，同时为"读者们表达不满和围绕国家重要议题展开辩论提供了论坛"。尽管新加坡媒体的这种作用可能是辅助性的，但无疑是得到法律认可的。虽然有批评家认为新加坡的新闻工作者缺乏推动他们自己的议程所必需的独立判断，但用《海峡时报》编辑的话来说，新加坡媒体把报道的主要议题聚焦于"强化那些对新加坡的成功而言至关重要的要素，尤其是强大的家庭纽带、社会和谐、教育、节约和勤劳敬业"（Cheong，1995，p.130），这种做法本身从根本上说并没有什么不民主的，也没有什么不合适。

考虑到新加坡的历史、地理位置、政治条件，以及不同种族和民族混居的人口特征，围绕新加坡媒体的合作角色问题展开的争论迟早要变成对"亚洲价值"的讨论。而"亚洲价值"这个说法本身所许诺的东西总是要多于它实际上所能兑现的东西。在比较极端的情况下，这种争论往往指的是不同文明之间的冲突，似乎亚洲价值所代表的是一种与西方和西方新闻观念完全不同的世界观。在相对温和的情况下，这种争论所指向的则是自由主义和社群主义的民主理论之间在强调重点方面的差异（参见第三章），进而提出了一个更为广泛的以共同原则为基础的框架。正是这个框架为人们思考不同的甚至是迥异的民主实践和媒体表现的观念提供了一种语境。

抛开作为所谓亚洲民主模式之观念基础的泛亚价值观（pan-Asian values）是否真的存在这一尚有争议的议题不谈，新加坡和亚洲（以及亚洲之外）其他国家的某些观念的确突出强调了新闻媒体应当为国家建设效力。

新加坡的政府官员通过法律手段和公开声明，强调相对于西方媒体而言，新加坡应当减少新闻报道的对抗性、煽动性和耸动性，使之更不易受冲突的左右。他们赋予媒体的责任是"促进共识……而不是破坏社会结构"（Goh，1995，p.5）。同时，新闻工作者在对自身责任的认识方面也尤其重视"维持一种紧密的媒体-国家关系"。在这种关系中，媒体"从国家建设的大局考虑，采取了一种亲政府的立场，自愿与之结成一种同盟关系"（Massey & Chang，2002，p.990）。这种把尊重和服从当作一种美德来强调的做法，甚至在新加坡全国新闻工作者协会职业行为准则中也有所体现："每位成员都要谨记诽谤、蔑视法庭和侵犯著作权的做法在法律上的危险性。"（转引自 Ang，2002，p.89）

新闻工作者保护委员会（Committee to Protect Journalists）发现，新加坡"新闻工作者受到的教导是，要在'国家建设'过程中成为政府的合作者，而不是批评者"（转引自 George，2002a，p.7）。但这一事实并不意味着媒体所承担的合作角色是一无是处的。同样，新加坡政府不遗余力地强调这一点的做法也并不自然能够证明媒体的合作角色是合理的。我们不会"把威权主义国家领导人的新闻观念与新闻工作者和公民的价值立场混为一谈"（p.6），但我们也不会因为这些领导人支持这些看法就对之全盘排斥。无论是在新加坡，还是在其他地方，如果政府和媒体之间的关系是一种建立在彼此都赞成的手段和目的基础之上的真正的合作关系，而且对这种关系的制度安排是得到了更大的共同体的广泛同意的，那么，媒体所承担的这种合作角色就具有充分的合法性。显然，这种合法性标准是非常严格的，其关键是要对两种情况进行区分：一种是媒体在迫于压力而服从或默许的情况下采取合作态度；另一种则是媒体在自主决定接受合作的要求和条件的情况下主动承担起合作角色。

在新加坡国家与新闻界的关系发展的历史过程中，我们几乎找不到曾经存在过某种规范性共识条件的蛛丝马迹，从而能够证明国家所要求的媒体合作是必要的，或者甚至是人们所期待的结果。相反，新加坡政府运用各种策略性的、微妙的强制性手段引导媒体采取顺从和默许的立场。谢里安·乔治（Cherian George）称之为"精准化强制"（calibrated coercion），即一种"以最小代价实现最大效益"的压制方式（George，2005，p.11）。

为了确保媒体的公信力，从而使之成为更有效、更有说服力的合作者，执政的人民行动党很少直接动用从拘留记者到吊销出版许可证在内的各种强制手段，相反，它对媒体的控制主要依靠的是这样一种广为人知的观点：那些惩罚手段曾经被使用过，而且如果有必要的话，随时可能会被再次使用。谢里安·乔治曾经担任《海峡时报》的记者，现任教于新加坡南洋理工大学，他作为记者和学者的双重职业经历很好地说明了新加坡政府对批评和异见具有一定的容忍度。根据他的考察，这种"精准化强制"手段会"定期提醒新闻工作者谁才是真正的老板，但同时又留有充分的余地，从而使他们相信专业新闻实践在新加坡依然有一席之地，而且这种发展空间还在不断扩大"（p. 15）。通过恐惧和威胁以及确保媒体人保持顺从状态的传媒体制，国家精心营造出媒体服从的氛围，但又很少会让媒体感觉到国家直接而公然的干涉。乔治指出，新加坡政府"已经实现了任何其他威权主义国家都很难做到的一点：在对媒体实施有效且无懈可击的压制的同时，却没有对媒体所有权进行国有化改造，同时也没有以粗暴的方式对待新闻工作者"（p. 14）。

审查的困境：以色列个案研究

当前盛行的关于审查制度的观点基本上以限制性的权力观为基础，这是可以理解的，因为审查涉及强制，尤其是来自国家的强制性措施，而这些做法无疑总是会限制人们的表达，并对民主参与形成阻碍。但是，正如人类学家和其他社会理论家所指出的那样，审查制度也暗含着一种生产性的权力观。用朱迪思·巴特勒（Judith Butler，1998）的话来说，在这一有所拓展但同时又多少有些自相矛盾的审查观念中，权力被看作是具有"塑造性"和"构成性"的。按照这种理解，权力在一定程度上既塑造了表达者的身份，也构成了表达的合法边界。审查当然是对自由的否定，但同时它也为自由提供了保障，这意味着审查制度既是对权力的消除，也是对权力的生产。因此，正如阿尔文·古尔德纳（Alvin Gouldner）所建议的那样，"通过把审查和自我审查问题的核心重新聚焦于"自由状况在不同领域的变化及其所带来的权力优势,对审查制度的研究实际上就变成了对政治参与的研究:"当今的所有政治运动,不管是维护还是反对现状,其运作过程都间接或直接地与审查制度相关。因此,通过揭示审查制度的理论和实践过程,我们就能对政治运动的基本动机进行评估和考古式的发掘。"(Gouldner,1976,p.159)古尔德纳发现,因为大众传媒在这些政治运动中扮演着关键角色,所以"当今所有形式的自由都与传媒审查的状况息息相关"(p.160)。

当审查或者对审查的预期扩大了媒体的权力但同时却削减了其自主性时,媒体审查和政治自由之间的这种复杂关系就会凸显出新闻工作者所处的困境;这同时也解释了新闻工作者如何既在原则上反对审查制度,同时在实践中却又能从中受益。具体而言,当媒体在寻求审查问题的解决办法的过程中考虑与国家合作的机会时,它就不得不面对这个悖论——以自主性的丧失为代价来扩大自身的权力。虽然新闻工作者通常都有充分的理由相信,媒体的影响力来自其独立性,但实际上,在制定那些规定公众应当知道什么、如何以及何时知晓这些内容的政策的过程中,只要新闻工作者同意就这一问题与国家展开合作,权力就已经压倒了自主性。

每当国家把涉及国家安全的详细信息秘密地分享给媒体,却对公众只字不提时,新闻工作者就不得不以一种更加谨言慎行的方式决定自己能够和应该报道什么内容,在这种情况下,他们实际上已经接受了审查制度的生产性权力功能,并在一定程度上放弃了他们本来拥有的部分独立判断的自主性。这种情况通常发生在战争期间,这时媒体从业者的谨言慎行和自我审查之间的界限往往变得十分模糊。在这些情况下,国家通常会把新闻工作者看作是在实现国家胜利的过程中发挥重要作用的特殊公民;国家和媒体机构通常会以安全和防卫的名义相互合作,确保民众对已经发生的、计划中的或正在实施的特定活动处于一无所知的状态。在这种背景下,审查制度作为一种既有表达性也有压制性的社会力量,需要同时从象征性和法律程序性的角度加以理解;它应当被看作是一种同时涉及程序仪式和权利的现象。很显然,审查制度否定了媒体的某些权利,这一般是通过对媒体报道内容的限制来实现的。在其他情况下,虽然媒体自身很少承认这一点,但审查制度通过赋予新闻工作者一些他们本来不具有的机会和特权地位,从而扩大了新闻工作者的影响力。这样，审查制度的要求与审查制度的程序仪式之间呈现出一种相互冲突的关系，前者确立了一套对每日新闻报道的形式和内容加以限制的禁止性规则，后者则把新闻工作者——至少是一部分新闻工作者——设定为具有特权地位的政策讨论和决策的参与者，其他人则被排斥在这个过程之外。

这种审查制度的常规性做法在全面战争时期十分盛行。在这种情况下，战争把国民经济转变为战争经济，民众的士气与军队的士气一样重要（Hallin, 1997, p.209）。随着战争的扩大，或者当战争发展到对一国的自我形象产生决定性影响的地步，即当战争成为远比国家计划和政策更加重要的影响因素，且对国民的日常生活产生冲击时，国家和媒体通常会通力合作来维持社会共识，这种共识反过来不断巩固民族认同，而这种民族认同最终又为战争的艰苦局面提供了合理化的解释。在这些情况下，战争促使媒体积极扮演合作角色，其中包括一些最为人所知且争议最少的案例，而最能体现这一特点的地方莫过于以色列了。几十年来，以色列新闻工作者和政府官员在国家安全事务上一直保持着紧密的合作关系。

一般来说，在战争时期，尤其是在以色列这样的小国发生的战争中，无论老幼，无论地位高低，每个人都会卷入其中，新闻工作者自然也不例外。在以色列，军队，尤其是以色列国防军（Israeli Defense Force, IDF）的影响力在全社会的普遍存在并不是夸大其词。以色列国防军在中学开展了准军事化训练，开办职业学校，为来自贫困家庭的军人提供教育上的帮助，出版一本很受欢迎的周刊杂志（Ben Meir, 1995, p.6），同时还运营着以色列最成功的广播电台之一，该电台的新闻报道备受好评。几乎每个以色列人，都以现役或预备役军人的身份，或是通过家庭成员担任军职的方式，与国防军之间保持着直接的和日常性的联系。由于以色列的征兵政策几乎超越了包括性别在内的所有社会身份，所以以色列国防军成为该国最具有平等主义色彩的机构之一。

在以色列发生的战争和其他地方的战争一样，都可以从文化的角度被理解为哈林和吉特林所说的"拥有巨大吸引力的象征性领域"（Hallin & Gitlin, 1993, p.412）；战争作为"个体和国家自我表达的领域，能够比普通政治事件激发出更多的情感投入"。在这种情况下，新闻实践能够把对战略成果和战斗失利的毫无感情色彩的平淡报道转变为对民族团结和勇武精神的神圣叙事。通常情况下，敬畏和尊崇的态度会被新闻工作者当作过于明显的"积极支持的立场"（boosterism）而予以排除，但在战争报道中，这些态度却成为常态，从而满足了公众对与力量和正义相关的新闻故事的强烈需求。在这些故事中，人们不再质疑善与恶、正义与非正义、无辜与罪恶、英雄与恶棍之间的差别。政策可能会引起争议，领导人可能会受到批评，议题也可能会引发争论，但战争行动本身却不受质疑，反而几乎始终是一个颂扬"我们"和贬损"他们"的机会。

在以色列，持续的战争状态是不争的事实，但与此同时，这也是一种心态、态度和日常生活的总体倾向。战争离不开政治家和政策，士兵和战略；但战争同时也需要同情和团结，激情和爱国精神。战争需要计划和目标，决策和决心；战争的胜利是一种技术性成就、政治功绩和军事伟业。但与此同时，战争也激发了价值信念，维系了忠诚，建立了共识。从这个意义上说，战争可以成为一个确认身份认同和颂扬共同体的过程。对新闻工作者而言，战争创造了一个角色和责任的等级结构。正如一位著名的以色列编辑在20世纪80年代初所说的那样，"我首先是一个以色列人，然后是一名预备役军官，最后才是一位记者和编辑"（转引自Peri，2004，p.86）。与美国在二战期间建立的由新闻工作者担任主管、依赖新闻界自愿合作的美国稽查局（Office of Censorship）一样，以色列的军事审查依靠的是对共同利益的诉求，以及一种试图弱化国家目标和媒体责任之间差别的策略（Hallin，1995；Washburn，1990）。正如哈林提醒我们的那样，国家和市民社会在战时的关系涉及"合作、笼络和各种边界的模糊化，在这种情况下，媒体等机构往往承担起各种国家功能，反之亦然"（Hallin，1995，p.6）。

和新加坡一样，以色列的审查制度也是源自英国殖民法律的残留。在以色列于1948年获得独立之前，英国在巴勒斯坦地区进行的三十年委任统治留下了一种压制性的政治传统，而以色列出于自身的目的，将这种做法沿用至今。20世纪30年代初的法律授予英国当局广泛的审查权力，其目标是对国内外的新闻媒体进行控制。这些法律原封不动地被照搬到以色列法律中，从而确立了当今以色列审查制度的法律框架。以色列的新闻审查制度最初受到了支持，这一方面是因为以色列在建国之初就陷入了与邻国的战争之中——这种战争状态持续至今，另一方面则是因为以色列的新闻工作者对审查以及他们的自我审查传统习以为常，他们对审查法律由英国殖民当局转移到以色列政府手中乐观其成（Lahav，1985，1993；Limor & Nossek，1995，p.5）。但这种对审查制度的早期支持，包括以色列各大日报编辑对这种做法的一致赞同，很快就出现了减少的迹象，原因在于新闻从业者发现，审查制度的本质和实施方式显然对新闻从业者的权利构成了侵犯。随后，编辑、政府官员和军方代表展开了数月的谈判，军方在此期间关闭了数家报纸。最终，各方达成了一份书面协定，以史无前例的方式强化了新闻工作者的地位。

该协定于1949年颁布，随后又进行了改动和修正。根据这一协定，日报编辑委员会——正如卡斯皮和利莫（Caspi & Limor，1999，p.27）所指出的那样，该委员会在构成上绝对是一个"排他性的俱乐部"——和首席军方审查员共同协商具体的审查规定；这些规定适用于所有媒体，包括那些其负责人并不在该协议签署方之列的媒体机构。从技术上来说，军方审查员保留了对媒体内容进行单方面审查的权力，但在实践中，审查员一般都是通过和媒体编辑协商来决定哪些报道是敏感内容。因此，审查制度作为"政治机关和传播机构在正当情况下相互配合达成的旨在限制信息流动的一项共识性动议"的产物而得以延续（p.214）。这种"共识性动议"之所以能够实现，部分原因在于以色列政治精英和媒体精英之间普遍存在的"友好关系"，这些精英人士"经常在各种社交场合相互接触，并在更加私密的周末聚会上成为紧密的合作者"（Limor & Nossek，1995，p.294）。

在这种情况下，新闻工作者不会从政府与新闻业相互对立的角度来理解审查制度，而是将其理解为扮演不同角色的以色列人为了维护国家安全承担起共同的责任。军方和媒体的关系是矛盾和妥协的统一，在这种情况下，对新闻工作者而言，军方审查员更多的是合作伙伴，而不是对手。这种关系"不是彼此欣赏的结果，而是出于方便考虑的权宜之计"，正如两位以色列传媒学者最近所指出的那样："这种形式的联姻关系通常可以维持几十年，这主要是因为相比所有其他替代性关系，维持现有关系是最好的选择。"(Nossek & Limor，2001，p.31)尽管以色列新闻工作者在原则上反对审查制度，但在实践中，他们又容忍了这种做法。因此，在以色列的审查制度条件下，惯例压倒了权利。换言之，与审查制度的法律规定不同，审查的实践过程在一定程度上顾及了报纸编辑们的利益，甚至增强了他们的影响力，从而使审查制度对主流媒体而言变得可以容忍。

以色列的军事审查机制被视为一个动态的、流动的过程，与法律条文所允许的范围相比，这种机制为协商提供了更大的灵活性和讨论空间。而且，正如新闻工作者自己承认的那样，这种审查机制的存在也是对媒体战时责任的一种提醒(Glasser & Liebes，1996)；它为新闻工作者提供了一个可供使用的常规论坛，用来讨论以色列的安全状况，以及自身在维护国家安全方面应该发挥的作用。这或许可以解释为何许多以色列新闻工作者满足于现状，甚至对立法改革持反对态度。新法律和法院对这些法律的新解释原则上可能会对媒体有利，但很多新闻业人士还是倾向于支持数十年来以现有法律框架为基础的传统，因为这种传统中包含了一些可以规避法律条文的默认的、创造性的方法(Limor & Nossek，1995，p.284；Nossek & Limor，2001，p.29)。

但这种对审查制度以及对媒体合作角色的支持，面临着多方面的挑战。首先，在以色列新闻界的"保守派"和新一代新闻工作者之间存在分歧。前者的发展历程与以色列国家发展的过程同步，他们经营的报纸直接受益于与审查制度相关的各种前提条件和特权制度。相比之下，后者则不愿为了获得军事秘密和其他内部消息的特权待遇而放弃自己的独立性和专业责任。研究表明，老一辈新闻工作者更"愿意把基本的专业价值观念置于对国民士气、国家形象和核心国家利益界定的考虑之后"；尽管他们都对新闻自由和独立性价值表示支持，但不同年龄的新闻从业者所具有的"在其生活中发挥原则性指导作用的……总体价值观"却大不相同。老一辈新闻工作者青睐的是"集体价值，比如爱国主义、国家安全与和平"，而年轻一代的新闻工作者则倾向于支持"个人价值，比如幸福和自我实现"(Shamir，1988，p.594)。

其次，传播的计算机化为国内新闻创造了新的渠道，增加了人们对非以色列新闻源的接触，从而在总体上削弱了主流媒体的霸权地位。编辑委员会等支持和实施审查制度的机构发现，维持一个可实施的审查体系变得越来越困难。

最后，如果中东地区的各种和平倡议能够最终强化以色列的安全感，那么，审查制度存在的基础，以及媒体合作的条件，将可能完全消失。然而，即便是在中东地区尚未实现和平的情况下，仍然有人对媒体扮演谨言慎行的合作角色的做法表示质疑，因为这种做法更依赖于心知肚明的潜规则，而不是法治，从而使某些特定的新闻从业者以一种非正式的和非官方的手段获得了特权待遇。

普尼娜·拉哈夫（Pnina Lahav, 1985, 1993）等人对以色列官方的法律制度没能对新闻界的自由和独立性提供足够的保护提出了强烈批评，并对以色列社会中持续存在的对传播的"大规模"压制状况感到失望（1993, p.178）。虽然拉哈夫承认，任何一个民主国家都不可避免地要在"普通时期和国家安全危机时期"之间划清界限（p.179），但她担心以色列的现状，即她所说的"没完没了的一连串国家安全危机"（p.180），会变成一种持久存在的状态，从而导致用来应对这种状况的各种措施也变得持久化。考虑到以色列的政治抱负，拉哈夫认为将其与其他西方民主国家进行对比是合适的。她发现，在处理国家安全事务时，其他西方民主国家的应对措施"是临时性的，而且至少从事后的角度来看，这些举措被认为是非民主的"（p.180）。尽管很多美国人现在担心长期的"反恐战争"意味着对公民自由的持久削弱，但迄今为止，以色列是唯一一个对新闻界实施长达几十年严格控制的西方民主国家。

媒体与公共安全：美国个案研究

媒体和政府通常会在公共安全问题上进行合作，但这种合作关系一般针对的都是一些相对不太重要的问题。比如，当官方要求媒体发布关于某起犯罪事件的具体信息（例如，对犯罪嫌疑人的描述）时，后者很少或者完全不会有什么不同意见，尤其是如果这些信息的发布有利于公众协助地方政府抓捕嫌犯的话，就更不会存在什么争议了。同样，在执行秘密的行动计划时，如果执法人员要求媒体不得泄露某些信息，以免妨碍对可疑犯罪活动的调查，几乎不会有人对此提出反对意见。然而，20世纪90年代中期，《纽约时报》和《华盛顿邮报》这两家在美国最有声望的报纸接受美国司法部长和联邦调查局的建议，发表了一个在17年的时间内不断发动炸弹袭击的恐怖主义分子长达35 000字的"宣言"，结果引发了巨大的争议（详见Chase，2003）。

这个恐怖分子就是人们俗称的"炸弹客"（Unabomber，这一名称源自司法部的缩写UNABOM，指的是作为其首要袭击目标的大学和航空公司工作人员）。从1978年开始，他陆续寄出了16颗炸弹，导致3人丧生，23人受伤。尽管联邦调查局特遣队指派多名特工参与大规模的搜捕行动，悬赏一百万美元征集嫌疑人线索，同时发布了有史以来第一个网上"通缉令"，但结果人们对这个炸弹客依然所知甚少，关于他的消息也是屈指可数。直到1995年4月底，他寄出的第16颗炸弹导致加利福尼亚州林业协会（California Forestry Association）主席在萨克拉门托（Sacramento）丧生后，情况才有所改变。

就在袭击发生的同一天，《纽约时报》收到了一封来自炸弹客的信。他在这封信中提出，如果能够在一家"读者广泛的全国性定期出版物"上发表他正在准备的一篇长文的话，那么他将停止制作和邮寄炸弹。经联邦调查局审查和编辑处理后，《纽约时报》发表了这封来信。该报做出了谨慎的公开回应，但对下一步如何行动并没有给出明确的说法。发行人小亚瑟·苏兹伯格（Arthur Sulzberger, Jr.）发表声明指出，"尽管《纽约时报》不会屈服于暴力分子的要挟，但我们也做好了接受信中提到的这篇文稿的准备。我们将会对其进行仔细审阅，并最终基于新闻专业的判断标准来决定是否在我们的报纸上发表此文"（Dorgan, 1995）。尽管有评论家认为，媒体与司法部的合作是不合适的，同时也有悖于新闻界的独立传统，但依然有很多主流新闻机构的人士对《纽约时报》的立场表示理解和支持。甚至有一些并未被要求采取合作姿态，同时也不大可能配合官方行动的媒体，比如《旧金山纪事报》（San Francisco Chronicle）等新闻机构，也主动提出要考虑采取"特殊措施来维护公共安全"。即便已经考虑到自身可能面临的两难局面，《旧金山纪事报》的执行编辑依然宣布该报也将"慎重考虑是否会发表炸弹客的这篇文章"（Glasser，1995，p. A19）。

显然，"做好了接受信中提到的这篇文稿的准备"以及将会"基于新闻专业的判断标准来决定是否在我们的报纸上发表此文"等说法实际上就是答应了炸弹客的提议，于是后者在数月的时间内很快写完并给新闻媒体寄来了他的这篇文章。联邦调查局将这篇文章秘密分发给相关人士，希望他们能从中找到一些有用的线索，与此同时，《纽约时报》则继续"研究该如何处理这篇文章"。几个月之后，经过和执法人员的密切磋商（磋商的细节从未公布），《纽约时报》和《华盛顿邮报》决定联合发表这篇文章。

这篇长达62页、单倍行距的文章讨论的主题是现代技术之恶，《纽约时报》将其描述为一篇"逻辑严谨的学术论文"。在通常情况下，报纸对这种长度和行文风格的文章都会避之唯恐不及，但1995年9月19日出版的《华盛顿邮报》却用了整整8版的插页发表了这篇文章。两家报纸的发行人同意分摊因增加这些插页所需的费用，估计成本大约是每个字一美元。两家媒体发表了一个联合声明，援引"公共安全原因"作为满足恐怖分子要求的合理依据。他们提醒读者，这个决定并不是仓促判断的结果，因为从炸弹客计划完成这篇手稿，并提出让媒体公开发表的要求以来，已经过去了三个月的时间："从一开始，两家报纸就是否在暴力威胁下发表这篇文章保持了密切沟通。我们咨询了执法人员。司法部部长和联邦调查局局长现在都建议我们出于公共安全的考虑刊发这篇文章，我们也同意这么做。"此外，苏兹伯格还单独提出了自己的看法："要想相信像炸弹客这样有暴力犯罪记录的人说的话真的很难……（但是）如果我们发表了他的文章，他就不再杀人的话，那么，这显然是一个不错的交易。即便是我们刊载了他的文章，他还继续杀人，我们又损失了什么呢？是出版报纸所花费的成本吗？"（Hodges，1995，pp. 248 - 249）

当然，正如不少评论家指出的那样，损失的显然不只是印刷报纸所需的开销。用一位新闻独立性的坚定捍卫者的话来说，这些评论家所关心的核心问题在于"媒体和政府之间的边界正在遭到危险的破坏，而这种边界应当是固定的、不变的"：新闻工作者可以而且应当报道公共安全遭到威胁的议题，他们甚至还可以对此发表评论，提出自己的建议。但是，"新闻机构不是，也永远都不应该成为政府的左膀右臂"（Kirtley，1995， pp. 249-250)。不过，也有人对这种把媒体和政府分隔开的"神圣边界"提出了质疑。在"很多情况下"，比如，当发生绑架、人质劫持、国家安全事件时，媒体一般都会征询政府的意见。所谓新闻工作者"与政府之间的对立关系并不意味着他们必须认为……政府就是自己的敌人或敌对势力"(Harwood, 1995, p.252)。

尽管苏兹伯格向新闻编辑部门保证，炸弹客"事件是一个十分特殊的个案，不大可能成为新闻操作的范例"(Hodges, 1995, p.249)，但这种保证基本无助于消除这种担忧，即这次事件实际上已经确立了一种固定的操作模式，将来编辑和发行人在遇到类似的情况时，都可以按照这种模式处理。的确，人们不得不提出这样的疑问，在进行内部讨论，并与执法人员进行协调的几个月的时间内，《纽约时报》和《华盛顿邮报》的主管人员中是否有人想起了，或者经人提醒想起了1976年发生的一起类似事件？是否有人把那起事件称为"先例"？当时，一个名为"自由克罗地亚战士"(Fighters for a Free Croatia) 的组织杀害了一名警察，并劫持了一架有92名乘客的飞机。《纽约时报》和《华盛顿邮报》决定联合其他三家报纸共同发表这个组织发出的一则两栏篇幅的声明。对当时的《纽约时报》和《华盛顿邮报》来说，最关键的问题是不是一旦发表了这则声明，该组织就会释放人质并且投降？

炸弹客这篇文章的发表，直接导致了对西奥多·卡钦斯基[①] (Theodore Kaczynski) 的逮捕和判决。他的哥哥发现，报纸上发表的文章和他几个月前打扫房子时在家里发现的文稿有相似之处。不过，除非《纽约时报》和《华盛顿邮报》采用一种事后追溯、目的证明手段合理性的逻辑，否则，他们此前不愿公开坦诚地解释做出相关决定的理由的做法便留下了许多尚未解决的问题：

- ●《纽约时报》决定是否发表炸弹客文章的依据为何以及何时从最初的"新闻专业标准"变成了"公共安全理由"？
  - ● 关于编辑部"经常收到某些人的来信，威胁自己的要求得不到

[①] 即炸弹客的真实身份。——译者注

满足就采取危险的极端举动"的情况，苏兹伯格说《纽约时报》"过去的传统做法使我们有备无患——在合适的情况下，我们会通报执法人员，绝不会贸然发表这些威胁信息"。他说的这些话究竟意味着什么？何时以及因何把相关信息通报通知执法人员是合适的？何时以及基于何种理由决定不发表来信是合适的？为何《纽约时报》把收到的来信原封不动地转交给联邦调查局的做法是合适的？

● 为什么《纽约时报》和《华盛顿邮报》主动发表了炸弹客的文章，而不是政府以这篇文章发布者的身份购买其中一家或两家报纸的版面来发表这篇文章呢？换言之，为什么《纽约时报》和《华盛顿邮报》在本可以让联邦调查局以发布广告的名义为发表这篇文章支付费用的情况下，仍然不惜损害其编辑部门的统一性和独立性，自愿免费发表这篇文章呢？

迄今为止，上述问题以及与此案相关的一些其他问题依然没有答案。这使得我们很难对两家报纸在炸弹客一案中扮演的合作角色的本质给出明确结论。回到我们在前文提到的对不同合作类型的分析框架，除非这两家媒体机构或司法部和联邦调查局公开关于媒体和政府在此案中合作的详细细节，否则我们没有足够的证据来判断媒体发表恐怖分子的文章这一合作行为究竟是顺从的、默许的还是赞同的。换言之，由于关于炸弹客一案的公开信息不足，我们无法明确地判定这两家报纸的反应究竟是被动的、不情愿的还是真心诚意的；也正因为如此，我们无法判定媒体在此案中所扮演的合作角色在规范性的意义上是否具有合法性。

结　论

反抗和顺从有时是可以共存的。一个典型的例子是2005年年底《纽约时报》对美国政府窃听公民通信记录的报道。根据该报的报道，2001年，小布什总统在未经法院批准的情况下，秘密授权美国国家安全局实施了国内窃听计划，监控目标是美国公民和其他在美居民的国际电话和邮件，因为当局认为从这些信息中可能会发现关于对美威胁的线索。《纽约时报》的报道对当局的这一做法提出了挑战，因为这一报道向世人揭示了"美国情报搜集活动中的一次重大转变"，并对政府这一"做法的合法性"提出了严重关切。然而，在头版报道之后的第22版中《纽约时报》承认，由于和政府之间有合作关系，该报道被延迟了一年才发表，而且报道中也删除了一些可能会对恐怖分子有利的细节：

> 白宫曾要求《纽约时报》不要发表这篇报道，理由是这样做将会对正在持续进行的调查十分不利，并且会打草惊蛇，导致那些潜在的恐怖分子觉察到自己可能已经遭到监控。在和高级官员会面并听取了他们的意见之后，本报决定把这篇报道的发表时间推迟一年，转而报道其他相关议题。此外，我们还对政府官员认为可能会对恐怖分子有利的部分信息做了删减处理（Risen & Lichtblau，2005，p. A22）。

编辑比尔·凯勒（Bill Keller，2005）对报道背后发生的事情只字不提，他只是强调记者们关注的焦点是所谓"秘密的政策逆转"和"政府权力扩大"的问题，而这些问题已经"在政府内部引发了争论"。正如报道本身所解释的那样，直到《纽约时报》发现政府中有不同意见之前，该报的编辑们都遵从了政府官员的要求，认为"现有的安全措施足够保护美国民众的隐私和自由"（Risen & Lichtblau，2005，p. A2），故而同意暂时不公开发表关于国内窃听计划的报道。"对这一计划所涉及的法律和公民自由问题进行评判并不是我们应该做的事情，"凯勒说道，"但有一点现在变得十分清楚，那就是相比于我们之前的理解而言，这些问题如今在政府内部变得比以往更加严重了。"

可以预见的是，读者们自然想要了解更多的内幕。有些读者想要知道为什么《纽约时报》需要等如此之久，直到发现政府官员之间存在分歧时才决定发表相关报道？《纽约时报》隐而不发的这篇报道是否本来可以对2004年的大选结果产生影响？其他读者则可能会想知道，无论在这一切的背后是否发生过争议，是谁或者哪个机构给了《纽约时报》发布机密信息的权利？这些读者显然希望司法部门对该报非法曝光政府的绝密监控行动的做法展开调查。

和1995年他们发表炸弹客宣言的决定引发舆论关切时的做法一样，这一次《纽约时报》的编辑们同样谢绝了所有回应质疑——包括来自报社内部员工的疑问——的机会，而只提供了以凯勒的名义事先准备好的几个声明。作为《纽约时报》聘用的公共编辑，拜伦·卡拉姆（Byron Calame）的职责是代表那些有好奇心、对某些议题深表关切的读者向编辑部提问。根据他的说法，他通过电子邮件向凯勒和发行人小亚瑟·苏兹伯格发送了28个问题，对方的反应却是"公然的沉默"。在这条新闻发表两星期后，卡拉姆在一篇专栏文章中指出："延迟一年后才报道国家安全局在没有得到法庭批准的情况下实施了国内窃听计划，《纽约时报》对自己为何这样做的解释完全无法令人信服。""尽管该报反复保证会不断提高新闻报道的透明度，但在这件事情上，在为读者找到一个更好的解释的过程中，我却遭遇了前所未有的困难。"针对卡拉姆的质询，凯勒做出的唯一回应是一条很不充分的声明："如果不考虑我们是在何时以及如何掌握了这些内幕信息的话，我们就无法对这些事情背后的情况进行全面的检讨，我们对此无能为力。"根据卡拉姆的推断，这个回应意味着"提供窃听计划信息的新闻源与报社之间有着错综复杂的关系，以至于何时发表以及发表哪些具体内容等决定都必须考虑到新闻源的要求，在这种情况下，对幕后情况毫无保留的解释将会导致消息源被曝光的风险"（Calame, 2006）。

但是，把那些对读者和其他关心新闻业角色和责任问题的人士来说十分重要的"幕后情况"解释清楚，并不要求《纽约时报》透露消息源的身份或者违背保密承诺。新闻工作者或许有正当的理由在一段时间内拒绝透露他们是如何搜集到相关信息，并据此完成一篇新闻报道的，但是这些理由并不适用于那些在道德上有争议的报道：在这种情况下，新闻工作者必须为自己保密的理由进一步提供解释。西塞拉·博克（Sissela Bok, 1978, pp. 104 - 105；1982, pp. 112 - 113）写过很多与公共道德议题相关的文章，她对秘密行为（acts of secrecy）和保密实践（practice of secrecy）进行了区分。正如人们不会要求一个内科医生通过违反病人隐私保密原则来证明病人隐私保密制度的合理性一样，人们也不需要《纽约时报》通过公开透露官方秘密行动的具体细节来解释和捍卫保密实践的合法性。换句话说，保密的需要并不妨碍《纽约时报》公开讨论自己实施正当保密原则的标准是什么。因此，《纽约时报》在解释与国内监听报道相关的原则和政策的同时，并不会泄露与窃听计划相关的任何具体信息，凯勒和其他《纽约时报》的工作人员本来可以也应该可以很好地回应那些与新闻实践中的保密问题以及与媒体和政府合作相关的问题：

- 关于如何处理国家机密的问题：根据法治原则，在何种情况下，无论是否有意公开发表，《纽约时报》都必须拒绝承认自己所了解的情况是非法披露的机密？又在何种情况下，《纽约时报》可以不发表自己获得的或者同意接受的机密信息？
- 关于合作与共识之间的关系问题：如果没有政府官员认为秘密计划或行动在道德上或法律上是有问题的，那么，《纽约时报》是否有充分的理由对此进行报道？
- 关于充分披露自己和官方的关系问题：在《纽约时报》和政府官员讨论自己的具体做法之前，必须先满足哪些条件？

要想在规范性的意义上清楚地解释并接受媒体可以承担的某种切实可行的合作角色，我们必须采取一种比绝大多数西方新闻自由观点更加微妙复杂的视角，来审视国家以及关于国家和新闻界之间关系的制度安排。只要新闻工作者坚持把国家视为作恶的反派角色，媒体与国家之间的合作将始终是一种不光彩的、不可原谅的行为。这种对任何与政府官员的关系的蔑视态度是美国新闻界的主流，多年来，美国学术界关于为何政府应当避免与媒体有过多瓜葛的文献数量已经远远超出了其他任何国家。关于媒体的其他角色，尤其是与国家作对的媒体形象，已经成为许多传奇故事的主题。相比之下，与合作角色，尤其是媒体和国家的合作相关的故事则完全不存在。这种思想状态导致新闻工作者和公众不具备理解国家-媒体合作关系的历史和重要性的文化能力。此外，这种状况也阻碍了人们对我们此前在表2中列出的各种形式的合作关系及其不同依据的讨论。作为一种规范的理想状态，合作是一种以相互赞同的手段和目的为基础的伙伴关系，这与其他形式的合作关系有重大差别。但是，这些丰富的差异性在关于新闻独立性和自主性的理论修辞中完全消失了。

与我们在本书中讨论的所有媒体角色一样，媒体的合作角色同样应该在具体的应用语境中加以理解。媒体角色是在特定的情境中和特定的时间节点上被付诸实践的。在任何时候，大多数新闻媒体都会扮演多种角色。即便是在实施某个具体的采编计划或新闻报道的过程中，媒体也能够根据需要转变自己的立场，从而扮演多种不同的角色。这取决于媒体从业者想实现什么目标，以及如何实现这些目标。不同的角色可以并行不悖。

当媒体拒绝公开和坦诚地讨论自己采取合作立场的标准时，人们就会有媒体和官方沆瀣一气的想法。这就是为什么作为一种规范性共识的合作关系，要想在道德上具有合法性，除了必须具有透明度之外，还必须为新闻工作者和其他人士提供一个讨论的空间，使之能够对媒体合作角色的必要性进行评价。简言之，这一角色的合法性取决于公共性原则。正如博克提醒我们的那样，这个原则所要求的不仅仅是涉及具体实践过程的公开性问题，"那些支持或反对这些实践的各种观点本身同样必须付诸公论"（Bok，1982，p.113）。

注释

［1］1977年通过的立法实际上彻底消灭了私人对新闻界的控制，因为这项法令禁止任何个人拥有超过一家报纸普通股权的3%，而且设立了一种特殊的经营股份类型，即所谓的"黄金"股份。这种股份与普通股份支付的股息相同，但表决权却是普通股份的200倍。政府批准了这种经营股份的分配方案，从而间接地控制了新加坡报业的命运（Ang，2002，pp.81-82；Lee，2000，p.218；Soon & Soh，1994，pp.37-38）。

［2］最经常被提到的一个煽动性新闻的例子就是对玛丽亚·埃尔托格（Maria Hertogh）事件的报道。当时，官方决定还是个小女孩的玛丽亚应当离开其穆斯林养母，跟随其荷兰裔基督徒父母赴荷兰生活。在去荷兰之前，玛丽亚住在一家罗马天主教女修道院内。在这里，记者拍到她在一位修女旁边哭泣以及在圣母玛利亚圣像前祈祷的情景。结果这些报道激怒了大批穆斯林，他们走上街头，对欧洲人和欧亚混血族裔人群发起了攻击，从而造成了新加坡历史上最严重的一次骚乱事件。

［3］新加坡政府官员很喜欢引用某些研究的结论来证明自己的观点。根据这些研究，"对本国媒体抱有充分信心的新加坡人的数量是美国人的三倍，而对国内媒体信心严重不足的美国人的数量则是新加坡人的三倍"（Goh，1995，p.3）。他们也喜欢拿菲律宾来说事，认为虽然菲律宾的媒体自由度在东南亚国家中是最高的，但其却是现代化程度和经济发展水平最差的国家之一（Tan & Soh，1994，p.46）。

展 望

第十章　面临挑战的媒体角色

迄今为止，我们已经概述了媒体角色的基本规范性原则。通过这些原则，我们可以对媒体在民主政治过程中所发挥的作用进行评估。我们也试图描述媒体如何不同程度上在新闻领域扮演了不同角色，并产生了不同的后果。尽管所谓的自由媒体在这些事情上可以选择如何行动，但它们的自由仍然是受到限制的。社会、政治和经济的各种限制和诱惑都会对媒体产生影响。无论其独立性是名义上的还是不可让步的底线，媒体的作用越广泛，潜在影响力越大，它屈从于其他社会利益主体要求的压力就越大。媒体深深地陷入广泛的社会事务之中，以致除了满足自身受众的要求之外，它不可能对自身面临的其他紧迫要求视而不见。另外，即使是最自由的媒体也受制于它的内在价值体系，总是要遵循某种特定的规范原则。因此，那种认为某些媒体是自由的，而其他媒体是不自由的想法，是一种自由至上主义的错觉；所有媒体都是某种社会力量的延伸。故而媒体自由不应该被看作一个孤立的概念，相反，它与其对立面即责任是不可分割的，不管这种责任是被赋予的还是自主选择的结果。

传媒表现的当代批判

本书论述的主题所处的历史阶段，是一个已经发生了许多变化，并将继续变化下去的时期。其中最主要的一个变化是五十年前以报业为核心的新闻业变成了以电视为核心的现代大众传媒或新闻媒体，而后者也正日益面临来自新媒体的挑战。这种变化所反映的，不仅仅是从印刷媒体到电子媒体的主导技术形式的变化，同时还意味着新闻业在过去二百多年里为争取民主而斗争的过程中所获得的地位和自我身份认同，正处于日益增加的不确定性之中。现代媒体机构的核心特征主要是在工业化国家民主化、自由化和社会改革的进程中形成的，但现如今这些特征都遭到了质疑。除了必须满足实现市场利润，同时应对压力集团试图影响新闻报道的要求之外，新闻界还不得不满足各种相互矛盾的要求：一方面，必须提供越来越多的消遣和娱乐性内容；另一方面，又必须提供更多具体的、详细的和技术性的信息。在这种情况下，传统新闻业唯一基本不变的特征是它在政治生活中的核心地位。基于这一原因，在考虑其他更广泛的议题之前，我们将首先集中讨论传媒和民主政治的关系问题。

我们已经听到越来越多的人对许多国家民主发展的糟糕情况表达了失望之情，尤其是在北美和西欧，当然也包括亚洲和其他地区（Bennett, 2003; Bogart, 1995; Entman, 1989; Fallows, 1995; Patterson, 1994）。这些问题集中表现为选举的投票率低下或不断下滑的趋势，公民普遍对政治和政治参与缺乏兴趣，以及日益强烈的冷漠和幻灭感。人们普遍感到公共生活的质量和公民权的状况正在日益恶化。伴随着政治参与和热情的最小化，人们的政治知识的平均水平也变得日益低下或正处于下滑之中。有证据显示，在一些主要的民主国家，人们对政治家和现有政治制度的信任度正在下降。

政客们的行为方式是导致民主政治如此萎靡不振的因素之一，尤其是他们在所谓的现代或美国式竞选活动中的表现（参见 Sussman & Galizio, 2003; Swanson & Mancini, 1996）。作为政治竞选专业化的结果，雇用宣传专家，以及大规模运用商业广告和营销策略已经成为常见的竞选操作。

更新的政治竞选方法也要求对观点进行追踪、控制和美化。这些方法没有一个是全新的，但它们都在不受质疑的情况下得到了更广泛的应用，对其可能造成的副作用，却无人在意。这些竞选方法造成的严重后果之一就是选民中日益增加的犬儒主义和不信任情绪，原因在于选民要么被当作竞选各方兜售候选人或政策的主顾，要么被当作一些可以通过各种政治奇观来取悦的旁观者，而不是被视为有思考和参与能力的公民。

最近以来，一些重大的国际事件进一步加剧了媒体在扮演民主角色方面所面临的困境，尤其是在受到这些事件影响的国家，情况更是如此。在2001年9月11日的恐怖袭击事件发生之后，各国政府对恐怖主义危险极度重视，这导致有人认为，新闻媒体能够且应该成为打击或抵抗恐怖主义斗争的一部分。在阿富汗和伊拉克的军事行动进一步强化了这种趋势。在这种情况下，媒体与政府机构的合作被视为一种爱国主义行为，而且这种看法通常都得到了公共舆论的支持。这种趋势产生了一系列后果，包括媒体关于重要事件的解释框架变得日益狭隘，所能引用的新闻源变得越来越少，信息自由和对记者的保护遭到削弱。从某种程度上来说，新闻业相对于权力中心的独立性已经大打折扣了。

这种关于"民主衰落"的论调，始终与一种长期存在而现在变得更加频繁的对媒体的批判密切相关，好像媒体才是导致公众对现有制度丧失热情和信任的罪魁祸首似的。例如，布卢默和古雷维奇就在他们的《公共传播的危机》(Crisis of Public Communication)一书中对这种论点进行了很好的总结(Blumler & Gurevitch, 1995；同时参见 Blumler & Kavanagh, 1999)。在德国，随着商业电视的兴起而出现的"电视病"(video-malaise)的说法非常盛行(Schulz, 1998)。根据这种看法，电视娱乐应当受到谴责，因为它转移了公民的注意力，导致他们不愿承担公民义务。我们可以把这种批判论调及其所预设的较差的媒体表现和政治衰败之间的关系归纳为如下要点：

● 商业压力和动机降低了整个新闻业的标准，这主要表现为减少媒体对无利可图的新闻类型的资源投入和关注度，而这类新闻恰恰通常包含着重要的政治背景信息和国际新闻元素。这类新闻通常不能吸引大量的受众，但被普遍认为对政治生活来说是必不可少的。

- 结果，媒体通过减少对政治信息的关注或降低对其重视的程度，并把关注的焦点集中在人情味、丑闻和耸人听闻的事情上，从而极大地削弱了政治性内容的传播价值。这种总体趋势一般被称为"小报化"（tabloidization），即民粹主义的、肤浅的、具有煽动性的新闻模式。
- 媒体对政治新闻的报道倾向于把政治描述为竞争、比赛或个人冲突，而忽略政治辩论的实质和政治议题的具体内容。这种赛马式的或"策略式的"的报道方式导致了政治无知和犬儒主义（Cappella & Jamieson，1997）。
- 媒体领域的放松管制（deregulation）以及欧洲公共广播服务体制的衰落，削弱了媒体对与社会整体有关的公共和政治议题进行广泛报道的能力。由此导致的不足并没有因为大量新出现的更加商业化的媒体渠道得到弥补。
- 我们仍能听到这样一种多少有点过时的看法，即电视既是一种几乎不传递硬信息的视觉媒体，同时也是一种适合家庭生活的个性化媒体，它所鼓励的是消极的接受和个人间的相互隔绝，而不是公共参与（Putnam，2000）。
- 总体而言，媒体越来越鼓励个人消费主义，而对更加广泛的社会议题却视而不见。

值得注意的是，在这种长期存在的对媒体的批判传统中，批评的理由已经发生了变化，批评者所关注的重点越来越与媒体的偏见、隐含的意识形态和霸权性影响无关。相反，批评者如今认为媒体缺乏政治或社会立场（尽管还是存在被官方消息源笼络的可能性），从而导致公民政治参与感的丧失，而不是像过去那样作为权力操纵或控制的代理工具发挥作用。

关于传媒与政治关系的另类视角

如果我们进行仔细分析的话，就会发现上述这种在逻辑上把两种似乎是长期存在的趋势（政治的衰落和传媒质量的下降）联系起来的做法其实没有多少说服力，而且在这两种所谓的趋势中没有一个是完全站得住脚的[参见 Norris（2001）提出的完全不同的观点]。就政治而言，关于公民疏离的经验证据因地而异，而所谓的民主衰落更是缺乏一个时间标度，究竟这种衰落发展到了何种地步，完全没有明确的说明。在健全的民主制度中，衡量新闻的合适标准很少是具体化的。我们可以看到，媒体整体表现的水平起起伏伏，而且我们无法排除这样的可能性，即新的媒体发展态势可能在政治上具有激活效应，更不用说新媒体本身就具备很多有待开发的潜力。

即使传统的有组织的党派政治日益不受大众待见，或者说传统政治形式在动员大众方面日渐陷入无能的状态，但与此同时发生的其他新情况却呈现出不同的面貌。体制外政治活动的扩张是十分明显的，与此同时还出现了各种新社会运动，这些运动往往专门关注某一特定议题或某项重要事业，比如，环境保护、女权主义、反战、反全球化运动或反移民运动。这些新的社会运动可能不会总是与理性和正义的传统民主原则保持一致，但无论如何，这些运动的出现都意味着十分积极的政治参与的存在。已经有人注意到，政治正变得日益私人化和个性化，消费主义和生活方式成为关注的焦点。人们往往最关心那些对其生活构成直接影响的问题。这些趋势对政治制度提出了新的挑战（参见 Dahlgren & Gurevitch, 2005）。

兰斯·贝内特（Lance Bennett, 2003）认为，这种对政治参与发展趋势的负面评价，可能与人们恪守现代主义这种相对更为陈旧的思维传统有关。而在后现代主义者看来，公共认同和公民生活的新形式正不断涌现出来。这些新的公民参与形式与个人的生活方式有着更加紧密的联系。当代大众传媒的普及趋势可以被视为这种"新政治状况"的一种反映。同时这种发展趋势也预示着传统上男性在新闻界的主导地位在不断衰落。在许多方面，随着新闻界试图重新界定自己的传统角色，它在很大程度上对不同的性别群体变得更有包容性，结果是女性在专业新闻从业者中逐渐占了更大的比例。

当然，我们也不能对主流媒体受到的上述批评置若罔闻。但是，对媒体低水准表现的各种抱怨通常都没有突破表面批评的层次，而且这些批评所依据的都是一些比较僵化的标准，这些标准往往更符合政治精英而不是普通民众的需求。这些以新风格和新形式来呈现现实的做法可能会被贴上一些诋毁性的标签，比如，"信息娱乐化"（infotainment）和"小报化"（tabloidization）。但是，这种简单化的负面评价没有对不同的案例和类型进行仔细的甄别，同时也没有在那种努力吸引受众并与之建立紧密联系的做法所能带来的好处，与传媒内容看似缺乏实质性和复杂性的特征之间进行仔细的利弊权衡。通俗新闻和一定程度的信息娱乐化也许是有效吸引非精英群体的必要条件。政治传播应当为私人领域个人情感关切的表达留有余地。

对新闻媒体政治角色式微的批评关注的主要是那些在传统新闻业中占据权威地位的领军媒体机构，尤其是那些颇有声望的全国性报纸和期刊，以及主要的公共广播机构或商业的电视新闻网。但这些机构的服务对象主要是政治精英群体。批评家们几乎没有考虑到现如今人们可以获得的政治信息的总量和多样性的程度。因此，这些批评所反映的很可能是曼海姆（Manheim，2007）所说的关于新闻业的神话，而不是新闻业的真实情况。显然，替代性的衡量标准有很大的存在空间，而且十分明确的一点是，民主质量的高低不仅仅取决于媒体的表现，同时还有赖于其他许多不同主体的积极贡献——概而言之，普通公民、商业群体、政治家和政府机构等都需要竭尽全力。

通过上述关于社会和媒体文化领域发生的根本性变化的讨论，我们实际上已经对传统新闻业的规范性标准提出了挑战。这些标准在一定意义上体现的正是扎勒（Zaller，2003，详见第五章）所说的"全能新闻标准"（full news standard）。出于同样的原因，我们对那些为本书所讨论的新闻媒体的角色提供合法性基础的各种信念提出了质疑。在对重要性大小缺乏客观衡量标准的情况下，新闻媒体为什么有义务要对政治机构所塑造的事件和形势进行系统的报道？为什么记者们会超越基本的必要义务或者其自身利益的范畴与政府展开合作或者服务于共同体的目标？为什么揭露或批评滥权行为是媒体的任务？对于这些问题，再也不存在权威的答案了，而对当前趋势做出一致回应的基础也早已不复存在了。

更广泛的批评

对当代新闻媒体在民主政治进程中的角色问题的批评性关注实际上是关于媒体状况的一场更广泛的辩论的产物。这场辩论伴随着现代媒体发展的整个进程,其中所涉及的问题迄今为止依然没有得到解决或者被新的议题取代。媒体在推动民主发展过程中存在的许多不足是有根深蒂固的原因的,而这些原因并不是什么新鲜事。这包括因不断扩大的媒体运作规模、全球性的所有权和控制权的扩张、不断增加的集中和交叉所有权,以及新闻业的商业化趋势所造成的压力。所有这些趋势都减少了新闻机构履行其潜在社会义务的可能性,而这些义务正日益遭到否定,或者因为无利可图而被看作是无关紧要的。无论是在一国还是在全球范围内,当代传媒业发展的基本趋势无一不在导致传播权力越来越集中于少数几个行业巨头手中。它们把利润置于其他目标之前,在这种情况下,专业主义标准也日益成为商业标准的附庸。

上述发展趋势导致媒体所提供的信息具有高度的选择性,其观点也大多遭到了系统性的扭曲。高度的集中可以使媒体在经济或政治权力的支持下获得更多的资源,从而为其向更广大的市场进行渗透打开了方便之门。媒体和其他经济领域之间的商业联系得到了强化,而这进一步削弱了媒体的独立性。对股东和业主负责的义务超过了专业和公共责任。日益发展和普及的新媒体也进入了同样的控制和目标优先等级秩序之中。虽然相比过去而言,新媒体环境下出现了更多不同的声音,也出现了更多的传播渠道供人们表达观点和传播新闻信息,但总体来说,这些传播渠道的直接接触范围依然是有限的,所传播的信息也是高度碎片化的。不少评论家已经注意到,传播媒介,尤其是数字化的电子媒介,越来越有可能成为对几乎所有人实施集中监控的工具。这些监控活动往往都是以那些所谓旨在保护社会免受敌害的机构之名进行的。在这种情况下,与消费行为一样,我们的传播行为很有可能会被监视或被电脑记录下来,而在公共场合,我们的一举一动都会处于隐蔽摄像头的监视之下。所以,虽然我们进行传播和接受信息的可能性得到了极大的提高，但与此同时，别人获知我们如何使用这项自由权利的可能性也大大地提高了。

作为一种批评意见，上述所有观点并没有什么特别新鲜之处。但是，在一个公共知识的控制和流动变成关键资源的"信息社会"中，大规模的媒体集中所导致的一系列后果使得上述问题的严重性变得尤其突出。对无论是政府还是媒体机构自身从公共利益出发提出的各项改革动议的完全漠视，则进一步加剧了问题的严重性。在西方世界，媒体主要是商业机构以及媒体的自由就是进行交易的自由这种主流看法依然没有受到严重的挑战。对媒体的管理和相关政策的首要目标依然是从扩大商业机会的角度来推动媒体的技术和产业发展，促进硬件和软件市场更大程度的开放成为一个主要的目的。限制上述趋势的举措被广泛视为对自由市场的神圣原则的一种干扰。政客们则出于党派利益、宣传或操纵的目的利用媒体为自己服务，其目的往往不是提供更多的真实信息，而是试图通过各种虚假信息来误导公众，从而避免而不是鼓励人们围绕重要议题展开公开的辩论。

对旧媒体产生影响的变化

传统媒体正在经历重大的变化。其中有些变化反映了传播技术的创新。以互联网和移动传播技术为代表的全新媒体技术的出现以及由此发生变化的市场条件正在改变传统媒体的运作环境。无论是主动扮演具有党派色彩的角色，还是作为向大众传播观念和信息的中性载体，报纸都曾经是政治传播的主要传统渠道。经过了一段长期的成熟和相对稳定的发展之后，现如今报业不得不努力适应全新的环境。这体现在很多方面，包括持续的所有权集中趋势，以及对新受众、新策略和新形式的狂热追求。在很多国家，大量出版物为了一个相对稳定或正处于衰退中的广告和读者市场而相互竞争。报纸担心读者人数的下降和老龄化以及来自其他更有吸引力的媒体的竞争，这种担心不是没有道理的。

报纸还担心某些利润丰厚的广告内容正在向互联网流失，比如，求职、旅行、住房以及其他个人商品和服务类广告。大型报业公司努力适应新形势的方式之一是以所有人或内容提供商的身份进入新媒体领域，从而通过把新媒体变为传统媒体业务的延伸来降低投资风险（参见 Boczkowski，2002；van der Wurff，2005）。计算机和数字化技术进一步加强了印刷媒体与其他媒体平台的联系，从而减少了印刷媒体的独特性，但同时也在一定程度上削弱了其独立性。在福图纳蒂（Fortunati，2005）看来，当大众传媒进入这些新的分配形式之中时，就发生了所谓互联网的"媒体化"（mediatization）过程，与之相对的是大众传媒的"互联网化"（internetization），即传统媒体不断进行自我调整以适应新的挑战和新的运营环境的过程。报业是否已经发生了根本性的重大变化，或者互联网是否已经成为最主要的新闻提供渠道（参见下文的讨论），目前尚不明朗。媒体融合发展的过程，也是新媒体不断涌现的过程。在这一过程中，由于丧失了作为公共信息流把关人的专业垄断者身份，同时再也无法宣称自己是唯一的专业信息生产者，新闻业的地位很可能会遭到削弱。

这种努力适应已经变化了的媒体环境和新社会趋势的过程，导致传统报业正日益变成一种娱乐导向的、在视觉方面更有吸引力的媒体，越来越主动迎合大众趣味、年轻人的需求和女性读者的兴趣。所有这些变化足以解释已经广泛出现的所谓小报化现象。但无论如何解释，我们再也无法依靠报纸主动为民主政治过程提供传统新闻服务，原因可能是它再也无法做到这一点，也可能是因为在新的媒体环境下，传统做法对报纸而言再也无利可图。除了在国家安全受到威胁时媒体可能会因为压力而必须承担爱国主义的义务之外，再也没有什么责任或动机能够驱使报业必须满足这些不成文的社会责任要求。

电视业同样也在经历着相似的变革，这一趋势在欧洲表现得尤其突出。几十年来，欧洲电视业一直处于民主政治的监督之下，并承担着相应的社会和政治义务。电视作为普通公民获取政治信息的主要媒体渠道，不仅可靠，而且观众人数多。但如今，电视已经在一定程度上丧失了这种影响力。20世纪80年代，由有线电视和卫星电视推动的新传播技术的发展引发了放松管制和竞争性扩张的进程，与此同时，公共广播服务则相对衰落了，这些发展趋势共同导致了电视业地位的变化。在很多国家，出现了数个，甚至很多商业电视频道，为了争夺同一批电视观众而展开激烈的竞争。此外，还出现了一些满足特殊兴趣的频道，其中有一些是跨国的，虽然政治性节目内容的播出量并没有因此而增加。

而我们所说的电视这种媒介本身也在发生变化,这是因为新的传播方式和数字化技术极大地增加了频道的数量,并在一定程度上提高了电视频道的多样化水平。当然,除了技术这一十分明显的动因之外,从当下的社会和文化趋势中,我们还可以发现一些其他的重要促进因素。其中一个重要的变化就是大众受众的逐渐减少,甚至是消失,这一趋势在20世纪70—80年代表现得尤为突出。从这一时期开始,无线电视发现自己再也无法面向数量巨大的观众进行粗放式的无差别传播了,甚至就连常规的主要晚间新闻节目也无法获得所有观众的一致青睐了(Webster & Phelan, 1997)。观看行为在不同频道之间的碎片化分布,导致有计划的分众传播策略的出现,其目的是要使不同的电视频道与具有不同收入水平和生活方式的消费者市场的不同部分相匹配。在这一过程中,相对来说,电视的政治功能遭到了削弱。在欧洲的绝大部分地区,由于电视不能播放政治广告,这一趋势表现得尤其突出。

尽管一直存在着一些法规控制和监管压力可以确保电视能够提供充分和多样的新闻信息,但这些控制手段的效果越来越弱,与过去相比,电视节目也变得更加娱乐化和具有民粹主义倾向。电视工作者发现,他们越来越难以在有大量观众的时段播出与政治有关的信息,为观众提供了解政治动态的渠道,从而主动或被动地履行媒体在政治进程中的责任。传统形式的政治信息变得更加边缘化,为民主服务的使命感让位于市场成功的目标。

尽管电视传播的范围得到了极大扩展,同时也涌现了一批国际频道,但人们对全球性的新闻和信息公共领域的期待基本落空了。就新闻和政治观点而言,印刷媒体所面临的许多困难和阻碍同样对电视媒体发挥着作用。人们的这些期待尚缺乏一个全球性的民主系统来加以支撑。

新媒体的潜力

那种认为所谓"新媒体"能够促进民主发展的看法可以追溯到20世纪60年代后期,当时,人们刚刚意识到新出现的电子传播技术具有颠覆社会主导力量的潜力。这种想法的来源主要是20世纪60年代的激进自由至上主义运动，但同时也和那些与草根、共同体和民主议题相关的观念有关（Enzensberger，1970）。在这一时期，地下出版物十分繁荣（尤其是在美国），在发展中国家和存在长期独裁统治的国家则出现了微媒体（micro-media）（Downig，2001）。相关的"具有解放作用的技术"包括地方广播、社区有线电视、半导体收音机、卡带录音机、移动印刷机、施乐影印机，以及个人或低端电视摄像机。直到后来，在 20 世纪 80 年代初，计算机以及电话才开始出现在相关的技术应用之中。从政治角度来说，这些不断涌现的新媒体技术大多被认为与另类和反文化政治而非主流民主制度有关。

在相对更近的 20 世纪 90 年代以来，人们对新媒体的看法开始强调媒体在促进主流民主国家或社会政治复兴方面的潜力。与此前对社会视角的强调不同，这一时期的理论路径多少更加具有技术中心论的色彩。虽然如此，两者之间的分歧仍然存在，其中一派认为技术发展本身就会带来积极的政治效益，另一派则希望通过增加公民参与的广度和深度来确保技术为民主进程服务。随着时间的推移，无论是人们的经验，还是相关研究得出的结论，都证明技术治国的希望越来越渺茫，而社会政治视角则重新浮出水面。

新媒体在一般民主政治进程中可能发挥的一些积极作用已经得到了一些学者的认可（例如，Axford & Huggins，2001；Bentivegna，2002；Dahlgren，2005；Hacker & van Dijk，2000；Norris，2001）。这些好处包括通过电子投票来实现更加直接的民主，增加了公民接近并与政党领导人和候选人进行互动的机会，提高了人们进行有效动员并组织支持行动的能力。此外，新的电子媒介还去除了一些出版的技术障碍，并且削弱了大众媒体作为信息把关人的权力地位。总的来说，我们完全可以预见到数量更大、更具有多样性的政治信息将会得到广泛传播。

我们可以找到一些零散的证据来支持上述某些看法，虽然我们尚无法就新媒体是否在促进政治启蒙或参与方面对政治进程发挥了重要作用给出真正可靠的判断。总体而言，目前对新媒体在政治中的应用的研究发现听起来似乎更具有警告的意味，提醒人们不要对整体状况的彻底改善抱有太高的期望。之所以如此，主要原因在于互联网技术尚不成熟，与此同时，新媒体也面临着现存体制的抵制。此外，还有一些与社会行为、媒体结构以及媒体使用习惯相关的因素构成了阻碍新媒体发展的原因。具体来说，这些因素包括：

● 人们获得并使用媒体，包括新媒体（无论是作为发送工具还是接受工具）的能力和机会依然是很不平等的，是高度社会等级化的。仍然有许多障碍导致人们无法很方便地使用新媒体。

● 与很多拥有更多广告和赞助资源的竞争渠道相比，对新媒体的使用者来说，政治议题的重要性总体上依然是偏低的。在这种情况下，即便新媒体提供更多的政治性内容也并不一定能够吸引到更多的受众。

● 新媒体为政治家和公民中的积极分子提供了许多成为专家的机会，却没有提高政治对一般普通民众的吸引力。在主动吸引那些被政治排除在外或对政治感到疏离的人方面，新媒体的表现并没比传统的传播方式好到哪里。

● 基于互联网所形成的虚拟社群，并不像真实的社会网络一样可靠、可信和稳定，通常缺少"真正的"群体所具有的那种社会凝聚力和共同利益。

● 多媒体商业或政府机构已经加强了对互联网的网关和用途的控制，从而使很多人所期待的互联网的解放潜力大打折扣。

● 主流的政治党派和政府当局并没有很大的动力去挖掘新媒体的新潜力，除非是出于自身组织目的的需要。这些机构对新媒体的使用方式往往还是老旧的。总体而言，政治本身变得更加制度化了，依然处在位于中心或顶端的精英群体的严密掌控之下。

随着新的在线媒体的出现，出现了一系列新问题和新的不确定性。对那些试图运用这些新媒体在公共领域进行传播活动的人来说，什么样的行为具有正当性？这一问题尚无明确的答案。这在一定程度上是因为互联网在本质上不受约束的特性，相关的道德约束和指导方针尚不存在或极其不完善（参见 Hamelink，2000）。在缺乏新法律框架的情况下，当他人、国家或财产权受到侵害时，只能继续沿用现有的关于公共传播的法律来管理互联网。同样，当互联网被用于新闻报道等典型的传统媒体活动时，我们会发现基于同样的原因传统媒体的专业规范和伦理要求也会被应用在新媒体上。这些原因包括满足质量标准的需要，以及就新闻报道而言，建立委托和信任关系的需要。当互联网传播涉及市场关系时，同样存在不可回避的实践伦理准则。即便如此，仍然存在着不少现行的规则不适用，或者甚至根本不存在规则的灰色地带。新的在线媒体所获得的自由是造成许多难题的核心要素。从根本上说，这种自由意味着拒绝承担一切责任，并对道德、法律、公共舆论和公共利益的约束和义务发起挑战。尽管关于网络自由的看法得到了互联网技术本身的支持，但在某些情况下，尤其在国家安全和法律实施的问题上，这种立场可以而且正在遭到质疑。

当然，在政治过程中，我们无法确保关于新媒体的使用对社会来说是完全或者大体上有益的。在赛博空间中进行的政治传播活动，完全有可能就像当下的传统大众媒体渠道一样，是有偏见的、易操纵的、具有宣传性的、充斥着虚假信息的、歪曲的、愤世嫉俗的，以及排外的。但矛盾的是，正是新媒体的这种公开性以及制度控制的匮乏可能会抵消其潜在的好处。但如果我们回顾一下之前以报纸和广播电视为代表的民主的公共传播渠道的历史的话，就会发现这其实并不矛盾。

的确，有人可能会问，在服务于政治生活的公共性和开放性方面，传统媒体是否比新媒体做得更好。就当前而言，传统媒体更具有包容性，并为各种观点和社会行动提供了可见性、结构性和连贯性。至少对"传统政治"活动来说，那种直接的有形接触和制度的延续性依然是必要的。政治活动的参与者要想不断发展彼此之间的信任和忠诚关系，就离不开透明度和延续性，而新媒体的运作过程往往缺乏透明度，其表现形式也往往是变幻不定、稍纵即逝的。不过，这种观点没有充分考虑到当前政治日益僵化的趋势，以及我们在本章前文提到的各种政治问题。我们尚无法确定是否出现了某种新形式的民主政治，这种新的政治形式或许会与新技术建立十分密切的联系。有人已经针对这些新的政治形式提出了自己的设想和建议，但目前很难判断这些新的政治形式将如何被付诸实施，而一旦实践走样，它们很可能会变得不具有民主性。要想现在对这些问题做出判断是不可能的（参见 Bonham，2004）。

实际上，政治传播转型中出现的各种后果，没有一个是新媒体导致的。例如，林肯·达尔伯格（Lincoln Dahlberg，2001）描述了关于互联网如何影响民主过程的三种不同的展望或说法。他所使用的概念与我们在本书前文（见第四章）所论述的民主理论的不同类型是完全一样的。他提到的第一种说法是"自由个人主义"。根据这种说法，新媒体把具有理性思考能力的公民从政党和意识形态的束缚中解放了出来。公民能够在一个巨大的观念和政策市场中做出自己的选择。像投票这样的民主过程可以通过互联网来实施。这种立场极有可能会倾向于多数主义和全民表决的决策机制，但这一过程必须根据市场规则，并在确保最大可能的多样性的前提下实施。第二种说法是社群主义，这一立场强调的是地方、社会或文化群体以及共同体的重要性。社会网络是以这些范畴为基础的，而不是由商业、政府或社会整体来加以控制的。在这种情况下，不同的目的和不同的实践方式都可能会得到尊重和促进。第三种说法就是所谓的商议的概念。从这个视角来看，新媒体成为虚拟公共领域的基础（Barber，1984），问题的重点在于如何尽最大可能扩大广泛的对话和辩论的范围。我们没有任何理由认为这些模式中的任何一个会压倒另外两个而取得胜利。但我们也有充分的理由认为，考虑到互联网当前的发展方向，自由个人主义将继续处于主导地位，而市场关系也将继续对政治关系产生影响。

上述对互联网如何发挥政治调节作用的不同看法，反映了互联网自身构成的多样性及其在民主政治过程中多种不同的应用方式。达尔格伦（Dahlgren）总结了互联网介入政治行为或者影响政治进程的五种不同方式。他把这些"基于网络的公共领域的不同部分"归纳如下：

1. 电子政务，通常具有自上而下的特点。通过电子政务系统，政府代表可以和公民直接互动，并提供与行政管理和服务相关的信息。

2. 在倡导/行动主义领域，讨论往往在具有相同视角、价值观和目标的组织框架内进行，其最终目的是要实现某种形式的政治干预。

3. 大量各种类型的公民论坛，公民可以在这些论坛中交换观点，进行商议。

4. 前政治或准政治领域，与共同利益和/或集体认同有关的社会和文化议题会在其中得到传播。

5. 新闻领域则包括从开设了网络版的重要新闻机构到完全基于互

联网的新闻机构（通常没有太多或完全不具备任何原创性报道，例如，雅虎新闻），再到独立媒体（Indymedia）和媒体频道（Mediachannel）之类的替代性新闻机构，以及个人博客网站在内的所有新闻来源（Dahlgren，2005，p.153）。

这一分类提醒我们，新媒体可能会在不同领域产生不同的影响，并与现有的政治传播形式产生不同的互动，造成不同的后果。显然，我们从达尔格伦这个列表可以看到，适用于传统媒体的角色不能被简单地套用到各种新媒体上。两者在形式、内容和目标上都有太多实质性的差异。总体而言，我们所讨论的那些角色与扩大了的新闻领域仍然有着很大的关系，但也有新的角色在不断出现，尤其是那些与积极参与、赋权和对话过程相关的媒体角色。

传媒理论的经验和教训

上述在媒体领域发生的各种变化的确削弱了一个统一的民主的媒体系统赖以存在的基础。在一个特定的社会中，这种相对统一的媒体系统会根据被普遍接受的运行原则和行为规范，对所有公民保持开放，并积极回应他们的要求。但如今，一个极其重要的变化是，人们使用媒体的方式已经变得极其多样化和个性化，而且越来越多的人不再是那种多少有些高度同化的政治信息和观念的被动接受者。这种全新的多样性是值得珍惜的，但同时令人遗憾的是，我们也失去了共同的公共空间。

在本书伊始我们就提到，传统的传媒机构，尤其是新闻业，在长期的历史过程中逐渐获得了一系列习惯性的权利和义务，甚至是在公共领域的信息生产和流动方面具备了事实上的垄断地位。法律和惯例以及强大的专业支撑是这些机构存在的基础。但随着传媒产业本身的变化，传统意义上的传媒业只是由多媒体集团构成的规模更大的传媒产业的一个组成部分。通常，在这些新的大型组织中，传媒业务并不会被当作某个独立的业务部门来处理，而是和整个产业中的其他组成部分一样，受到同样的市场逻辑和压力的约束。其他的变化则主要是技术性的,这些变化导致传统新闻业的身份认同和自主性成为问题,并把许多界定不清的信息活动引入传媒领域。这些后果导致了一些混乱,有时会令人感到不安,但本质上却不一定是非民主的。我们甚至可以得出相反的结论,因为这些变化也在一定程度上削弱了传统媒体对新闻的垄断以及专业新闻从业者的控制地位。这里所涉及的问题要远比势力范围之争和对游戏规则的控制复杂得多。在这种情况下,当我们试图理解媒体角色时,会发现这些角色面临着新的不确定性和分化状态。

我们对公共传播规范理论的不同传统的讨论,呈现了一系列关于新闻实践中最重要的现实状况的不同看法,而且这些看法正在变得日益丰富和多样化。我们很明确地指出,正如《传媒的四种理论》一书的作者所注意到的那样,规范性理论总是反映了社会和时代的本质。我们讨论的起点是如何在最完整和最深层的意义上实现真理。这些追求真理的想法经过修正,成为自由至上主义以及后来的民主主义诉求,这种诉求的起点则是个体不可剥夺的获取和决定个人真相的权利。20世纪,当新闻业被纳入传媒组织机构之中,从而获得了其现代制度形式,并对工业化国家的经济和政府发挥着重要功能时,它就在绝对真理和无序的个人自由之间达成了某种妥协。这种妥协的结果被纳入专业新闻业规范之中,这种规范所体现的主要是新闻业和新闻从业者自身的一种自我监督,虽然在不同的国家语境中情况会有所差异。这种妥协也可能会以社会和国家利益的名义在对媒体报道自由的保护和对其行为的约束和控制并举的情况下得以实现。结果,尽管表现形式各异,且是好是坏尚难以定论,一种以公共利益标准来约束新闻媒体行为的观念还是逐渐出现了。而媒体之所以要捍卫公共利益,主要原因之一就是它为民主政治过程服务的角色定位。

二战结束后,在全球范围内那些曾经被占领或战败的国家,传媒系统的重建大体上依据的是盎格鲁-撒克逊模式,从而把某种程序性的民主模式与特定的高品质新闻模式有效地结合了起来。这种做法并没有一劳永逸地解决所有问题,但它作为一个核心的参照点得以延续至今。在一定程度上,我们对新闻角色的解释总的来说是与这一模式相吻合的,虽然这种新闻-民主的共生关系的思想基础并不像看起来那样牢固和持久。这一模式受到的某些挑战相对来说很容易解决，尤其是那种毫无说服力的所谓客观的历史真理。相比之下，其他挑战就没那么容易解决了。对那些被鼓动去追求西式民主的发展中国家来说，如果把西方新闻业关于真实性的主张与它的实际做法相比较的话，就会发现其表现难以令人满意。在对世界重大事务的报道中，西方新闻界的疏漏和种族中心主义倾向实在是太明显了。

在西方民主国家内部并不缺少对所谓客观新闻报道的缺点的批评，因为这种报道的叙事模式受到了选择性框架和隐含的国家或政治意识形态的系统性影响。于是出现了各种新闻改革运动，其中最早的是以倡导个人化的、有吸引力的、主观的叙事方式的新新闻运动。随后，出现了以服务于地方共同体和强调受众利益至上为特色的公民或公共新闻运动。我们在第三章中讨论规范理论时，已经强调了这种越来越突出更多的参与性和积极行动的新闻发展趋势，这种新的新闻实践模式在提倡积极目标的同时，也提出了有价值的批评意见，其最终目标是要服务于特定群体或共同体的需要。在一定程度上，这些趋势得以发展的重要条件之一就是从有线电视时代起就一直不断发展的信息生产和传播技术。在某些情况下，有人会把传统新闻业面临的所有这些挑战与对工业资本主义社会的根本性批判，以及以大城市为中心、国际化的主流新闻业中存在的所谓集中化、精英主义和霸权化倾向联系起来。

正是上述观点在理论上为互联网和万维网技术的出现和普及提供了基础。这些技术被视为是充实公民权和促进公民参与的最好的传播媒介。互联网似乎为表达、信息、对话以及新观念和运动的扩散提供了无穷无尽的空间和传播资源，因此，从多个标准来衡量，传播似乎变得更加民主了。然而，这些正在发生或可能会发生的变化是否是以某些新的新闻规范为基础的，这一点尚不明朗。存在这种情况并不奇怪，原因在于不存在对之进行直接管理的机制，也不存在任何清晰的治理或自律机制。在人们所熟悉的现有框架中，我们无法对互联网的核心目标或本质属性进行明确的界定。它只是在创新和市场机遇的驱动下，沿着服务提供者和用户都喜闻乐见的方向发展。不断增加的成功也带来了日益沉重的商业压力。尽管缺乏连贯性和方向性，但有一些对互联网所鼓励的新闻实践产生影响的原则在一定程度上成为可以取代主流模式的替代性原则。这些原则彼此不同，有时还相互冲突，主要包括：高度相对化的真理观，根据这种看法，所谓真理只不过是一种与搜索引擎所呈现出来的全部可证实事实的总和有着松散联系的被表述的观点；平等原则，根据这个原则，所有信息源和观点都是平等的，没有高低等级之分；对亲密关系、主观性和个人互动的重视；以及高度的个人表达自由。

　　正如我们对以网络为中介的传播内容所做的分类所表明的那样，在当前情况下，为新闻实践的所有形式提供一套相同的规范性原则已经变得不合时宜。为所有的新闻形式建立起规范的指导方针已不再可行。这种试图为所有新闻实践确立统一规范的想法，其目的是要保护和促进新闻业的主流制度形式，同时也希望可以借此确保新闻产品能够符合最低质量标准。但反过来说，这种想法本身始终就是可疑的，不仅不切实际，而且带有一刀切的霸权色彩。随着新的媒体类型不断成功进入信息传播领域，这一想法彻底丧失了可行性。它已经与不断变化的媒体产业结构完全脱节。20世纪下半叶的主要大众媒体是大众报刊或普通电视频道，两者的核心都是提供硬新闻，并由此获得社会影响力。大众报业缓慢但稳定的衰退过程已经持续了一段时间了，虽然这种以大众影响力标准来衡量的衰退在一定程度上也可以被看作是不同媒介形态之间进行转型的结果。在转型后的媒介生态中，头条新闻不再成为新闻媒体的主要特征。与二十五年前或者更久之前的情况相比，如今的电视频道再也不以新闻报道作为自己的核心角色，其多样化的功能常常是高度分散的。

　　我们对传媒规范理论的看法不会草率地采纳那些与早前新闻史阶段相适应的已经过时的价值和标准，尤其是《传媒的四种理论》和20世纪中叶人们的现代性观念所产生的价值标准。但这并不意味着我们会采纳一种相对主义的民粹主义立场，而是说我们要对当代政治现实中表达的多样性和价值观的复杂性保持敏感。我们不应当把正在不断涌现出来的各种新媒体，尤其是互联网，看作是和报业和广播电视业一样扮演着相似角色的大众媒体，虽然新媒体的确也承担着与传统媒体相似的某些任务，并且可以在容纳大众媒体功能的同时发挥更多的其他功能。我们需要指出的是，通过何种方式能够实现民主传播的规范对互联网的制约作用，比如，在涉及伦理、责任、义务和公众的合法诉求时，应当如何对互联网进行规范管理。

就规范理论本身而言，当下最重要的问题是公共领域这个概念的内涵正在发生变化。规范理论始终关心如何在自由和平等与集体决策的有效性之间达成某种平衡。总体而言，这其中最主要的关切点又在于如何防止独裁者和寡头执政者利用相对的自由和不确定性来主导公共决策空间。晚期现代性的趋势之一就是社会、政治和经济权力在民族国家层面的日益集中。普通人变成了无助的看客。在一国内部和跨国层面展开的与权力集中作斗争的大型社会运动大体上已经被主导的政治经济逻辑所瓦解。有人呼吁社会经济权力集团承担起社会责任，并且强调专业主义价值的重要性，这些诉求所取得的成功是有限的，尤其是在那些建立在帝国主义剥削遗产基础上的后殖民社会，情况更是如此。人们正在对公共领域的概念进行重新界定，把定义的范围从国家和城市缩小到小型的、临时性的和非专业的"集体事件"。在面对大规模战略问题时，人们转而利用那些控制相对较为宽松的空间，由此建立起新的世界观和一系列新规范。由于权利、正当防卫、宗教唯心主义、运动意识形态等绝大多数本质主义概念都被整合到了高度集中的政治经济权力框架之中，自发的小规模对抗运动则更倾向于诉诸那些基于个人认同感的意义建构。学会通过对话来应对多样的文化认同，从而更好地理解个体自身的身份认同成为这些斗争的主要目标。

规范理论以一种能够促使人们积极参与决策的方式，继续处理公共传播中的结构问题。为什么公共领域应该以某种特定的方式来建构？对此，规范理论给出了合理的解释。在自由民主的制度条件下，如果说在19世纪和20世纪早期，人们的任务是确保国家服务结构能够被贯彻执行，从而以此来支撑个人的道德责任的话，那么，如今，公共事业的目的是保护个人的生活空间不受同一国家服务结构的支配，因为这些结构现在已经变成了权力统治系统的一部分。如果说规范理论曾经处理的对象更多地集中在政治经济系统领域的话，那么，它现在要面对的则是一切直接触及人类生存困境的领域。

与媒介规范理论相关的各种问题可以在其他多个不同的层面展开讨论，我们在第一章中通过图1所做的相关讨论就是个典型的例子。具体而言，我们从三个不同层面对相关问题进行了区分：从普遍性意义上阐述的社会传播的公共哲学；为媒体设定广泛责任的国家或国际传播系统；以及在特定传媒实践领域工作的专业行动者。如果处理的是一些比较宏大的议题的话，我们一般会选择某种公共传播哲学来说明问题。根据这些哲学原则，大众传媒在更宏大的社会和文化进程中发挥着极其重要的作用。我们认为，至少在媒介系统层面，新闻媒体有责任公开表达社会的各种关切，这些关切往往表现为从个体到社会群体再到政府等不同社会主体的不同立场。这不意味着任何特定的媒体组织都要被迫做自己并不情愿做的事，但它的确指出了媒体应当如何采取负责任的行动来努力实现与专业和行业标准相一致的公共目标。在媒体组织和专业实践层面，我们指出了传媒的四大角色。在我们看来，这些角色在传媒的基本公共使命中处于核心位置。尽管媒体活动及其运作环境已经和正在发生很大的改变，但是这些角色的本质依然没有过时。其中每一个角色都为我们评估这些变化带来的冲击提供了一个有用的聚焦点，同时也为我们努力实现更大的规范性目标提供了有用的指引。

传媒角色面临的挑战

下面我们将逐个对四种传媒角色面临的挑战和机遇进行简要评述。新闻业的监测角色的核心任务就是告知公众，这一点基本上不会因为环境的变化而发生改变。如果说有什么变化的话，那就是人们对与更多社会领域中范围广泛的议题相关的信息的需求变得更强烈了，而且他们对信息价值的衡量标准也变得更严格了。新的在线媒体从两个方面对此做出了贡献：一方面，从量的角度来说，新信息技术极大地提高了媒体的信息传播能力；另一方面，从质的角度来说，新媒体极大地提高了信息的多样性，同时强化了信息使用者进行互动性搜索的能力。此外，这些新媒体也削弱了传统主流媒体在信息把关过程中的实际垄断地位，尽管这些传统主流媒体也进入了在线新闻生产的领域，而且在新闻报道中依然处于主导地位。在一定程度上，新媒体也在挖掘替代性新闻源方面扮演了非正式和非系统化的把关人角色，由此把人们的注意力引向某些网站，并把互联网作为一个重要的新闻源，虽然网络新闻源有时并不是太可靠。

但处于支配地位的新闻源和信息提供者（尤其是政府，但也包括各种产业团体、专业群体和游说集团）在控制媒体的监测过程，并使之为自己的利益服务方面所付出的努力，比以往任何时候都要多，而且可能也更有效。经济和组织因素经常导致新闻媒体屈服于这些高度组织化的压力。另类媒体或互联网或许可以以某种另类方式扮演监测的角色，但这些媒体渠道往往会被边缘化，或者因为资源匮乏和公信力不足等原因而影响力有限。一方面是由新技术推动的媒体范围的扩大所带来的监测效应的增进，另一方面则是传统新闻媒体社会影响力的普遍衰退，两者正好可以相互抵消。然而，对我们这里的讨论来说，最关键的一点是这些新的或替代性新闻源的质量令人怀疑。虽然传统新闻报道的质量也存在问题，而且在实际表现中也存在许多纰漏，但传统媒体所宣称的报道的真实性通常是可以根据一些清晰的标准对之进行挑战或确认的。

在本书中，我们把新闻业的促进角色与草根层面的商议民主倡议，对公共领域中观念和信息的辩论与流动的推动联系起来。几乎可以确定的是，各种新媒体在公共传播的各个方面促进了这一角色的全面复兴。然而，正如我们已经指出的那样，互联网的进一步发展存在各种不同的可能性，从长期来看，互联网的贡献究竟会有多大尚不明朗。但有一点是确定的，那就是促进角色不可能只靠新媒体来承担。只有当这些媒体与那些既能瞬间接触到大量公众，同时又通过自身的独立性和对真实性一以贯之的坚守来获得公信力的媒体渠道相结合时，它们才能继续为商议民主的发展做出贡献。

基于同样的背景，我们对新闻业激进角色现状的评估可以得出许多类似的结论。在一系列范围广泛但变得日益复杂从而很难给予准确评估的议题上，比如，与环境、生物医学以及许多社会问题相关的议题上，独立的批评和评论变得比任何时候都更加重要。所谓"从意识形态撤退"（retreat from ideology），指的是不再坚持对任何挑战社会或经济秩序的观念体系的信仰，这一变化使发起一场范围广泛、有协调性和连贯性的针对现状的激进批判运动变得更加困难。对主流媒体来说，相对于在党派之争中站队，以及永远能吸引人眼球的丑闻和冲突事件，这种激进的批评并不能带来多少利润。而互联网和其他个性化媒体同样并不能成为表达这些批判意见的替代性渠道。个人媒体之所以无法胜任这个角色，原因在于这些媒体具有喜欢标榜个性的特征以及固有的不可靠性，更不用说它们也无法获得大量受众或政治支持者了。在这种情况下，形成的是一种碎片化和个性化的批评意见的传播方式，而不是一种更有深度的批判模式。媒体渠道的增加和市场的细分支持的是所谓批判亚文化的发展，但这种状况并不能保证一种持续连贯的批判空间的存在。不过，和以往一样，像入侵伊拉克及其造成的一系列后果这类重要事件，还是能够迫使特定议题进入大量公众的视野，并在全社会范围内引发激烈的争论。

239　　种种证据表明新闻业的合作角色始终存在，特别是在危机或灾难时期，在满足政治、社会和文化机构的日常需求方面更是如此。媒体在许多事务上采取的合作态度得到了公众意见以及不同媒体受众的支持。这种合作角色常常是媒体自由选择的结果，尽管这一过程也会产生一些令人左右为难的矛盾情形，比如，媒体能否把满足某些特定信息需求的目标凌驾于追求事实真相或服务于受众的信息需求这类更加基本的目标之上？在传统的自由媒体观念中，新闻传播的目的取决于最初的新闻源。而如何对传播内容本身以及这些内容是否满足了自己的需求进行判断则是这些信息的接收者的事，媒体所扮演的只是一个中立的信使角色。与这种合作规范相关的问题始终没有发生太大的变化，其根源主要在于寻求合作关系的各种主体——比如，国家和军事当局、政府官员和强大的游说团体——与那些在某些报道经费不足或受众人数有限的议题上寻求合作的媒体和其他另类传播渠道之间不平等的权力关系。在这种关系中，受众同样处于从属地位，缺乏对媒体资讯进行质疑所需的信息基础。至于新媒体，无论是在量上还是在质上，既没有增加也没有减少这种合作关系。虽然人们常常把互联网与另类观点和多样性联系在一起，但作为一种新的媒介形式，它同样也是为各种宣传目的服务的工具。实际上，相对于传统主流媒体，在新媒体渠道进行的各种非法的合作形式受到的制约更少。

　　当代社会和产业发展的主要趋势越来越倾向于某种更强烈但同时也更没有合法性的合作关系。与过去相比，出于自我商业利益的考量，媒体越来越无法拒绝这种合作要求。政府或公众意见、商业压力或组织需要都会明确或间接地要求媒体必须在无组织且没有尽头的反恐战争中采取合作态度，而这一现象恰恰是扭曲媒体合作角色的最主要的原因。近几年最能体现这种扭曲的合作关系的就是把新闻报道活动置于军事和政治的控制之下，具体做法是把参与报道军事行动的记者直接纳入军队的管辖范围。这直接导致对战争原因和结果的系统性的歪曲或信息过滤，从而使人们更加无法深入了解战争的原因（Kamilopour & Snow，2004；Sylvester & Huffman，2005）。每个国家都会以安全或爱国主义之名来实践并合理化这种合作关系，但这样做的一个普遍结果却是对媒体基于民主原则监测现实的能力的破坏。商业压力同样会导致媒体以自我审查的形式进行合作。无论是鲁伯特·默多克（Rupert Murdoch）的卫星电视，还是谷歌在一些国家的做法，这些例子都表明为了巨大的商业利益，媒体会采取权宜之计，实行自我审查。我们在前文（见第九章）讨论媒体的合作角色时，提出这种关系必须达到一定水平的透明度。但在各种压力的作用下，新媒体在这方面几乎不太可能发挥什么重大的建设性作用。

结 论

尽管人们对媒体社会角色的看法在表面上大同小异，但媒体以及媒体系统在不同地方的表现却大相径庭。由于我们所强调的这些媒体角色具有不同的形式，而且它们彼此之间还经常相互冲突，所以无法对它们进行一个总体性的评估。在很多情况下，虽然某些悲观主义情绪是情有可原的，但传统新闻业的从业者依然认真且出色地履行了我们所提到的那些义务。不过，我们的总体态度却变得更悲观，而不是更乐观了。

我们意识到，媒体的运行环境正受到越来越多的束缚和压制。如何确保媒体系统在商业上有利可图，同时又能够致力于公众启蒙，保持足够的独立性，并对经济、政治和军事领域的各种权力机构进行有效问责？在这种情况下，媒体受到各方压力的制约就再正常不过了。那些处于权力核心的人或机构并不一定必须对媒体的质询做出回应，相反，媒体则会因为担心自己的报道会引发严重后果，或者因为自身与现存权力秩序之间有着十分紧密的联系而常常不愿意在相关问题上逼得太紧。某些媒体似乎具有独立挑战权势者的能力，但这种做法通常都需要冒极大的风险，而且还极有可能因为与外部利益之间错综复杂的关系而遭到非难。即便某些媒体能够保持警惕，具有批判性和独立性，它们也有可能在媒体领域的庞大版图中处于边缘地位而不为受众所知，容易被权势者忽视。要求媒体作为与其他权力机关平起平坐的第四等级来发挥有效的监督作用是完全不现实的，除非它们能够得到公共领域中其他参与主体的支持，比如说，至少应当得到民主政治家的支持。

上述看法并不意味着那些意在提高媒体自主性及其专业行为原则性的努力是无效的。但我们认为，现在应当以一种更加宽广的视野来看待公共传播的可能性，以及所谓的"新媒体"不断扩张的边界。在考虑民主和公民社会要求的过程中，人们把绝大多数注意力都集中在主流的传统媒体上——本书同样表现出这种倾向。传统媒体在履行自己的公共和政治使命方面越来越力不从心，其影响力大幅下滑，受众规模越来越小，结果不得不越来越把精力放在那些更有利可图的活动上，其观点的独立性也越来越差。我们也许不得不承认的一点是，传统媒体再也无法胜任社会良知的守卫者角色，即便它曾经成功扮演过这种角色。没有足够的制度性手段来支持媒体继续承担这种角色，而曾经促使媒体这样做的道德要求和政治义务也遭到了削弱。

无论如何，我们需要拓宽理论视野，从而把那些可能更有能力扮演这种角色的实践形式纳入讨论的范围之中，即便这些实践的具体手段依然显得比较脆弱。首先，这意味着我们必须更加关注许多不同的公共传播手段，其中就包括那些小型媒体和其他传播形式。这些媒体并不试图获得并影响大规模的传播受众，但至少它们能够摆脱唯利是图的商业化管理机制的束缚。我们在这里所指的不只是或者说主要不是以互联网为基础的各种传播渠道，因为这些传播渠道依然受到许多限制因素的制约，同时也并没有获得最初人们所宣称的互联网本应具备的那种自由度。我们在这里所指的是一切为了社会、文化和政治目的而比以往占据更多社会传播空间的所有传播形式，这种想法促使我们开始关注阿帕杜莱（Appadurai）的"媒介景观"（mediascape）和波兹曼（Postman）的"媒介生态学"（media ecology）概念。这些传播形式包括很多可供个人使用的技术，例如，摄影、录音、计算机、手机，以及各种艺术和表演形式，示威活动和计划好的有组织的事件。在这些不同领域中，我们需要为21世纪的传播活动找到指导性规范和价值，并将它们付诸实践。

其次，与此同时，我们应当把理论思考的范围延伸到那些媒体之外的调查、监测和反思活动，以及那些能够促使媒体在不同视角下以透明的方式接受监督的问责手段。许多此类形式的监督活动都存在于当代市民社会之中，从而可能会（而且已经）构成所谓的"第五等级"（Ramonet，2003）。在这个意义上，我们可以把本书的研究成果看作是在推动对媒体进行反思方面做出的一个小小贡献。

我们的研究从对《传媒的四种理论》的讨论开始。在对当代民主社会中新闻媒体的行为准则进行反思和理论化思考的漫长历史过程中，这本书始终是一个重要的参考对象。今天的社会没有理由回到当时的情境中去重新发掘出那些已经被人遗忘的药方，并以此作为解决当下问题的伦理指南。在随后的几十年里，出现了大量不同的新的媒体形式，新闻媒体本身也在不断地进行扩张。即便不用考虑当代历史的深刻教训，媒体领域的这些变化本身就已经催生了许多新的更能切中要害的观点。这些观点关注的都是同一个问题，即遵循什么样的规范原则才能确保新闻业始终为多样化的政治和社会目标服务。许多这类观点都是由新闻从业者们自己提出来的，而且也得到了专业组织和学术界研究机构的支持。于是，专业的新闻从业者与学术界联合起来，为平衡新闻业面临的外部和产业压力而合作。此外，他们也逐渐意识到，将社会和个人的问责机制应用到新闻媒体上不仅是有必要的，而且也是完全合理的，对媒体本身有益的。

如果我们依然沿用西伯特及其合作者在《传媒的四种理论》中所采取的那种看问题的视角的话，我们就不可能充分理解20世纪后期以来持续进行的技术革命带来的各种重构的媒体形式，虽然说他们的某些观点在涉及基本的价值问题时依然是有意义的。媒体及其运作语境已经发生了重大变化，并导致了一系列后果，其中就包括我们再也无法带着某种优越感对媒体的社会角色进行全面的归纳。不管是自由，公共服务，还是政治参与，甚至是事实本身，都不足以构成某种可供人们选择的总体性的衡量标准。人们再也找不到某种单一的共同的传统来处理这些挑战以及与此相关的问题。也不再有单独的共享的惯例来处理这些事物或者是相关事物。尤其是全球化趋势已经严重削弱了民族国家的社会及其文化和政策与媒体之间的联系。

如果要建构出某种对传媒进行分析并对其发挥指引作用的规范性框架的话，我们必然会考虑到公共传播中许多行动者的目的和视角的巨大差异性，而这种差异性必然会导致冲突和矛盾。与传播相关的最基本的规范性议题并没有发生太大的变化，依然会涉及事实、目的、效果（好或坏）以及问责机制。但在处理这些问题时人们能够利用的具体的规范准则却在发生变化，而且变得越来越复杂，尤其是在涉及道德、伦理、法律、社会理论和专业实践问题时，更是如此。

尽管我们在本书中所讨论的那些传统的传媒理论存在明显的局限性，但这些理论依然是有价值的，而且不只是具有启发性而已。它们实际上是我们随时可以参考的具有内在结构的一整套观念、原则和案例的总和。我们可以把它们与其他理论进行勾连和比较。这些丰富的理论资源有助于我们对当下面临的问题和政策进行批判性评估。即便是对这些理论进行修正和批判否定也是颇有启发性的工作。抛开其他的不说，从事传媒理论研究本身就是确保媒体承担责任的一种努力。

我们没有试图发现什么新的传媒理论，因为我们认为这种做法无论如何都将是徒劳的。但这并不意味着传媒理论这个领域的探索工作可以就此终结了。特别要提到的是，我们所描述的新闻业的不同角色，以及承担这些角色时新闻业要遵循的规范，实际上是以一些与日常实践相关的相对粗糙或简单的实用主义形式存在的。相对来说，这些形式还不够精细，虽然说这实际上体现了一定程度的活力，但这也导致这些媒体角色与更加广泛的伦理考量相脱节，从而很容易被漠视或不受尊重。

在规范理论研究的下一个阶段，我们应当更加关注新闻生产者的权利和义务之间的关系，以及与新闻的接收者，即作为新闻传播对象或受到新闻影响的群体相关的更广泛的人权问题。这意味着我们必须超越报纸时代所确立的自由言论和自由出版原则。在实践中，尽管过去半个世纪以来媒体领域已经发生了许多重大变化，但我们仍然没有彻底摆脱《传媒的四种理论》的作者们所关心的那些核心议题。

参考文献

Ackerman, Bruce, and James Fishkin. 2005. *Deliberation Day.* New Haven, CT: Yale University Press.
Agee, Warren K., Phillip H. Ault, and Edwin Emery. 1994. *Introduction to Mass Communication.* 11th ed. New York: Harper Collins.
Allen, David S. 2002. "Jürgen Habermas and the Search for Democratic Principles." In *Moral Engagement in Public Life: Theorists for Contemporary Ethics,* eds. Sharon Bracci and Clifford Christians, 97–122. New York: Peter Lang.
Althusser, Louis. 1984. *Essays on Ideologies.* London: Verso.
Altschull, J. Herbert. 1984. *Agents of Power: The Role of the News Media in Human Affairs.* New York: Longman.
———. 1995. *Agents of Power: The Media and Public Policy.* 2nd ed. New York: Longman.
Anderson, Charles W. 1990. *Pragmatic Liberalism.* Chicago: University of Chicago Press.
———. 2002. *A Deeper Freedom: Liberal Democracy as an Everyday Morality.* Madison: University of Wisconsin Press.
Andsager, Julie L., and M. Mark Miller. 1994. "Willingness of Journalists to Support Freedom of Expression." *Newspaper Research Journal* 5(4): 51–57.
Andsager, Julie L., Robert O. Wyatt, and Ernest Martin. 2004. *Free Expression in Five Democratic Publics.* Cresskill, NJ: Hampton Press.
Ang, Peng Hwa. 2002. "Media Ethics in Singapore: Pushing Self-Regulation in a Tightly Controlled Media Environment." In *Media Ethics in Asia: Addressing the Dilemmas in the Information Age,* ed. Venkat Iyer, 80–89. Singapore: AMIC.
Angus, Ian. 2001. *Emergent Publics: An Essay on Social Movements and Democracy.* Winnipeg: Arbeiter Ring.
Apel, Karl-Otto. 2001. *The Response of Discourse Ethics.* Leuven: Peeters.
Arato, Andrew. 2000. *Civil Society, Constitution and Legitimacy.* Lanham, MD: Rowman and Littlefield.

———. 2005. "Post-election Maxims." *Constellations* 12(2): 182–93.
Arblaster, Anthony. 1994. *Democracy*. 2nd ed. Minneapolis: University of Minnesota Press.
Arendt, Hannah. 1963. *On Revolution*. New York: Viking Press.
Arens, Edmund. 1997. "Discourse Ethics and Its Relevance." In *Communication Ethics and Universal Values*, ed. Clifford Christians and Michael Traber, 46–47. London: Sage.
Atkinson, Derek, and Marc Raboy. 1997. *Public Service Broadcasting: The Challenges of the Twenty-First Century*. Paris: UNESCO.
Atton, Chris. 2002. *Alternative Media*. London: Sage.
———. 2003. Editorial. In "What Is 'Alternative' Journalism?" Special issue. *Journalism* 4(3): 267–72.
———. 2004. *Alternative Internet*. Edinburgh: Edinburgh University Press.
Axford, Barry, and Robert Huggins, eds. 2001. *New Media and Democracy*. London: Sage.
Baker, C. Edwin. 1989. *Human Liberty and Freedom of Speech*. New York: Oxford University Press.
———. 2002. *Media, Markets, and Democracy*. New York: Cambridge University Press.
Barber, Benjamin R. 1984. *Strong Democracy: Participatory Politics for a New Age*. Berkeley: University of California Press.
———. 1996. "Foundationalism and Democracy." In *Democracy and Difference*, ed. Seyla Benhabib, 348–59. Princeton, NJ: Princeton University Press.
———. 1998. *A Passion for Democracy: American Essays*. Princeton, NJ: Princeton University Press.
———. 2007. "Pluralism." *Ethics* 117(4) (July): 747–54.
Barker, Chris. 2000. *Cultural Studies: Theory and Practice*. London: Sage.
Bauman, Zygmunt. 1993. *Postmodern Ethics*. Oxford: Blackwell.
Ben Meir, Yehuda. 1995. *Civil-Military Relations in Israel*. New York: Columbia University Press.
Benhabib, Seyla. 1992. *Situating the Self: Gender, Community and Postmodernism in Contemporary Ethics*. Cambridge: Polity.
———. 2002. *The Claims of Culture: Equality and Diversity in the Global Era*. Princeton, NJ: Princeton University Press.
———. 2006. *Another Cosmopolitanism: Hospitality, Sovereignty, and Democratic Iterations*. New York: Oxford University Press.
Bennett, W. Lance. 1990. "Towards a Theory of Press-State Relations in the U.S." *Journal of Communication* 40(2): 103–25.
———. 2003. "The Burglar Alarm That Just Keeps Ringing: A Response to Zaller." *Political Communication* 20: 131–38.
Bennett, W. Lance, and Robert Entman, eds. 2001. *Mediated Politics: Communication in the Future of Democracy*. Cambridge: Cambridge University Press.
Bensman, Marvin R. 2000. *The Beginning of Broadcast Regulation in the Twentieth Century*. Jefferson, NC: McFarland.

Bentivegna, Sara. 2002. "Politics and the New Media." In *The Handbook of New Media*, ed. Leah Lievrouw and Sonia Livingstone, 50–61. Thousand Oaks, CA and London: Sage.

Berlin, Isaiah. 1969. *Four Essays on Liberty*. London: Oxford University Press.

Berry, David, and John Theobald, eds. 2006. *Radical Mass Media Criticism: A Cultural Genealogy*. Montreal: Black Rose Books.

Bertrand, Claude-Jean. 2003. *An Arsenal for Democracy: Media Accountability Systems*. Mahway, NJ: Lawrence Erlbaum.

Bessette, Joseph M. 1980. "Deliberative Democracy: The Majority Principle in Republican Government." In *How Democratic Is the Constitution?* ed. Robert A. Goldwin and William A. Schambra, 102–16. Washington, DC: American Enterprise Institute.

Best, Steven, and Douglas Kellner. 2001. *The Postmodern Adventure: Science, Technology, and Cultural Studies at the Third Millennium*. New York: Guilford and Routledge.

Blanchard, Margaret. 1977. "The Hutchins Commission, the Press, and the Responsibility Concept." *Journalism Monographs* 49 (May):1–59.

Blasi, Vincent. 1977. "The Checking Value in First Amendment Theory." *American Bar Foundation Research Journal* 2(3): 522–649.

Bledstein, Burton J. 1976. *The Culture of Professionalism*. New York: Norton.

Blum, Roger. 2005. "Bausteine zu einer Theorie der Mediansysteme." *Medienwissenschaft Schweiz* 16(2): 5–11.

Blumler, Jay G., ed. 1992. *Television and the Public Interest*. London: Sage.

Blumler, Jay G., and Michael Gurevitch. 1995. *The Crisis of Public Communication*. London: Routledge.

Blumler, Jay G., and Dennis Kavanagh. 1999. "The Third Age of Political Communication: Influences and Features." *Political Communication* 16(3): 209–30.

Boczkowski, Pablo J. 2002. "The Development and Use of Online Newspapers." In *The Handbook of New Media*, ed. Sonia Livingstone and Leah A. Lievrouw, 270–86. London: Sage.

Bodéus, Richard. 1993. *The Political Dimensions of Aristotle's Ethics*. Translated by Jan Edward Garrett. Albany: State University of New York Press.

Bogart, Leo. 1995. *Commercial Culture: The Media System and the Public Interest*. Chicago: University of Chicago Press.

Bohman, James. 2000. *Public Deliberation: Pluralism, Complexity and Democracy*. Cambridge, MA: MIT Press.

———. 2004. "Expanding Dialogue: The Internet, the Public Sphere and Prospects for Transnational Democracy." In *After Habermas: New Perspectives on the Public Sphere*, ed. Nick Crossley and John M. Roberts, 131–55. Blackwell Sociological Review Monograph Series. Oxford: Blackwell.

———. 2007. *Democracy across Borders: From Demos to Demoi*. Cambridge, MA: MIT Press.

Bohman, James, and William Rehg, eds. 1997. *Deliberative Democracy: Essays on Reason and Politics*. Cambridge, MA: MIT Press.

Bok, Sissela. 1978. *Lying: Moral Choice in Public and Private Life*. New York: Random House.

———. 1982. *Secrets: On the Ethics of Concealment and Revelation*. New York: Random House.
Boler, Megan, ed. 2008. *Digital Media and Democracy: Tactics in Hard Times*. Cambridge, MA: MIT Press.
Bollinger, Lee C. 1991. *Images of a Free Press*. Chicago: University of Chicago Press.
Borden, William. 1995. *Power Plays: A Comparison between Swedish and American Press Policies*. Kungälv, Sweden: Department of Journalism and Mass Communication, Göteborg University.
Botein, Stephen. 1981. "Printers and the American Revolution." In *The Press and the American Revolution*, ed. Bernard Bailyn and John B. Hench, 11–58. Worcester, MA: American Antiquarian Society.
Bracci, Sharon L. 2002. "The Fragile Hope of Seyla Benhabib's Interactive Universalism." In *Moral Engagement in Public Life: Theorists for Contemporary Ethics*, ed. Sharon L. Bracci and Clifford G. Christians, 123–49. New York: Peter Lang.
Brett, Annabel, and James Tully, with Holly Hamilton-Bleakley, eds. 2006. *Rethinking the Foundations of Modern Political Thought*. Cambridge: Cambridge University Press.
Brown, Peter. 1992. *Power and Persuasion in Late Antiquity: Toward a Christian Empire*. Madison: University of Wisconsin Press.
Buber, Martin. 1958. *I and Thou*. 2nd ed. Translated by M. Friedman and R. G. Smith. New York: Scribner's.
Butler, Judith. 1998. "Ruled Out: Vocabularies of the Censor." In *Censorship and Silencing: Practices of Cultural Regulation*, ed. Robert C. Post, 247–59. Los Angeles: Getty Research Institute for the History of Art and the Humanities.
Calame, Byron. 2006. "Behind the Eavesdropping Story, a Loud Silence." *New York Times*, January 1, 2006, sec. 4, p. 8.
Campbell, Richard, and Jimmie Reeves. 1989. "Covering the Homeless: The Joyce Brown Story." *Critical Studies in Mass Communication* 6: 21–42.
Canclini, Néstor García. 1995. *Hybrid Cultures: Strategies for Entering and Leaving Modernity*. Minneapolis: University of Minnesota Press.
Canning, J. P. 1988. "Introduction: Politics, Institutions and Ideas." In *The Cambridge History of Medieval Political Thought*, ed. J. H. Burns, 341–66. Cambridge, UK: Cambridge University Press.
Cappella, Joseph N., and Kathleen Hall Jamieson. 1997. *Spiral of Cynicism: The Press and the Public Good*. New York: Oxford University Press.
Carey, James W. 1975. "A Cultural Approach to Communication." *Communication* 2: 1–22.
———. 1987. "Journalists Just Leave: The Ethics of an Anomalous Profession." In *Ethics and the Media*, ed. Maile-Gene Sagen, 5–19. Iowa City: Iowa Humanities Board.
———. 1996. "Where Journalism Education Went Wrong." In *Journalism Education, the First Amendment Imperative, and the Changing Media Marketplace*. Murfreesboro, TN: College of Mass Communication, 4–10.
———. 1999. "In Defense of Public Journalism." In *The Idea of Public Journalism*, ed. Theodore L. Glasser, 49–66. New York: Guilford.

Carpentier, Nico, and Bart Cammaerts. 2006. "Hegemony, Democracy, Agonism and Journalism: An Interview with Chantal Mouffe." *Journalism Studies* 7(6): 964–75.

Carpentier, Nico, Rico Lie, and Jan Servaes. 2007. "Multitheoretical Approaches to Community Media: Capturing Specificity and Diversity." In *Community Media: International Perspectives,* ed. Linda K. Fuller, 219–35. New York: Palgrave Macmillan.

Cartledge, Paul. 2000. "Greek Political Thought: The Historical Context." In *The Cambridge History of Greek and Roman Political Thought,* ed. Christopher Rowe and Malcolm Schofield, 11–22. Cambridge, UK: Cambridge University Press.

Caspi, Dan, and Yehiel Limor. 1999. *The In/Outsiders: Mass Media in Israel.* Cresskill, NJ: Hampton.

Castells, Manuel. 1996. *The Rise of the Network Society.* Vol. 1, *Information Age: Economy, Society and Culture.* Oxford, UK: Blackwell.

Cavalier, Robert J., ed. 2005. *The Impact of the Internet on Our Moral Lives.* Albany: State University of New York Press.

Chapman, Jane. 2005. *Comparative Media History. An Introduction: 1789 to the Present.* Cambridge, UK: Polity.

Chee, Soon Juan. 2000. "Media in Singapore." Paper presented at conference organized by the Research Institute for Asia and the Pacific and the Centre for Democratic Institutions entitled "The Media and Democracy," University of Sydney, February 24, 2000.

Cheong, Yip Seng. 1995. "Journalism with a Cause." *Straits Times,* February 15, 1995, 130–32.

Christiano, Thomas. 1996. *The Rule of Many: Fundamental Issues in Democratic Theory.* Boulder, CO: Westview Press.

Christians, Clifford. 1977. "Fifty Years of Scholarship in Media Ethics." *Journal of Communication* 27(4): 19–29.

———. 1997. "The Ethics of Being in a Communications Context." In *Communication Ethics and Universal Values,* ed. Clifford Christians and Michael Traber, 3–23. London: Sage.

———. 2004. "*Ubuntu* and Communitarianism in Media Ethics." *Equid Novi* 25(2), 235–56.

Christians, Clifford G., John P. Ferré, and P. Mark Fackler. 1993. *Good News: Social Ethics and the Press.* New York: Oxford University Press.

Christians, Clifford, and Michael Traber, eds. 1997. *Communication Ethics and Universal Values.* Thousand Oaks, CA: Sage.

Cohen, Bernard. 1963. *The Press and Foreign Policy.* Princeton, NJ: Princeton University Press.

Cohen, Jean L., and Andrew Arato. 1992. *Civil Society and Political Theory.* Cambridge: MIT University Press.

Cohen, Joshua. 1993. "Moral Pluralism and Political Consensus." In *The Idea of Democracy,* ed. D. Copp et al. Cambridge, UK: Cambridge University Press.

———. 1997a. "Deliberation and Democratic Legitimacy." In *Deliberative Democracy,* ed. James Bohman and William Rehg, 67–91. Cambridge, MA: MIT Press.

———. 1997b. "Procedure and Substance in Deliberative Democracy." In *Deliberative*

Democracy, ed. James Bohman and William Rehg, 407–37. Cambridge, MA: MIT Press.

———. 2002. "Deliberation and Democratic Legitimacy." In *Democracy*, ed. David Estlund, 87–106. Oxford, UK: Blackwell.

Cohen, Joshua, and Joel Rogers. 1983. *On Democracy: Toward a Transformation of American Society.* New York: Penguin Books.

Colish, Marcia L. 1990. *The Stoic Tradition from Antiquity to the Early Middle Ages.* Vol 1. *Stoicism in Classical Latin Literature.* Vol 2. *Stoicism in Christian Latin Thought through the Sixth Century.* Leiden: Brill.

Commission on Freedom of the Press. 1947. *A Free and Responsible Press.* Chicago: University of Chicago Press.

Conboy, Martin. 2004. *Journalism: A Critical History.* London: Sage.

Cornell, Drucilla. 1985. "Toward a Modern/Postmodern Reconstruction of Ethics." *University of Pennsylvania Law Review* 133: 291–377.

Couldry, Nick, and James Curran, eds. 2003. *Contesting Media Power: Alternative Media in a Networked World.* Lanham, MD: Rowman and Littlefield.

Crocker, David A. 2000. "Truth Commissions, Transitional Justice, and Civil Society." In *Truth v. Justice: The Morality of Truth Commissions,* ed. Robert I. Rotberg and Dennis Thompson, 99–121. Princeton, NJ: Princeton University Press.

Curran, James. 1991a. "Mass Media and Democracy: A Reappraisal." In *Mass Media and Society,* ed. James Curran and Michael Gurevitch, 82–117. London: Edward Arnold.

———. 1991b. "Rethinking the Media as a Public Sphere." In *Communication and Citizenship: Journalism and the Public Sphere in the New Media Age,* ed. Peter Dahlgren and Colin Sparks, 27–57. Padstow, Cornwall, UK: Routledge.

———. 1996. "Mass Media and Democracy Revisited." In *Mass Media and Society,* 2nd ed., ed. James Curran and Michael Gurevitch, 81–119. London: Edward Arnold.

———. 2000. "Rethinking Media and Democracy." In *Mass Media and Society,* 3rd ed., ed. James Curran and Michael Gurevitch, 120–54. London: Edward Arnold.

———. 2002. *Media and Power.* London and New York: Routledge.

———. 2003. "Global Journalism: A Case Study of the Internet." In *Contesting Media Power: Alternative Media in a Networked World,* ed. N. Couldry and J. Curran, 227–41. Lanham, MD: Rowman and Littlefield.

Curran, James, and Myun-Jia Park, eds. 2000. *De-Westernizing Media Stuidies.* London: Routledge.

Dahl, Robert A. 1967. *Pluralist Democracy in the United States: Conflict and Consent.* Chicago: Rand McNally.

Dahlberg, Lincoln. 2001. "Democracy via Cyberspace." *New Media and Society* 3(2): 157–77.

Dahlgren, Peter. 1995. *Television and the Public Sphere.* London: Sage.

———. 2000. "Media, Citizenship and Civic Culture." In *Mass Media and Society,* 3rd ed., ed. James Curran and Michael Gurevitch, 310–28. London: Edward Arnold.

———. 2005. "The Internet, Public Spheres, and Political Communication: Dispersion and Deliberation." *Political Communication* 22: 147–62.

Dahlgren, Peter, and Michael Gurevitch. 2005. "Political Communication in a Changing World." In *Mass Media and Society*, 4th ed., ed. James Curran and Michael Gurevitch, 375–393. London: A. Hodder Arnold.

Danaher, Geoff, Tony Schirato, and Jen Webb. 2000. *Understanding Foucault*. London: Sage.

Dare, Olatunji. 2000. "The Role of the Print Media in Development and Social Change." In *Development Communication in Action: Building Understanding and Creating Participation*, ed. Andrew Moemeka, 160–78. Lanham, MD: University Press of America.

Davidson, Ivor J. 2001. *Ambrose De Officiis*. Vol. 1. *Introduction, Text and Translation*. Oxford, UK: Oxford University Press.

De Polignac, François. 1995. *Cults, Territory, and the Origins of the Greek City-State*. Translated by Janet Lloyd. Chicago: University of Chicago Press. Originally published as *La naissance de la cité greque* (Editions La Découverte, Paris, 1984).

de Romily, Jacqueline. 1998. *The Great Sophists in Periclean Athens*. Translation by Janet Lloyd. Oxford, UK: Clarendon. Originally published as *Les grandes sophists dans l'Athèns de Périclès* (Paris: Editions de Fallois, 1988).

Denzin, Norman. 1997. *Interpretive Ethnography: Ethnographic Practices for the Twenty-First Century*. Thousand Oaks, CA: Sage.

———. 2003. *Performance Ethnography: Critical Pedagogy and the Politics of Culture*. Thousand Oaks, CA: Sage.

Dervin, Brenda, and Robert Huesca. 1997. "Reaching for the Communication in Participatory Communication: A Meta-theoretical Analysis." *Journal of International Communication* 4(2): 46–74.

De Smaele, Hedwig. 1999. "The Applicability of Western Models on the Russian Media System." *European Journal of Communication* 14(2): 173–90.

Deuze, Marx. 2005. "What Is Journalism? Professional Identity and Ideology of Journalists Reconsidered." *Journalism* 6: 442–62.

Deveaux, Monique. 2000. *Cultural Pluralism and Dilemmas of Justice*. Ithaca, NY: Cornell University Press.

———. 2007. *Gender and Justice in Multicultural Liberal States*. New York: Oxford University Press.

Dicken-Garcia, Hazel. 1989. *Journalistic Standards in Nineteenth-Century America*. Madison: University of Wisconsin Press.

Donohue, G. A., Philip Tichenor, and C. N. Olien. 1995. "A Guard-Dog Perspective on the Role of the Media." *Journal of Communication* 45(2): 115–32.

Dooley, Brendan, and Sabrina Baran, eds. 2001. *The Politics of Information in Early Modern Europe*. London: Routledge.

Dorgan, Michael. 1995. "Unabomber Details Motives in Three Letters." *San Jose Mercury News*, April 26, 1A.

Downing, John. 2001. *Radical Media: Rebellious Communication and Social Movements*. Thousand Oaks, CA: Sage.

———. 2003. "The Independent Media Center Movement and the Anarchist Socialist Tradition." In *Contesting Media Power: Alternative Media in a Networked World*, ed. N. Couldry and J. Curran, 243–57. Lanham, MD: Rowman and Littlefield.

Downs, Anthony. 1957. *An Economic Theory of Democracy.* New York: Harper and Row.
———. 1962. "The Public Interest: Its Meaning in a Democracy." *Social Research* 19(1): 1–36.
Durham, Meenakshi Gigi, and Douglas Kellner, eds. 2001. *Media and Cultural Studies: Key Works.* Malden, MA: Blackwell.
Durkheim, Emile. 1960. *The Division of Labor in Society.* Glencoe, IL: Free Press.
———. 1957–92. *Professional Ethics and Civic Morals.* London: Routledge.
Dworkin, Ronald. 1993. *Life's Dimension: An Argument about Abortion, Euthanasia and Individual Freedom.* New York: Knopf.
Dyer-Witherford, Nick. 1999. *Cyber-Marx: Cycles and Circuits of Struggle in High-Technology Capitalism.* Urbana: University of Illinois Press.
Edwards, Michael. 2004. *Civil Society: Themes for the Twenty-first Century.* Cambridge, UK: Polity.
Einstein, Mara. 2004. *Media Diversity: Economics, Ownership and the FCC.* Mahwah, NJ: Erlbaum.
Elliott, Deni. 2002. Afterword to *Moral Engagement in Public Life: Theorists for Contemporary Ethics,* ed. Sharon L. Bracci and Clifford G. Christians, 277–80. New York: Peter Lang.
Emerson, Thomas I. 1970. *The System of Freedom of Expression.* New York: Vintage Books.
Entman, Robert. 1989. *Democracy without Citizens: Mass Media and the Decay of American Politics.* New York: Oxford University Press.
———. 2005. "The Nature and Sources of News." In *The Press,* ed. Geneva Overholser and Kathleen Hall Jamieson, 48–65. New York: Oxford University Press.
Enzenberger, Hans Magnus. 1970. "Constituents of a Theory of the Media." *New Left Review* 64: 13–36.
Ettema, James S., and Theodore L. Glasser. 1998. *Custodians of Conscience: Investigative Journalism and Public Virtue.* New York: Columbia University Press.
Fallows, James. 1995. *Breaking the News: How the Media Undermine American Democracy.* New York: Pantheon.
Fierlbeck, Katherine. 1998. *Globalizing Democracy: Power, Legitimacy and the Interpretation of Democratic Ideas.* Manchester, UK: Manchester University Press.
———. 2006. *Political Thought in Canada: An Intellectual History.* Petersborough, Ontario: Broadview Press.
Fishkin, James. 1992. *Democracy and Deliberation: New Directions for Democratic Reform.* New Haven, CT: Yale University Press.
———. 2007. *The Voice of the People: Public Opinion and Democracy.* New Haven, CT: Yale University Press.
Fishkin, James, and Peter Laslett. 2003. *Debating Deliberative Democracy.* Oxford, UK: Blackwell.
Fiss, Owen. 1996. *The Irony of Free Speech.* Cambridge, MA: Harvard University Press.
Fitzsimmons, M., and L. T. McGill. 1995. "The Citizen as Media Critic." *Media Studies Journal* (spring): 91–102.
Fjaestad, B., and P. G. Holmlov. 1976. "The Journalist's View." *Journal of Communication* 2: 108–14.

Fortunati, Leopoldina. 2005. "Mediatization of the Net and Internetization of the Media." *Gazette* 67 (1): 27–44.

Foucault, Michel. 1982. "The Subject and Power." Afterword to *Michel Foucault: Beyond Structuralism and Hermeneutics*, ed. Hubert Dreyfus and Paul Rabinow, 208–28. Chicago: University of Chicago Press.

Fourie, Pieter J. 2008. "Moral Philosophy as the Foundation of Moral Media Theory: Questioning African *Ubuntuism as a Framework*." In *Media Ethics beyond Borders: A Global Perspective*, ed. Stephen J. A. Ward and Herman Wasserman, 105–22. Johannesburg, South Africa: Heinemann.

Fowler, W. W. 1893/2003. *The City-State of the Greeks and Romans*. Honolulu: University Press of the Pacific.

Fox, Elizabeth. 1988. "Media Policies in Latin America: An Overview." In *Media and Politics in Latin America: The Struggle for Democracy*, ed. Elizabeth Fox, 6-35. London: Sage.

Fraser, Nancy. 1989. *Unruly Practices: Power, Discourse, and Gender in Contemporary Social Theory*. Minneapolis: University of Minnesota Press.

———. 1992. "Rethinking the Public Sphere: A Contribution to the Critique of Actually Existing Democracy." In *Habermas and the Public Sphere*, ed. Craig Calhoun, 109-42. Cambridge, MA: MIT Press.

———. 1997. *Justus Interruptus*. New York: Routledge.

Friedland, Lewis. 2003. *Public Journalism: Past and Future*. Dayton, OH: Kettering Foundation Press.

———. 2004. "Public Journalism and Communities." *National Civic Review*, 93(3) (fall): 36–42.

Friedland, Lewis, Mira Sotirovic, and Katie Daily. 1998. "Public Journalism and Social Capital." In *Assessing Public Journalism*, ed. Edmund B. Lambeth, Philip E. Meyer, and Esther Thorson, 191–220. Columbia: University of Missouri Press.

Fuller, Linda K., ed. 2007. *Community Media: International Perspectives*. New York: Palgrave Macmillan.

Furisch, Elfriede, and Melinda B. Robins. 2002. "Africa.com: The Self-Representation of Sub-Saharan Nations on the World Wide Web." *Critical Studies in Media Communication* 19(2): 190–211.

Gadamer, Hans-Georg. 1980. *Dialogue and Dialectic: Eight Hermeneutical Studies on Plato*. Translated by P. Christopher Smith. New Haven, CT: Yale University Press.

Gallup, George. 1935. "A Study in the Selection of Salespeople for Killian's Department Store, Cedar Rapids, Iowa." Master's thesis, State University of Iowa, Iowa City.

———. 1938. "An Objective Method for Determining Reader Interest in the Content of a Newspaper." Ph.D. diss., State University of Iowa, Iowa City.

Galtung, John, and Richard Vincent. 1992. *Global Glasnost: Toward a New World Information and Information Order?* Cresskill, NJ: Hampton.

Gans, Herbert J. 2003. *Democracy and the News*. New York: Oxford University Press.

Garnham, Nicholas. 1995. "Comments on John Keane's *Structural Transformations of the Public Sphere*." *Communication Review* 1(1): 23–25.

Garver, Eugene. 1994. *Aristotle's Rhetoric: An Art of Character*. Chicago: University of Chicago Press.

George, Cherian. 2002a. "'Asian' Journalism: More Preached Than Prized?" Paper presented to the winter meeting of the Association for Education in Journalism and Mass Communication, Palo Alto, California, December 6, 2002.

———. 2002b. "Singapore: Media at the Mainstream and the Margins." In *Media Fortunes, Changing Times: ASEAN States in Transition*, ed. Russell H. K. Heng, 173–200. Singapore: Institute of Southeast Asian Studies.

———. 2005, September. "Calibrated Coercion in the Maintenance of Hegemony in Singapore." Working paper series 48. Asia Research Institute, National University of Singapore.

Gerbner, George. 1983. "The Importance of Being Critical—In One's Own Fashion." *Journal of Communication* 33(3): 355–62.

Gerbner, George, Hamid Mowlana, and Kaarle Nordenstreng, eds. 1993. *The Global Media Debate: Its Rise, Fall and Renewal.* Cresskill, NJ: Hampton.

Giddens, Anthony. 1991. *Modernity and Self-Identity.* Oxford, UK: Polity.

———. 1994. "The Consequences of Modernity." In *Colonial Discourse and Postcolonial Theory*, ed. P. Williams and L. Chrisman, 181–89. New York: Columbia University Press.

Gillmor, Donald, Everette E. Dennis, and Theodore L. Glasser. 1989. *Media Freedom and Accountability.* New York: Greenwood.

Giroux, Henry. 2004. *The Terror of Neo Liberalism: The New Authoritarianism and the Attack on Democracy.* Boulder, CO: Paradigm.

Glasser, Theodore L. 1989. "Three Views on Accountability." In *Media Freedom and Accountability*, ed. Everette E. Dennis, Donald M. Gillmor, and Theodore L. Glasser, 179–88. Westport, CN: Greenwood.

———. 1991. "Communication and the Cultivation of Citizenship." *Communication* 12(4): 235–48.

———. 1995. "Press Should Tell Unabomber 'No.'" *San Francisco Chronicle*, July 4, 1995, p. A19.

———, ed. 1999a. *The Idea of Public Journalism.* New York: Guilford.

———. 1999b. "The Idea of Public Journalism." In *The Idea of Public Journalism*, ed. Theodore L Glasser, 2–18. New York: Guilford.

Glasser, Theodore L., and Marc Gunther. 2005. "The Legacy of Autonomy in American Journalism." In *The Press*, ed. Geneva Overholser and Kathleen Hall Jamieson, 384–99. New York: Oxford University Press.

Glasser, Theodore L., and Francis L. F. Lee. 2002. "Repositioning the Newsroom: The American Experience with Public Journalism." In *Political Journalism: New Challenges, New Practices*, ed. Raymond Kuhn and Erik Neveu, 203–4. London: Routledge.

Glasser, Theodore L., and Tamar Liebes. 1996. "Freedom of Censorship among Israeli Journalists." Paper presented to the annual meeting of the International Communication Association, Chicago, May 25, 1996.

Gleason, Timothy. 1990. *The Watchdog Concept.* Ames: Iowa State University Press.

Goh, Chok Tong. 1995. "The Singapore Press: Part of the Virtuous Cycle of Good Government and Good Society." Speech at *Straits Times* 150th anniversary gala dinner, Singapore International Convention and Exhibition Centre, July 15,1995. Press release, Public Affairs Directorate, Singapore.

Golding, Peter, and Phillip Elliott. 1979. *Making the News.* New York: Longman.
Gouldner, Alvin W. 1976. *The Dialectic of Ideology and Technology.* New York: Seabury Press.
Graber, Doris. 2001. *Processing Politics: Learning from Television in the Internet Age.* Chicago: University of Chicago Press.
———. 2003. "The Rocky Road to New Paradigms: Modernizing News and Citizenship Standards." *Political Communication* 20: 145–48.
———, ed. 2006. *Media Power in Politics.* 5th ed. Washington, DC: QC Press.
Graves, Michael A. R. 2001. *The Parliaments of Early Modern Europe.* London: Longman.
Grossberg, Lawrence. 1992. *We Gotta Get out of This Place: Popular Conservatism and Postmodern Culture.* New York: Routledge.
Gunaratne, Shelton A. 1995. "Books on Global Communication: A Philosophical Treatise." *Media Development* 42(2): 44–47.
———. 1998. "Old Wine in a New Bottle: Public Journalism, Developmental Journalism, and Social Responsibility." In *Communication Yearbook* 21, ed. Michael E. Roloff, 277–322. Thousand Oaks, CA: Sage.
———. 2005. *The Dao of the Press: A Humanocentric Theory.* Cresskill, NJ: Hampton.
Gunther, Richard, and Anthony Mughan, eds. 2000. *Democracy and the Media: A Comparative Perspective.* Cambridge: Cambridge University Press.
Gutmann, Amy, and Dennis Thompson. 1996. *Democracy and Disagreement.* Cambridge, MA: Harvard University Press.
———. 2004. *Why Deliberative Democracy?* Princeton, NJ: Princeton University Press.
Habermas, Jürgen. 1989. *The Structural Transformation of the Public Sphere.* Cambridge, MA: MIT Press. (Original German ed. 1962.)
———. 1990. *Moral Consciousness and Communicative Action.* Translated by Christian Lenhardt and Shierry Weber Nicholsen. Cambridge, MA: MIT Press.
———. 1994. *Justification and Application: Remarks on Discourse Ethics.* Translated by Ciaran P. Cronin. Cambridge, MA: MIT Press.
———. 1995. "Reconciliation through the Public Use of Reason: Remarks on John Rawls' Political Liberalism." *Journal of Philosophy* 52: 109–31.
———. 1996a. *Between Facts and Norms.* Translated by W. Rehg. Cambridge, MA: MIT Press.
———. 1996b. "Three Normative Models of Democracy." In *Democracy and Difference,* ed. Seyla Benhabib, 21–30. Princeton, NJ: Princeton University Press.
———. 2006. "Political Communication in Media Society: Does Democracy Still Enjoy an Epistemic Dimension? The Impact of Normative Theory on Empirical Research." *Communication Theory* 16(4): 411–26.
Hachten, William. 1981. *The World News Prism: Changing Media, Clashing Ideologies.* Ames: Iowa State University Press.
Hachten, William A., and James F. Scotton. 2007. *The World News Prism: Global Information in a Satellite Age.* 7th ed. Malden, MA: Blackwell.
Hackett, Robert A. 1984. "Decline of a Paradigm? Bias and Objectivity in News Media Studies." *Critical Studies in Mass Communication* 4(1): 229–59.
Hakker, Kenneth L., and Jan van Dijk, eds. 2000. *Digital Democracy.* London: Sage.

Hallin, Daniel C. 1997. "The Media and War." In *International Media Research: A Critical Survey,* ed. John Corner et al., 206–31. London: Routledge.

———. 1996. *Keeping America on Top of the World: Television Journalism and the Public Sphere.* New York: Routledge.

Hallin, Daniel C., and Paolo Mancini. 2004. *Comparing Media Systems: Three Models of Media and Politics.* Cambridge, UK: Cambridge University Press.

Hallin, Daniel C., and Todd Gitlin. 1993. "Agon and Ritual: The Gulf War as Popular Culture and as Television Drama." *Political Communication* 10: 411–24.

Hamelink, Cees. 1994. *The Politics of World Communication.* London: Sage.

———. 2000. *The Ethics of Cyberspace.* Thousand Oaks, CA: Sage.

———. 2008. "On Being Critical." *Communication, Culture and Critique* 1(1): 3–7.

Hamelink, Cees, and Kaarle Nordenstreng. 2007. "Towards Democratic Media Governance." In *Media between Culture and Commerce,* ed. Els de Bens, 225–40. Bristol, UK: Intellect.

Hanitzsch, Thomas. 2007. "Deconstructing Journalism Culture: Toward a Universal Theory." *Communication Theory* 17: 367–85.

Hanson, Ralph E. 2008. *Mass Communication: Living in a Media World.* 2nd ed. Washington, DC: CQ Press.

Hardt, Hanno. 1992. *Critical Communication Studies.* London: Sage.

———. 1995. "Without the Rank and File: Journalism History, Media Workers, and Problems of Representation." In *Newsworkers: Toward a History of the Rank and File,* ed. Hanno Hardt and Bonnie Brennen, 1–29. Minneapolis: University of Minnesota Press.

———. 2001. *Social Theories of the Press: Constituents of Communication Research, 1940s to 1920s.* 2nd ed. Lanham, MD: Rowman and Littlefield.

Hartley, John, and Alan McKee. 2000. *The Indigenous Public Sphere. The Reporting and Reception of Aboriginal Issues in the Australian Media.* Oxford, UK: Oxford University Press.

Harwood, Richard. 1995. "Some Criticism a Species of Poppycock." *Journal of Mass Media Ethics* 10(4): 251–53.

Hayner, Priscilla B. 2002. *Unspeakable Truths: Facing the Challenge of Truth Commissions.* New York: Routledge.

Held, David. 1992. "Democracy: From City-States to a Cosmopolitan Order?" *Political Studies* 40: 10–39.

———. 1995. *Democracy and the Global Order: From the Modern State to Cosmopolitan Governance.* Padstow, Cornwall, UK: Polity.

———. 2004. *Global Covenant: The Social Democratic Alternative to the Washington Consensus.* Cambridge, UK: Polity.

———. 2006. *Models of Democracy.* 3rd ed. Cambridge, UK: Polity.

Herbst, Susan. 1993. "The Meaning of Public Opinion: Citizens' Constructions of Political Reality." *Media, Culture and Society* 15: 437–54.

Herfkens, Eveline. 2001. "Communication Must Strengthen Civil Society." *Media Development* 48(4): 6–7.

Hilde, Thomas C. 2004. "The Cosmopolitan Project: Does the Internet Have a Global Public Face?" *Philosophy and Public Policy Quarterly* 24(1–2) (winter-spring): 19–26.

Hobbes, Thomas. 1985. *Leviathan*. London: Penguin Books. Originally published 1651.
Hocking, William Ernest. 1947. *Freedom of the Press: A Framework of Principle*. Chicago: University of Chicago Press.
Hodges, Lou. 1995. "Cases and Commentaries: The Unabomber." *Journal of Mass Media Ethics* 10(4): 248–49.
Hoffmann-Riem, Wolfgang. 1996. *Regulating Media: The Licensing and Supervision of Broadcasting in Six Countries*. New York: Guilford.
Horwitz, Robert Brit. 1989. *The Irony of Regulatory Reform*. Oxford, UK: Oxford University Press.
Howley, Kevin. 2005. *Community Media. People, Places and Communication Technologies*. Cambridge, UK: Cambridge University Press.
Hutchins, Robert 1947. *A Free and Responsible Press: Report of the Commission on Freedom of the Press*. Chicago: University of Chicago Press.
Immerwahr, John, and J. Doble. 1982. "Public Attitudes towards Freedom of the Press." *Public Opinion Quarterly* 46(2): 177–94.
Irwin, T. H. 1992. "Plato: The Intellectual Background." In *The Cambridge Companion to Plato*, ed. Richard Kraut, 51–89. Cambridge, UK: Cambridge University Press.
Isaac, Jeffrey. 1993. "Civil Society and the Spirit of Revolt." *Dissent* 40(3): 356–61.
Jakubowicz, Karol. 1990. "Between Communism and Post-Communism: How Many Varieties of Glasnost?" In *Democratization and the Media: An East-West Dialogue*, ed. Slavko Splichal, John Hochheimer, and Karol Jakubowicz, 40–55. Ljubljana, Yugoslavia: Communication and Culture Colloquia.
———. 1995. "Lovebirds? The Media, the State and Politics in Central and Eastern Europe." *Javnost—The Public* 2(1): 75–93.
———. 1996. "Civil Society and Public Sphere in Central and Eastern Europe: A Polish Case Study." *Nordicom Review* 2(96): 39–50.
———. 2007. *Rude Awakening: Social and Media Change in Central and Eastern Europe*. Cresskill, NJ: Hampton.
Jankowski, Nicholas, with Ole Prehn, eds. 2002. *Community Media in the Information Age*. Cresskill, NJ: Hampton.
Janowitz, Morris. 1975. "Professional Models in Journalism: The Gatekeeper and Advocate." *Journalism Quarterly* 52(4): 618–26.
Jenks, Rod. 2001. *The Contribution of Socratic Method and Plato's Theory of Truth to Plato Scholarship*. Lampeter, Wales: Edwin Mellen Press.
Johnstone, Christopher Lyle. 2002. "Aristotle's Ethical Theory in the Contemporary World: *Logos, Phronesis,* and the Moral Life." In *Moral Engagement in Public Life: Theorists for Contemporary Ethics*, ed. Sharon L. Bracci and Clifford G. Christians, 16–34. New York: Peter Lang.
Johnstone, J. W. L., E. J. Slawski, and W. W. Bowman. 1976. *The News People*. Urbana: University of Illinois Press.
Jones, Philip. 1997. *The Italian City-State: From Commune to Signoria*. Oxford, UK: Clarendon.
Kamilipour, Yahya, and Nancy Snow, eds. 2004. *War, Media and Propaganda: A Global Perspective*. Lanham, MD: Rowman and Littlefield.

Kaviraj, Sudipta, and Sunil Khilnani, eds. 2001. *Civil Society: History and Possibilities.* Cambridge, UK: Cambridge University Press.

Keane, John. 1995. "Structural Transformations of the Public Sphere." *Communication Review* 1(1): 1–22.

Keller, Bill. 2005. "N. Y. Times Statement Defends NSA Reporting." CNN.com. www.cnn.com/2005/US/2/6/nytimes.statement.

Kennedy, George A. 1994. *A New History of Classical Rhetoric.* Princeton, NJ: Princeton University Press.

———. 1999. *Classical Rhetoric and Its Christian and Secular Tradition from Ancient to Modern Times.* 2nd ed. Chapel Hill: University of North Carolina Press.

Kirtley, Jane. 1995. "The End of an Era of Independence." *Journal of Mass Media Ethics* 10(4): 249–51.

Kiss, Elizabeth. 2000. "Moral Ambition within and beyond Political Constraints: Reflections on Restorative Justice." In *Truth v. Justice: The Morality of Truth Commissions,* ed. Robert I. Rotberg and Dennis Thompson, 68–98. Princeton, NJ: Princeton University Press.

Koehn, Daryl. 1998. *Rethinking Feminist Ethics.* New York: Routledge.

Kohlberg, Lawrence. 1981. *Essays on Moral Development.* Vol. 1., *The Philosophy of Moral Development.* San Francisco: Harper and Row.

Kovach, Bill, and M. Rosenstiel. 2001. *The Elements of Journalism: What Journalists Should Know and the Public Should Expect.* New York: Three Rivers Press.

Kymlicka, Will. 1989. *Liberalism, Community and Culture.* New York: Oxford University Press.

———. 2001. *Politics and the Vernacular: Nationalism, Multiculturalism, and Citizenship.* New York: Oxford University Press.

Laclau, Ernesto, and Chantal Mouffe. 1985. *Hegemony and Socialist Strategy: Towards a Radical Democratic Politics.* London: Verso.

Lahav, Pnina. 1985. "Israel's Press Law." In *Press Law in Modern Democracies,* ed. Pnina Lahav, 265–313. New York: Longman.

———. 1993. "The Press and National Security." In *National Security and Democracy in Israel,* ed. Avner Yaniv, 173–95. Boulder, CO: Lynne Rienner.

Laitila, Tiina 1995. "Journalistic Codes of Ethics in Europe." *European Journal of Communication* 10(4): 513–26.

Lambeth, Edmund B. 1995. "Global Media Philosophies." In *Global Journalism: Survey of International Communication,* 3rd ed., ed. John C. Merrill, 3–18. New York: Longman.

———. 1998. "Public Journalism as a Democratic Practice." In *Assessing Public Journalism,* ed. Edmund B. Lambeth, Philip E. Meyer, and Esther Thorson, 15–35. Columbia: University of Missouri Press.

Lambeth, Edmund B., Philip E. Meyer, and Esther Thorson, eds. 1998. *Assessing Public Journalism.* Columbia: University of Missouri Press.

Lasswell, Harold. 1948. "The Structure and Function of Communication in Society." In *The Communication of Ideas,* ed. L. Bryson, 37–51. New York: Institute for Religious and Social Studies.

Lee, Kuan Yew. 2000. "From Third World to First: The Singapore Story from 1965–2000." In *Memoirs of Lee Kuan Yew*, 212–25. Singapore: Times Publishing and Singapore Press Holdings.

Lessig, Lawrence. 1999. *Code and Other Laws of Cyberspace*. New York: Basic Books.

Levinas, Emmanuel. 1981. *Otherwise Than Being or Essence*. The Hague: Martinus Nijhoff.

Levy, Leonard W. 1999. *The Palladium of Justice: Origins of Trial by Jury*. Chicago: Ivan R. Dee.

Limor, Yehiel, and Hillel Nossek. 1995. "Military Censorship in Israel: Anachronism in a Changing World or Modern Model of Coexistence between Press and Government in a Democracy." *Leipziger Jarhbuch zur Buchgeschichte* 5: 281–302.

Lippman, Matthew. 2007. "Darfur: The Politics of Genocide Denial Syndrome." *Journal of Genocide Research* 9(2): 193–213.

Lippmann, Walter. 1922. *Public Opinion*. New York: Free Press.

Locke, John. 1960. *Two Treatises on Government*. Edited by Peter Laslett. Cambridge, UK: Cambridge University Press.

Lowenstein, Ralph L., and John C. Merrill. 1990. *Macromedia: Mission, Message, and Morality*. New York: Longman.

Luscombe, D. E., and G. R. Evans. 1988. "The Twelfth-Century Renaissance." In *The Cambridge History of Medieval Political Thought*, ed. J. H. Burns, 306–40. Cambridge, UK: Cambridge University Press.

Lyon, David, ed. 2006. *Theorizing Surveillance: The Panopticon and Beyond*. Devon: Willan.

Lyotard, Jean-Francois. 1988. *The Differend: Phrases in Dispute*. Minneapolis: University of Minnesota Press.

MacCullum, Gerald. 1967. "Negative and Positive Freedom." *Philosophical Review* 76 (July): 314.

Macedo, Stephen, ed. 1999. *Deliberative Politics: Essays on Democracy and Disagreement*. New York: Oxford University Press.

———. 2003. *Diversity and Distrust: Civic Education in a Multicultural Democracy*. Cambridge, MA: Harvard University Press.

Mancini, Paolo. 1996. "Do We Need Normative Theories of Journalism?" Paper presented at the Joan Shorenstein Center on the Press, Politics and Public Policy, J. F. Kennedy School of Government, Harvard University.

Manheim, Jarol B. 2007. "The News Shapers: Strategic Communication as a Third Force in Newsmaking." In *The Politics of News: News of Politics*, ed. Doris Graber, Denis McQuail, and Pippa Norris, 98–116. Washington, DC: CQ Press.

Mansell, Robin, and Kaarle Nordenstreng. 2006. "Great Media and Communication Debates: WSIS and the MacBride Report." *Information Technologies and International Development* 3(4): 15–36.

Marongiu, Antonio. 1968. *Medieval Parliaments: A Comparative Study*. Translated and adapted by S. J. Woolf. London: Eyre and Spottiswoode.

Martin, John L., and Anju G. Chadbury. 1983. *Comparative Media Systems*. New York: Longman.

Martin-Barbero, Jesus. 1993. *Communication, Culture and Hegemony: From the Media to Mediations.* London: Sage.
Marx, Karl. 1970. *The Civil War in France.* Peking: Foreign Language Press.
Marzolf, Marion Tuttle. 1991. *Civilizing Voices: American Press Criticism 1850–1950.* New York: Longman.
Massey, Brian L., and Li-jing Arthur Chang. 2002. "Locating Asian Values in Asian Journalism: A Content Analysis of Web Newspapers." *Journal of Communication* 52 (December): 987–1003.
Masterton, Murray, ed. 1996. *Asian Values in Journalism.* Singapore: AMIC.
McCarthy, Cameron. 1998. *The Uses of Culture: Education and the Limits of Ethnic Affiliation.* New York: Routledge.
McCarthy, Cameron, Michael Giardina, Susan Harewood, and Jin-Kyung Park. 2003. "Contesting Culture: Identity and Curriculum Dilemmas in the Age of Globalization, Postmodernism, and Multiplicity." *Harvard Educational Review* 73(3): 449–65.
McChesney, Robert. 1999. *Rich Media, Poor Democracy: Communication Politics in Dubious Times.* Urbana: University of Illinois Press.
———. 2007. *Communication Revolution: Critical Junctures and the Future of Media.* New York: New Press.
McChesney, Robert W., and John Nichols. 2002. *Our Media, Not Theirs.* New York: Seven Stories Press.
McChesney, Robert, and Ben Scott, eds. 2004. *Our Unfree Press: 100 Years of Radical Media Criticism.* New York: Free Press.
McLaren, Peter, and Compañeras y Compañeros. 2005. *Red Seminars. Radical Excursions into Educational Theory, Cultural Politics, and Pedagogy.* Cresskill, NJ: Hampton.
McLaren, Peter, and Joe Kincheloe, eds. 2007. *Critical Pedagogy: Where Are We Now?* New York: Peter Lang.
McManus, John H. 1994. *Market-Driven Journalism: Let the Citizen Beware.* Thousand Oaks, CA: Sage.
McQuail, Denis. 1983. *Mass Communication Theory: An Introduction.* Beverly Hills, CA: Sage.
———. 1992. "Media Performance: Mass Communication and the Public Interest." London: Sage. 2nd ed. 1987; 3rd ed. 1994.
———. 1994. *Mass Communication Theory: An Introduction.* 3rd ed. Thousand Oaks, CA: Sage.
———. 2000. *McQuail's Mass Communication Theory.* 4th ed. London: Sage. 5th ed. 2005.
———. 2003. *Media Accountability and Freedom of Publication.* Oxford: Oxford University Press.
———. 2005. *McQuail's Mass Communication Theory.* 5th ed. London: Sage.
Media and Gender Monitor. 2005. "Promoting Gender Equality in News Media: GMMP 2005." *WACC Publications,* no. 16 (March). www.globalmediamonitoring.org.
Mehra, Achal, ed. 1989. *Press Systems in ASEAN States.* Singapore: AMIC.
Meiklejohn, Alexander. 1960. *Political Freedom: The Constitutional Powers of the People.* New York: Harper.

Merrill, John C. 1974. *The Imperative of Freedom: A Philosophy of Journalistic Autonomy.* New York: Hastings House.
———. 1977. *Existential Journalism.* New York: Hastings House.
———. 1989. "The Marketplace: A Court of First Resort." In *Media Freedom and Accountability,* ed. Everette E. Dennis, Donald M. Gillmor, and Theodore L. Glasser, 11–23. Westport, CT: Greenwood.
———. 2002. "The *Four Theories of the Press* Four and a Half Decades Later: A Retrospective." *Journalism Studies* 3(1): 133–34.
Merrill, John C., John Lee, and Edward Jay Friedlander. 1994. *Modern Mass Media.* 2nd ed. New York: Harper Collins.
Merrill, John C., and Ralph L. Lowenstein. 1979. *Media, Messages, and Men: New Perspectives in Communication.* 2nd ed. New York: Longman.
———. 1991. *Media, Messages, and Men: New Perspectives in Communication.* New York: David McKay.
Merritt, Davis. 1995. *Public Journalism and Public Life: Why Telling the News Is Not Enough.* Hillsdale, NJ: Erlbaum.
Merritt, Davis, and Maxwell McCombs. 2004. *The Two W's of Journalism: The Why and What of Public Affairs Reporting.* Mahwah, NJ: Erlbaum.
Merton, Robert K. 1949. "Patterns of Influence." In *Social Theory and Social Structure,* 387–470. Glencoe, IL: Free Press.
Meyer, Philip. 1987. *Ethical Journalism.* New York: Longman.
Meyer, Thomas. 2002. *Media Democracy.* Cambridge, UK: Polity.
Mill, John Stuart. 1951. "Essay on Liberty." In *Essential Works of John Stuart Mill,* ed. Max Lerner, 249–360. New York: Bantam. Originally published 1859.
Miller, David, and Michael Walzer. 2007. *Thinking Politically: Essays in Political Theory.* New Haven, CT: Yale University Press.
Milton, John. 1951. *Areopagitica: A Speech for the Liberty of Unlicensed Printing.* Boston: Beacon Press. Originally published 1644.
Mindich, David T. Z. 1998. *Just the Facts: How "Objectivity" Came to Define American Journalism.* New York: New York University Press.
Mnookin, Seth. 2004. *Hard News: The Scandals at the New York Times and Their Meaning for American Media.* New York: Random House.
Moemeka, Andrew Azukaego. 1997. "Communalisic Societies: Community and Self-Respect as African Values." In *Communication Ethics and Universal Values,* ed. Clifford Christians and Michael Traber, 170–93. London: Sage.
———. 2000. *Development Communication in Action: Building Understanding and Creating Participation.* Lanham, MD: University Press of America.
Mosco, Vincent. 1996. *The Political Economy of Communication: Rethinking and Renewal.* London: Sage.
Mouffe, Chantal, ed. 1992. *Dimensions of Radical Democracy: Pluralism, Citizenship, Community.* London: Verso.
Mowlana, Hamid. 1989. "Communication, Ethics, and the Islamic Tradition." In *Communication Ethics and Global Change,* ed. Thomas W. Cooper, 137–46. New York: Longman.

Mulhall, Stephen, and Adam Swift. 1996. *Liberals and Communitarians*. 2nd ed. Oxford, UK: Blackwell.

Mundt, Whitney R. 1991. "Global Media Philosophies." In *Global Journalism: Survey of International Communication*, 2nd ed., ed. John C. Merrill, 11–27. New York: Longman.

Murdock, Graham, and Peter Golding. 1974. "For a Political Economy of Mass Communications." In *Socialist Register*, ed. R. Miliband and J. Saville, 205–34. London: Merlin Press.

Mwangi, Sam Chege. 2001. "International Public Journalism." *Kettering Foundation Connections* 12(1): 23–27.

———. 2007. "The International Media and Democracy Project." www.centralstate.edu/imdp/Survey/c_studies.html.

Napoli, Philip M. 2001. *Foundations of Communications Policy: Principles and Process in the Regulation of Electronic Media*. Cresskill, NJ: Hampton.

Nederman, Cary J., and John Christian Laursen. 1996. "Difference and Dissent." In *Difference and Dissent: Theories of Tolerance In Medieval and Early Modern Europe*, ed. Cary J. Nederman and John Christian Laursen, 1–16. Lanham, MD: Rowman and Littlefield.

Negt, Oskar, and Alexander Kluge. 1993. *The Public Sphere and Experience: Toward an Analysis of the Bourgeois and Proletarian Public Sphere*. Minneapolis: University of Minnesota Press.

Nerone, John, ed. 1995. *Last Rights: Revisiting Four Theories of the Press*. Urbana: University of Illinois Press.

———. 2002. "The *Four Theories of the Press* Four and a Half Decades Later: A Retrospective." *Journalism Studies* 3(1): 134–36.

———. 2004. "Four Theories of the Press in Hindsight: Reflections on a Popular Model." In *New Frontiers in International Communication Theory*, ed. Medhi Semati, 21–32. Lanham, MD: Rowman and Littlefield.

Nichols, Mary P. 1992. *Citizens and Statesmen: A Study of Aristotle's Politics*. Lanham, MD: Rowman and Littlefield.

Nordenstreng, Kaarle. 1968. "Communication Research in the United States: A Critical Perspective." *Gazette* 14(3): 207–16.

———, ed. 1973. *Informational Mass Communication*. Helsinki: Tammi.

———. 1984. *The Mass Media Declaration of UNESCO*. Norwood, NJ: Ablex.

———. 1997. "Beyond the Four Theories of the Press." In *Media and Politics in Transition: Cultural Identity in the Age of Globalization*, ed. Jan Servaes and Rico Lie, 97–109. Leuven, Belgium: Acco.

———. 1999. "The Context: Great Media Debate." In *Towards Equity in Global Communication: MacBride Update*, ed. Richard Vincent, Kaarle Nordenstreng, and Michael Traber, 235–68. Cresskill, NJ: Hampton.

———. 2000. "The Structural Context of Media Ethics." In *Media Ethics: Opening Social Dialogue*, ed. Bart Pattyn, 81–98. Leuven, Belgium: Peeters.

———. 2004. "Ferment in the Field: Notes on the Evolution of Communication Studies and Its Disciplinary Nature." *Javnost—The Public* 11(3): 5–18.

Nordenstreng, Kaarle, and H. Topuz. 1989. *Journalist: Status, Rights and Responsibilities.* Prague: IOJ.

Norris, Pippa. 2001. *The Digital Divide.* Cambridge, UK: Cambridge University Press.

Nossek, Hillel, and Yehiel Limor. 2001. "Fifty Years in a 'Marriage of Convenience': News Media and Censorship in Israel." *Communication Law and Policy* 6 (winter): 1–35.

Nozick, Robert. 1974. *Anarchy, State and Utopia.* New York: Basic Books.

Nussbaum, Martha. 2001. *Women and Human Development: The Capabilities Approach.* Cambridge, UK: Cambridge University Press.

Nyamnjoh, Francis. 2005. *Africa's Media, Democracy and the Politics of Belonging.* London: Zed Books.

Ober, Josiah. 1989. *Mass and Elite in Democratic Athens: Rhetoric, Ideology and the Power of the People.* Princeton, NJ: Princeton University Press.

———. 1996. *The Athenian Revolution: Essays on Ancient Greek Democracy and Political Theory.* Princeton, NJ: Princeton University Press.

———. 1998. *Political Dissent in Democratic Athens.* Princeton, NJ: Princeton University Press.

Pacey, Arnold. 1992. *The Culture of Technology.* Cambridge, MA: MIT Press.

———. 2001. *Meaning in Technology.* Cambridge, MA: MIT Press.

Page, Benjamin I., and Robert Y. Shapiro. 1992. *The Rational Public.* Chicago: University of Chicago Press.

Pasquali, Antonio. 1997. "The Moral Dimension of Communicating." In *Communication Ethics and Universal Values*, ed. C. Christians and M. Traber, 24–45. Thousand Oaks, CA: Sage.

Patterson, Thomas E. 1994. *Out of Order: An Incisive and Boldly Original Critique of the News Media's Dominance of American Political Process.* New York: Vintage.

———. 1998. "Political Roles of the Journalist." In *The Politics of News, The News of Politics,* ed. Doris Graber, Denis McQuail, and Pippa Norris, 17–32. Washington, DC: CQ Press.

Paulu, Burton. 1981. *Television and Radio in the United Kingdom.* London: Macmillan Press.

Peri, Yoram. 2004. *Telepopulism: Media and Politics in Israel.* Stanford, CA: Stanford University Press.

Peters, John Durham. 1999. *Speaking into the Air: A History of the Idea of Communication.* Chicago: University of Chicago Press.

Peterson, Theodore. 1965. "The Social Responsibility Theory of the Press." In Fred S. Siebert, Theodore Peterson, and Wilbur Schramm, *Four Theories of the Press*, 73–103. Urbana: University of Illinois Press.

Picard, Robert. 1985. *The Press and the Decline of Democracy: The Democratic Socialist Response in Public Policy.* Westport, CT: Greenwood.

Pietilä, Veikko. 2005. *On the Highway of Mass Communication Studies.* Cresskill, NJ: Hampton.

Pietilä, Veikko, Tarmo Malmberg, and Kaarle Nordenstreng. 1990. "Theoretical Convergences and Contrasts: A View from Finland." *European Journal of Communication* 5(2–3): 165–85.

Plaisance, Patrick L. 2000. "The Concept of Media Accountability Reconsidered." *Journal of Mass Media Ethics* 15(4): 257–68.
Platon, Sara, and Mark Deuze. 2003. "Indymedia Journalism: A Radical Way of Making, Selecting and Sharing News." *Journalism* 4(3): 336–55.
Poster, Mark. 2001. *The Information Subject*. Amsterdam: G + B Arts International.
Poulakas, John. 1995. *Sophistical Rhetoric in Classical Greece*. Columbia: University of South Carolina Press.
Powell, J. G. F. 1995. *Cicero the Philosopher*. New York: Oxford University Press.
Pritchard, David. 2001. *Holding the Media Accountable*. Bloomington: University of Indiana Press.
Protess, David L., et al. 1991. *The Journalism of Outrage: Investigative Reporting and Agenda Building in America*. New York: Guilford.
Pulkkinen, Tuija. 2000. *The Postmodern and Political Agency*. Jyväskylä, Finland: University of Jyväskylä.
Ramonet, Ignacio. 2003. "Set the Media Free." *Le Monde diplomatique*, October. English ed.: http://mondediplo.com/2003/10/01media.
Rawls, John. 1993. *Political Liberalism*. New York: Columbia University Press.
Raymond, Joel, ed. 1999. *News, Newspapers and Society in Early Modern Britain*. London: Cass.
Reaume, Denise G. 2000. "Official-Language Rights: Intrinsic Values and the Protection of Difference." In *Citizenship in Diverse Societies*, ed. Will Kymlicka, and Wayne Norman, 245–72. Oxford, UK: Oxford University Press.
Reed, C. M., 2003. *Maritime Traders in the Ancient Greek World*. Cambridge, UK: Cambridge University Press.
Rennie, Ellie. 2006. *Community Media: A Global Introduction*. Lanham, MD: Rowman and Littlefield.
Riedel, Manfred. 1984. *Between Tradition and Revolution: The Hegelian Transformation of Political Philosophy*. Cambridge, UK: Cambridge University Press.
Riesenberg, Peter. 1992. *Citizenship in the Western Tradition: From Plato to Rousseau*. Chapel Hill: University of North Carolina Press.
Risen, James, and Eric Lichtblau. 2005. "Bush Lets U.S. Spy on Callers without Courts." *New York Times*, December 16, 2005, A1, A22.
Rivers, William L., and M. J. Nyhan. 1973. *Aspen Notebooks on Government and the Media*. New York: Praeger.
Robinson, John P., and Michael Levy. 1986. *The Main Source*. Beverly Hills, CA: Sage.
Rodriguez, Clemencia. 2001. *Fissures in the Mediascape: An International Study of Citizens' Media*. Cresskill, NJ: Hampton.
Rodriguez, Ileana, ed. 2001. *The Latin American Subaltern Studies Reader*. Durham, NC: Duke University Press.
Rosen, Jay. 1999a. "The Action of the Idea: Public Journalism in Built Form." In *The Idea of Public Journalism*, ed. Theodore Glasser, 21–48. New York: Guilford.
———. 1999b. *What Are Journalists For?* New Haven, CT: Yale University Press.
Rotberg, Robert, and Dennis Thompson, eds. 2000. *Truth v. Justice: The Morality of Truth Commissions*. Princeton, NJ: Princeton University Press.

———. 2000. "Truth Commissions and the Provision of Truth, Justice and Reconciliation." In *Truth v. Justice: The Morality of Truth Commissions,* ed. Robert Rotberg and Dennis Thompson, 3–21. Princeton, NJ: Princeton University Press.
Royal Commission on the Press.1949. *Report.* Command 7700. London: His Majesty's Stationery Office.
Sabine, Gordon H. 1952. "The Two Democratic Traditions." *Philosophical Review* 61: 451–74.
Salmon, Charles T., and Theodore L. Glasser. 1995. "The Politics of Polling and the Limits of Consent." In *Public Opinion and the Communication of Consent,* ed. Theodore L. Glasser and Charles T. Salmon, 437–58. New York: Guilford.
Sandbach, F. H. 1989. *The Stoics.* Bristol, UK: Bristol Classical Press.
Sandel, Michael. 1982. *Liberalism and the Limits of Justice.* New York: Cambridge University Press.
———. 1984. "The Procedural Republic and the Unencumbered Self." *Political Theory* 12: 93.
———. 1998. *Democracy's Discontents.* Cambridge, MA: Belknap Press.
———. 2005. *Public Philosophy: Essays on Morality and Politics.* Cambridge, MA: Harvard University Press.
Schiappa, Edward. 1991. *Protagoras and Logos: A Study in Greek Philosophy and Rhetoric.* Columbia: University of South Carolina Press.
Schiller, Dan. 1996. *Theorizing Communication: A History.* New York: Oxford University Press.
———. 2000. *Digital Capitalism: Networking the Global Market System.* Cambridge, MA: MIT Press.
———. 2007. *How to Think about Information.* Urbana: University of Illinois Press.
Schirato, Tony. 2000. *Communication and Culture. An Introduction.* London: Sage.
Schirato, Tony, and Jen Webb. 2003. *Understanding Globalization.* London: Sage.
Schouls, Peter. 1992. *Reasoned Freedom: John Locke and Enlightenment.* Ithaca, NY: Cornell University Press.
Schramm, Wilbur. 1957. *Responsibility in Mass Communication.* New York: Harper.
Schudson, Michael. 1998. *The Good Citizen.* New York: Free Press.
———. 1999. "What Public Journalism Knows about Journalism but Does Not Know about the Public." In *The Idea of Public Journalism,* ed. Theodore L. Glasser, 118–35. New York: Guilford.
———. 2003. *The Sociology of News.* New York: Norton.
Schulz, Julienne. 1998. *Reviving the Fourth Estate.* Cambridge, UK: Cambridge University Press.
Schulz, Winfried. 1997. "Changes in the Mass Media and the Public Sphere." *Public* 4(2): 57–70.
Schumpeter, Joseph A. 1942. *Capitalism, Socialism, and Democracy.* New York: Harper.
Seldes, George. 1938. *Lords of the Press.* New York: Julian Messner.
Servaes, Jan. 2001. "Participatory Communication Research for Democracy and Social Change." In *Communication and Development: The Freirean Connection,* ed. Michael Richards, Pradip Thomas, and Zaharom Nain, 13–32. Cresskill, NJ: Hampton.

———. 2007. *Communication for Development and Social Change*. Thousand Oaks, CA: Sage.

Servaes, Jan, and Rico Lie, eds. 1997. *Media and Politics in Transition: Cultural Identity in the Age of Globalization*. Leuven, Belgium: Acco.

Shah, Hemant. 1996. "Modernization, Marginalization, and Emancipation: Toward a Normative Model of Journalism and National Development." *Communication Theory* 6 (May): 143–66.

Shamir, Jacob. 1988. "Israeli Elite Journalists: Views on Freedom and Responsibility." *Journalism Quarterly* 65 (fall): 589–94, 647.

Sherman, Nancy. 1989. *The Fabric of Character: Aristotle's Theory of Virtue*. Oxford: Clarendon.

Sherwin-White, A. N. 1996. *The Roman Citizenship*. Oxford, UK: Clarendon.

Siebert, Frederick S. 1965. *Freedom of the Press in England 1476–1776*. Urbana: University of Illinois Press.

Siebert, Fred S., Theodore Peterson, and Wilbur Schramm. 1956. *Four Theories of the Press: The Authoritarian, Libertarian, Social Responsibility and Soviet Communist Concepts of What the Press Should Be and Do*. Urbana: University of Illinois Press.

Simmons, A. John. 1992. *The Lockean Theory of Rights*. Princeton: Princeton University Press.

Singer, Jane B. 2005. "The Political J-Blogger: 'Normalizing' a New Media Form to Fit Old Norms and Practices." *Journalism* 6(2): 173–98.

Sirianni, Carmen, and Lewis Friedland. 2005. *The Civic Renewal Movement: Community Building and Democracy in the United States*. Dayton, OH: Kettering Foundation Press.

Smith, Jeffrey A. 1988. *Printers and Press Freedom: The Ideology of Early American Journalism*. New York: Oxford University Press.

Solomon, William, and Robert McChesney, eds. 1993. *Ruthless Criticism. New Perspectives in U.S. Communication History*. Minneapolis: University of Minnesota Press.

Sparks, Colin. 1993. "Raymond Williams and the Theory of Democratic Communication." In *Communication and Democracy*, ed. Slavko Splichal and Janet Wasko, 69–86. Norwood, NJ: Ablex.

Spears, George, Kasia Seydegart, and Margaret Gallagher. 2000. *Who Makes the News? Global Monitoring Project 2000*. London: World Association of Christian Communication.

Splichal, Slavko. 2008. "Why Be Critical?" *Communication, Culture and Critique* 1(1): 20–30.

Stevenson, Nick. 1999. *Transformation of the Media: Globalization, Morality and Ethics*. London: Longman Pearson.

Suoranta, Juha, and Vadén, Tere. 2007. "From Social to Socialist Media: The Critical Potential of the Wikiworld." In *Critical Pedagogy: Where Are We Now?* ed. Peter McLaren and Joe Kincheloe, 143–62. New York: Peter Lang.

Sussman, Gerald, and Galizio, Lawrence. 2003. "The Global Reproduction of American Politics." *Political Communication* 20(3): 309–28.

Swanson, David, and Paolo Mancini. 1996. *Politics, Media and Modern Democracy*. Westport, CT: Praeger.

Swartz, Omar. 1998. *The Rise of Rhetoric and Its Intersections with Contemporary Critical Thought*. Boulder, CO: Westview Press.

Sylvester, Judith, and Suzanne Huffman. 2005. *Reporting from the Front: the Media and Military*. Lanham, MD: Rowman and Littlefield.

Tan, Yew Soon, and Soh Yew Peng. 1994. *The Development of Singapore's Modern Media Industry*. Singapore: Times Academic Press.

Taylor, Charles. 1989. *Sources of the Self: The Making of the Modern Identity*. Cambridge, MA: Harvard University Press.

———. 1992a. "Civil Society in the Western Tradition." In *The Notion of Tolerance in Human Rights*, ed. E. Groffier and M. Paradis, 117–36. Ottawa: Carleton University Press.

———. 1992b. *The Ethics of Authenticity*. Cambridge, MA: Harvard University Press.

———. 2007. *A Secular Age*. Cambridge, MA: Harvard University Belknap Press.

Taylor, Charles, et al. 1994. *Multiculturalism: Examining the Politics of Recognition*. Princeton, NJ: Princeton University Press.

Tessitore, Aristide. 1996. *Reading Aristotle's Ethics: Virtue, Rhetoric and Political Philosophy*. Albany: State University of New York Press.

Thomas, Pradip N. 1994. "Participatory Development Communication: Philosophical Premises." In *Participatory Communication: Working for Change and Development*, ed. Shirley A. White, 49–59. Delhi: Sage India.

Thompson, John B. 1995. *The Media and Modernity: A Social Theory of the Media*. Stanford, CA: Stanford University Press.

Traber, Michael, and Kaarle Nordenstreng. 2002. *Few Voices, Many Worlds: Towards a Media Reform Movement*. London: World Association for Christian Communication.

Truth and Reconciliation Commission. 2006. *Truth and Reconciliation Commission of South Africa Report*. New York: Palgrave Macmillan. (Originally published March 21, 2003.)

Tully, James. 1995. *Strange Multiplicity*. Cambridge, UK: Cambridge University Press.

Turley, Anna. 2004. "Global Media Monitoring Project." *Media and Gender Monitor* 15 (September): 3–12.

Turner, Bryan S. 1992. "Preface to the Second Edition." In *Professional Ethics and Civic Morals*, ed. Emile Durkheim, xiii–xliii. London: Routledge.

———, ed. 1993. *Citizenship and Social Theory*. London: Sage.

Weaver, David. 1999. *The Global Journalist*. Cresskill, NJ: Hampton.

Williams, Raymond. 1962. *Communications*. London: Penguin.

Van Cuilenburg, Jan J., and Denis McQuail. 2003. "Media Policy Paradigm Shifts." *European Journal of Communication* 18(2): 181–208.

van der Wurff, Richard. 2005. "Impacts of the Internet on Newspapers in Europe." *Gazette* 67(1): 107–20.

Van Zoonen, Liesbet. 1994. *Feminist Media Studies*. London: Sage.

Vasterman, Peter. 2005. "Media Hype: Self-Reinforcing News Waves, Journalistic Standards and the Construction of Social Problems." *European Journal of Communication* 20(4): 508–30.

Villa-Vicencio, Charles. 2001. "Communicating Reconciliation: In Pursuit of Humanity." *Media Development* 48(4): 31–37.

Vincent, Richard, Kaarle Nordenstreng, and Michael Traber, eds. 1999. *Towards Equity in Global Communication: MacBride Update*. Cresskill, NJ: Hampton.

Vittachi, Anuradha. 2001. "Can the Media Save the World?" *Media Development* 48(4): 50–52.

von Heyking, John. 2001. *Augustine and Politics as Longing in the World*. Columbia: University of Missouri Press.

Waldron, Jeremy. 1987. "Theoretical Foundations of Liberalism." *Philosophical Quarterly* 37: 135.

Walzer, Michael, ed. 1995. *Toward a Global Civil Society*. New York: Berghahn Books.

———. 2004. *Politics and Passion: Toward a More Egalitarian Liberalism*. New Haven, CT: Yale University Press.

Washburn, Patrick S. 1990, April. "The Office of Censorship's Attempt to Control Press Coverage of the Atomic Bomb during World War II." *Journalism Monographs* 120.

Weaver, David, ed. 1999. *The Global Journalist*. Cresskill, NJ: Hampton.

Weaver, David H., and G. Cleveland Wilhoit. 1986. *The American Journalist: A Portrait of U.S. News People and Their Work*. Bloomington: Indiana University Press.

———. 1996. *The American Journalist in the 1990s: US News People at the End of an Era*. Mawhah, NJ: Erlbaum.

Weber, Max. 1978. *Economy and Society*. 2 vols. Berkeley: University of California Press.

Webster, Frank. 2006. *Theories of the Information Society*. 3rd ed. London: Routledge.

Webster, James, and Patricia W. Phalen. 1997. *The Mass Audience: Rediscovering the Dominant Model*. Mahwah, NJ: Erlbaum.

Westley, Bruce, and Malcolm MacLean. 1957. "A Conceptual Model for Mass Communication Research." *Journalism Quarterly* 34: 31–38.

White, Gordon. 1994. "Civil Society, Democratization, and Development: Clearing the Analytical Ground." *Democratization* 1(3): 375–90.

White, Robert A. 1989. "Social and Political Factors in the Development of Communication Ethics." In *Communication Ethics and Global Change*, ed. Thomas Cooper, Clifford Christians, Frances Forde Plude, and Robert A. White, 40–66. New York: Longman.

———. 1994. "Participatory Development Communications as a Socio-Cultural Practice." In *Participatory Communication: Working for Change and Development*, ed. Shirley A. White, 95–116. New Delhi: Sage India.

Williams, Raymond. 1962. *Communications*. Harmondsworth, UK: Penguin.

Wood, Neal. 1988. *Cicero's Social and Political Thought*. Berkeley: University of California Press.

Wu, Wei, David Weaver, and Owen V. Johnson. 1996. "Professional Roles of Russian and U.S. Journalists: A Comparative Study." *Journalism and Mass Communication Quarterly* 73(3): 534–48.

Wuthnow, Robert. 1989. *Communities of Discourse: Ideology and Social Structure in the Reformation, the Enlightenment and European Socialism*. Cambridge, MA: Harvard University Press.

———, ed. 1992. *Vocabularies of Public Life*. London: Routledge.

Wyatt, Robert O. 1991. *Free Expression and the American Public, a Survey.* Washington, DC: ASNE.

Wyatt, Wendy. 2007. *Critical Conversation: A Theory of Press Criticism.* Cresskill, NJ: Hampton Press.

Wyschogrod, Edith. 1974. *Emmanuel Levinas: The Problem of Ethical Metaphysics.* The Hague: Martinus Nyhoff.

———. 1990. *Saints and Postmodernism: Revisioning Moral Philosophy.* Chicago: University of Chicago Press.

Xiaoge, Xu. 2005. *Demystifying Asian Values in Journalism.* Singapore: Marshall Cavendish International.

Yin, Jiafei. 2008. "Beyond Four Theories of the Press: A New Model for the Asian and the World Press." *Journalism and Communication Monographs* 10(1): 5–62.

Young, Iris Marion. 2000. *Inclusion and Democracy.* New York: Oxford University Press.

Zaller, John. 2003. "A New Standard of News Quality: Burglar Alarms for the Monitorial Citizen." *Political Communication* 20: 109–30.

Zassoursky, Ivan. 2004. *Media and Power in Post-Soviet Russia.* Armonk, NY: W. E. Sharpe.

Zassoursky, Yassen. 2001. "Media and the Public Interest: Balancing Between the State, Business and the Public Sphere." In *Russian Media Challenge,* ed. Kaarle Nordenstreng, Elena Vartanova, and Yassen Zassoursky, 155–88. Helsinki: Aleksanteri Institute.

索引

（页码为英文原文页码，即本书边码）

Academy of Finland 芬兰科学院, viii

accountability 责任, as dimension of media 作为传媒维度的责任, 11, 120, 123, 128, 131, 153, 231, 236, 242; as independence from government 作为独立于政府之外的责任, 23, 44, 194; means of 承担责任的手段, 132, 196, 241; to society 对社会的责任, 16, 6-27, 53, 104, 135, 143, 149-150; within the profession 职业内部的责任, 24, 133, 226

Adorno, Theodor 西奥多·阿多诺, 183

Agents of Power《权力的媒介》, 7

Amnesty International 国际特赦组织, 165

Apology for Printers《为印刷商辩白》, 52

Aquinas, Thomas 托马斯·阿奎那, 43, 45, 75

Arendt, Hannah 汉娜·阿伦特, 106, 170

Areopagitica《论出版自由》, 23, 49, 65, 75

Areopagus 亚略巴古, 37

Aristotle 亚里士多德, 8, 20, 22, 37, 39-47, 73, 75-76, 81, 113 注释 1

Association for Education in Journalism 新闻教育学会, viii

Augustine 奥古斯丁, 18, 41, 43, 45, 72, 75

Baker, C. Edwin C·埃德温·贝克, 197

Barber, Benjamin 本杰明·巴伯, 103

BBC 英国广播公司, 27, 29, 79

Bellah, Robert 罗伯特·贝拉, 164

Benhabib, Seyla 塞拉·本哈比, 38, 81

Benjamin, Walter 瓦尔特·本雅明, 167, 183

Bessette, Joseph 约瑟夫·贝塞特, 111

Bias 偏见: ideological 意识形态偏见, 49, 57, 158, 166; of media 媒体偏见, 15, 119, 143, 154, 223; political 政治偏见, 4, 8, 193, 226, 231

Blogging 博客, 19, 29, 187-188, 232

Bohman, James 詹姆斯·博曼, 171

British Mandate 英国委任统治, 209

broadcasting 广播电视: commercial 商业广播电视, 15, 69, 167, 226; as mass media technology 作为大众传媒技术的广播电视, 10, 14, 76, 115, 144, 231, 235; public 公共广播电视 9, 11, 24, 27, 57–59, 67, 130–133, 150, 223, 228

Buber, Martin 马丁·布伯, 60, 63, 176 注释 2

Buddhists 佛教徒, 174

Burkhardt, Jacob 雅各布·布尔克哈特, 177 注释 9

Bush, George W. 乔治·W. 布什, 215

cable 有线电视, 15, 228–229, 234

Calame, Byron 拜伦·卡拉姆, 216

California Forestry Association 加州林业协会, 212

Canadian Charter《加拿大权利与自由宪章》, 174

capitalism 资本主义, 12, 15, 17, 180, 183–187, 193, 217, 234

Chomsky, Noam 诺姆·乔姆斯基, 14

Christianity 基督教, 42–43, 45, 75

Christiano, Thomas 托马斯·克里斯蒂亚诺, 103, 107

Christians, Clifford G. 克利福德·G. 克里斯琴斯, vii, xi

Christian Scientists 基督教科学派, 172

Cicero 西塞罗, 18, 41–43, 46, 72, 75

Citizen 公民: in ancient Greece 古希腊的公民, 39–41, 45, 72, 113, 121; concept of citizenship 公民权概念, 18, 28, 39, 68, 95, 99, 100–102; in democracy 民主社会的公民, 27, 49, 67, 85, 91, 152, 171–174, 225; and journalists 公民与新闻从业者, 62, 97–98, 155, 170, 205; and media 公民与媒体, 30, 55, 59, 61, 85–86, 123, 135, 167–168, 190, 223; and online technology 公民与在线技术, 228, 231–234; opportunities of citizenship 公民机遇, 104, 124, 126, 147–148, 154, 189, 204; participation of 公民参与, 16, 20–22, 25, 28, 38, 47, 58, 79, 140, 159, 190, 195, 211; polls and empirical data on 关于公民的民意调查和经验数据, 99, 109–110, 162, 176, 222, 224, 229; responsibilities of 公民责任, 43, 48–49, 84, 94, 146, 161–164, 177, 201, 230; rights of 公民权利, 20, 39, 51, 83, 100, 103, 134, 161, 175, 215

City of God《上帝之城》, 41, 45

civil society 公民社会: activities in 公民社会的活动, 31, 62, 158, 163, 166, 189, 197, 209, 241; definition of 公民社会的定义, 8, 97, 113, 145, 163–164, 177, 180, 190; institutions of 公民社会的机构, 55, 81, 166, 177, 194; role in democracies 公民社会在民主制度中的角色, 50, 126, 156–159, 163, 165, 188, 192, 202–204, 240

Cleisthenes 克里斯提尼, 39

Coalition for an International Criminal Court 国际刑事法院联盟, 165

Code of Professional Conduct of the Singapore National Union of Journalists 新加坡全国新闻工作者协会职业行为准则, 205

collectivism 集体主义: collective action 集体行动, 22, 63, 78, 108, 128, 170, 194; collective decisionmaking 集体决策, 17, 38, 49, 57, 65, 148, 168, 181, 236; collectively 集体性地, 85, 97, 102; collective rights 集体权利, 23, 25-26, 232; collective values 集体价值, 69, 110, 124, 126, 166, 211; collective wisdom 集体智慧, 12, 109, 111, 113, 158; in politics 政治中的集体主义, 13, 103, 129, 175

Columbia University 哥伦比亚大学, 54

Committee to Protect Journalists 新闻工作者保护委员会, 205

Communism 共产主义, 4, 7-8, 12, 15, 180, 185

community 共同体：academic 学术共同体, 70-71; collective rights of 共同体的集体权利, 26, 104; decisionmaking of 共同体的决策, 17, 39, 44, 65, 72, 78, 85, 162; diversity in 共同体内的多样性, 46, 61, 201, 232; laws of 共同体的规则, 42, 46, 200; media's role in 媒体在共同体中的角色, 23, 25, 57, 59-61, 64, 83, 100, 103, 129, 161, 180-181, 201; moral values of 共同体的道德价值, 39, 42-43, 60, 68, 77, 80, 98, 126, 205; as nation 作为民族国家的共同体, 66, 84, 112, 129, 169, 190, 193; needs of 共同体的需求, 25, 76, 102, 127, 160, 194, 225, 234; political dimension of 共同体的政治维度, 33, 42, 91, 93-95, 97, 106, 108, 229; professionals at work in 共同体中的专业人士, 54-55, 62, 71, 105, 152; public as a 作为共同体的公众, 24, 42, 66, 109, 163, 177, 193; sociology of 社群社会学, 13, 33, 45, 55-56, 80, 128, 159, 168, 209

Confucius 孔子, 13, 33

Council of Five Hundred 五百人会议, 40

Crisis of Public Communication《公共传播的危机》, 223

critical 批判：as analysis and assessment 作为分析和评估的批判, viii, 5, 22, 43, 58, 111, 123, 135, 184, 223; approach to communications and media 传播和传媒研究的批判路径, 7, 14, 30, 63, 84, 116, 125, 135, 181, 225; approach to research and scholarship 研究和学术工作的批判路径, 4, 7, 92, 149, 176, 185-186, 188; as criticism of the press 对传媒的批判, 51, 238; as model of democracy 作为一种民主模式的批判, 35, 205; role of journalism 新闻业的批判角色, 126, 133, 135, 146, 151, 153, 190, 240, 272; theory 批判理论, 14-16, 70, 144-145, 183; thinking 批判思维, 25, 44, 142, 168, 181, 183

Dahl, Robert 罗伯特·达尔, 192

Dahlgren, Peter 彼得·达尔格伦, 232

Dao of the Press《传媒之道》, 14

democracy 民主：administrative 行政民主, 27, 96, 99-102, 107, 134, 152; civic 公民民主, 28, 93, 96, 101-103, 152, 158; cosmopolitan 世界性民主, 112-113, 178; deliberative 商议民主, 111, 126, 159, 162-63, 173-174, 194, 238; direct 直接民主, 19, 28-29, 96, 103-105, 107, 134-135, 152, 229; institutions of 民主制度, 19, 24, 58, 67, 154, 202, 222-223; journalism in 民主社会中的新闻业, vii, 21, 77, 105, 129-130, 144, 161, 187, 197,

204；liberal 自由民主，14，83，94，148，166，205，211；media and 媒体与民主，10，55，66，84，114，123，150，228-229，234，240；models of 民主模式，viii，xi，3，16，25，29，32-33，95，133，195；participatory 参与式民主，8，31，39；pluralist 多元民主，96-98，101，133，148，152，170，172；as political system 作为政治系统的民主，5，8-9，37-38，46，72，87，112，155，192，228；practices of 民主实践，18，53，92，95，116，130，162，193，224-225；role of freedom in 自由在民主制度中的角色，11，121，166；theories of 民主理论，26-27，34，71，91，93，109，113，151，168

De Officiis《论义务》，43

Department of Justice 司法部，212，214

Descartes 笛卡尔，51

Deveaux, Monique 莫妮克·德沃，173

development 发展：as category of media 致力于促进发展的媒体，11，48，160；communications 促进发展的传播，160-161，176注释1-2；journalism 发展新闻学，56，126，176注释1，198，200-202；political role of 发展的政治作用，6，22，24，207；economic 经济发展，80，114，127-128；sociological and national 社会和国家发展，32，64，67，70，74，160-161，165，177，200；technological 技术发展，19，70，187，225-226，238；theory 发展理论，7，203；understood as events 被理解为事件的发展，9，34，42，51，125，184-185；as verb-to develop 作为动词的发展，4，8，33，95，190，201，224

Dewey, John 约翰·杜威，43，64

Digital 数字化，xi，184，187-88，190，226-228

diversity 多样性：of audience 受众的多样性，10，120；cultural 文化多样性，25，40；ethnic 族群多样性，8，15，21，83，178注释11；of expression 表达的多样性，21，235；in media 媒体的多样性，24，48，57，70-71，77，99，115，239；of opinions and values 观点和价值的多样性，5，51，60，118，172，233，242；of ownership 所有权的多样性，51，98，115；as political pluralism 作为政治多元主义的多样性，9-10，28，57，99，113，121，241；of voices and media content 观点和媒体内容的多样性，57，82，145，149，201，225，229，232，237

Doctors Without Borders 无国界医生，165

"Documents of the World Conference on Human Rights"《世界人权会议文件》，177注释7

Durkheim, Emile 埃米尔·涂尔干，38，80-81

Dworkin, Ronald 罗纳德·德沃金，172

economics 经济学，6，99，107，155

economy 经济：political 政治经济，14，183-185，187

Editor and Publisher《编辑与出版人》，54

Ellul, Jacques 雅克·埃吕尔，193

El Nuevo Dia《新日报》，162

Engels, Friedrich 弗里德里希·恩格斯，183

Enlightenment 启蒙，51，60，76，82，108，164，177注释5

ethics 伦理：codes of 伦理准则，24，54，66，68-69，77，83，86，122；communication 传播伦理，18，68-69，71，86；conceptions of 伦理的观念, ix, 34, 37, 59, 176, 186, 230, 236, 242; discourse 话语伦理, 60, 63, 72, 78, 166; media 媒介伦理, viii, 13, 82, 144, 150; professional 职业伦理, iii, x, 4, 77, 81, 143; rationalist and classical 理性主义与古典主义伦理, 6, 19, 22, 42, 45, 52, 75

European Union 欧盟, 9-10, 70, 162, 171

Federal Bureau of Investigation (FBI) 联邦调查局, 212-214

feminism 女权主义, 60, 63, 175, 180, 191, 224

"Ferment in the Field" "领域的骚动", 184

Fighters for a Free Croatia 自由克罗地亚战士, 214

Fishkin, James 杰姆斯·菲什金, 162

Force and Freedom: Reflections on History 《强迫与自由：对历史的反思》, 177 注释 9

Foucault, Michel 米歇尔·福柯, 139, 192

Four Theories of the Press 《传媒的四种理论》: critique of 对该书的批评, vii-ix, 4, 12, 14, 37, 182; debate regarding 关于该书的争论, 3-4, 7, 13, 131; as historical account 作为一种历史叙述, x, 3-6, 8, 20, 66, 235, 241; typologies in 书中对媒体的分类, viii, 3, 5, 11, 16-17, 22, 32, 233, 242

Frankfurt School 法兰克福学派, 183, 193

Franklin, Benjamin 本杰明·富兰克林, 51

Fraser, Nancy 南希·弗雷泽, 110, 170

A Free and Responsible Press 《一个自由而负责的新闻界》, 5

freedom 自由: of assembly 集会自由, 8; as basic principle of communication and speech 作为传播和言论基本原则的自由, 24, 73, 91, 105, 109, 226; of belief and religion 信仰和宗教自由, 49, 174; of choice 选择自由, 106-107; in Classical Greece 古典希腊的自由, 20, 67, 72, 77; in democratic societies 民主社会中的自由, 9, 11, 95, 104, 106, 115, 179, 223; economic 经济自由, 114, 192, 203, 226; and equality 自由与平等, 48, 82, 236; of expression 言论自由, 18, 21, 23, 39, 49-51, 55, 73-74; from government control 摆脱政府控制的自由, 53, 70, 201, 217; in Hutchins Commission 哈钦斯委员会对自由的定义, 5, 29, 121-122, 166; individual 个人自由, 26, 48, 51, 96, 106, 166; limits to and censorship of 对自由的限制和审查, 23, 33 注释 2, 132, 194, 206-207, 241; in Locke and Mill 洛克和密尔对自由的定义, 23, 50, 164; of media and news media 传媒和新闻媒体的自由, 6, 9, 13, 31, 121, 132, 157, 203, 221, 231; negative and positive 消极和积极自由, 106, 122; of the press 新闻自由, 4, 7, 11, 81, 83, 92, 114, 130, 144-145, 149; political 政治自由, 114, 117, 207; to publish 出版自由, 128, 135; and responsibility 自由与责任, 13, 15, 24, 52, 71, 197, 231; in society 社会自由, 15, 37, 107, 132, 182; as value and moral claim 作为价值和道德要求的自由, 65-66, 78, 82-84, 196, 211

Freud, Sigmund 西格蒙德·弗洛伊德, 169

Friedland, Lewis 刘易斯·弗里德兰, 177 注

释 6

Friends of the Earth 地球之友，165

Gallup, George 乔治·盖洛普，109
Garnham, Nicholas 尼古拉斯·加纳姆，184
General Council of the Press 新闻业评议总委员会，9
Glasser, Theodore A. 西奥多·A. 格拉瑟，viii, xi
Global Campaign for Women's Human Rights 全球妇女人权运动，165
Globalization 全球化：of information technology 信息技术的全球化，x，7，115，186；market 市场全球化，15，174，180；political 政治全球化，13，18，20，59，174，187，242
Global Media Monitoring Project (GMMP) 全球媒体监测计划，176
God 上帝，44-45，47，75，203
Gorbachev, Mikhail 米哈伊尔·戈尔巴乔夫，12
Gramsci, Antonio 安东尼奥·葛兰西，183，193
Greco-Roman 希腊和罗马文明的影响，37，42-43，45
Greenpeace 绿色和平组织，165
Gunaratne, Shelton 谢尔顿·古纳拉特纳，14
Gutmann, Amy 埃米·古特曼，177 注释 10

Habermas, Jurgen 尤尔根·哈贝马斯：democracy and rational consensus 民主与理性共识，26，60，63，93-95，111；ideas 观念，38，60，64，76，163，171，178 注释 14；moral discourse 道德话语，72，78，80-81，172；public sphere 公共领域，8，164，183
Hachten, William 威廉·哈克滕，6

Hall, Stuart 斯图尔特·霍尔，14，185，193
Hallin, Daniel C. 丹尼尔·C. 哈林，4，10，12-13，26-27，56，98，122，134，141，208-209
Harrington, James 詹姆斯·哈林顿，93
Hegel, G. W. F. 黑格尔，64，163-164，177 注释 5，192-193
hegemony 文化霸权，14，180-183，191-192，211
Hellenist 希腊化，39-40，45-46
Hertogh, Maria 玛丽亚·埃尔托格，218 注释 2
history 历史：of citizen participation 公民参与的历史，25，62，116，135；of conquest 征服史，173；of debate on public communication 关于公共传播的争议史，20，37，191，241；of democracy 民主的历史，17，165；European 欧洲史，8，14，42，46，48，74，81，92，103；intellectual 思想，4-5，83，192；of journalism 新闻史，118，176 注释 1 和 4，182，199，201，217，231，235；of normative theory 规范理论史，37，64，124；Singapore's 新加坡史，205-206，218 注释 2；theories of 史学理论，60
Hobbes, Thomas 托马斯·霍布斯，23，94，192
Hocking, William 威廉·霍金，122
Hoggart, Richard 理查德·霍加特，185
Horkheimer, Max 马克斯·霍克海默，183
Human Rights Watch 人权观察，165
Hutchins Commission, The 哈钦斯委员会，9，24，55，66，68，70，75，144，159；Commission on Freedom of the Press 新闻自由委员会，5，29，121-122；Robert Hutchins

罗伯特·哈钦斯, 5, 33 注释 2, 73

ICTs 信息和传播技术, 187
ideology 意识形态: the bias of 意识形态基础, 57, 146, 223; conservative 保守意识形态, 182; as distortion of reality 作为对现实的歪曲的意识形态, 84-85; false 虚假意识形态, 47; feudalistic 封建意识形态, 48; in *Four Theories* and media《传媒的四种理论》和传媒中的意识形态, ix, 5, 131, 200; political 政治意识形态, 12, 128, 155, 183-184, 231, 238; reformist 改良主义意识形态, 182; revolutionary 革命意识形态, 181
Imperative of Freedom《自由之要务》, 6
indigenous 本土的, 13, 60, 71, 165, 175, 190
individualism 个人主义: and choice 个人主义与选择, 23, 48, 78, 96, 102-107, 113 注释 5; in communications 传播中的个人主义, 76, 109, 208, 235; democratic 民主的个人主义, 3, 13, 84, 91, 96, 101-102, 126, 128, 148, 155; dignity of individuals 个人尊严, 84, 153; and freedom 个人主义与自由, 26, 48, 51, 94, 106, 133; individual rights 个人权利, 8, 26, 160, 168, 170, 172, 233; in journalism 新闻业中的个人主义, x, 69, 100, 116-117, 161, 163, 211; liberal and in liberalism 自由个人主义与自由主义中的个人主义, 23, 50, 106, 108, 148, 191, 194, 231-232; in the libertarian tradition 自由至上主义传统中的个人主义, 23, 38, 48, 66, 104, 124, 192; in media 媒体中的个人主义, 17, 83, 139, 187, 223, 237; self-interest and individual interests 自我利益与个人利益, 14, 26,

52, 62, 100, 109, 126, 193; sociological 社会学意义上的个人主义, 4-5, 10, 27, 31, 54, 74, 81, 128-129; in voting and public opinion 投票和公众意见中的个人主义, 28, 97, 110-111
Indymedia 独立媒体, 187-188, 232
International Association for Media and Communication Research 国际媒介与传播研究院学会, viii
International Campaign to Ban Land Mines 国际反地雷组织, 165
International Communication Association 国际传播学会, viii
International Human Rights Law Group 国际人权法小组, 165
International Press Institute 国际新闻研究会, 203
International Red Cross 国际红十字会, 165
Internet 互联网: in democracy 民主社会的互联网, 28, 30, 177 注释 8, 178 注释 13, 188, 230-232, 236-239; history and growth 互联网的历史和增长, 19, 27, 120, 132, 187, 227, 234; technology 互联网技术, xi, 116, 118, 190, 230-231, 234-235, 239, 241
Islam 伊斯兰, 13, 20, 22, 37, 67, 189; Muslim 穆斯林, 33, 218 注释 2
Isocrates 伊索克拉底, 44-45, 73
Israeli Defense Force (IDF) 以色列国防军, 208

Jakubowicz, Karol 卡罗尔·雅库博维奇, 12
Jameson, Frederic 弗雷德里克·詹姆森, 191
Jews 犹太人, 174

Journal of Communication《传播学刊》, 184

Kaczynski, Theodore 西奥多·卡钦斯基, 214
Kant, Emmanuel 伊曼努尔·康德, 6, 38, 52, 60, 76, 112, 192
Koehn, Daryl 金黛如, 63

Labour Party 工党, 9
La Razon《理性报》, 162
Lasswell, Harold 哈罗德·拉斯韦尔, 139
Last Rights《最后的权利》, viii, x, 4-5, 7
law 法律: academic and as a concept 作为学术概念的法律, 16, 42, 81, 199, 209; in democratic societies 民主社会中的法律, 112, 131-132, 194, 197; and freedom 法律与自由, 51, 231; Greek and Roman 希腊和罗马法, 42, 46; and journalism 法律与新闻业, viii, 7, 24, 211, 216, 233; lawful-legal 合法, 129, 211; lawmakers 立法者, 11; lawyers and legal profession 律师与法律职业, 41, 43, 53; and media 法律与媒体, ix, 15, 204, 210, 213-214, 230, 242; of nature 自然法, 42, 192; and policy-regulation 法律与政策管制, 107, 132, 145, 150, 205, 209; of supply and demand 供求规律, 124; within the 法律范围内, 23
League of Women Voters 妇女选民联盟, 164
Leviathan《利维坦》, 23
Levinas, Emmanuel 伊曼纽尔·列维纳斯, 38, 60, 63
liberal 自由主义的: classical liberalism 古典自由主义, 4; consensus 自由共识, 16; democracy 自由民主, 14, 83, 94, 111, 118, 148, 152, 166, 205, 236; democratic liberalism 民主的自由主义, 26, 95, 109; ideals of liberalism 自由主义理想, 95, 106-107, 129; individualism 自由个人主义, 23, 33, 106, 164, 166, 231; in journalism 新闻业中的自由主义, 122, 190; market liberalism 市场自由主义, 11-12, 124, 193; neoliberalism 新自由主义, 187, 193; pluralist 多元自由主义, 11, 26, 96, 173, 178 注释11; political liberalism 政治自由主义, x, 5, 70, 72, 97, 104, 121; procedural liberalism 程序自由主义, 93, 101, 126, 172; society 自由社会, 131-132, 148; tradition 自由传统, 13, 94, 101, 104-105, 107-109, 110, 185, 191
libertarian 自由至上主义, 3, 6-7, 11, 16, 20-21, 23-24, 26-27, 37-38, 47-48, 50-51, 55, 62, 65-67, 70, 73-74, 76, 86, 104, 107, 124-125, 127, 152, 192-193, 195-196, 204, 221, 229, 233
Locke, John 约翰·洛克: individualism 洛克的个人主义, 48, 51, 94, 107-108; liberalism 洛克的自由主义, 38, 50, 164; political theory 洛克的政治理论, 26, 43, 48, 50, 74, 76, 163, 177 注释5
Lord Reith 里思勋爵, 79
Luce, Henry 亨利·卢斯, 33 注释2
Luther, Martin 马丁·路德, 82-83

MacBride Commission 麦克布莱德委员会, 70
MacBride Report 麦克布莱德报告, 186
Macchiavelli, Niccolo 尼科洛·马基雅维利, 43
Mancini, Paolo 保罗·曼西尼, 92, 222; and

Hallin 曼西尼和哈林，4，10，12-13，26-27，56，98，134，141

Mandela, Nelson 纳尔逊·曼德拉，169

Marcuse, Herbert 赫伯特·马库塞，14

market 市场：in democracy 民主社会的市场，113，179，197，228，232；forces 市场力量，126，133；free 自由市场，26，124，202，226；of goods 商品市场，78，99，120，175，186-187，222，226，235；intervention in the 对市场的干预，27；liberalism and 自由主义与市场，11-12，15，94，132，158，163；marketplace 市场交易，23，29，49-59，62，74，80，94，96-97，100；media 媒体市场，11，23-24，27，129，152，154，180，200，227，238；model of journalism 新闻业的市场模式，115；for newspapers 报纸市场，52，104，108，117，150，152；niche 细分市场，120，133，155；stock 股票市场，147；structure of 市场结构，94，116，128，228；working of the 市场运行，23，133，231

Marx, Karl 卡尔·马克思，38，64，82，103-104，164，177 注释 5，182-184

Marxism 马克思主义，7，182，184，189，191-192；Neo-Marxism 新马克思主义，14，183

Marxist Literacy Group 马克思主义文学研究团体，19

Mass Communication：Living in a Media World《大众传播：生活在媒介世界中》，7

Mass Communication Theory《大众传播理论》，11

Mattelart, Armand 阿尔芒·马特拉，184

McQuail, Denis 丹尼斯·麦奎尔，viii，xi

Mediachannel 媒体频道，232

media systems 传媒体制：in *Four Theories* and following《传媒的四种理论》及其后的传媒体制，3，7-8，12-14；in journalism 新闻业中的传媒体制，x，12，85，117，119，155，190，234；as typologies in democracy 民主社会中不同的传媒体制类型，vii，17，32，67，134，147，186，234

Meiklejohn, Alexander 亚历山大·米克尔约翰，104-105

Merritt, Davis 戴维斯·梅里特，58

Microsoft 微软，187

Mill, John Stuart 约翰·斯图尔特·密尔，23，50，65，68，171

Milton, John 约翰·弥尔顿，37，49，65，72-73，75

modernity 现代性，59，74-75，235-236；postmodernism 后现代主义，viii，38，59，159，180，186，191，194，224

Modern Mass Media《现代大众传媒》，7

Montesquieu 孟德斯鸠，163，177 注释 5

Mouffe, Chantal 尚塔尔·墨菲，188

Murdoch, Rupert 鲁伯特·默多克，239

Nanyang Technological University 南洋理工大学，206

National Security Agency 国家安全局，215-216

Nazi 纳粹，11

New International Economic Order 国际经济新秩序，186

New International Information Order 国际信息新秩序，186

New Testament《新约圣经》，43

New World Information and Communication

Order (NWICO) 世界信息与传播新秩序, viii, 14, 176 注释 1, 186, 190

New York Times《纽约时报》, 212-213, 215-216

Non-Aligned Movement 不结盟运动, 186

Nongovernmental Organizations (NGO) 非政府组织, 164-165

Nordenstreng, Kaarle 卡勒·诺登斯特伦, vii, xi

Notre Europe 欧洲基金会, 162

objectivity 客观性: as accuracy and neutrality 作为准确性和中立性的客观性, 49, 115-117, 144, 234; in epistemological terms 认识论意义上的客观性, ix, 81, 142, 144, 147-418, 161, 201, 225; in news 新闻客观性, 10, 61, 83-84, 119-122, 134, 145, 147, 151-152; as norm 作为规范的客观性, 122, 125, 141-142, 146

Office of Censorship 美国稽查局, 209

Office of the UN High Commissioner for Human Rights 联合国人权事务高级专员办公室, 177 注释 7

"Official UN Report of the World Conference on Human Rights"《联合国世界人权会议官方报告》, 177 注释 7

OneWorldOnline of the One World International Foundation 寰宇一家国际基金会在线网站, 177 注释 8

On Liberty《论自由》, 50, 65

On the Orator《论雄辩家》, 43

openDemocracy《开放民主》, 188

Page, Benjamin 本杰明·佩奇, 109-110

Pentagon Papers 五角大楼文件, 69

People's Action Party 人民行动党, 202-204, 206

People's Communication Charter 人民传播宪章, 79

Peterson, Theodore 西奥多·彼得森, x, 3

philosophy 哲学: of communications 传播哲学, 6, 237; as a discipline 作为一门学科的哲学, 24, 70, 73, 85, 163, 177, 192; Greek 希腊哲学, 22, 40, 44-45, 47, 81; moral 道德哲学, 70-71, 75; philosophical 哲学的, ix, xi, 19, 47-48, 132, 166; philosophical traditions 哲学传统, 7, 13-14, 16-18, 22, 71; philosophical worldview 哲学观, 22, 33, 38, 48, 75-76; political 政治哲学, 5, 16, 21, 52, 63, 92, 166; public 公共哲学, 68, 71, 83, 236

Philosophy of Right《法哲学原理》, 163, 177 注释 5

Plato 柏拉图, 18, 20, 22, 37, 39, 41-47, 72-77, 81

pluralism 多元主义: cultural 文化多元主义, 22, 170, 173-175, 178 注释 11, 204; as democratic model 作为民主模式的多元主义, 158, 175, 195; as diversity in society 作为社会多样性的多元主义, 8, 10, 21, 24, 40, 48, 57, 59, 107, 152; liberal 自由多元主义, 11-12, 16, 26, 96, 134; of media content 媒体内容的多元化, 9, 26, 98-99, 116-118, 134; political 政治多元主义, 12, 26, 96-99, 101-102, 133, 148, 178 注释 14

podcasting 播客, 19

Politics《政治学》, 41

Pravda《真理报》, 6

Professional Ethics and Civic Morals《职业伦理与公民道德》, 81

Protestant Reformation 宗教改革, 47, 82

public sphere 公共领域, 8, 19, 37–38, 43, 48–50, 60, 62, 67, 76, 84, 117, 126, 144–145, 148, 162, 164, 175, 178 注释 13, 181, 183, 189, 232–233, 236, 240

Pulitzer, Joseph 约瑟夫·普利策, 54

radical 激进: action 激进行动, 18, 28, 34, 145, 186, 188, 229; democratization 激进民主化, 81, 182, 190; journalism and press 激进新闻传媒业, 25, 121, 126, 133, 151, 180, 182, 191, 195; persons 激进的个人, 121, 183–185, 190, 194; role of media 传媒的激进角色, 17, 31–32, 125–127, 135, 179–183, 187–195, 202; tradition 激进传统, 184–185, 188

radio 广播: commercial 商业广播, 57, 116; community 社区广播, 60–61, 162, 175, 177, 194, 229; history of 广播史, 10, 25, 115; news 新闻广播, 170, 176, 208

Radio Reloj 时钟广播电台, 162

Radio Voice of Hope 希望之声电台, 164

Rawls, John 约翰·罗尔斯, 166, 171–172

reality 现实: criteria based in 以现实为基础的标准, 39, 49, 239; cultural 文化现实, 57, 72; media reporting on 媒体对现实的报道, 30, 125, 143, 147, 151, 154, 225, 233; natural 中立现实, 44, 74, 84–86, 147, 149, 167; perceptions of 对现实的理解, 76; real 真实的, ix, 4, 12, 46, 52,

62–63, 140, 142, 155, 160, 182, 208, 223, 230; realism 现实主义, 173; realistic 现实主义的, 11, 56, 100, 130, 200, 235; realists 现实主义者, 188; realization and self-realization 实现与自我实现, 52, 81

reform 改革: of media 媒体改革, x, 9, 12, 14, 31, 53, 98, 142, 180–182, 226; political 政治改革, 180, 202, 210; of press 新闻改革, 186, 234; social 社会改革, 55, 59–60, 109, 114, 159, 162, 175, 182, 222

Reformation 宗教改革, 47, 82

regulation 管制: as control by state 作为国家控制的管制, 27, 134; of policy and legislation 政策和立法管制, 28, 53, 130, 150; self-regulation 自我管理, ix, 24, 27, 133, 150, 194

religion 宗教: the institutions of 宗教制度, 22–23, 49–50, 78, 177; in journalism 新闻中的宗教, 158, 163; and politics 宗教与政治, 128, 166, 174, 236; sociology of 宗教社会学, 21–22, 25, 47, 60, 180, 187, 189; as system of belief 作为信仰体系的宗教, 19, 22, 42, 47, 50, 74, 140, 168, 174, 187

Republic《理想国》, 74–75

responsible 负责任的: freedom and responsibility 自由与责任, 14, 24, 197, 201, 221; governance 负责任的治理, 19, 100, 197, 236; morally 承担道德责任, xi; media held 负责任的媒体, 9, 54, 68, 77, 103, 151, 203, 205, 223, 237; performance 负责任的表现, vii, 105; personnel and personal, 员工职责和个体责任 24, 39, 103, 111, 118, 129; public actors 负责任

的公共行动者，5，33，76，162

revolution 革命，6，15，25，52，92-93，167，180-182，86，188-189，24

Rhetoric《修辞学》，40

rights 权利：civil 公民权利，24，49-51，69，93，95，236；collective 集体权利，25-26，166，174；equal 平等权利，129，172；human 人权，5，13，44，59，79，121，164，170，179，190；individual 个人权利，26，39，52，76，106，126，128，160，168；of the press and media professionals 新闻媒体从业者的权利，5，114，152，205，210，233，242；property 财产权，131，173，230；of public and citizens 公众和公民权利，56，59，72，83，95，103，112；univesal declaration of《世界人权宣言》，48，164-165，177 注释 7

Rodriguez，Clemencia 克莱门西亚·罗德里格斯，61，76，86

Roman 古罗马的，37，39-43，45-46，72，165，218 注释 2

Roman Catholic Church 罗马天主教会，165；Church of Rome 罗马教会，47

Roman Empire 罗马帝国，41，43，46

Rousseau，Jean-Jacques 让-雅克·卢梭，26，38，51，74，76，93，103，168，172

Royal Commission on the Press 皇家新闻委员会，9，121

Russell，Bertrand 伯特兰·罗素，92

Sandel，Michael 迈克尔·桑德尔，164

San Francisco Chronicle《旧金山纪事报》，212

satellite 卫星，15，228，239

Schiller，Herbert 赫伯特·席勒，14，184，193

Schramm，Wilbur 威尔伯·施拉姆，x，3

Second Treatise on Government《政府论（下篇）》，50

Selman，Robert 罗伯特·塞尔曼，80

Senatus Populusque Romanus (SPQR) 元老院与罗马人民，39

Shah，Hemant 赫曼特·沙阿，201-202

Shapiro，Robert 罗伯特·夏皮罗，110

Siebert，Fred 弗雷德·西伯特，x，3，241

60 Minutes《60 分钟》，147

Smythe，Dallas 达拉斯·斯迈思，14，184

social responsibility 社会责任论：in *Four Theories*《传媒的四种理论》中的社会责任论，3，5-7，11，66；in the Hutchins Commission 哈钦斯委员会报告中的社会责任论，24，29，144；in media governance and policy 传媒治理和政策中的社会责任论，15，53，55-56，70-71，79，122；as media practice 作为传媒实践的社会责任论，57，68-69，86，236；as normative tradition 作为规范传统的社会责任论，11，24-25，33 注释 3，37-38，60，67，77-78，81，195；and public service broadcasting 社会责任论与公共服务广播，10，58-59，83；theory 社会责任理论，27，62-63，73，123-126，154，161，203

Solon 梭伦，39

Sophists 辩士学派，40，44-45，72，77

sovereignty 主权，16，18，91，96-97，99，102-104，106，109，204

Speaking into the Air《对空言说》，64

Spencer 斯宾塞，80

Stanford University's Center for Deliberative

Democracy 斯坦福大学商议民主研究中心, 162

Stockholm International Peace Research Institute 斯德哥尔摩国际和平研究所, 165

Stoics 斯多葛学派, 42, 46, 75

Straits Times 《海峡时报》, 204, 206

The Structural Transformation of the Public Sphere 《公共领域的结构转型》, 8

Sudanese Council of Churches 苏丹教会理事会, 164

Sulzberger, Arthur Jr. 小亚瑟·苏兹伯格, 212-214, 216

systems 系统/体系/制度/体制: democratic 民主体制, 30, 33, 81, 96, 104, 145, 150, 173, 181, 229; educational 教育制度, 40, 43, 49, 75, 167, 175; of governance 治理体系, 20, 33, 72, 116, 118, 127, 156, 182, 204; ideological and values 意识形态和价值体系, 33, 47-48, 76, 236, 238; market-economic 市场经济体制, 132, 182, 185, 220, 236; normative and ethical 规范和伦理体系, 60, 66, 68, 170; philosophical-religious 哲学宗教体系, xi, 76, 168; political 政治体制, vii, 4, 12, 16-18, 28, 67, 122-23, 146, 202; press and news 传媒和新闻体制, 4, 13, 16, 62, 66-67, 74, 77, 117, 142, 157; social 社会系统, 8, 12, 29, 131, 194; of social control and services 社会控制和服务体系, 3, 43, 118, 123, 180-181, 184, 209, 211; systematic 系统性的, 40, 45-46, 51, 54-57, 75-76, 82, 84-85, 149, 179, 225-226; as a whole 作为整体的系统, 29, 117, 187, 193, 240; world 世界体系, 14, 237

Taylor, Charles 查尔斯·泰勒, 38, 63, 164, 174,

technology 技术: digital 数字化技术, 175, 190, 231; information 信息技术, vii, 186; media 媒介技术, 15-16, 64, 160, 226-229, 233, 241; modern systems of 现代技术体系, 160, 213; of new media 新媒体技术, 70, 83, 167, 188

telecommunications 电信, 14-15

television 电视: documentary 电视纪录片, 147; entertainment 电视娱乐, 11, 113 注释 5, 127, 147, 223, 228; as media technology 作为媒介技术的电视, 60-61, 167, 170, 176, 223, 228, 235, 239; network 电视网, 25, 197; news 电视新闻, 115-117, 154-155, 162, 221, 229

Thompson, Dennis 丹尼斯·汤普森, 177 注释 10

Thompson, E. P. 爱德华·帕尔默·汤普森, 185

Time, Inc. 时代公司, 33 注释 2

Tomorrow's Europe 明日欧洲, 162

Tong, Goh Chok 吴作栋, 204

Totem and Taboo 《图腾与禁忌》, 169

Truth and Reconciliation Commission 真相与和解委员会, 169, 174

Tutu, Archbishop Desmond 圣公会大主教德斯蒙德·图图, 169

TV Globo 环球电视台, 175

UNESCO 联合国教科文组织, viii, 70, 186

United Nations 联合国, viii, 112, 165, 186; General Assembly 联合国大会, 164

United States Commission on Freedom of the

Press 美国新闻自由委员会，121

Universal Declaration of Human Rights《世界人权宣言》，48，165

universal(s) 普世的: as approach to knowledge 作为一种知识方法的普世观，xi，6，14，44，54，60，143，233；ethical 普世伦理，38，46，80，112，124；as geographical term 地理意义上的普世观，42-43，50，61，114，129，239；human rights as 普世人权，48，165，179，181；the validity of 普世主义的正当性，x，48，80，237

University of Chicago 芝加哥大学，33 注释 2

University of Illinois at Urbana-Champaign 伊利诺伊大学厄巴纳-香槟分校，4

University of Illinois Press 伊利诺伊大学出版社，3-4

University of Missouri 密苏里大学，54

utilitarianism 功利主义，31

Veblen, Thorstein 托斯丹·凡勃伦，167

Voltaire 伏尔泰，82-83

Walzer, Michael 迈克尔·沃尔泽，164

Washington Post《华盛顿邮报》，212-213

watchdog 看门狗，30，119，123，125，130，142，146，151，204

Weber, Max 马克斯·韦伯，81，99

We The People of Wisconsin (WTPW) "我们威斯康星人民"，162-163

White, Gordon 戈登·怀特，165

White, Robert A. 罗伯特·A. 怀特，viii，xi，161

Williams, Raymond 雷蒙德·威廉斯，7，14，167，185

Williams, Walter 沃尔特·威廉斯，54

World Association of Community Radio Broadcasters 世界社区广播电台协会，194

World Conference on Human Rights 世界人权会议，164，177 注释 7

The World News Prism《世界新闻棱镜》，6

World Peace Federation 世界和平联合会，16

worldview 世界观: a commonly held 普遍认同的世界观，21-22，38，74，82，159，171，205，236；corporatist 法团主义世界观，21-23，42-43，47；philosophical 哲学世界观，22，33，38，48，75-76；of powerful 强势者的世界观，63

World Watch on Deforestation 世界森林保护组织，165

Yew, Lee Kuan 李光耀，203

Zeno 芝诺，76

Normative Theories of the Media: Journalism in Democratic Societies by Clifford G. Christians, Theodore L. Glasser, Denis McQuail, Kaarle Nordenstreng, Robert A. White

© 2009 by the Board of Trustees of the University of Illinois.

Reprinted by arrangement with the University of Illinois Press

Simplified Chinese translation copyright 2022 © CHINA RENMIN UNIVERSITY PRESS Co., Ltd.

All Rights Reserved.

图书在版编目（CIP）数据

传媒规范理论／（美）克利福德·G. 克里斯琴斯等著；黄典林，陈世华译 . -- 北京：中国人民大学出版社，2022.1
（当代世界学术名著 . 新闻与传播学译丛 . 大师经典系列）
书名原文：Normative Theories of the Mdeia: Journalism in Democratic Societies
ISBN 978-7-300-30100-6

Ⅰ.①传… Ⅱ.①克… ②黄…③陈… Ⅲ.①传播媒介-研究 Ⅳ.①G206.2

中国版本图书馆 CIP 数据核字（2021）第 264684 号

当代世界学术名著·新闻与传播学译丛·大师经典系列
传媒规范理论
[美] 克利福德·G. 克里斯琴斯
[美] 西奥多·L. 格拉瑟
[英] 丹尼斯·麦奎尔　　　　著
[芬] 卡勒·诺登斯特伦
[不详] 罗伯特·A. 怀特
黄典林　陈世华　译
黄典林　校译
Chuanmei Guifan Lilun

出版发行	中国人民大学出版社			
社　　址	北京中关村大街 31 号		邮政编码	100080
电　　话	010-62511242（总编室）		010-62511770（质管部）	
	010-82501766（邮购部）		010-62514148（门市部）	
	010-62515195（发行公司）		010-62515275（盗版举报）	
网　　址	http://www.crup.com.cn			
经　　销	新华书店			
印　　刷	北京宏伟双华印刷有限公司			
规　　格	170 mm×240 mm　16 开本		版　次	2022 年 1 月第 1 版
印　　张	21.5 插页 2		印　次	2022 年 1 月第 1 次印刷
字　　数	312 000		定　价	79.90 元

版权所有　　侵权必究　　印装差错　　负责调换